贵州师范大学政治学博士点建设经费资助

光明社科文库
GUANGMING DAILY PRESS:
A SOCIAL SCIENCE SERIES

·政治与哲学书系·

政体研究

比较政治学的新体系

古洪能 | 著

光明日报出版社

图书在版编目（CIP）数据

政体研究：比较政治学的新体系 / 古洪能著.

北京：光明日报出版社，2025.1. -- ISBN 978-7-5194-8428-6

Ⅰ. D0

中国国家版本馆 CIP 数据核字第 2025Q3E229 号

政体研究：比较政治学的新体系

ZHENGTI YANJIU：BIJIAO ZHENGZHIXUE DE XINTIXI

著　　者：古洪能

责任编辑：杨　茹　　　　　　　责任校对：杨　娜　李海慧

封面设计：中联华文　　　　　　责任印制：曹　净

出版发行：光明日报出版社

地　　址：北京市西城区永安路 106 号，100050

电　　话：010-63169890（咨询），010-63131930（邮购）

传　　真：010-63131930

网　　址：http://book.gmw.cn

E - mail：gmrbcbs@gmw.cn

法律顾问：北京市兰台律师事务所龚柳方律师

印　　刷：三河市华东印刷有限公司

装　　订：三河市华东印刷有限公司

本书如有破损、缺页、装订错误，请与本社联系调换，电话：010-63131930

开　　本：170mm×240mm

字　　数：302 千字　　　　　　印　　张：19

版　　次：2025 年 1 月第 1 版　　印　　次：2025 年 1 月第 1 次印刷

书　　号：ISBN 978-7-5194-8428-6

定　　价：98.00 元

目　录
CONTENTS

第三部分　关于政体的实践性研究

01

比较政治学即政体研究

本书是以政体研究之名从事的比较政治学研究，意在界定比较政治学的学科性质，进而重建比较政治学这一学科或者说这门学问的知识体系①。本书不是对比较政治学之研究历史、现状及其成果的介绍、梳理或汇编。

为什么要把比较政治学这门学问称作政体研究，这门学问到底研究什么，为什么要做此研究，又当如何开展研究，这些就是本部分所要解决的问题。

实际上对任何学问来说，无论其研究题目的性质与范围如何，都必须首先解决研究什么、为何研究和如何研究这三个基本问题，这可以说是学术通则。

具体来说，研究什么是关于研究对象的问题，为何研究则是关于研究目的的问题，即针对研究对象，希望解决什么核心问题并由此发挥什么作用。研究对象和研究目的都属于研究主题的范畴，必须首先明确，否则一门学问就无法立足。研究主题是主观设定的，是一种规定性。也就是说，任何人都可以选择任何一个现象来进行研究，并且主观设定所要

---

① 学科是根据研究对象和方法划分的学术领域，而学问是以特定研究范式构建的系统化知识体系。在欧洲的语言传统中，科学（science）一词原本就是指有组织的系统化知识（柯林武德．历史的观念［M］．何兆武，等译．北京：北京大学出版社，2010：246），即此处所说的学问。只是后来科学一词的含义发生了变化，专指自然科学这样的经验性知识，从而缩小了外延，变成一种特殊的学问。

解决的问题，其潜在意图当然是希望由此发挥什么作用（这就是知识或学问的实用性问题）。尽管研究主题是主观设定的，但它对任何一门学问来说却是极其重要的，因为它决定着该学问是什么（性质），从而是不同门类学问相互区别的根本依据。因此，要搞明白一门学问是什么，那就要看其研究对象和研究目的是什么。也正因如此，有些门类的学问虽然在研究对象上有所交叉甚至完全重合，但由于研究目的不同，结果它们仍属不同门类的学问。

如何研究是关于研究框架和研究方法的问题。要开展任何一门学问的研究，都必须首先设计研究框架，即根据什么样的逻辑安排，依次解决哪些具体问题，以达到最终解决研究主题所设定的核心问题的目的。而为了解决这些具体问题，又必定要运用一定的研究方法。显然对任何一门学问来说，研究框架和研究方法都是不可或缺的，否则研究就无法开展，相应的学问就是空洞无物的。而正是借助于研究框架的设计和研究方法的运用，一门学问才得以最终产生实际内容或者说研究成果。只不过，相比于研究主题，研究框架和研究方法并不能决定一门学问的性质，所以它们只是一门学问之形成的必要条件而非充要条件。

研究主题、研究框架和研究方法，这三者就共同形成一门学问的研究范式。从最终结果来看，任何学问（哪怕是同一门类的学问）或同或异，均是由这三者造成的。

第一章

学科厘定

1954 年，美国学者阿尔蒙德（Gabriel A. Almond）等人在社会科学研究理事会之下建立了比较政治委员会，随后提出了一系列具有开创性的研究题目，发表和出版了诸如"政治发展研究系列""比较政治丛书"的系列论著，这就标志着比较政治学这门学问正式诞生。① 此后这门学问由美国出发，逐渐流传于全世界。

尽管比较政治学早已普及，然而它到底有没有具体而实在的研究领域，能否成为一个单独的学科，以及有何价值，这些问题都尚存争议。②

比较政治学界普遍承认，阿尔蒙德等人首创了比较政治学的研究范式——从研究主题的设定到研究框架的设计和研究方法的运用。根据他们一贯的研究来看，至少比较政治学的研究对象是非常清楚的，这就是政治体系（political system，亦译作"政治系统""政治体制"）。③ 然而自此以后，并不是所有学

---

① 根据阿尔蒙德等人的回忆，参见 ［美］赫拉尔多·L. 芒克，理查德·斯奈德. 激情、技艺与方法：比较政治访谈录 ［M］. 汪卫华，译. 北京：当代世界出版社，2022.

② 彼得·梅尔. 比较政治学：综述 ［M］// ［美］罗伯特·古丁，汉斯-迪特尔·克林格曼. 政治科学新手册. 钟开斌，等译. 北京：生活·读书·新知三联书店，2006.

③ 比如 ［美］加布里埃尔·A. 阿尔蒙德，等. 发展中地区的政治 ［M］. 任晓晋，等译. 上海：上海人民出版社，2012；［美］加布里埃尔·A. 阿尔蒙德，小 G. 宾厄姆·鲍威尔. 比较政治学：体系、过程和政策 ［M］. 曹沛霖，等译. 上海：上海译文出版社，1987；［美］阿尔蒙德，小鲍威尔. 当代比较政治学：世界展望 ［M］. 朱曾汶，林铮，译. 北京：商务印书馆，1993；［美］加布里埃尔·A. 阿尔蒙德，等. 当代比较政治学：世界视野 ［M］. 8 版. 杨红伟，等译. 上海：上海人民出版社，2010；［美］加布里埃尔·A. 阿尔蒙德，等. 当今比较政治学：世界视角 ［M］. 9 版. 顾肃，等译. 北京：中国人民大学出版社，2014；［美］小 G. 宾厄姆·鲍威尔，拉塞尔·J. 多尔顿，卡雷·斯特罗姆. 当代比较政治学：世界视野 ［M］. 10 版. 杨红伟，等译. 上海：上海人民出版社，2017；JR G B P，DALTON R J，STROM K W. Comparative Politics Today：A World View ［M］. Boston：Pearson，2015.

者都遵循了这套研究范式，结果比较政治学变得五花八门。的确有学者遵循了阿尔蒙德等人的研究范式①，但不完全遵循甚至根本不遵循的似乎越来越多。比如有人认为比较政治学就是国别比较研究②，有人认为比较政治学研究国家及其形成与政治同意（现代民族国家的制度及其意识形态基础的形成）、政治制度及其变迁（民主化）、政治动荡与冲突（革命、内战与社会运动）、大众政治动员（例如政党）、政治诉求的处理（社会选择、选举等）以及治理等一系列问题③，还有人认为比较政治学研究一切政治现象④——这是一种意欲包罗万象的企图⑤。

在我国比较政治学界，情况与国外类似并大体对应。其中国家学派认为，比较政治学就是国别比较研究，包括国家建设、政治制度和公共政策三大研究领域。⑥ 议题学派认为比较政治学研究国家和系统、政治文化、政治发展、阶级和精英、政治经济学等一系列的问题。⑦ 方法学派则认为比较政治学是基于比较的方法而非其研究内容而立足的⑧，并由此认为该学科与政治学（政治科学？）并无二致⑨，认为其研究对象无所不包或者仅限于研究政治秩序⑩。唯一与国外学界不同且令人奇怪的是，国内学界鲜见有人主张以阿尔蒙德为代表的政治体系学派的观点。

---

① 例如［美］劳伦斯·迈耶，等．比较政治学：变化世界中的国家和理论［M］．罗飞，等译．北京：华夏出版社，2001；HAUSS C. Comparative Politics：Domestic Responses to Global Challenges［M］. Boston：Cengage Learning，2005.

② 例如［英］托德·兰德曼，埃德齐娅·卡瓦略．比较政治中的议题和方法［M］．汪卫华，译．上海：格致出版社，上海人民出版社，2021.

③ 参见［美］罗伯特·E. 戈定．牛津比较政治学手册［M］．唐士其，等译．北京：人民出版社，2016. 这种议题纷杂的状况被一些学者称作比较政治学的"杂乱中心"（LICHBACH M I，ZUCKERMAN A S. Comparative Politics：Rationality，Culture，and Structure［M］. Cambridge：Cambridge University Press，2009：1）。

④ 例如［美］马克·I. 利希巴赫，阿兰·S. 朱克曼．比较政治：理性、文化和结构［M］．储建国，等译．北京：中国人民大学出版社，2008：4.

⑤ ［美］R. H. 奇尔科特．比较政治学理论：新范式的探索［M］．高铦，潘世强，译．北京：社会科学文献出版社，1998：4.

⑥ 杨光斌．比较政治学：理论与方法［M］．北京：北京大学出版社，2016.

⑦ 张小劲，景跃进．比较政治学导论［M］．北京：中国人民大学出版社，2001.

⑧ 高奇琦．比较政治学：学科、议题和方法［M］．上海：上海人民出版社，2015；王丽萍．构建中国特色的比较政治学［N］. 人民日报，2017-03-27（16）；刘瑜．可能性的艺术：比较政治学30讲［M］．桂林：广西师范大学出版社，2022.

⑨ 潘维．比较政治学：理论与方法［M］．北京：北京大学出版社，2014：7.

⑩ 王正绪，耿曙，唐世平．比较政治学［M］．上海：复旦大学出版社，2021：3.

可见，仅从研究对象来看，比较政治学的学科性质就是一个令人困扰的难题，更不要说在研究目的上也存在纷争。然而不管这个问题有多麻烦，我们也要设法闯出一条路来。如果我们连比较政治学是什么都没搞清楚，那么又该如何来学习这门学问和从事这方面的研究呢？

第一节　学科性质

为了解决比较政治学是什么的学科性质问题，本书首先提出一个看法以求学界达成共识，这就是坚持认为，比较政治学是政治学下属的一个分支学科而非政治学本身。如果比较政治学就是政治学本身，那么另立一个学科名称，兴师动众、大张旗鼓地进行比较政治学研究，岂不是多此一举吗？如果大家对此表示同意，那么接下来本书就从明确政治学是什么（性质）入手，在此范围内来解决比较政治学是什么的问题。

一、何为政治学

当我们追溯到政治学这个源头时，麻烦并未有所减少，因为时至今日，关于政治学是什么的问题，仍是众说纷纭，争论不休，被搞得特别混乱，不少人因此陷入了深深的迷惘和困惑之中。为解决这一问题，本书再次提出一个看法以求学界达成共识，这就是关于学问的知识产权观。如果人们接受和坚持这种观点，那么我们就必须回归古典政治学（最初创立的政治学）才能求得这一问题的正解。

（一）回归古典政治学的本义

我们已知，一门学问的性质是由其研究主题（研究对象和研究目的）来决定的，所以要知道一门学问是什么，那就要去了解和把握其研究主题。同时我们又知道，任何学问的研究主题都不是自然浮现的客观存在，而是主观设定的结果，是一种人为的规定性。而那些最先设定一门学问之研究主题的学者（不一定是一个人），就是这门学问的开创者——开山鼻祖。现在的问题是，设定一门学问的研究主题，这是一种人人都有资格的学术自由或学术权利吗？

如果是开创一门全新的学问，成为一门新学问的开创者，那么的确任何人都有设定其研究主题（包括为该门学问命名）的资格和自由，这应该不会有什么疑义，事实上各种新门类的学问就是这样产生的。①

但是，对于那些已经创立的学问门类，后人是否还有随意理解甚至重新设定其研究主题的资格和自由呢？有人认为这是可以的，因为他们认为这是一种开放的学术探讨，也因此才能推动学术创新。然而这是一种十分荒谬的也容易引发学术争议的观点和做法。

对于那些已经创立的学问门类，如果后人可以随意理解甚至重新设定其研究主题，那这势必就会改变其性质，致使他们所说的学问不再是原来的那门学问。比如说，植物学是一门已经创立的学问，本来是以植物为研究对象的，如果说后人可以随意理解或设定其研究主题，那么是不是植物学就可以被说成是研究矿物、动物或者其他什么东西的学问了？显然这是十分荒谬的。至于说把这种随意理解或设定看成开放的学术探讨，甚至认为是做出了重大的学术创新，那就更是荒谬绝伦，迄今恐怕也没有什么学术评价体系把这种做法看成学术探讨和创新的吧？

不仅如此，任何一门学问的开创者由于做出了智力上或精神上的重大贡献，因而理所应当享有对该门学问之研究主题（包括学问的命名）的知识产权。后人如果承认和接受这样的学问，那么就必须尊重这种知识产权，即尊重开创者对其研究主题的设定。如果一方面承认和接受某门学问（包括其命名），另一方面又随意理解、想象、假冒或者更改其研究主题，那这就是故意歪曲他人的观点和损害他人的学术声誉。显然这并不是什么学术探讨或创新发展，而是学术失德的行径。

所以对于已经创立的学问门类，后人就不再享有随意理解或重新设定其研究主题的资格和自由，而只能尊重开创者的知识产权，用心去了解和把握其研究主题。这跟自己创立一门新学问是完全不一样的。

可能有人始终不以为然，认为这种尊重学问开创者的知识产权的做法，是故步自封，是迷信权威，从而对于学问的创新发展十分不利。这种貌似有理的观点能迷惑不少人，是因为这些人并没有搞清楚学问之正确传承和创新发展（所谓"守正创新"）的真义。

首先，正确传承一门学问的关键，并不在于继承开创者或先人的研究成果，而在于正确理解和把握该门学问的研究主题。而在这方面，我们不以开创者的

---

① 至于说这些新创立的学问门类，是不是能够得到他人的认可、学习和传承，那是另一回事。

设定为依据，还能以什么为依据？难道说，孔子所说的东西不叫儒学，不能成为定义儒学的依据，反倒是后来的某个人却可以随便定义什么叫作儒学吗？

其次，除非创立一门全新的学问，否则对于既已创立的学问，在其研究主题上根本就不存在创新发展的可能（因为研究主题的核心边界不可颠覆）①，真正的创新发展在于研究框架和研究方法——当然由此必然导致研究内容或者说研究结果也有所创新发展。通常而言，一门学问的开创者不仅最先设定了它的研究主题（包括学问的命名），而且也会设计一定的研究框架，运用一定的研究方法，形成最早的研究范式，从而进行开创性的研究，产生最初的一批成果。然而我们知道，一门学问的研究框架和研究方法并不决定其性质，而且一切开创者都有其局限性，开创性的研究总会存在一些不足，所以在尊重该门学问之研究主题的前提下，后人完全可以不受开创者所限，而在研究框架和研究方法上创造发挥，寻求突破和创新，从而刷新该门学问的内容和外观，产生新的研究成果。这才是真正的创新发展。

一句话，对于既已创立的学问门类，如果我们承认和接受并试图传承和发展它，那么就必须尊重开创者所设定的研究主题，不得歪曲或改变其性质，同时在研究框架和研究方法上寻求创新发展，这才是学问"守正创新"的正道。

根据上述道理来看，政治学这门学问到底是什么，这本来并不是有多困难的问题。因为，既然我们都承认政治学创立于古希腊城邦时代，那么回到彼时彼地的开创者，不就能找到明确的答案了吗？难道这是很艰难的事情吗？

正是通过理解和把握政治学开创者苏格拉底、柏拉图和亚里士多德②的作品和言说，我们看到，政治学（Politics）是研究政治共同体（πολιτική κοινωνια，political community）的一门学问，目的在于解决政治共同体如何实现最佳生活即幸福生活的问题。只不过，作为古希腊城邦时代的人，这些开创者所说的政治共同体特指城邦。

对于政治学这门学问的性质，虽然苏格拉底述而不作，但他的学生柏拉图在其对话体的著述中，经常用他的名字来表达他的观点或者柏拉图自己的观点。

---

① 至于说对研究对象的时空变幻及其多样性的把握，老实说这不算学问的创新发展，而是研究主题的拓展与丰富，而这正是一门学问形成下属分支学科的原因。当然，如果一门学问的研究对象消失了，再不出现，那么这样的学问甚至连主题拓展和丰富的可能性都没有了。

② 这三位学者具有师承关系，可以说他们都是政治学的开创者，只不过其中亚里士多德的贡献最大，一般被看成政治学的开山鼻祖，因为他著有《政治学》一书，首次对政治学进行了系统的研究。

柏拉图曾明确说过："在建立城邦方面，我们考虑的不是使其中任何一个团体特别幸福，而是使整个城邦尽可能幸福。因为我们认为，我们最有可能在这样的城邦中发现正义，相反在治理最差的城邦中发现不义。我们认为，通过观察这两种城邦，我们就能够解决我们探讨了这么久的问题。所以此刻我们要去形成一个幸福的城邦：不是把少数幸福的人单独置于其中，而是使城邦整体都幸福。"① 亚里士多德则在《政治学》一书的开篇就界定了什么是城邦和政治共同体，此后又在书中多处表达了这样的意思："城邦的目的是生活良好，而其他东西都是为了这个目的。城邦就是由完整而自足生活（这就是我们说的幸福而高贵生活）的家族和村落构成的共同体。"② 所以政治学的研究目的在于弄明白，"对那些能够尽可能如其所愿生活的人们来说，哪一种政治共同体优于其他所有的政治共同体"③。显然这跟柏拉图的说法是一致的。为此亚里士多德把目光转向了对政体的考察，以寻求获得最好的政体为最重要的出路。对此他明确说道："我们打算做的事情是研究最好的政体，而且正是根据这种政体，城邦才将得到良好的治理，而且根据一种将使城邦幸福成为可能的政体，城邦将会得到最好的治理……"④

可见，政治学的创立者从一开始就认定，获得优良政体以实现良治，这就是实现政治共同体之幸福生活的出路所在。⑤ 所以政治学的研究目的，具体说来就是研究如何才能获得优良政体，以便在政治共同体中实现良治。就此而言，

---

① PLATO. Republic［M］. Indianapolis：Translated from the New Standard Greek Text，with Introduction，by C. D. C. Reeve. Hackett Publishing Company，2004：103.

② ARISTOTLE. Politics［M］. Cambridge：A New Translation with Introduction and Notes by C. D. C. Reeve. Hackett Publishing Company，Inc.，2017：65.

③ ARISTOTLE. Politics［M］. Cambridge：A New Translation with Introduction and Notes by C. D. C. Reeve. Hackett Publishing Company，Inc.，2017：22.

④ ARISTOTLE. Politics［M］. Cambridge：A New Translation with Introduction and Notes by C. D. C. Reeve. Hackett Publishing Company，Inc.，2017：177.

⑤ 有人把这一思想称作西方式的政体思维或政体决定论，认为犯了简单化的错误（王绍光. 政体与政道：中西政治分析的异同［M］∥王绍光. 理想政治秩序：中西古今的探求. 北京：生活·读书·新知三联书店，2012），对此本书不以为然：第一，他说的政体是政治制度或政府形式的意思，而这是毫无根据的，他并未认真考察亚里士多德所说的政体是什么意思，而是把自己的理解强加于他人；第二，他把这种思想看成政体决定论，而这个说法也是他把自己的理解强加于他人。总之，他认为西方政体思维源于古典政治学，贯穿近代政治学，然而他明显没有去认真理解和把握古典和近代的政治学，本身就犯了简单化的错误。他可以说古今中外存在政治制度决定论（这种观点也的确存在）并进而批驳之，倒也言之有理，但绝不能用政体来替换其中的政治制度，那样就谬之大矣。

我们也可以说政治学涵盖了公共治理学，以寻求实现政治共同体的良治或者说公共福祉为研究目标。

（二）现代政治学制造了困扰

政治学到底是什么，这本来是个非常简单且清楚明白的问题，然而在现代政治学亦即所谓的政治科学（political science）大行其道并且试图取代政治学的形势下，这个本不存在的问题却问题化了。

虽然现在政治科学这个说法用得最多，最为流行，但在欧洲大陆却有另一种说法，即政治社会学。早在 1927 年，德国学者米歇尔斯（Robert Michels）就出版了《政治社会学教程》一书，提出了政治社会学这个说法。[①] 在这里，政治社会学被看成社会科学或者说社会学的一个分支，是一种应用社会学，这个观点也为后人所继承[②]。法国学者迪韦尔热（Maurice Duverger）更是将此说法发扬光大，而且直接指出政治社会学就是政治科学。[③]

现代政治学或者说政治科学，是近代科学主义兴起的产物。一般认为，美国大学在 19 世纪 80 年代率先建立政治科学的系院，开设有关课程，这就意味着现代政治学或政治科学出现了，最迟以 1903 年美国政治科学协会（APSA）的成立为标志，实则不然。我们知道，现代政治学的核心特征就是追求政治学科学化，虽然在 19 世纪和 20 世纪之交的美国学者中，不少人也有此倾向，但这并不意味着那时的政治学就是政治科学。其实当时的美国学者深受欧洲（特别是德国、英国和法国）学界的影响，而那时候的欧洲政治学不过是古希腊政治学和近代西方政治学的传承而已。当时虽然比较普遍地使用了 political science 这个名称，但这也不意味着那就是政治科学，这里的 science 还不完全是自然科学的那种意思，使用这个名称主要是为了和已经改变了含义的 politics 一词相区别。

真正以政治科学自居的现代政治学，是在 20 世纪 20 年代美国学界（特别是在芝加哥大学）正式掀起政治学科学化运动（第一次行为主义革命）以后才

---

① MICHELS R. Corso di sociologia politica［M］. Soveria Mannelli：Rubbettino, 2009.

② ［美］安东尼·奥鲁姆. 政治社会学导论［M］. 北京：北京大学出版社, 2005：1.

③ DUVERGER M. The Study of Politics［M］. WAGONER R, trans. New York：Thomas Y. Crowell Company, Inc., 1972：11-12；［法］莫里斯·迪韦尔热. 政治社会学：政治学要素［M］. 杨祖功，王大东，译. 北京：华夏出版社, 1987：致读者. 后一本书原为法文，书名为 Sociologie de la Politique：Eléments de Science Politique，直译为"对政治的社会学研究：政治科学的原理"。

逐渐形成的。① 这一运动一度为第二次世界大战（简称"二战"）所打断，但战后继之而起（第二次行为主义革命）。自此以后，美国学界就彻底摆脱了欧洲的政治学范式，走上了一条独立道路，建立了他们自己的政治科学。②

由于"二战"后美国的世界影响力巨大，结果美国的政治科学反过来影响和支配了欧洲的政治学界，也影响了全世界，这就导致今天人们一般都以为政治学就是政治科学，关于政治学的混乱和困扰由此而产生。说到底，一切混乱和困扰都源于把政治学等同于政治科学，混淆了两者完全不同的研究主题。

首先从研究对象来看，由于受到现代政治学的强大影响和错误引导，许多人不再深入考察和阅读政治学开创者的作品，甚至连近代政治学的著作都不看了，而是望文生义、想当然地认为，政治学当然是研究政治（politics）的，政治就是政治学的研究对象和核心概念，这在今天几乎所有的政治学教科书中都成了模式化的标准表述。然而这是大错特错的。

其实在政治学开创者的著述之中，在那个地方和时代，根本就没有名词化的政治（politics）这个词，更没有谁提到和界定相应的概念（按照今人理解的意思）。从中我们最多可以看到"政治的（πολιτική或πολιτικός, political）"这个修饰词，表示"属于城邦的""与城邦有关的""具有城邦性质或特征的"之意，但称之为"政治的"，这显然是后人的意译。有人认为πολιτική这个词也具有名词的意义，但在亚里士多德的著述中也仅指政治学这门学问。既然如此，古典政治学又怎么可能以"政治"为研究对象和核心概念呢？

其实今天被我们广泛使用的政治（politics）一词直到近代之初才产生。不仅如此，实际上现在人们广泛使用的一些政治学术语，都是在16世纪和17世纪之交欧洲发生"政治学革命"之后才出现的。③ 通过查阅词源可发现，英语politics一词直到16世纪20年代才出现，来自旧式法语politique和拉丁语politica。④ 而拉丁语politica是由形容词politicus转变而来的，后者又来自古希腊

---

① 当时的美国学者梅里安是该运动的主要吹鼓手和代表人物，参见 MERRIAM C E. New Aspects of Politics [M]. Chicago：University of Chicago Press，1925，1931.

② 关于美国政治科学的发展史，可参见 GREENSTEIN F I，POLSBY N W. 政治科学大全（第1卷）[M]. 幼师文化事业公司，编译. 台北：幼师文化事业公司，1984；FARR J，SEIDELMAN R. Discipline and History：Political Science in the United States [M]. Ann Arbor：University of Michigan Press，1993.

③ [意] 莫瑞兹奥·维罗里. 从善的政治到国家理由 [M]. 郑红，译. 长春：吉林人民出版社，2011：1.

④ 可查阅"在线词源词典"网站（https：//www.etymonline.com/）。

语的修饰词 πολιτικός。①

然而即使 politica 这个词已经产生和存在，可是在 16 世纪和 17 世纪之交这个仍以拉丁语为欧洲通用语言的时代，拉丁词 politica 根本就不流行。比如在马基雅维利的著述中就从未出现过这个词，而仅有几处使用了修饰词。② 实际上根据萨托利（Giovanni Sartori）的考证，直到 1603 年，拉丁词 politica 才首次出现在德意志学者阿尔色修斯（Johannes Althusius）的《政治学（politica）》一书中（该书是用拉丁文写作的）。③ 不过该书所说的 politica，指的是政治学这门学问——源于古希腊的这门学问，而不是后人所理解的"政治"。因为阿尔色修斯明确说道："政治学（politics）是社交的（consociandi）人类为了在他们中建立、培育和保存社会生活而使用的学问（art）。因此它被称为'共生学（symbiotics）'。因而政治学（politics）的主题是社会结合（consociatio），在其中，共生生物（symbiotes）通过明确的或默认的协议相互承诺，相互交流任何对于过上和谐的社会生活有用且必要的东西。"④ 阿尔色修斯本人研究过亚里士多德，书中也大量引用了亚里士多德的《政治学》，所以我们可以合理地怀疑，把亚里士多德提出来的那门学问称作 politica（政治学），并把他那本书称作《政治学》，估计就是从阿尔色修斯开始的——至少他对于传播这个说法起了带头作用，因为亚里士多德的那本书原本并无书名。

进入 17 世纪以后，在欧洲，不管是以哪国民族语言表达的政治（politics）一词的确多见起来，广泛出现在这个时代的著述之中，比如在霍布斯、洛克的著作中就多次出现过。但即便如此，我们也不曾见到有谁认真对待过它。这时的学者不仅没有专门界定其含义，更没有谁将其当作政治学的研究对象和核心概念。他们普遍是在比较含混的意义上随意使用这个词，大体上参照柏拉图和亚里士多德所说的治理术（统治术）和政治学知识的意思。⑤ 也就是说，politics 这个词可能指的是亚里士多德的那本书和相应的那门学问，也可能指的是这门学问所研究的那种技艺。

---

① HOROWITZ M C. New Dictionary of the History of Ideas（volume 5）［M］. Detroit：Thomson Gale，2005：1833.
② ［意］马基雅维利. 君主论［M］. 刘训练，译注. 北京：中央编译出版社，2017：362.
③ SARTORI G. What Is "Politics"［J］. Political Theory，1973，1（1）：5-26.
④ The Politics of Johannes Althusius［M］. CARNEY F S，trans. Boston：Beacon Press，1964：12.
⑤ 柏拉图和亚里士多德所说的治理术（统治术）和政治学知识，见于他们的《理想城邦》《政治家》《尼各马可伦理学》《政治学》等著述之中。

　　这种状况到了 18 世纪也没有什么改变，法国学者霍尔巴赫（Baron Paul Henri Thiry D'Holbach）可能是为数不多的例外。他在《自然政治论》（*La Politique Naturelle*）一书中说，"政治是治理人的艺术，或者说，是驱使人们增进社会安全和幸福的艺术"，是"治理国家和确定国家需要时所应依据的经验"。① 不过比照柏拉图、亚里士多德和阿尔色修斯的说法来看，我们严重怀疑这里的翻译可能有误（中译者并不是根据该书的法文版而是根据俄文版来翻译的）。这里的 politique 应该指的是政治学这门学问，而不是"政治"的意思。

　　直到进入 19 世纪以后，政治（politics）一词才算真正流行起来，然而其含义也变得十分多样，令人难以捉摸。不过翻检这个时代的著述，我们还是没有怎么发现谁将其当成政治学的研究对象和核心概念，甚至做出专门界定的情况都是罕见的。比如英国学者西奇维克（Henry Sidgwick，1838—1900）完全是一个 19 世纪的人，虽然他在《政治学原理》一书中使用了"政治（politics）"一词（当该词的意思是政治学时，他特别将其大写为 Politics），但他根本就没有界定其含义，更没有将其看成政治学的研究对象和核心概念。相反，在区分政治学和社会学（社会科学）的基础上，他指出政治学研究的是拥有政府的政治社会或被治理的社会。② 这不就是国家的概念吗，哪里是政治的概念？而国家恰恰就是近代政治学所说的政治共同体，跟古典政治学所说的城邦地位相当。

　　总之，到 19 世纪为止，尽管和古希腊城邦时代相比，政治学的研究范式的确发生了一些变化，其内容和外观也都有一些重大变化，但从研究对象上看，政治学的性质并没有改变，人们对于什么是政治学并没有产生混乱的观点，更谈不上产生困惑。因为 17~19 世纪的近代政治学与古希腊城邦时代的古典政治学是一脉相承的，虽有拓展和丰富，但并非对它的背离。简言之，古典政治学和近代政治学都不是以"政治"为研究对象的，说政治学以政治为研究对象和核心概念，这完全是对政治学的误解。

　　其实把政治当成研究对象和核心概念的，是作为政治科学的现代政治学。从此政治一词变成了一个专门的学术用语，其含义也发生了重大变化，用以指一种社会现象或活动，而不再包含作为一门学问的政治学的意思（这个意思被 political science 所取代了）。自此以后，几乎所有从事政治科学研究的人，无不

---

① ［法］霍尔巴赫．自然政治论［M］．陈太先，眭茂，译．北京：商务印书馆，1994：276.

② SIDGWICK H. The Elements of Politics［M］. London：Macmillan and Co. , 1891：2.

首先提出他对于政治概念的理解和界定，然后才是开展下一步的研究。至于他们所说的政治到底是什么意思，这是因人而异的，并没有达成共识。比如说，作为美国政治学科学化运动时期的一个代表人物，拉斯韦尔（Harold D. Lasswell）认为，关于政治的科学，研究的是势力（influence）和有势力的人（the influential）①，这就等于说他认为政治就是势力现象。而他的这一理解和界定，明显受到了之前的精英主义理论"社会科学家"帕累托（Vilfredo Pareto）、莫斯卡（Gaetano Mosca）、米歇尔斯（Robert Michels）以及德国社会学家马克斯·韦伯（Max Weber）等人的影响。比如马克斯·韦伯就认为，政治是在国家之间，或者在一国之内的各团体之间追求权力的分享或者影响权力的分配。② 正是按照这种理解方式，最后美国学者伊斯顿（David Easton）提出了一个据说是广受认可和采纳的政治概念——为一个社会权威性地分配价值。③

　　相比于古典和近代政治学，作为政治科学的现代政治学，不仅改变了研究对象——以政治为研究对象，而且也改变了研究目的——追求科学研究的目的，这就加深了人们对政治学的误解。而以科学研究为目的，这并不是从美国人20世纪20年代开展行为主义运动才开始的，而是从法国实证主义者孔德（Auguste Comte）创立社会学亦即社会科学的时候就已经确定下来。所以还在美国人之前，意大利社会学者莫斯卡就在其1896年出版的《政治科学原理》一书④中，提出政治科学（scienza politica）是有关政治的科学，目的是要发现导致社会事件的决定人类大众的恒常心理现象、支配这些倾向发挥作用和行为方式的法则、人类社会确定的恒常法则、调节社会组织的法则、指导政治机构组织方式的趋势，一句话，是要发现决定人类社会政治组织的恒常规律或者趋势。⑤ 只是莫斯卡错误地认为，从亚里士多德开始的政治学也是以此为目的的。

① The Political Writings of Harold D. Lasswell［M］. Glencoe：The Free Press, 1951：295.
② 韦伯作品集 I：学术与政治［M］. 钱永祥，等译. 桂林：广西师范大学出版社，2004：197.
③ GREENSTEIN F I, POLSBY N W. 政治科学大全（第1卷）［M］. 幼师文化事业公司，编译. 台北：幼师文化事业公司，1984：1.
④ 该书原名为 Elementi di Scienza Politica（政治科学原理），英译者将其改为 The Ruling Class（统治阶级）。而政治科学这个说法甚至在莫斯卡之前就已经出现了，显然是随社会科学这个提法的出现而出现的，因为同时期还出现了经济科学、历史科学等提法。
⑤ ［意］加塔诺·莫斯卡. 统治阶级（政治科学原理）［M］. 贾鹤鹏，译. 南京：译林出版社，2002：39-42, 45.

既然政治科学与政治学在研究主题上明显不同，那么实际上二者就是不同性质的学问。就此而言，把政治科学称作现代政治学并不那么恰当，因为它本来就不属于政治学。反过来，实际上政治科学主义者也不认同古典和近代的政治学，因为他们不认亚里士多德而认孔德为"祖宗"，他们把政治科学溯源至社会学或社会科学而不是创立于古希腊城邦时代的古典政治学。他们是在社会科学"一统江湖"的格局下来看待学科划分的，所以政治科学并不是古典和近代的那种政治学，而是社会科学的一个分支，就像迪韦尔热等人所说的，是一种应用社会学。既然如此，那么把政治学等同于政治科学，或者以政治科学来看待和理解政治学，不产生混乱和困惑才怪呢。

（三）小结

只要我们把古典和近代的政治学，也就是本来的政治学，和政治科学（还是勉强称作现代政治学吧）区分开来，那么就不难发现，关于政治学是什么的问题既不复杂，也不混乱。

所以我们看到，在所谓的政治科学产生以前，绝大多数的政治学者没有陷入混乱和迷惘，甚至在美国也是如此。比如被视为美国政治学学科开创者（准确地说应该是先行者）之一的伯吉斯（John W. Burgess），在其1890年出版的著作中，尽管已经使用 political science（政治科学）的说法，却根本就没有提及和界定政治这个概念，更没有将其作为政治学的研究对象和核心概念，而是按照当时欧洲政治学的研究范式，研究民族、国家、宪法、政府等题目。① 另一位著名的美国学者迦纳（James W. Garner），甚至在其1928年出版的著作中，尽管辨析了政治的概念而且已经有了政治科学的观念，但还是按照近代欧洲政治学的研究范式，明确表示政治学是研究国家现象的，并致力于研究国家和政府问题，而没有说政治学是研究政治的。②

一句话，要搞清楚政治学是什么，其实就是要搞清楚古典政治学是什么（延及近代政治学），而不要在现代政治学（政治科学）上浪费时间。通过回到政治学的开创者，牢牢把握他们设定的研究主题，我们就厘清了关于政治学是什么的混乱和困惑，就明确了政治学这门学问的性质。在此重复一遍，政治学是研究政治共同体的学问，目的在于解决如何实现政治共同体的幸福生活或者

---

① BURGESS J W. Political Science and Comparative Constitutional Law [M]. Boston：Ginn and Company，1913.

② ［美］迦纳. 政治科学与政府（绪论·国家论）[M]. 孙寒冰，译. 北京：东方出版社，2014：5-12.

说如何实现良治的问题。

据此我们还可以看到，政治学的开创者也做出了开创性的研究，形成了最早的研究范式，产生了最初的研究成果，并且在此后上千年的历史中还有大量的追随者，近代政治学者大多就是如此——只有现代政治学者才是与之决裂的。

大体来说，古典政治学可归纳为四个核心命题：（1）以结成政治共同体为前提和基础；（2）以实现政治共同体的幸福生活为目的和归依；（3）以获得优良政体为手段和途径；（4）以开展公民教育为依靠和保障。根据这样的知识体系，古典政治学实际上包含了四个方面的研究，蕴含着四个分支学科：（1）政治共同体学，研究政治共同体的形态、构建、维系、解体等问题；（2）政治伦理学，研究政治共同体的目的追求、价值基础以及由此衍生的公共价值和规范等问题；（3）政体学，研究政体的形态、构建、运作及其结果以及维系、改进等问题；（4）公民教育学，研究公民教育的目的、主体、对象、内容、方式、效果等问题。当然，所有这些分支学科及其名称都不是古典政治学乃至近代政治学本身就有的，而只是本书提出来的一个意见。因为古典和近代政治学未形成独立分支学科体系，而一直是以整体的形式出现的，几乎所有的政治学者都是全面研究而非仅及一点。但是这样分类可能还是有一点好处，一方面可以帮助我们理解和把握这些学问，另一方面也有助于政治学的拓展丰富和创新发展。

二、何为比较政治学

在搞清楚何为政治学的问题之后，我们再来考察作为其分支学科的比较政治学是什么。

不难发现，不管今天学者如何定义比较政治学，他们都会将这一学科的历史①追溯到古希腊城邦时代，会特别提到亚里士多德组织学生对当时150多个城邦的政体进行比较研究这一事件。这就说明，比较政治学实际上来源于古典政治学的政体研究——目的在于寻求优良的政体。更具体地说，比较政治学的理论根源可追溯至古典政治学的政体研究命题，是对这方面的专门研究和展开。

不过在古典政治学中，政体研究并未凸显出来并分化为专门的分支学科，所有的古典政治学者也都没有将其单独划分出来进行专门研究的意识，更没有

---

① 关于比较政治学的发展史，可参阅［美］霍华德·威亚尔达. 比较政治学导论：概念与过程［M］. 娄亚，译. 北京：北京大学出版社，2005；［美］赫拉尔多·L. 芒克. 比较政治学的过去和现在［M］//［美］赫拉尔多·L. 芒克，理查德·斯奈德. 激情、技艺与方法：比较政治访谈录［M］. 汪卫华，译. 北京：当代世界出版社，2022.

为其命名，近代政治学也是如此。将政体研究划分出来作为一项专门研究，并最终成为政治学的一个分支学科，还获得比较政治学之名，这是从19世纪晚期开始直至"二战"结束才得以完成和实现的。

在19世纪下半期，当时美国的一些大学开设了"外国政府""比较政府""比较宪法"等课程，通常这就被看成比较政治学作为一个分支学科的开端。据此来看，实际上比较政治学最开始就是比较政府研究。由于近代政治学长期把政体与政府等同看待，也经常把政体与宪法（constitution）等同看待①，所以最早作为比较政府研究的比较政治学，其实是以政体为研究对象的，从而与古典政治学的政体研究一脉相承。

最初的比较政府研究沿袭了古典和近代政体研究的方式和方法，所以也被看成旧式的比较政治学。"二战"后，一些美国学者对这种旧式比较政治学即比较政府研究发起了批判，认为这种研究过于关注欧洲而不考虑其他地区，是描述性的而非分析性的，是形式主义和法律主义的而不关注充满活力的非正式政治过程，个案研究占据主导地位而缺乏真正的比较，充满了零碎的事实而缺乏系统性。此后，美国学界就将比较政府研究改为比较政府与政治研究。但其研究对象还是政体，只不过不再局限于政府，还拓展到了非政府的部分。

比较政府与政治研究虽然还未取得比较政治学之名，但一开始二者是无区别的。后来阿尔蒙德等人在从事政治发展问题的跨国研究时，正式启用了比较政治学这一名称，并提出了一些基本概念和制定了一套研究框架，这就被看成比较政治学正式形成的标志，而阿尔蒙德等人则被认为是构建了学科理论框架的人。不过到此为止，比较政治学的研究对象还是没有改变，只不过从前的政体概念现在获得了一个新名称——政治体系（political system）。

因此从研究对象来看，比较政治学就是研究政体的一门学问，这和古典政治学的政体研究是一脉相承的。

再从研究目的来看，比较政治学和古典政治学的政体研究也是一脉相承的。当然这一观点肯定会引起巨大争论，因为人们会说，比较政治学追求的是科学研究的目的——经验的因果解释，而过去的政体研究追求的是如何获得优良政体。

---

① 自宪法观念出现以后，特别是在成文宪法出现以后，各国普遍采取这种形式来设计和构建政体，可能这就是人们将政体与宪法等同看待的原因。

　　我们当然承认有这种区别，但人们没有看到的是，比较政治学追求的这一科学目的并非其终极目的，其最终目的其实和过去的政体研究一样，也是寻求优良政体，只不过按照西方比较政治学者的话语，这被称作政治发展——不管是叫作政治现代化还是叫作政治民主化。一定要注意的是，这里所说的政治发展（political development），不是亨廷顿所说的政治变迁或变革（political change），因为政治发展原本是有目的和有价值取向的（"要发展什么"）概念，在西方学者的理解中，基本上就是非西方国家要建立西方式政体（政治体系）的意思，而亨廷顿所说的政治变迁却没有此意，而只是一个试图用来描述和把握客观现象（"发展了什么"）的概念。①

　　我们还可以注意到，阿尔蒙德等人非常重视和强调对政治体系的评价，他们明确指出，回避对政治体系的评价问题是自欺欺人的。② 然而评价涉及价值规范，显然这不是科学研究，那么阿尔蒙德等人为什么还要强调评价？这是什么目的？又有什么意义？其实他们是要通过评价，来确定何为优良的政治体系（政体），而后图谋政治发展（获得优良的政治体系或政体）。这也可见比较政治学的终极目的，绝不是表面上所说的科学目的。

　　还有一个有力的证明，就是比较政治学中那么多民主问题研究。③ 这方面的学者仅限于研究现代民主政体（但这是一个打包式的混杂概念，通常就是指西方国家的那些政体），重点解决实现民主的基础条件、构建民主的过程、民主的巩固和崩溃、民主的目的和绩效等问题。然而这些研究又是为了什么呢？难道解决这些问题本身就是最终目的吗？当然不是。因为这些学者早已先入为主地认定（而不是假定），现代民主政体就是优良的政体，有人甚至直接称之为最好

---

① GREENSTEIN F I, POLSBY N W. 政治科学大全（第 3 卷）[M]. 幼师文化事业公司，编译. 台北：幼师文化事业公司，1984：6.

② [美] 加布里埃尔·A. 阿尔蒙德，小 G. 宾厄姆·鲍威尔. 比较政治学：体系、过程和政策 [M]. 曹沛霖，等译. 上海：上海译文出版社，1987：27.

③ 例如 [美] 霍华德·威亚尔达. 民主与民主化比较研究 [M]. 榕远，译. 北京：北京大学出版社，2004；[美] 胡安·J. 林茨，阿尔弗雷德·斯泰潘. 民主转型与巩固的问题：南欧、南美和后共产主义欧洲 [M]. 孙龙，等译. 杭州：浙江人民出版社，2008；斯蒂芬·海哥德，罗伯特·R. 考夫曼. 民主化转型的政治经济分析 [M]. 张大军，译. 北京：社会科学文献出版社，2008；[美] 拉里·戴蒙德. 民主的精神 [M]. 张大军，译. 北京：群言出版社，2013.

的政体①，他们就是要"科学地研究"如何才能获得这种政体，包括在一个新国家中如何成功地创建这种政体，在一个"非民主的"国家中如何实现向这种政体转型，以及在一个"民主的"国家中如何巩固和深化这种政体。我们未必同意这些人所说的现代民主政体就是最好的或优良的政体，但是据此我们的确可以看出，比较政治学绝不是以科学研究为最终目的的，那只是一个手段而已，其真正的目的还是和过去的政体研究一样，即寻求优良的政体，只不过到底什么是优良政体，这还有待进一步研究。

总之，从比较政治学的发展史来看，其研究主题是清晰可辨且一以贯之的，而且和过去的政体研究也是一脉相承的。所以我们说，比较政治学就是研究政体的一门学问，其最终目的在于寻求优良的政体（政治体系）。也正因如此，本书才说比较政治学实际上就是政体研究。

但肯定会有人不赞同这个观点。有些人就坚持认为，比较政治学的根本特点在于方法，是"比较"的方法决定了这一学科的性质，凸显了其独特性。然而这个观点明显站不住脚。如果此说成立，那么比较文学、比较法学、比较史学、比较经济学等，跟比较政治学一起，岂不就算是同一个学科门类（比较学？）了，还有比这更荒唐的吗？实际上"比较"从来就不是什么独特的方法（试问有什么学科不会运用比较的方法？），更不可能决定一个学科的性质。如前所述，任何学科的性质是由其研究主题来决定的，如果缺乏独特的研究主题，一个学科甚至都无法成立，更谈不上具有独特性。而当我们说比较政治学以政体为研究对象时，起码就此而言，该学科就已经具备独特性了，难道还有其他什么学科也是研究政体的吗？假如说宪法学之类的学科也研究政体，那么再从研究目的来看，难道宪法学也是寻求优良政体的吗？所以比较政治学的性质和特点都是由其研究主题来决定的，而这与政体密不可分。

从历史上看，比较政治学之所以获得"比较"之名，无非是因为从一开始对政体的研究就是跨城邦的，后来对政府或政治体系的研究也是跨国家或跨地区的，甚至可能是跨时代的。但比较政治学这个名称并没有准确地表达这门学问的研究主题和独特性，反而引发了大量的误会和混乱，因为不少人的确习惯于望文生义。其实当初阿尔蒙德等人并没有创造比较政治学这个名词，而是从

---

① 当然这些学者一般也认为，现代民主政体也有多种形式和品质差异，其中选举民主政体只是初级形式，自由民主政体才是高级形式。从初级形式向高级形式发展，这就是所谓的民主深化。

别人那里借来的①，但现在看来当初借用得太随意太草率了。恐怕他们也没想到，这个名称居然会引发后人如此多的遐想，造成如此严重的误会和混乱。早知如此，说不定他们就会采纳本书的意见，将这门学问重新命名为政体学或政体研究，哪怕是叫作政治体系研究恐怕也要好得多。

第二节　研究对象

我们已经明确了比较政治学的研究主题，相应地也就明确了其学科性质，现在我们需要具体阐释一下这个研究主题。首先从研究对象开始，为此就需要搞清楚政体的概念，明确其内涵和外延。

一、古典的政体概念

政体（πολιτεία，polity）概念最先出现在古典政治学中，而且被频繁使用。我们都知道亚里士多德对此做出了明确的界定，然而不知何故，许多人对此置若罔闻，仍然自以为是地提出自己的政体概念，这实在是不应该。既然亚里士多德早已做出了概念界定，那么后来的使用者就只需尽力去理解和把握这个概念，而不是自己去创造概念。

当然，理解和把握这个概念也确实存在一些困难，这主要是由语言差异和时空隔阂造成的，所以我们看到有一些不同的理解。比如在中译本中，几乎各种版本都把亚里士多德所说的政体理解为城邦中掌握最高权力的组织机构即政府，比如"政体（宪法）为城邦一切政治组织的依据，其中尤其着重于政治所由以决定的'最高治权'的组织。城邦不论是哪种类型，它的最高治权一定寄托于'公民团体'，公民团体实际上就是城邦制度"②；"一个政体就是对城邦中的各种官职尤其是拥有最高权力的官职的某种制度或安排。政府在城邦的任何

---

① 当时阿尔蒙德等人借用的是 comparative politics 一词，严格说来这不能译作"比较政治学"，而只能称作"比较的政治"，相应的学术研究则应称作"比较政治研究（study of comparative politics/research on comparative politics/comparative politics research）"，迄今英语中也没有与"比较政治学"相对应的专业词汇。不过我们可以把他们所说的这种研究称作比较政治学，这没有什么不妥。

② ［古希腊］亚里士多德. 政治学［M］. 吴寿彭，译. 北京：商务印书馆，1965：129.

地方都有管辖权，而政体即是政府"①。而在英译本中，我们又看到有若干种不同的理解和译法，比如：（1）Now a constitution is the ordering of a state in respect of its various magistracies, and especially the magistracy that is supreme over all matters. For the government is everywhere supreme over the state and the constitution is the government. ②（2）A constitution（or polity）may be defined as "the organization of a polls, in respect of its offices generally, but especially in respect of that particular office which is sovereign in all issues". The civic body（the *politeuma*, or body of persons established in power by the polity）is everywhere the sovereign of the state; in fact the civic body is the polity（or constitution）itself. ③（3）Now, a constitution is an ordering of a city's various offices, and above all of the office that controls everything. For the governing body controls the city everywhere, and the constitution is governing body. ④

　　根据上述理解来看，关于亚里士多德所说的政体概念，有几点应该是确定无疑的：政体不是城邦本身，而只是其中的一种组织安排；政体由各种职位组成，是这些职位的组织安排；政体还由具体的人组成，是一个实在的群体。

　　但除了这几点，在其他方面则存在诸多疑问和分歧。比如，能否把城邦（city or city-state）看成和译作国家（state）？组成政体的职位（office）是不是可以称作官职（magistracy）？能否把政体中那一特殊职位看成最高的（supreme）或具有主权性质的（sovereign）？作为由具体的人组成的政体到底指的是什么：政府（government）、公民团体（civic body）还是治理团体（governing body）？

　　我们认为，要理解和把握亚里士多德所说的政体概念，这不仅需要我们以原著为依据，而且还要有历史的眼界，要了解古希腊城邦时代的基本状况，这样才有可能找准相应的语境，从而达到正确的理解。由此来看，有几点就需要澄清。

---

① ［古希腊］亚里士多德. 政治学［M］. 颜一，秦典华，译. 北京：中国人民大学出版社，2003：82.

② ARISTOTLE. Politics［M］. RACKHAM H, trans. London：M. A.. William Heinemann Ltd.，1932：201. 该书系英希对照本。

③ ［古希腊］亚里士多德. 政治学（英汉对照）［M］. 高书文，译. 北京：九州出版社，2007：248. 该书对应的英译本是 The Politics of Aristotle［M］. BARKER E, trans. Oxford：Oxford University Press, 1946.

④ ARISTOTLE. Politics［M］. REEVE C D C, trans. Cambridge：Hackett Publishing Company, Inc.，2017：60.

第一，作为古希腊城邦时代的人，亚里士多德不可能有"国家（state）"的观念，因为国家是西方近代以后才出现的观念和说法，在古希腊只有城邦（πολις，city-state）的观念和用语。即使按照亚里士多德提出的一般性概念，那也应该叫作"政治共同体（κοινωνια πολιτικη，political community）"，而不是国家。因此用国家（state）来翻译和理解城邦，显然是以后人的观念代替前人的观念，是不准确的。既然如此，我们也就不能把政体看成国家中的一种组织安排，而只能说是城邦中或政治共同体中的一种组织安排。

第二，亚里士多德并没有说政体中那一特殊的职位是最高的或具有主权性质，有关的理解和译法明显受到了近代主权（sovereignty）观念的影响，也是以后人的观念代替前人的观念。亚里士多德提到的这种特殊职位，应该是古希腊城邦时代政体的一种特殊设计。这就是说，如果说城邦设置各种职位是用来管理各种公共事务的，那么其中有一种职位则有权管理所有的公共事务。亚里士多德在解说政体的各种职位时，的确提到了一种有权掌管一切事务的职位，这种职位一般掌管一项措施的实施和引入（相当于做决策），要不就在平民掌权的地方主持公民大会，并举例说，在一些地方这些人被称作预备议员——负责为公民大会进行初步审议，而在平民掌权的地方他们则被称作议事会。① 可见这种特殊的职位属于政体的审议部分。② 但不管怎样，有权管理所有公共事务并不等于说该职位就是最高的或者说掌握最高权力，这是两个不同的概念。因此把政体理解为城邦中掌握最高权力的组织机构，这也是不对的。

第三，亚里士多德在界定政体的概念时，先讲了政体是关于职位的组织安排，但接着又说了政体也是掌管城邦的群体，对此还专门做出了解释，说比如在平民政体的城邦就是由平民来掌管，而在寡头政体的城邦则是由少数人来掌管。因此亚里士多德所说的政体，既是一种组织安排，也是一种实在群体，也就是一种组织体系。但不知何故，一些人却只看到前半截，由此便得出政体仅仅是组织形式的错误结论。③

至于亚里士多德所说的这个群体（πολίτευμα，politeuma），到底应该怎么

---

① ARISTOTLE. Politics［M］. REEVE C D C, trans. Cambridge：Hackett Publishing Company, Inc., 2017：156.

② ARISTOTLE. Politics［M］. REEVE C D C, trans. Cambridge：Hackett Publishing Company, Inc., 2017：103.

③ 后来那种广为流传的说法，即认为政体就是政府的形式或制度，估计全都源于这种断章取义。

理解和翻译，这还有待斟酌。但无论如何，称其为政府（government）一定是错误的。首先，在亚里士多德的时代和地方根本就没有政府这个词。从词源来看，政府这个词最先出现在 14 世纪晚期，最初的意思是"治理或统治的行动"，到了 16 世纪 50 年代才具有"治理的体系"的意思。① 而且亚里士多德也不可能具有政府的观念。我们知道，政府是一种专职化的机构体系，即专门承担某些职责或任务并且其任职者是职业化的，是"官"与"民"这种社会分化的产物，是国家时代才有的现象；政府就是中国传统上所说的官府（包括中央朝廷），也只有政府中的职位才能叫作官职。英国学者芬纳（S. E. Finer）在谈及国家的基本特征时就指出，国家是有领土限制的一群居民，这些居民承认一个共同的最高政府机构，这个机构由专门人员为其效力，其中文官执行决策，武官在必要时用武力支持这些决策，并保护国家免受其他国家侵犯。② 这也说明，政府就是专职化的机构体系，就是官府。然而在古希腊城邦时代，特别是在亚里士多德生活过并因此特别熟悉的雅典，尤其是在公元前 508 年克里斯提尼改革以后，几乎所有职位都由抽签产生，所有公民都有机会任职，而任职属于兼职性质，并无报酬（即使有些许补助也不足以谋生），而且任期短（一般为一年），需轮换，所以对当时的人来说，任职其实是尽公民义务而不是"当官"享受特权。因此这里根本就不存在官民分化现象，这些职位也不是官职，这些职位及其担任者也就不可能构成专职化的政府。其实正如历史学家所指出的那样，古希腊城邦普遍太过狭小，根本就供养不起一个官僚体系③，这也证明这些城邦都很难说有政府这个东西存在。而作为生活在彼时彼地的人，亚里士多德不可能不知道这些情况，那么也就不可能产生官职和政府的观念，更不可能将这些任职者所组成的群体称作政府。将其理解为和翻译成政府，这又是以后人的观念代替前人的观念。

　　那么像一些译者那样，把这个群体称作公民团体（civic body）又如何呢？这种理解和翻译让人完全不知所云，并没有揭示亚里士多德所要表达的意思。因此相对而言，像一些译者那样，把这个群体称作治理实体、团体或群体（governing body），才比较符合亚里士多德的原意。因为政体本来就是从事城邦

---

① 可查阅"在线词源词典"网站（https：//www. etymonline. com/）。

② FINER S E. The History of Government from the Earliest Times（Volume I）［M］. Oxford：Oxford University Press，1997：2.

③ 尼古拉斯·杜马尼斯. 希腊史［M］. 屈闻明，杨林秀，译. 上海：东方出版中心，2012：53.

公共事务管理的，那么担任政体职务的人当然就是治理者，也就是亚里士多德所说的掌管城邦的人。至于说这些治理者所组成的群体，为什么会被亚里士多德看成社会中的某些群体，比如平民或富人，这是因为他注意到，任何城邦都存在社会分化（包括职业分化，特别是贫富分化）现象，而政体的组织形式（职位的安排方式）不同，就会导致任职者的社会来源也不同，从而在政体中形成具有不同社会身份的治理群体。① 比如，如果城邦的绝大多数职位实行抽签制，那么绝大多数的治理者就一定来自占据城邦多数的贫穷的平民，从而导致政体主要由具有平民身份的人组成，于是这样的政体就被看成平民政体（democracy），整个平民群体则被看成掌管城邦的治理群体。而如果城邦的绝大多数职位实行选举制，那么占据城邦少数的精英或富人就更有机会被选上，而由这些人组成的政体就被称作贵族政体（aristocracy），整个贵族群体则被看成掌管城邦的治理群体。

通过以上梳理和澄清，亚里士多德所说的政体，简言之就是指由城邦中各种职位及其担任者构成的组织体系。在这个概念中，显然职位就是指公共职位（public office，简称公职），即负责管理城邦公共事务而非私人事务的职位，因此我们可以用公职来替换职位这个术语，以使该概念更加准确并且能够广泛适用。基于同样的考虑，我们发现这个概念中所说的城邦具有明显的历史和地域局限性，无法适用于后世和其他地方的情况，所以我们最好用亚里士多德提出的一般概念"政治共同体"来替换。于是经过调整，政体就是指一个政治共同体中由各种公职及其担任者构成的组织体系。

二、政体概念的内涵

对于政体的概念，我们着重从以下两个方面来解说其内涵。

（一）关于公职

既然政体是由各种公职及其担任者构成的，那么显然是先有公职的设置，而后才有任职者的产生，可见公职就是政体的核心内涵，也是其基本的组成元

---

① ARISTOTLE. Politics［M］. REEVE C D C, trans. Cambridge：Hackett Publishing Company, Inc., 2017：85-86.

素。各种公职也有可能组合起来，从而形成一定的机构或机关（institution/organ）①，所以形式上看政体往往是由一些机构或机关组成的。但其实政体的基本组成元素是公职，因为这些机构或机关本身就是由具体的公职组成的。

既然公职是政体的核心内涵，那么我们要理解政体的概念，就必须用心用力地去把握公职这个概念。

到底什么是公职？既然公职是一种职位，那么我们首先就要搞清楚什么是职位。从现实生活中不难看出，职位本质上是社会中的一种角色设定。而任何社会所设定的角色非常多样，如父母、子女、兄弟、亲戚等，并不仅限于职位，职位这种角色的特殊性仅在于，它是为了履行一定的职责（duty）或者说完成一定的任务（task）② 而人为设计出来的，更为正式和相对固定，且通常都有书面的依据。但职位也是多样的，普遍存在于各种人为建立的机构、组织或团体，如公司、学校、社团之中。相比于其他职位，公职的不同之处在于，它只在政治共同体之中设置，最关键的地方在于，它要承担不同于其他职位的职责或任务——职责和任务也可以说是区分各种职位的根本依据。可见要把握公职的内涵，关键在于把握其职责或任务的设定，后者正是公职的核心内涵所在。

那么公职要承担的特殊职责或任务又是什么呢？根据我们前面提及的古典政治学，从价值规范的角度来说，显然任何政治共同体设置公职，都不应该是为了养活一群人，也不应该是为了使某些人显得更为尊崇或者只是为了让某些人有权去强制和控制他人，更不应该是为了使任职者有机会谋取私利，而应该是为了管理和政治共同体所有成员都有利害关系的公共事务，以使所有成员都能从中受益，让大家都生活得好。简言之，政治共同体设置公职的正当目的③，就是公共治理（public governance），这就是各种公职应当承担的职责或任务，

---

① 英语 institution 是个多义词，受新制度主义（neo-institutionalism）观点的影响，现在学界多将其译作"制度"，但实际上这个词更多时候是用来表示机构或机关之意。而按照新制度主义的理解，institution（制度）是行为规则或规范（rule/norm）的意思（NORTH D C. Structure and Change in Economic History [M]. New York：W. W. Norton & Company，1981：201 - 203），不同于组织团体的意思（NORTH D C. Institutions, Institutional Change and Economic Performance [M]. Cambridge：Cambridge University Press，1990：4-5）。为便于区分和避免混乱，本书所讲的制度就是指行为规则或规范（rule/norm），二者可以互换使用，而英语 institution 则仅表示机构或机关，不是制度的意思。

② 人们通常也把职责和任务笼统地合称为职务，而且职务往往还包含职位之意。

③ 现实中人们所认同的正当性原则及其依据不一定一致，的确存在正当性之争，这是政治伦理学需要解决的重大问题。

即本职。反过来，也只有承担公共治理职责的职位，才能叫作公职。

当然我们知道，应然和实然不是一回事，现实中的确存在一些挂羊头卖狗肉的公职。这些职位的确是在政治共同体中设置的，名义上也被说成公职，但赋予其承担的实际职责却与公共治理无关甚至是直接相悖的，因此这些职位其实并不是公职，或者说不应该被看成公职。例如政府的情报监听机构，如果其职责不是为了保卫国家安全，而是监视公民言行、侵犯公民隐私权甚至成为打击公民的工具，那么这些机构所包含的职位就违背了公职的公共治理本质。但是习惯上，也可能是基于正当性的信念，人们一般还是把这些实际上并非公职的职位看成公职，并把相应的任职者看成公职人员或公务人员，从而把由这些职位和人员构成的组织体系继续称作政体。于是造成，政体从一个本来具有价值规范性内涵的概念变成了一个中性的概念，就像亚里士多德的政体分类那样，既可以指正确的政体也可以指偏离的错误政体①。其中正确的政体就是正当的政体，是由承担公共治理职责的公职及其担任者构成的，也可以称之为公共治理体系，对一个国家来说就是国家治理体系。而错误的政体则是不正当的政体，由那些具有公职名义但实际上偏离甚至背离公共治理职责的职位及其担任者构成，比如腐败型政体、掠夺型政体、自利型政体、统治型政体（即极权政体、威权政体）②。

虽然职责是公职的核心内涵，决定其性质，但公职也还包含其他诸多内涵，也不可忽视。

第一，为了便于辨识和区分，所有公职都有头衔名号（title），也就是职位名称，而且这些头衔名号往往就表明了其职责所在。

第二，公职只是一种角色设定，本身并不会自动履行职责，所以在其具体职责确定以后，就还需要有人去担当角色以履行职责。换言之，一切公职都需要担任者（incumbent）。

第三，履行任何职责当然都需要任职者具备相应的品德和才能，所以任何公职在设置时，自然也就包含对任职资格条件（qualification）的设定，然后才

---

① ARISTOTLE. Politics［M］. REEVE C D C, trans. Cambridge：Hackett Publishing Company, Inc., 2017：61.

② 政治统治（rule/dominate/reign）是对人而言的，是一些人役使另一些人为自己服务的活动，也就是社会学所说的一种权力活动。这里所说的役使当然不是自愿的交换，而是单方面强迫且不提供报酬或提供极低报酬的命令和使唤。而公共治理是对事而言的，是通过管理政治共同体的公共事务以使所有成员从中受益从而实现良好生活的活动。

是据此去填充相应的人员。

第四，根据所设定的资格条件去填充任职者，其方式和做法是多样的，所以人们在设置公职时一定还会明确其任职方式，比如选举、抽签、轮换、任命等等。

第五，不管通过什么方式产生的任职者，如果他们要有效履职，那么仅仅满足资格条件是不够的，而必须有权采取一定的手段，具有一定的行动自由。所以公职的设置还意味着赋权，也就是赋予任职者可以采取什么行动的权利或者说资格，这就是所谓的职权或权力。

不过关于公职的职权或权力问题，这里需要多说两句，因为有关的误会和由此造成的混乱实在是太严重了。最大的误会，就是那些"社会科学家"把此处所说的职权或权力，理解和界定为他们所说的权力（power）。而按照他们的理解，权力是支配他人或使其服从自己的能力、潜能或力量。① 但这根本就不是职权的意思，因为职权指的是行动的资格或权利，而不是指一个人具有的能力、潜能或力量。

正因为公职的职权跟社会学所说的权力不是一个意思，所以我们可以发现，权力来源广泛，举凡个人魅力、威望、血缘、身份、财富、人脉、知识、技能等，都可能成为给一个人"撑腰"的力量，由此可以说人人都有一定的权力——就看相对谁来说了。因为权力的本质是人际关系的不平衡性②，任何人只要具有别人所没有的某种优势，就有了支配他人或令其服从的能力、潜能或力量。比如，甚至小孩都可以通过啼哭或耍赖来让其父母服从于他，因为他具有相对于其父母的一项优势——他是他父母的心头肉；但是他这种啼哭耍赖对别人的父母来说恐怕就无效了，因为他的优势不再。与之相对，公共的职权（authority）是社会权力（power）的制度化表达，但非所有权力都需通过职权实现（如非正式权力）。

也因为二者不是一个意思，所以我们才能看到所谓"有职无权"和"无职有权"这种貌似背离的现象，因为这里的权力是社会学意义上的，而不是职权

---

① [德] 马克斯·韦伯. 经济与社会（第1卷）[M]. 阎克文，译. 上海：上海人民出版社，2010：147；[英] 伯特兰·罗素. 权力论：新社会分析 [M]. 吴友三，译. 北京：商务印书馆，1988：23；[美] 约翰·肯尼斯·加尔布雷思. 权力的分析 [M]. 陶远华，苏世军，译. 石家庄：河北人民出版社，1988：2；[美] 丹尼斯·朗. 权力论 [M]. 陆震纶，郑明哲，译. 北京：中国社会科学出版社，2001：3.

② [法] 米歇尔·克罗齐耶，埃哈尔·费埃德伯格. 行动者与系统：集体行动的政治学 [M]. 张月，等译. 上海：上海人民出版社，2007：53.

的意思。这就是说，虽然担任公职需要具备一定的资格条件，但这种资格条件却与任职者自身的能力、潜能或力量并不一定等同，所以担任公职的人未必总是能够支配他人或使其服从——哪怕是他的下属和治下的民众。反过来，有些不担任公职的人因为资源雄厚或者能力出众，反倒能够支配那些担任公职的人——甚至是职位较高的人。但如果权力指的是职权，那么有职必然有权，无职必然无权，并不存在什么背离现象。

可见公职的职权跟社会学所说的权力根本就不是一回事。然而许多人仍然执迷不悟，结果就导致了严重的混乱。为什么那些"政治科学家"总是认为，政治科学所研究的政治就是权力的概念①，这是不是就跟这种混淆有关系呢？另外，特别是近代政治学文献中的确大量使用了 power（权力）这个词，尤其著名的就是关于政府权力的划分或限制的学说，于是一些人就以为，政治学的确就是研究权力问题的。然而仔细品读就不难发现，这些文献中所说的权力，其实际意思是职权，而不是社会学所说的权力——尽管词汇一样。比如洛克（John Locke）界了政治权力（political power）的概念，然而他明确说这是一种制定法律和使用共同体力量的权利（right）②，也就是可以如此行动的资格，而没有说这是一种力量，所以他说的政治权力是职权而不是社会学所说的那种权力的意思。然而不少人望文生义，结果滋生了严重的混乱。

再说，如果不区分公职的职权和社会学的权力概念，那么甚至连日常用语和实践操作都要出现混乱了。比如，如果说公职的职权就是社会学的权力概念，那么法律上和政府实践中所说的越权、滥权又该如何理解和如何操作呢？因为任何不担任公职的人也都有社会学意义上的权力，也就是都有可能支配他人或使其服从自己，但是我们能说他们也有越权或滥权的行为吗？显然越权、滥权是针对公职的职权而不是针对社会学的权力概念来说的，也就是公职人员超越了公职所赋予的行动自由权利，违反了相关的规定，而社会学所说的权力显然不是人为赋予和规定的。

总之，由于在日常用语甚至学术用语上，人们普遍比较随意，比如光是权力这个词，不仅可能是能力、潜力或力量的意思，还有可能是职权甚至职位或

---

① 例如［美］哈罗德·D. 拉斯韦尔，亚伯拉罕·卡普兰. 权力与社会：一项政治研究的框架［M］. 王菲易，译. 上海：上海人民出版社，2012；［美］罗伯特·A. 达尔. 现代政治分析［M］. 王沪宁，陈峰，译. 上海：上海译文出版社，1987.

② LOCKE J. Second Treatise of Government［M］. Indianapolis：Hackett Publishing Company, Inc. , 1980：8.

职责的意思（这些意思本来也是紧密联系在一起的，难以分离），所以我们不可望文生义，而要特别注意甄别，尤其是要注意区分公职的职权和社会学的权力概念。

第六，任职者要有效履职，只有职权也不够。为了保证他们有足够的动力和免除不必要的顾虑，人们在设置公职时还要为任职者设定待遇（treatment），包括各种报酬和安全保障，这也成了公职概念的一个内涵。

最后，仅仅为任职者提供各方面的条件（职权和待遇），并不能保证其正确履职，任何任职者都有乱作为（偏离甚至背离本职的行为）的可能，所以人们在设置公职时，也免不了要为任职者设定约束性的规范和相应的违规处分手段，于是责任（accountability，是问责、追责而不是前述的职责的意思）也就成了公职概念的一个内涵。

（二）关于组织体系

政体是由各种公职及其担任者构成的组织体系，但组织体系到底是什么意思，为何政体是一种组织体系，这也需要认真梳理和准确把握，从而达到对政体概念的通透认识。

这里的关键在于把握组织体系的两面性或双重性。亚里士多德说政体既是一种组织安排，也是一种实在群体，对此一些人感到困惑不解，就是因为他们没有掌握组织体系的两面性。其实这并不难理解，因为任何组织体系本身就是一体两面的：既是由各种角色构成的组织形式（form of organization），又是由角色承担者组成的组织实体（entity of organization）。就政体而言，各种公职就是各种角色设定，从这个角度来看，政体当然是由各种公职构成的组织形式（这就是我们常说的政治制度）；但从任职者的角度来看，政体则是一个由具体的人组成的实在群体。所以亚里士多德说，政体就是对各种公职的一种安排，而一切政体要么是根据参与者的能力，要么是根据他们共有的某种素质来分配这些公职的。[①] 后来穆勒（John S. Mill）也说过类似的道理，他说政治机器不会自己行动，正如它最初是人造的一样，它也不得不由人甚至普通人来操作。[②] 因为作为一种组织形式的政体（穆勒将其比喻为机器）当然无法自己行动，只有那些任职者才会行动，他们开展行动就等于是政体在行动，于是政体便成为组织形

---

① ARISTOTLE. Politics ［M］. REEVE C D C, trans. Indianapolis: Hackett Publishing Company, Inc., 2017: 86.

② ［英］约翰·穆勒. 代议制政府（英汉对照）［M］. 段小平，译. 北京：中国社会科学出版社，2007: 6-7.

式和组织实体相统一的组织体系。

因此，要把握政体作为组织体系的性质，那么组织形式和组织实体两方面都不能偏废。对此，虽然亚里士多德早就指出了政体作为组织体系的性质和特征，但他明显偏重于从组织实体的角度来看待政体，偏爱于考察政体是由具有什么样社会身份的人构成的，还据此对政体进行分类，反过来则对政体的组织形式一面关注不够（仅在关于政体的组成部分和关于政体的公职设置处有比较集中的考察）。在中国，过去学者争执不休的"人事论"和"制度论"观点之所以是片面的，原因也在于没有兼顾组织形式和组织实体两个方面。比如"人事论"的代表钱穆先生认为，制度依赖于人事而不是相反，制度必须配合人事的状况才能生根和生效，因此相比于制度，人事因素更为重要，是根本所在。① 而"制度论"的代表萨孟武先生则反对这种观点，认为制度比人事更重要。② 其实，既然政体本身就是组织形式和组织实体的统一体，那么非要说其中哪一个方面更重要，显然就难以成立，也没有什么意义。

要把握作为组织体系的政体概念，我们就不能在组织形式和组织实体两方面有所偏颇，但这不等于说我们对此概念的考察和理解也不能有先后顺序。由于没有公职的设置，当然就不会有任职者，所有人也就只是从属于某个社会群体，保持其作为某个社会群体成员的身份，而不具备作为政体之公职人员的身份，也不可能发挥那样的作用，所以政体的组织形式相对组织实体来说具有优先性，我们也就应该首先从组织形式入手来考察和理解政体概念。

但是，一旦任职者上位，他们自身的素质和作为，的确会影响公职作用的发挥，因为公职本来就是通过任职者来发挥作用的（只是这种作用，既有可能符合公职的本职规定，也有可能偏离甚至背离本职），而且这些任职者还有可能改变政体的组织形式。所以在首先把握政体的组织形式之后，还必须重视和把握其组织实体的状况。

但我们也不能因此走到极端，认为"人是决定因素"。因为即使一个人成为政体的公职人员，也要受其组织形式的约束。这时政体中的任职者群体，已不再是某个社会群体或者从属于某个社会群体。因为一个人既然已经获得了公职人员的新身份，那就不大可能继续如其在原来社会群体中那样思考和行动——

---

① 钱穆. 中国历代政治得失 [M]. 北京：生活·读书·新知三联书店，2001：1-2.

② 萨孟武. 中国社会政治史（隋唐五代卷）[M]. 北京：生活·读书·新知三联书店，2019：153.

至少不完全如此，此时公职人员和社会群体通常是两种不同的身份群体。只有在类似于亚里士多德所处的时代和地方，这两种身份群体才可能是等同和重合的，因为在那种情况下，公职还不是或者不完全是职业化的，官民分化尚未发生或者分化并不完全。而一旦公职人员脱离了其出身的社会群体，获得了一种新的群体身份，那么这些人就要受政体之组织形式的规范和限制。毕竟他们获得的新身份全都来自且系于政体的组织形式，而一旦组织形式有所变化，比如废除了一些公职，新设了一些公职，或者改变了任职方式，那么这些人也就可能不再具有公职人员的身份。

对于政体作为组织体系的性质，除了把握两面性，我们还有必要搞清楚为什么是这样，以加深理解。也就是说，为什么一个政治共同体不仅要设置公职，而且要设置多个相互分工并相互关联的公职，从而形成一个组织体系？

对此问题，由于亚里士多德偏重于考察政体的组织实体一面，相对轻视组织形式的另一面，所以他对此的研究较少，并没有做出明确的解释，这就需要我们来补充。

我们已经知道，为了管理政治共同体的公共事务即公共治理，才设置公职和建立政体。而在任何政治共同体——哪怕是像城邦那样狭小的政治共同体中，公共事务都是多样且多变的，不可能仅靠一个公职、由一个人任职就管理得了，因此必须设置多个公职、由多人任职才行。换言之，在任何政治共同体中，公共治理都不可能依靠单人行动就能完成，而必须依靠集体行动，公共治理本身只可能是一种集体行动。

而集体行动有其自身的困难和问题。亚里士多德就发现，"为大多数人所共有的东西却得到最少的关照。因为人们考虑最多的是他们自己的东西，更少考虑公有的东西，或者只是考虑其中属于他们每个人的部分。因为撇开别的不说，假定别人正在照看，这就使他们更加忽视公有的东西，就像在家庭服务的情况下，有时许多家仆反而比少数家仆提供更差的服务"。① 他说的这个情况，类似于后来美国学者奥尔森（Mancur Olson）所说的集体行动困境："如果一个集团中的所有个人在实现了集团目标后都能获利，由此也不能推出他们会采取行动以实现那个目标，即使他们都是理性的和寻求自我利益的。"② 简言之，集体行

---

① ARISTOTLE. Politics ［M］. REEVE C D C，trans. Indianapolis：Hackett Publishing Company, Inc.，2017：24.

② ［美］曼瑟尔·奥尔森. 集体行动的逻辑 ［M］. 陈郁，等译. 上海：上海三联书店，上海人民出版社，1995：2.

动的困境在于它不可能自发产生，而且更进一步说，集体行动也不容易维持下去，即使维持下去也不一定能够实现目标。

但集体行动的困境并非不可破除，否则我们就无法解释历史和现实中多如牛毛的集体行动是如何发生的以及是如何取得成功的。正是为了破除困境，人们采取组织行动，也就是把那些参加集体行动的人组织起来。根据本人的研究，这种组织行动就是以集体行动的目标为导向，设计和构建分工、控制和协调三个机制。也正是通过组织行动，集体行动就形成一套组织体系，即由所有集体行动的参与者构成的组织体系，其中分工机制形成各个组成部分，控制和协调机制则将各部分联系起来形成整体。① 对公共治理这种集体行动来说，分工就是设计和安排承担各种公共治理职责的公职，这些公职再通过控制和协调机制整合在一起，形成一套组织体系。政体作为组织体系就是这样产生的。

（三）小结

政体就是一个政治共同体中由各种公职及其担任者构成的组织体系。显然公职是政体概念的核心内涵。由于公职本应基于公共治理的目的和职责而设置，所以政体本来是一个具有价值规范性的概念，但后来却逐渐中性化，既可指具有正当性的正确政体，也可指不具有正当性的错误政体。政体作为一个组织体系，兼具组织形式与组织实体的两面性，二者不可偏废。

如果我们把古典政治学提出来的政体概念跟比较政治学提出来的政治体系（political system）概念相比较，就会发现二者并无本质区别，只不过换了一个名称。当年阿尔蒙德等人在提出和使用政治体系这个概念时，就明确主张用政治角色的概念来替换公职的概念②，从而把由这些角色及其组合（即结构，其实就是机构）相互作用构成的体系称作政治体系③。可见他们提出和使用的政治体系概念，跟伊斯顿最先提出的政治体系概念④并不是一回事。与其说他们是在借用伊斯顿的概念，不如说是在更新和改造古典的政体概念。而且阿尔蒙德等

---

① 关于集体行动的组织问题，本书后面有更加详细的论证和说明，这里只是简要一提。
② ［美］加布里埃尔·A. 阿尔蒙德，等. 发展中地区的政治［M］. 任晓晋，等译. 上海：上海人民出版社，2012：2.
③ ［美］加布里埃尔·A. 阿尔蒙德，西德尼·维伯. 公民文化［M］. 徐湘林，等译. 北京：华夏出版社，1989：17-18；［美］加布里埃尔·A. 阿尔蒙德，小 G. 宾厄姆·鲍威尔. 比较政治学：体系、过程和政策［M］. 曹沛霖，等译. 上海：上海译文出版社，1987：14.
④ ［美］戴维·伊斯顿. 政治生活的系统分析［M］. 王浦劬，译. 北京：华夏出版社，1999：25-26.

人所说的政治体系并不等同于政府，而是包含政府和非政府的部分，这跟古典的政体概念也是相契合的。因为古典的政体概念在政府产生之前就产生了，本来就不等于政府的概念，本来就没有政府与非政府之区分，是后人逐渐将其简化为政府的概念，结果使其遭到了歪曲，让人们忘却了政体概念的本来含义。就此而言，也可以把政治体系概念看成古典政体概念的回归。

当然阿尔蒙德等人在提出和使用政治体系概念时也存在不足，那就是他们承袭现代政治学（政治科学）的衣钵，以政治为核心概念，这就造成他们提出的政治角色概念很难界定。什么叫作政治角色？哪些算是政治角色？阿尔蒙德他们没有界定，估计也没有谁能讲得清楚。所以他们用政治角色概念来替换公职概念，这个改造措施很难称得上是成功的。有鉴于此，本书坚持使用古典的政体概念，虽然也不排斥政治体系的提法，但在使用该术语时，其含义跟古典的政体概念是一样的。这种将政体和政治体系两个概念等同看待和使用的情况在学界并不多见，但也不是没有。①

三、政体概念的外延

根据上述的政体概念，要明确其外延，就要搞清楚政治共同体的范围是什么，以及政治共同体所设置的公职是什么范围。

（一）政治共同体的范围

亚里士多德提出来的政治共同体概念，指的是人类的一种社会结合（association）形式②，即由居住在一定地区的人们结成的一种共同生活团体。

我们都知道，为说明城邦这种政治共同体的性质，亚里士多德从夫妻、主

---

① 例如彭怀恩. 当代各国政体导读：比较的观点 [M]. 台北：洞察出版社，1986.
② 人类的社会结合有多种形式，比如后来的德国社会学家滕尼斯区分了共同体与联合体（[德] 斐迪南·滕尼斯. 共同体与社会 [M]. 林荣远，译. 北京：商务印书馆，1999：52-54），认为前者是有机的结合，是古老的、持久的、真正的共同生活形式，是一种生机勃勃的有机体，如家庭、亲属、邻里、朋友；后者是机械的结合，是新近的、暂时的、表面的共同生活形式，是一种机械的人工产物，如通过交换关系而结成的团体。滕尼斯的观点可能跟法国社会学家涂尔干对有机团结和机械团结的区分（参见 [法] 埃米尔·涂尔干. 社会分工论 [M]. 渠东，译. 北京：生活·读书·新知三联书店，2013）有一定的关系。

奴和家庭的结合与形成入手，渐次推进到村落和城邦的形成。① 通过这些研究，他指出政治共同体是基于地域的共同生活团体，从而揭示了政治共同体的性质。为了和其他共同体区分开来，亚里士多德还特别强调了政治共同体的目的，指出政治共同体追求顶端的好处，也就是全面的自足生活——在他看来这就是幸福而高贵的生活。

从亚里士多德所说的目的来看，政治共同体本来也是一个具有价值规范性的概念，也可以区分为正当的和不正当的。然而在现实中，政治共同体也可能会随着政体的变异而变质，偏离甚至背离正当的目的，导致政治共同体的部分甚至大部分成员不但没有过上幸福生活，反而惨遭压榨、欺凌或奴役。然而也可能是出于习惯，或者是基于正当性的信念，人们一般还是会把这些变质了的共同体称作政治共同体，从而使得政治共同体成为一个通用的中性概念，既可以用来指正当的、好的共同体，也可以用来指不正当的、坏的共同体。

此后亚里士多德又讨论了城邦的公民和政体，梳理了公民和城邦、公民和政体、政体和城邦的关系，比如他说城邦就是一种特定的公民群体②，有资格担任城邦公职的人就是公民③，城邦是公民共有一个政体的共同体④，政体本身就

① ARISTOTLE. Politics［M］. REEVE C D C, trans. Indianapolis：Hackett Publishing Company, Inc., 2017：2-4. 亚里士多德的这种研究方式，也是后来政治思想家的通常做法，一直沿袭至近代。至于说政治共同体是否真是如此形成的，这是一个需要进行历史考证的问题。在本书看来，任何政治共同体的形成，都首先取决于共同体意识和观念的产生。也就是说，在某个地域范围内，是否有人把生活于此的人们看成一个政治共同体，或者认为他们应该成为一个政治共同体。如果没有人萌发这种意识和产生这种观念，那么也就不会有人去追求构建政治共同体，毕竟政治共同体始终是人为构建而非自发产生的，自然产物的说法只是一个神话。因为，即使某个地区的人们交往频繁甚至语言相通、宗教相同，这些客观存在的状况也不会自然导致一个政治共同体的形成，除非有人产生了政治共同体的意识和观念并为此而积极行动。当然这不是说，有了政治共同体意识和观念的产生，甚至有人为此而积极行动，就一定能够建成政治共同体。一个政治共同体能否成功建立，牵涉的因素太多，内外都有，但非本书所讨论的主题，而应当是政治共同体学研究的问题，故此处不论。
② ARISTOTLE. Politics［M］. REEVE C D C, trans. Indianapolis：Hackett Publishing Company, Inc., 2017：52.
③ ARISTOTLE. Politics［M］. REEVE C D C, trans. Indianapolis：Hackett Publishing Company, Inc., 2017：54.
④ ARISTOTLE. Politics［M］. REEVE C D C, trans. Indianapolis：Hackett Publishing Company, Inc., 2017：55.

是对那些居住在城邦的人的某种安排①，不同政体中的公民也是不同的②，等等。这样就把政治共同体的基本要素和属性，即地域、人口和政体，揭示了出来。

正是依据政治共同体的这些要素和属性，我们才能判定现实中到底哪些地方的人们结成了政治共同体。③ 但在这些要素和属性中，最重要和最关键的是政体。因为如前所述，政体的正当职责（本职）是公共治理，即管理政治共同体的公共事务以使全体成员过上幸福生活。显然这一职责所依据的正是建立政治共同体的正当目的，这就导致，政治共同体的这个目的能否实现，就有赖于政体能否履行其本职，这就凸显了政体对政治共同体的极端重要性。而且如果没有政体，那么政治共同体的公共事务就得不到管理，每个人、每个家庭或每个社会组织就会只关心各自的私人生活或事务，从而导致共同生活（公共生活）无从体现，也就体现不出政治共同体作为一种共同生活团体的存在。这就说明，政体对政治共同体来说是不可或缺的关键要素。恐怕正因如此，亚里士多德才指出，政体存在就表明城邦存在，若政体发生了变化，即使地域和人口都没变，城邦也已发生变化而不同于从前。④ 一句话，判断现实中政治共同体是否存在，关键是看有无建立政体。

据此来看，从古至今，全世界的政治共同体并非只以一种面目出现，而是经历了多种形态的变化和共存。比如对亚里士多德来说，政治共同体就是城邦，这当然可以理解，毕竟在他生活的时代和地方，他只可能这么看待，这是任何人都难以避免的局限性，对此无可指摘。但在过去了两千多年后，今天的我们已经了解到，全世界的政治共同体经历了多种形式的变化和共存，比如在国家

---

① ARISTOTLE. Politics［M］. REEVE C D C, trans. Indianapolis：Hackett Publishing Company, Inc., 2017：52.

② ARISTOTLE. Politics［M］. REEVE C D C, trans. Indianapolis：Hackett Publishing Company, Inc., 2017：53.

③ 后世的学者根据近代从欧洲产生的主权国家形式，认为政治共同体还应该包括主权（sovereignty）这个要素和属性，对此本书并不赞同。因为和城邦一样，主权国家也只是具体时空环境下的一种特殊存在，而非政治共同体的普遍形式。所以不宜把主权看成政治共同体的一个要素和属性，否则将难以辨识和确认其他时空环境下的政治共同体形式。

④ ARISTOTLE. Politics［M］. REEVE C D C, trans. Indianapolis：Hackett Publishing Company, Inc., 2017：55.

之前有部落、酋邦①，在此之后有帝国、封建国家、藩属国家、民族国家等，而且在具体某个时代往往是多种形态并存②。

对于不同形态的政治共同体，我们可以根据其构成要素或属性的差异而进行分类。由于政体对政治共同体来说极其重要，所以过去学者们习惯于根据政体甚至政体的某一方面特征来对政治共同体进行分类，基本上是有什么类型的政体，便说有什么样的政治共同体，比如与君主政体相对应的是君主国家，与民主政体相对应的是共和国家。但是这种分类一般都不准确，因为通常对政体的分类就不够准确。更严重的是，这种分类方式还造成一种错觉，使得不少人分不清政体和政治共同体的区别，经常将二者混为一谈。

其实除了根据政体差异，从其余两个要素和属性来看，政治共同体也有多种类型的区分。首先，所有政治共同体都具有地域属性③，总是固定在地球上的某个地方，而且都有地域范围的限定，即使其全体居民迁移了生活地区，最终还是要落脚在某个地方和一定的地域范围内。而从地域属性来看，政治共同体明显是多样的，比如山地型、高原型、平原型、沙漠型、草原型、濒海型、岛屿型等，而且还有面积大小之别。其次，政治共同体既然是人类的社会结合形式，当然还有人口属性。据此来看，政治共同体又有多种类型：从人口规模来看，政治共同体有大小之别；从人口的年龄结构来看，政治共同体有年轻化和老龄化之别；从人口的教育程度来看，政治共同体有高素质和低素质之别；从人口的从业状况来看，政治共同体有农业化和工业化之别；从人口的收入水平来看，政治共同体有贫穷与富裕之别；从人口的宗教信仰状况来看，政治共同体有宗教化和世俗化之别；从人口的民族构成来看，政治共同体有单民族和多民族之别；等等。

---

① 参见［美］埃尔曼·塞维斯. 国家与文明的起源：文明演进的过程［M］. 龚辛，等译. 上海：上海古籍出版社，2019.

② ［英］杰弗里·帕克. 城邦［M］. 石衡潭，译. 济南：山东画报出版社，2007：2.

③ 政治共同体明显不同于其他社会结合形式的一个地方就是其地域属性。在亚里士多德生活的时代和地方，人们的社会结合形式比较简单，除了他提到的家庭、村落和城邦之外，几乎看不到其他形式（其他的可能还有商行、行会），而且他提到的这些形式全都具有地域属性。但在后来，特别是在进入工业化时代以后，人类的社会结合形式日益多样化，其中许多形式都不再具有地域属性，比如公司、社交团体、学术团体、网络虚拟世界的团体，因为这些都是专门的功能性社会结合，而不是按属地性质建立的。

不管从什么角度来看，政治共同体都包含多种形态，范围十分广泛，所以那种把政治共同体简单等同于国家（country/nation/state）的观点就是站不住脚的。只不过直至今天，政治共同体的主要形式仍是国家，而且今天还以主权国家为主流形式，这可能就是许多人都把政治共同体等同于国家的重要原因。

作为一种政治共同体形式，国家的根本特点在于其政体以政府为主体甚至就是政府。英国学者西季威克（Henry Sidgwick）就指出，政府是国家的基本特征。① 换言之，无论什么时候或地方出现了政府，那么国家也就出现了。然而政府并不是从来就有的，也不是同时出现于世界各地的。如前所述，政府是一种专职化的机构体系，其职责是专门化的（公共治理或者政治统治），而且因为依靠从民众中收取赋税而生存和运作，所以也是职业化的。作为一种专职化的机构体系，政府就是"官府"，是"官"与"民"这种社会分化的产物。任何人担任政府的职务，不但意味着获得了一份可以谋生的职业，还意味着获得了一种不同于他人（"民"）的特殊身份——"官僚""官吏""公职人员"或"公务人员"，并且这种身份因职业化的缘故而相对固定。因此，除非我们发现某个地方存在这样的政府，否则就不能说有国家存在。

而且即使谈及国家，我们也不可将其等同于主权国家。通常所说的主权国家意味着一国对外是独立的（独立于其他国家）：既不属于其他国家，即不是其他国家的一部分，也不受其他国家支配——这意味着其政府是独立的。然而考察现实便不难发现，即使是不属于其他国家的国家，其政府也不一定是独立的，比如藩属国、附庸国、被保护国，所以国家未必都是主权国家。一句话，主权存在与否并不表明一个国家是否存在，只要一个地方不属于其他国家，那么其是否作为一个国家而存在，就只取决于是否建立了政府。至于外国是否承认这个政府，那无关宏旨，这是另外的问题。

最后为避免混乱，我们有必要区分一下作为政治共同体的国家和作为政府机构的国家机关、国家机构、国家机器、国家政权等，其实就是要区分国家和政府这两个概念。之所以关于政府的概念出现了多个用语，这主要是由不同地方、时代、学科或流派的语言习惯造成的，但其意思相差不大。

本来国家与政府概念的区分是很清楚的。还在 17 世纪，洛克就指出，他所说的 Commonwealth 是一种独立共同体（Independent Community），和拉丁语

---

① ［英］亨利·西季威克. 欧洲政体发展史［M］. 胡勇，译. 北京：商务印书馆，2022：7.

Civitas 比较接近，指的是人类的一种社会结合形式（Society of Men），而且明确表示这不是指任何的政府形式（Form of Government）——比如平民政体（Democracy）。① 在这里，尽管洛克没有用 state 这个词来表示国家的概念，他所说的 Common wealth 主要用来指亚里士多德所说的政治共同体，也就是他自己所说的政治社会（Political Society）或公民社会（Civil Society），将其直接译为国家显然欠妥，而且他明显也将政府和政体等同看待或者说没有注意区分，但无论如何，他将政府与作为共同体的东西区分开来的意思再清楚不过了。

然而在 state 这个词流行起来后，至少在进入 20 世纪以后，其混乱的使用产生了严重的困扰。② 在政治学中，state 原本就是指一种政治共同体形式③，在此意义上将其译作国家确实没有错。但有时候一些学者也用 state 来指政府，比如西方的国家自主性学派，就是在行动者或机构组织的意义上来说的 state（states as organizational structures or as potentially autonomous actors，state as an actor or an institution），其实就是国家机构、国家机关、国家机器、国家政权或者说政府的意思，有时候他们甚至直接替换成政府（government）的说法。④ 此时还将 state 译作国家就是错误的。但的确有人不注意区分，于是国家跟政府的概念便混为一谈了。

所以为了澄清混乱和避免不必要的困扰，本书严格区分国家和政府这两个概念和术语，其中国家仅指一种政治共同体形式，而政府则是指国家中的一种机构体系，也就是国家的政体或政体的主体部分。

（二）公职的范围

如果要问在各种政治共同体中公职的范围是什么，那么我们只能根据前述的政体概念来说，一切根据政体设计被赋予公共治理职责并按照制度途径发挥公共治理作用的角色都是公职。之所以这样说，是因为公职既是一个规范性的概念，也是一个功能性的概念。从规范性的角度来看，公职本应承担公共治理职责，所以偏离甚至违背这种职责的职位，即使有公职的名义也不属于公职。

---

① LOCKE J. Second Treatise of Government［M］. Indianapolis：Hackett Publishing Company, Inc., 1980：69.

② ［美］迦纳. 政治科学与政府（绪论·国家论）［M］. 孙寒冰，译. 北京：东方出版社，2014：64-67.

③ 邓正来. 布莱克维尔政治学百科全书（中译本）［M］. 北京：中国政法大学出版社，2002：793.

④ EVANS P B, RUESCHEMEYER D, SKOCPOL T. Bringing the State Back In［M］. Cambridge：Cambridge University Press, 1985：vii, 3, 4.

而从功能性的角度来看，一切实际承担公共治理职责的角色，即使没有公职的名义也应当被看成公职。

但是如前所述，考虑到现实中人们习惯上往往也把变质了的公职看成公职（或者说他们认为这些职位应当是公职），从而使得政体成为一个中性的概念，那么过于强调公职的规范性方面就不利于把握其范围，所以这里我们最好假定现实中的公职在规范性方面都是达标的，或者说假定这些职位都是按照公共治理职责来设置的。

当然，即使这样处理，公职的范围还是比较空洞的，所以最好结合具体的政治共同体来考察其范围，毕竟政治共同体不同（不管是形态上还是时空上），其政体往往也不同，也就是说公职的范围也有所不同。鉴于迄今政治共同体的主要形式仍是国家，这里我们便着重来考察国家中的公职范围，也就是国家公职的范围，以此为例来说明政体的外延。

如上所述，由于国家的根本特点在于设有政府，所以国家公职当然就主要存在于政府之中，即主要是政府公职，甚至可能就等于政府公职——此时政体和政府就是重合的。

但是我们发现，国家公职并不一定只存在于政府之中，政府之外也可能有，从而一国的政体中也可能会存在一个非政府的部分——此时政体和政府就不是重合的。

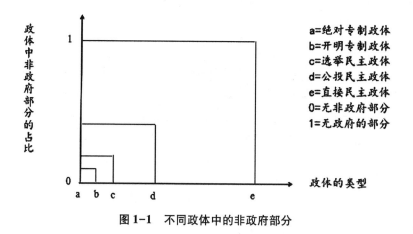

图 1-1　不同政体中的非政府部分

至于说国家公职跟政府公职是否重合，从而国家的政体与政府是否重合，政府之外是否还存在一个非政府的部分，这取决于一国的政体到底是如何设计的。

如图1-1所示，（a）如果一国采取封闭的绝对专制政体设计，严禁民众参与①国家治理（即国家范围内的公共治理），意即国家治理完全由政府垄断②，那么在这种政体中当然就不会存在一丁点非政府的部分。

（b）如果一国采取开明专制的政体设计，尽管政府依然把持着国家治理，但也向特定的少许民众（通常是社会精英）放开一些参与空间，比如容许其推荐官吏人选，向政府提出意见和建议甚至是提出批评，那么这种政体中就会产生一个非政府的部分——只是规模很小。

（c）在那些采取选举民主政体设计的国家中，由于公民参加选举是法定的权利，所以政体中当然就会存在非政府的部分；如果还实行普选制的话，那么非政府的部分就更大。但按照这种政体设计，公民参与仅限于选举代表或者兼及少量官员，所以其中非政府的部分占比也不会很高，与开明专制政体相差不大。

（d）只有在采取公投民主政体设计的国家，由于不仅实行公民选举制度，还实行公民动议（citizen initiative）和公民投票或公民表决（referendum）制度③，这就导致广大公民承担着提出国家和地方公共事务议题并对这些议题做出决定的职责，从而更加全面地参与国家治理（包括其中的地方治理），所以此时非政府的部分占比才是最高的。

（e）如果一个政治共同体根本就没有建立政府（此时的政治共同体当然也就不能被称作国家），而是由一般民众来承担一切公共治理（此时也无国家治理之说）职责，从而建立起纯粹的直接民主政体，那么这时政体就完全是非政府的——跟绝对专制政体的情形正好相反。当然现实中这种情况十分少见，可能

---

① 在现代政治学中，民众参与也称作政治参与。但要注意的是，不是所有的民众参与或政治参与都可以称作公民参与。因为只有共和国中才有公民存在，公民作为国家的主人，参与国家治理既是权利也是义务，此时才有公民参与之说，而在非共和国的国家就不存在，而只能叫作民众参与。

② 当国家治理完全由政府垄断时，是否还存在国家治理，这本身就是很成问题的，实际上通常而言都是政府统治民众，而不是政府从事国家治理。

③ 在近现代政治学中，公民参加选举被看成是间接民主形式，而公民动议和表决则被看成是直接民主形式，于是公投民主政体就相当于两种形式的结合——当然其中依然存在一个政府体系。

主要存在于人类的史前时代即前国家时代，比如原始的氏族、部落、酋邦之中；在进入国家时代以后，则仅存在于极个别地方或者非常有限的范围内。

由此可见，国家公职未必等于政府公职，国家的政体也就未必等于政府，因为普通民众也有可能担任国家公职和履行其职责。在政治学说史上，18世纪末以来，的确有人认为，普通民众的参与行为也是担任国家公职的表现。这个结论是由当时人们争论投票的性质而得出来的，他们的问题：投票是人们作为一国国民所普遍具有的天赋权利，还是作为一国公民担任公职所享有的特权？其中有一派认为应该是后者，因为公民参加投票是为了公共利益（而不是私人利益），这是在担任国家公职，所以投票者必须具备一定的资格条件，于是投票就成了一种特权。① 换句话说，按此观点，投票者或者选民这种角色，本身就是一种国家公职的设定，因为这种角色所承担的不是私人的而是公共的职责，而且由于担任这种公职有资格条件限定（比如年龄限定），所以不是人人都有的普遍权利，而只是满足资格条件者的特权。此说当然是对的。

因此，国家公职并不一定仅限于政府公职，政府之外的普通民众也有可能担任国家公职，也就是他们作为参与者的角色本身就是国家公职的设定，而不是什么生而具有的权利。只是习惯上人们把政府公职看成国家公职，而不把普通民众参与国家治理的角色也看成国家公职，所以为便于把二者区分开来，本书将政府之中由官吏、公务人员或公职人员担当的职位称作政府公职，而将政府之外普通民众履行国家治理职责时所担当的角色称作公共角色。但二者都是国家公职，共同构成国家的政体。其中所有的政府公职及其担任者就构成政府，而所有公共角色及其担任者则构成政体的非政府部分，即民众参与的部分。

如此一来，要搞清楚国家中政体的范围，即国家公职的范围，其实就是要搞清楚政府公职和公共角色的范围是什么。而这些都是有据可考的，那就是一国政体的具体设计方案，体现在宪法、法律或类似的文件中。比如，一国的政府公职涵盖什么范围，那就要看该国的政体设计方案，到底设置了哪些专职化

---

① ［美］迦纳. 政治科学与政府（政府论）［M］. 林昌恒，译. 北京：东方出版社，2014：225-227.

的公职和机构。① 例如，近代以来最先产生于西方国家后来遍及全世界的议会，是不是一种由政府公职构成的政府机构？我们知道，在有"议会之母"之称的英国（英格兰），只是在 1688 年"光荣革命"以后，通过《权利法案》的规定，议会才成为定期开会的常设机构，并且开始明确掌握立法等职权，所以在此之前，议会就只能算是民众参与（而且为数极少，仅限于少数有产的寡头）的一种组织形式而非政府机构。但在此以后，也不能说英国议会就立即变成了政府机构，因为从 1688 年起直至 20 世纪初，英国议员都是兼职的，甚至不领取津贴，只有那些在内阁中任职的议员才是职业化的，所以这个时期的议会介于民众参与组织与政府机构之间，可称之为准政府机构。英国议员（仅指下院议员）在 1911 年以后才开始依法领取职务津贴，直到 20 世纪中叶，议员最终完全职业化，他们名为国民代表（原本就是民众的身份），实际上却已变成从事国家立法和决策的官员，加之议会两院中还有大量的专职工作人员，于是议会就彻底变成一个由政府公职构成的政府机构。② 其他西方国家大多也是在 20 世纪初采取类似于英国的做法，导致议会最终都变成了一种政府机构。

至于说由普通民众担当的公共角色是什么范围，这也要看一国的政体设计方案是怎样的，也就是它将什么样的国家治理职责和职权赋予哪些满足资格条

---

① 过去的政治学者普遍没有采取本书的判断依据，而是根据这些公职或机构所掌握的职权来进行判断。比如洛克认为政府的首要职权是立法权，其次是执行权，于是在他看来，立法机关和执行机关当然就是政府机构，其中的职位自然就是政府公职了。但如果仅以职权为据，那么现代国家中的普通公民也有可能掌握立法权，如立法的创制权、复决权、公决权，难道他们也是政府的一部分，他们的角色也是政府公职？如果是这样的话，那岂不是遍地为"官"了？在 20 世纪早期，的确一些学者认为，选举权是一种政府职权，因而选民团体也是政府的一部分，是一种政府机构，换言之，选民角色本身就是一种政府公职的设定。（[美]迦纳．政治科学与政府（政府论）[M]．林昌恒，译．北京：东方出版社，2014：268-269．）但这种观点显然不符合常识，关键在于它没有看到官民分化的明显事实。所以判断政府公职的范围，不能仅以职权而应以专职化为依据。专职化不仅意味着专门的职位、职责和职权，还意味着任职者是职业化的，是职业的官吏或公务人员而不是普通民众。

② 据此来看，洛克说政府包含立法机关和执行机关，如果其中的立法机关就是指民选议会，那么这就不完全成立，因为当民选议会还没有专职化的时候，其实并不是一个政府机构而只是一种民众组织。这就是为什么，至今中外都还有一种习惯性看法，即只把执行机关（官僚机构）看成并称作政府，除此之外的机构则不是如此。当然，这种习惯性看法也是成问题的，因为就西方国家来说，几乎所有的议会都已经专职化了，原来作为民众代表的议员已不再是"民"的身份而早就成为"官"了。另外，几乎所有大陆法系国家的司法机构从一开始就是专职化的，本来就属于政府机构，但人们习惯上不称其为政府，这也是不对的。

件的民众①，比如将投票权赋予达到一定年龄的公民。但显然这是因国而异的，无法笼统而论。比如在有的国家，公民仅享有选举权，而且选举资格条件有宽有严，选举对象有多有少。而在有的国家，公民还享有立法的动议权、复决权和公决权，那么公共角色的范围当然就要大得多了。

最后，一国的政体除了可能同时包含政府公职和公共角色外，还有可能包括国家结构。因为亚里士多德是基于古希腊城邦"小国寡民"的状况而提出政体概念的，所以他甚至他那个时代和地方的人，几乎都没有考虑到国家结构的方面，更没有将其归入政体的范畴。然而在进入国家时代以后，除了极少数的袖珍国（其实就是古希腊式的城邦），国家一般都是大型的，具有相当规模的领土和人口，这就导致这些国家在设置国家公职（设计和构建政体）时，必须考虑国家结构的问题。国家结构指的是一国之内有关地区划分及其政体的设计和安排，以及各地区政体之间及其与全国政体之关系的设计与安排。换言之，这时候组成政体的国家公职（政府公职和公共角色），要区分全国和各区域层次并考虑其相互关系来设计和安排，从而形成由各地和各级政体构成的一个庞大体系——这就是包含国家结构的政体形态。

尽管政体的国家结构方面早就产生和存在了（至少这在帝国时代是非常明显的事实），然而或许是受到了亚里士多德和古典政治学的影响，近代政治学在很长时间里都对此漠不关心，鲜见有人将其纳入政体的范畴中来考虑。② 只是到了18世纪晚期，当美国人面临着邦联体制、联邦体制还是中央集权体制的选择时，他们才开始关注和认真思考国家结构的问题。今天学界把国家结构当作政体的一个方面来处理的仍不多见，一些人似乎把国家结构看成一个与政体无关的独立现象，更多人则将国家结构归入国家的形成或建构范畴来进行考察。本书认为，国家结构肯定和国家的形成或建构密切相关，但究其本质还是一个政体的设计和建构问题，不能将其与政体分割开来。

总之，在国家的范围内，尽管政府是政体中最主要甚至最核心的组成部分，

---

① 在现代话语中，这些都是以公民权利、政治权利或民主权利之类的词汇来表达的。

② 中国古人倒是很早就在关注这个问题，比如"郡县制"与"封建制"之争，只是他们没有产生政体的概念，而是将其纳入君主统治术的范畴来理解和思考。例如，较早见诸史端的，是秦始皇二十六年，丞相王绾与廷尉李斯各执一词：前者认为应实行分封制，立诸子为王，否则燕、齐、荆等地偏远，没法统治；而后者则认为周王朝实行分封制，结果在后来诸侯相互征伐，天子不能禁止，因此应该实行郡县制才能安定天下，对于诸子功臣，进行重赏就足以安抚他们了。（二十五史：第1卷 [M]. 北京：线装书局，2011：30.）

但一国政体中也可能包含一个非政府的即民众参与的部分，对具有一定领土和人口规模的国家来说，其政体还包括国家结构的方面。因此，国家的政体一般就包括国家结构、政府体制和民众参与三个方面。这里之所以说政府体制或政府体系（governmental system）而不说政府，是因为任何国家的政府都是由多种公职及其组合（机构）构成的，本身就是一个组织体系，故如此称谓更为恰当。

第三节　研究目的

既然比较政治学源于古典政体研究，那么跟研究对象一样，其研究目的也是与之一脉相承的，即寻求优良的政体。在这方面，比较政治学和古典政治学是相吻合的，所以成为政治学的一个分支学科才顺理成章。因为古典政治学的研究目的是解决如何实现政治共同体之幸福生活的问题，所以当比较政治学致力于研究政体并寻求优良政体，而优良政体意味着可以导致政治共同体的幸福生活时，这就等于是在致力于解决古典政治学所设定的根本问题，从而与其相吻合。

比较政治学所要解决的核心问题是寻求优良政体，这一问题又可以分解为若干更为具体的问题，比如何为政体，何为优良政体，优良政体是如何产生的，政体是如何构建起来的，构建优良政体需要做什么，等等。从这些问题来看，显然我们不能把比较政治学看成纯粹的科学研究，因为这些并不全是科学的问题，也不都是科学研究所能解决的。比如说，何为优良政体，这明显就是一个涉及价值判断的问题，对此科学研究是无能为力的。那些坚持科学主义观点的人则可能会将这类问题排除掉，以实现纯粹的科学研究，然而这种排除了价值的研究还有什么意义，又进行得下去吗？事实上比较政治学所使用的概念，很多都牵涉价值规范性，这是根本无法绕开的，如果对此避而不谈，那么这样的研究根本就没有意义，也不可能进行得下去。所以我们可以看到，即使是在西方比较政治学界，从阿尔蒙德开始，所有严肃的学者都不赞同比较政治学的纯科学化，为此他们发出了大量批判的声音。他们都意识到，比较政治学所要解决的问题并不都是科学的问题，也不都是科学研究所能解决的问题。[①] 所以我们

---

① 参见［美］赫拉尔多·L. 芒克，理查德·斯奈德. 激情、技艺与方法：比较政治访谈录［M］. 汪卫华，译. 北京：当代世界出版社，2022.

才看到阿尔蒙德等人坚持要对政治体系进行评价。

既然比较政治学并不是纯粹的科学研究，那么我们也就不可能如学界主流那样，简单地希望通过这种研究来发挥科学解释（一般化的因果解释）和预测的作用。其实现在学界流行的看法来源于一种狭隘的旧式学术观，认为学术不仅应当局限于知识领域，其作用也仅限于知识领域，也就是仅仅帮助我们认知。正因为按照这种学术观来开展研究，久而久之就形成了理论与实践、思想与行动严重割裂的局面①，甚至产生了完全不食人间烟火的学术，这是令人非常悲哀的。

本书并不怀疑也不否认学术在知识领域中的作用，但如果一切学术的作用仅限于此，那么必将变成毫无生命力的死学术，产生一大堆毫无价值的死学问。我们可以发现，以亚里士多德为典型的古典政治学者，甚至到近代政治学者，他们都具有明确而突出的实践思维，一直是以实践主义（practicalism）而非科学主义（scientism）为学术导向的。也就是说，他们并不是为了知识而学术，而是为了把知识用于实践的实用目的而学术。所谓为了实用，就是以知识可用于人类的生产生活实践为指引，始终围绕实践的两个核心问题即目的和手段来开展学术研究。对此亚里士多德说："在一切情况下，福祉都牵涉两个东西：其中一个是正确地设定行动的目标和目的，另一个是发现让我们实现目标和达到目的的行动。因为，这二者可能是相互冲突的，也可能是和谐一致的。因为，有时目标设定得很好，但人们在为实现目标而做的事情中犯下错误；有时他们获得了促成目的的一切，但他们设定的目的却是卑劣的；有时他们两方面都犯错，……但在技艺和学问中，这二者，也就是目的和达到目的的行动，都必须要掌握。"② 在这里，亚里士多德明确指出任何技艺和学问都必须掌握目的与手段这二者，这就指明了学术的实践主义导向。

其实作为在社会中生活的人，学者在从事学术研究时，大多还是希望自己的研究成果能够起到帮助甚至指引人们行动或实践的作用，这才是他们的最终追求，甚至在从事自然科学研究时也是如此。比如爱因斯坦作为一名自然科学家就表示，科学研究的根本目的是有益于人类，所以要关心人本身，要保证科

---

① ［美］阿吉里斯，帕特南，史密斯 . 行动科学：探究与介入的概念、方法与技能［M］. 夏林清，译 . 北京：教育科学出版社，2012：1.

② ARISTOTLE. Politics ［M］. REEVE C D C, trans. Indianapolis：Hackett Publishing Company, Inc. , 2017：176-177.

学思想造福于人类而不至于成为祸害。①　在比较政治学界，我们也知道有一些学者曾担任过某些国家的资政或顾问，运用其研究成果，帮助该国修改或拟定宪法，进行政体设计，发挥自己作为学者的应有作用。②　就比较政治学而言，我们从事这方面的研究，当然就不仅仅是为了获得有关政体的知识或科学解释，而是希望最终能够对现实中的政体构建（包括创建、革新、转变）发挥一点帮助作用，以在现实中促成优良政体的产生。

当然，不同领域的学术和所产生的学问，对于实践的帮助作用可能会有不同的途径和方式。有些学问，特别是自然科学，对实践的作用是间接而曲折的，由此看起来好像是与人的实践无关或者对此无甚作用的纯科学、纯学问（虽然事实并非如此）。而一切关于人的学问本身就是和人的实践息息相关的，所以对于人的实践有着直接的帮助作用。作为一门关心政治共同体之生活和命运的学问，政治学尤其如此，所以亚里士多德才说，政治学的目的不是知识而是行动③。作为政治学分支学科的比较政治学当然也是如此，其实政治学的所有分支学科都是如此，我们根本无法想象政治学及其分支学科怎么可能成为纯科学、纯学问。

关于比较政治学的研究目的，最后再澄清一个问题。比较政治学界有一个关于区分本国研究和比较研究的争论：在一些学者看来，比较政治学就是国家间比较研究，既然如此，那么将本国研究排除在外实无必要。换言之，他们认为没有必要区分本国研究和比较研究，而应该都整合于比较研究之中。这一争论的核心其实涉及研究目的的问题。虽然比较政治学既可以是针对个别国家的研究也可以是针对多国的比较研究④，但不管怎样，它都寻求一般化的理论解释⑤，即使是研究个别国家也一定包含这个目的，只不过此时个别国家是作为个案而存在的。然而本国研究就不同了，它没有理论解释的追求，而是通过讲解关于本国政体的知识，试图对本国国民开展政治教育，或者对策性地解决本国

---

① 爱因斯坦文集（第 3 卷）[M].许良英，等，编译.北京：商务印书馆，1979：73.

② 参见 [美] 赫拉尔多·L.芒克，理查德·斯奈德.激情、技艺与方法：比较政治访谈录 [M].汪卫华，译.北京：当代世界出版社，2022.

③ ARISTOTLE.The Nicomachean Ethics [M]. REEVE C D C, trans. Indianapolis：Hackett Publishing Company，Inc.，2014：4.

④ [英] 托德·兰德曼，埃德齐娅·卡瓦略.比较政治中的议题和方法 [M].汪卫华，译.上海：格致出版社，上海人民出版社，2021：37.

⑤ [美] 马克·I.利希巴赫，阿兰·S.朱克曼.比较政治：理性、文化和结构 [M].储建国，等译.北京：中国人民大学出版社，2008：3-5.

的某些现实问题。因此，如果按照科学解释的目的去研究本国政体，那么这并不是刚才意义上的本国研究，而是多国比较研究的个案研究——只不过研究者选取了他所属的本国作为个案。所以区分比较研究和本国研究还是有必要的，也是可成立的，毕竟二者的研究目的不同。

第二章

研究框架

在比较政治学界，广泛而长期流行的是阿尔蒙德等人根据结构—功能分析方法而创建的"体系—过程—政策"研究框架，其内在逻辑大概是政治体系在与环境的交互作用下运作，发挥出各种功能或者说作用，产生各种政策，进而通过政策的实施发挥出国家治理的作用，产生一定的治理绩效。

这个研究框架紧扣政治体系，以之为中心，在体系、过程和政策之间建立起因果关系，具有比较严密的逻辑关联性，对于解决他们所设定的核心问题是有作用的。应当说这是为数不多的具有内在逻辑的统一研究框架，其他的不少研究则很难称得上有研究框架，有的简直可以说是杂乱拼凑。而且相比于从前的比较政府研究，该研究框架也有很大的进步，比如回归古典的政体概念，抛弃了以政府代替政体的做法；特别是不再局限于静态考察政体的结构，而是拓展到考察政体的运作过程或者说功能发挥，并进一步考察由此产生的结果（政策及其实施和结果）。所有这些都超越了传统的比较政府研究，更有助于解释清楚一国政体的实际状况，帮助我们发现真正优良的政体或有关要素，所以本书认为该研究框架是值得借鉴的。

但这一研究框架也不是没有缺陷。首先，正如阿尔蒙德他们自己承认的，该研究框架把政治体系看成一个既成事实，而缺乏对其产生变化的历史的动态考察。① 后来虽然他们补充了政治文化研究，以期解决政治体系（甚至包括政治共同体）的构建、维系或变化问题（甚至试图以此来解释政治体系的运作过程)②，但这是不充分的，也不大可行，毕竟政治文化这个概念边界模糊，本身

---

① ［美］加布里埃尔·A. 阿尔蒙德，等. 当代比较政治学：世界视野［M］. 8 版. 杨红伟，等译. 上海：上海人民出版社，2010：44.

② ［美］小 G. 宾厄姆·鲍威尔，拉塞尔·J. 多尔顿，卡雷·斯特罗姆. 当代比较政治学：世界视野［M］. 10 版. 杨红伟，等译. 上海：上海人民出版社，2017：58.

就有待解释。① 其次，该研究框架把政治体系的结构统一规划为政党、利益集团、立法机关、行政机关、官僚机构和法院六个方面，明显取材于西方尤其是美国的政治体系模式，并不具有一般性和普适性，他们自己也承认这一点②。再次，该研究框架对政治体系的运作过程即功能发挥的描述，比如利益表达、司法裁决等，也具有鲜明的西方色彩而不具有普遍性。最后，该研究框架对于政策即结果的描述，使用了政治结果、政治输出、政策绩效、政治产品等多个术语，太过烦琐，也欠缺清晰性，容易制造困扰。

对于该研究框架，其实国内外学界的批判一直存在，由此也产生了一些试图超越该研究框架的努力，但这些尝试是否成功或者更为有用，恐怕还有待商榷。本书认为，批评该研究框架是可以的，但完全将其抛弃则无必要。我们可以适应解决问题的需要，对其做出必要的修改或补充。如前所述，因为比较政治学所要解决的核心问题是寻求优良政体，而政体与政治体系的概念相同，所以结构—功能主义研究框架还是可以借鉴的。但由于该研究框架存在上述缺陷，所以又不能完全照搬，而必须做出一些改变。鉴于此，本书提出一个关于政体的"构建—形态—运作—成效"的研究框架。

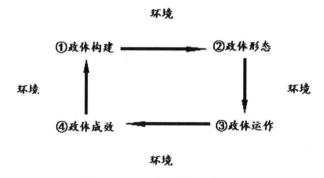

图 2-1　比较政治学的研究框架

如图 2-1 所示，按此框架，我们将从政体构建入手开展研究，搞清楚一国政体是如何构建起来的，以便解释一国为什么会形成某种形态的政体。政体形态研究则是要搞清楚一国政体的组成和结构是什么状况，以便解释其运作能力。

① 对政治文化研究的批评意见，可见［美］霍华德·威亚尔达. 比较政治学导论：概念与过程［M］. 娄亚，译. 北京：北京大学出版社，2005：80-82.

② ［美］小 G. 宾厄姆·鲍威尔，拉塞尔·J. 多尔顿，卡雷·斯特罗姆. 当代比较政治学：世界视野［M］. 10 版. 杨红伟，等译. 上海：上海人民出版社，2017：41-42.

政体运作研究是要搞清楚一国政体的国家治理能力是何状况，以便解释其国家治理成效。最后，政体成效研究是要搞清楚一国政体产生了什么样的国家治理成效，以便判断该国政体的优劣。

简言之，这一研究框架的内在逻辑是通过政体构建（当然是在一定的环境中），一国产生了一定形态的政体，政体构造的形态（当然也是在一定的环境中）决定着它的能力表现，最后政体的运作能力表现直接导致一定的国家治理成效。按照这个逻辑反推，那么通过考察和评估一国的国家治理成效，我们就可以判断该国政体是优是劣；通过考察政体的形态及其运作，我们就可以找到该国政体优劣的原因；通过考察政体的建构，我们就可以知道如何改变、改进或者创造政体以使其达到优良的水平。至此，寻求优良政体的目的就达到了。

根据这个研究框架设计来看，其中所要解决的具体问题是有明显区别的，基本上可以分成理论性问题和实践性问题两大类，由此本书的内容也将分成理论研究与实践研究两个部分。从最开始的政体构建到后面的政体形态和政体运作研究，这些都是理论研究，追求的是科学解释（经验的因果解释），以便为后面解决实践性问题提供理论知识的帮助。而从政体成效研究开始，我们就进入关于政体的实践研究了，现在我们要解决的是价值性和操作性的问题，即如何考察和评价政体成效，由此如何评判政体的优劣好坏，进而如何获得优良的政体。

不难发现，目前国内外的比较政治学研究大多是纯理论性的，其中充满了空泛的概念、命题和理论，有的则是数据和公式计算的堆积，而很少提出和探讨重要的实践性问题。这就让我们不得不反思：这样的学问完成它的任务了吗？又有何意义？本书坚持认为，包括比较政治学在内，政治学的所有学科本来就是触及现实问题也要用于解决现实问题的，将之变成高不可攀、令人望而生畏的纯理论知识，是对这种学问最大的误解。比较政治学不能成为局限于知识领域的纯理论研究，而需加强与现实问题的互动。

第三章

研究方法

　　研究任何学问当然都离不开方法，但很少有一门学问像比较政治学这样，如此关心研究方法问题，不但有关的著述层出不穷，而且往往是长篇大论。究其原因，可能是许多人都把比较政治学看成方法性学科，也可能是大多数人都认为比较政治学追求科学的研究目的。不过本书坚持认为，比较政治学并不是什么凭借方法而立足的学问，也不能被简单地看成一门科学（除非科学等同于学问的意思）。从研究目的来说，比较政治学和政治学的一切学科一样，都追求实践性的最终目的，这是仅仅依靠科学研究所无法完成的使命。在此情况下比较政治学也就不可能仅限于使用科学研究的方法，也少不了人文研究的一些方法，比如对文本和概念的理解或阐释，还有道德哲学的价值规范性论证。只是因为现在科学研究的方法用得比较多，而且其中充满了分歧和混乱，加之本书也涉及科学研究，所以这里就着重来讨论一下比较政治学的科学研究方法。但还是要重申一下，这并不意味着比较政治学仅限于运用科学研究的方法。

　　虽然学界主流大谈特谈比较政治学的科学研究方法，但其实并没有什么仅适用于比较政治学的科学研究方法。准确地说，除了与适用于自然科学的研究方法有比较明显的区别外，适用于社会科学的研究方法都是通用的。不要说比较政治学，就是社会科学的其他各门学问，都没有什么专属的研究方法，因为它们本来就是因为追求同样的科学目的甚至采取同样的研究方法而被称作社会科学的。比如在一些自称政治科学研究方法论的书中，就丝毫看不出任何专属于政治科学的研究方法，所谈的完全是一般的社会科学研究方法。[①] 有学者将比较政治学界流行的方法分为理性主义、文化主义和结构主义三种，但是他们也

---

① ［美］珍妮特·M. 博克斯-斯蒂芬斯迈埃尔，亨利·E. 布雷迪，大卫·科利尔. 牛津政治学研究方法手册［M］. 臧雷振，等译. 北京：人民出版社，2020.

认为这些并不是比较政治学或政治科学所独有的,而是活跃于整个社会科学界的方法。① 所以与其耗尽心思研究比较政治学的科学研究方法,还不如搞清楚社会科学与自然科学有何区别以及适用于社会科学的研究方法是什么。实际上大量的分歧和混乱就产生于此。

第一节　社会科学与自然科学的区别

社会科学从一开始就唯自然科学尤其是物理学马首是瞻,不仅在研究目的上试图与自然科学完全一致,甚至在研究方法上也打算模仿自然科学。然而一切社会科学的研究者都不能忘记一个基本的事实,那就是社会科学跟自然科学是不同的。从根本上说,二者的区别源于各自的研究主题(研究对象和研究目的)不同。

一、研究对象不同

社会科学研究人类世界,自然科学研究自然世界,对各自研究对象的这一设定可以说是毫无争议的共识。现在的问题是,是否可以把人类世界与自然世界等同看待,从而把整个世界统一起来以便采取完全相同的研究范式?对此,自然主义者当然持肯定意见,所以才主张采取自然科学的研究范式,主张实现"大一统"的科学研究。那么自然主义者是怎么来理解和看待世界的统一性的呢?他们的做法就是把所有系统都降解到其组成单位的层次上(此即所谓的"还原论"或"简化论"),由此整个世界便呈现出无差别的统一性来。比如他们会说,人无论有多独特,也不过是由某些基本原子所构成的一种物体;而在原子的层次上,人和其他物体没有区别。对于这种统一性,我们当然不否认其存在,但就此主张人类世界与自然世界没有差别,可以采取相同的研究范式,那就是偏颇的,不能成立。因为他们只看到了系统的组成而忽视了其结构,没有注意到系统作为一个整体的独特性质和特征并由此相互区别开来。事实上任何系统都不等于其组成部分,虽然我们基于特殊的目的可以对其进行分解处理(分析),但绝对不能因此将由分解所得的性质和特征看成系统的本来面目。就

---

① [美]马克·I.利希巴赫,阿兰·S.朱克曼.比较政治:理性、文化和结构[M].储建国,等译.北京:中国人民大学出版社,2008:317.

此而言，自然主义者的主张存在理论局限性。

但是自然主义者总体上比较顽固，很难放弃这种观念。最初他们把物理学当成自然科学的楷模，物理主义的机械思维十分严重，由此导致把人类世界还原和简化成物理世界的观点和做法都很常见，比如"人是机器"的说法。然而物理主义的缺陷太过明显，后来遭到痛批，所以即使是自然主义者也很少有人再坚持物理主义，但这不等于他们放弃了自然主义。在寻找物理主义的替代出路时，他们把眼光瞄准了生物学，试图把人类世界统一到生物世界中去，采取生物学（特别是生物进化论）的研究范式来研究人类世界。[1] 然而生物主义就能成立吗？对此，反对者坚持认为，人具有不同于其他生物的性质和特征，不赞成将二者等同视之并进行研究。[2] 这也是本书的观点。

我们当然承认人的确是一种生物，但如果是这样来设定研究对象和进行研究，比如人体解剖学、人体生理学，甚至把人类看成一个物种而纳入生物学中去研究，那么这些研究仍属自然科学的范畴，是对人的低层次研究（不是低水平研究的意思，而是指研究对象被降低了层次，降低到和一般生物等同的层次）。但谁都知道，人并不只是一种生物，甚至这根本就不是人最重要的属性。人之所以不同于其他生物物种，在于人是有意识、有意志、有目的、能思想、会行动的，而且具有不可预测的创造力。这样的人怎么能够被看成跟其他生物物种一样的？如果把人降到和其他生物齐平的层次，那么这个世界上还有人的存在吗？比如说，蜜蜂和人类一样，都是群居的社会性动物，但是不难发现，无论过去了多少年，也无论在地球上的哪里，蜜蜂所造的"房子"（蜂巢）都是六边形的而不会变化，但人类所造的房子也是如此一成不变和千篇一律的吗？所以不可把人和其他生物物种等同视之，由此导致，由人所构成的世界不属于自然世界，也不属于生物世界，而是"人化"的世界，即人类世界。对此，无论生物学、遗传学、动物行为学、神经科学等自然科学寻找多少证据，也无法推翻这个根本的区别。除非这些自然科学某天发现或者能够证明，植物可以把人类当成作物来种植，动物可以把人类当成家畜来饲养，或者当成观赏动物来圈养，或者植物、动物、微生物也能如我们研究它们那样来研究我们，也就是除非人类真的能够降低到和其他生物齐平的层次，否则就没有什么理由让我们

---

① WILSON E O. 人性是什么？[M] 宋文里，译. 台北：心理出版社有限公司，1984.

② ［美］伊恩·T. 金. 社会科学与复杂性 [M]. 王亚男，译. 北京：科学出版社，2018：69-70.

把人类世界与生物世界等同处理。

既然人类世界既不同于物理世界（无机世界），也不同于生物世界（有机世界），那么也就不能等同于自然世界。所以把人类世界设定为社会科学的研究对象，这就已经指出了社会科学不同于自然科学的地方，这也是社会科学与自然科学得以区分开来的根本依据。

二、研究目的有异

虽然社会科学和自然科学的研究对象不同，但既然都是科学研究，那么在研究目的设定上就应该有一致之处——这也是一切科学研究唯一共同的地方，否则就没有什么理由可以把社会科学称作科学研究了。

但是科学研究的目的到底是什么呢？从科学史来看，笼统地说，科学研究的目的是求真——指经验上而非逻辑上的真，这也就是科学的精神①；具体来说则是追求基于经验的因果解释，也就是不仅要确切地把握经验世界是什么样子，还要解释为什么是这个样子，是如何造成这个样子的。这里所说的因果解释必须具有经验性质，是经验上可检验的。因为因果解释并不新鲜，人类早就在并且也一直在进行因果解释，比如神话传说、宗教信条、巫术迷信中就包含着因果解释。但并非所有的因果解释都具有经验的性质，都能够进行经验检验或者经得起经验检验，所以并不都是科学的解释。

关于科学研究的这个目的也存在一些异议和争论，比如英国社会学者吉登斯（Anthony Giddens）认为这不过是沿袭了自然主义的科学观②，而科学哲学家贝尔特（Patrick Baert）虽然并不否认这个目的，但认为社会科学研究还有其他的目的③。本书当然承认社会科学可以还有其他的研究目的，但既然是科学研究，就应当具有与科学研究相一致的目的。至于说寻求基于经验的因果解释就是沿袭自然主义的科学观，这有什么依据呢？

必须指出的是，我们这里所说的因果解释，是基于因果机制的解释，而不是流行于自然科学的那种基于一般规律（covering laws）的演绎式因果解释。因果机制并不是通常所说的因果关系，而是各因素相互作用的方式和过程，由此

---

① 吴国盛.科学的历程［M］.长沙：湖南科学技术出版社，2013：35.
② ［英］安东尼·吉登斯.为社会学辩护［M］.周红云，等译.北京：社会科学文献出版社，2003：63.
③ 派翠克·贝尔特.社会科学哲学：迈向实用主义［M］.何昭群，译.台北：群学出版有限公司，2011：XI.

产生结果。因果机制是动态的互动过程，因果关系是静态的因果关联；前者是后者的形成基础。基于因果机制的解释，就是尽最大可能涵盖所有相互作用的因素，观察、推测或者模拟所有因素相互作用的方式和过程，据此来解释所产生的结果。正因为因果机制的存在，原因与结果之间的因果关系才得以形成，但未必是一对一的线性关系，而更可能是多对多的复杂关系。由于基于因果机制的解释不像通常的因果解释那样采取简化手段，不必假定什么因素相同、不变或者不存在，也不是基于表面的观察、联想或猜测然后进行验证，所以它必然是内在而深刻、全面而可靠的。所以准确地说，科学研究追求的不是一般的因果解释，而是寻求基于因果机制的因果解释。

　　科学研究寻求基于因果机制的因果解释，这是在一般意义上来说的，是一切科学研究的共同目的，但即便如此，社会科学与自然科学之间仍是有区别的。因为按照这样的研究目的，一切科学研究的根本任务都是去发现经验世界的种种因果机制，而这样做时我们就会发现，自然世界与人类世界还存在另一个重大差异。在自然世界，一切现象都是自然物相互作用的结果，这是它们的因果机制。而且各门自然科学的研究还发现，各种自然物相互作用的因果机制大多是稳定的，从而自然物的产生消亡和运动变化普遍呈现出规律性特征。这里所说的规律是经验的，而非形式上的逻辑思维规则；规律总是相对一定范围和层次的系统而言的，超出这个限度就不再成立；在其限度内，规律具有必然的重复性。简言之，规律就是特定物质稳定不变地发生特定变动（包含变化、生灭和运动）的表现。正因如此，各门自然科学的基本任务，就是在各自的系统层次和范围内去寻找各种规律，并进行基于一般规律的演绎式因果解释和可逆的预测（对未来的预言和对过去的倒推），这当然有其合理性。对此，今天的混沌理论有一些异议，它认为世界是混沌的，出现随机现象是正常的，出现规律则是偶然的，所以规律不过是科学家有意挑选出来的"软柿子"。① 应当说，混沌理论让我们注意到自然世界之随机无序的方面，这是值得肯定的，但因此就将规律和有序看成偶然和例外，这恐怕也过于夸张了。假如自然世界就是规律与随机、有序与无序共存的格局，那么自然科学选择发现和研究规律也没有什么问题。

　　但反观人类世界，情况就大不相同了。在人类世界，一切现象都是人与物

---

① ［美］伊恩·T. 金. 社会科学与复杂性［M］. 王亚男，译. 北京：科学出版社，2018：57-58.

以及人与人之间相互作用的结果，这是它特有的因果机制。和自然界中物与物的作用不同，这种相互作用采取的是人类行动的方式。换言之，如果没有任何人采取任何行动，那么人类世界的所有现象都不会出现。因此人类行动就是人类世界的因果机制，各种因素都是通过人类行动来发挥作用并由此产生结果的。这一因果机制并非深奥难懂，而是"大道至简"，甚至可以说是常识，诸如"事在人为""人创造历史"等话语早就表达了这个意思。谁都知道，人类世界的一切现象（结果、历史）不可能是从地里长出来的，更不可能是从天外飞来的，而只可能是人类自己的行动造成的。这就导致，一切脱离人类行动这个因果机制而对人类世界做出的解释，不是神话或迷信就是玄学。所以研究人类世界的各门社会科学，其基本任务就是在各自的领域中去发现有关人类行动的种种因果机制，以做出可靠的因果解释。

那么人类行动跟自然世界中的物物作用，换言之，人类世界和自然世界的这两种因果机制，可以统一起来吗？显然，如果二者可以统一，那么自然科学和社会科学也就不存在区别了，其任务都是去发现和研究同类的因果机制。然而这是不可能的。如果说人类世界和自然世界是根本不同的，那么人类行动和自然界中物与物的作用也不可能是相同的。

对此首先要说明的是，这里所说的人类行动（human action）不是行为（behavior）的概念。行为是人的一切动态表现，不管是内在的还是外显的。而行动虽然也是一种行为，但正如奥地利经济学家米塞斯（Ludwig von Mises）所说的，它是"有目的的行为"，是"针对某些目的或目标"，"对外部刺激和环境条件所作出的有意义的反应，是一个人面对决定其生活的宇宙所作的有意识的调整"，"行动意味着为实现目的而采用手段"。① 简言之，行动就是人们运用一定的工具作用于一定的对象以达到一定的目的的行为表现。人类行动一定是有目的、有对象和外显的。而心理活动是内在的，也没有作用对象，或者对象是虚构的或幻想的，所以不是行动。诸如眨眼、睡眠、醉酒这样的生物性反应，是无意识无目的的，也不是行动。而我们都知道，不管是纯粹的心理活动还是生物性反应，都造就不了人类世界，人类世界不是这样造成的，所以对这些行为进行研究，也就不具有社会科学的意义（虽然可能有其他方面的意义）。由此也可以看出，以行为主义为标榜的行为科学，并非这里所说的社会科学。

---

① ［奥］路德维希·冯·米塞斯. 人的行动：关于经济学的论文［M］. 余晖，译. 上海：上海世纪出版集团，2013：17，19.

一旦我们确定，人类行动不是通常所说的行为，那么我们就不得不承认，人是善变的，的确具有一定程度的自由意志①，是可以做出行动选择的，具有难以预测的创造性。之所以如此，是因为人本身就是一个非常复杂的系统，尤其是决定和指挥其行动的大脑具有超级复杂性②。这就导致人类行动这种因果机制不够稳定，不同于自然物之间的相互作用，由这种因果机制产生一切结果或现象，也就很难呈现出自然世界里的那种规律性。③ 这就正如中国古人所说的，"天行有常"，但"世事无常"。所以我们可以看到，无论经过了多久，也无论在哪里，铁原子和氧原子都是一样的，所以二者相互作用产生化学反应从而生成锈的机制和结果都是稳定不变的，这就叫作规律。可是在人类世界，今人和几百几千年前的古人相比，还有世界上不同地方的人相比，其差别之大简直难以描述，那么也就不可能指望人类行动也如铁生锈一样稳定不变。在这里，我们不能把人们的计划性、模仿性、规范性或习惯性行动看成具有规律性，也不能把跨时跨地出现的某种相似性看成规律性，因为规律的重复性是内在而必然的，而上述情况只体现了某种表面的重复性或相似性，是可以也会被人为改变的，比如可以改变计划、不再模仿、不遵守规范、改变习惯等。

总之，尽管社会科学和自然科学一样，也寻求基于因果机制的因果解释，但其基本任务是去发现关于人类行动的种种因果机制，而不是如自然科学那样去发现物与物作用的因果机制，这就是二者在研究目的上的差别。

至于说基于这种因果机制的发现，社会科学能否进行预测，这个问题需要慎重对待和区分处理。首先可以肯定的是，社会科学难以实现自然科学的精确预测，其预测具有情境依赖性和条件约束性。因为自然科学是依据所发现的一般规律而进行预测的，所以这种预测是确定的、可重复的、可逆的、普遍的和长期的。然而世界上的各种系统具有不同的稳定性，并非都具有规律性，从而并非都可以依据一般规律而进行预测，这对人类世界来说尤其如此。④ 在人类世

---

① [奥] 路德维希·冯·米塞斯. 经济科学的最终基础：一篇关于方法的论文 [M]. 朱泱，译. 北京：商务印书馆，2015：15.

② [法] 埃德加·莫兰. 迷失的范式：人性研究 [M]. 陈一壮，译. 北京：北京大学出版社，1999：100-101.

③ 米塞斯也指出，人的行动中根本就不存在自然科学中的那种规律性（[奥] 路德维希·冯·米塞斯. 经济科学的最终基础：一篇关于方法的论文 [M]. 朱泱，译. 北京：商务印书馆，2015：32）。

④ [加] 马里奥·邦格. 在社会科学中发现哲学 [M]. 吴朋飞，译. 北京：科学出版社，2018：177-180.

界，如上所述，由于人类行动这种因果机制缺乏稳定性，很难呈现出规律性，所以社会科学也就难以像自然科学那样做出预测。

但这也不是说社会科学就不能进行预测，因为，既然一切现象或结果都是由因果机制导致的，那么只要发现了一定的因果机制，就应该可以进行预测。只不过在人类世界，由于并不存在自然世界的那种因果机制，其因果机制就是人类行动，而人类行动是不稳定的，所以社会科学基于这种因果机制的发现而进行的预测，相比而言就是不确定的、一次性的、不可逆的、具体的和短期的。在这里，不确定的意思是预测的结果不是必然的，而是具有多种可能性，其原因很简单，因为人们将要采取的行动本身就不确定，至少具有几种可能性；一次性的意思是预测不可重复，只能预测这一次，因为下一次人们的行动就改变了；不可逆的意思是依据现在发生的行动只能预测未来的结果，而不能由此倒推过去已经发生过的未知结果，其原因还是在于人们的行动总是在不断变化，此行动并非彼行动；具体的意思是只能依据实际发生的具体行动来预测其具体而特殊的结果，而不能依据什么一般的普遍行动（这根本就不存在）来预测一般普遍的结果（这也不存在）；短期的意思是预测的结果仅限于比较短暂的未来，至于更长的时间以后会出现什么结果，那根本无法预料，因为以后的行动将会变化，需要重新预测。

不仅如此，社会科学依据人类行动这种因果机制进行预测，还需要满足非常高的条件要求，因此也很困难（难怪"社会科学家"经常预测错误）。首先要掌握关于人类行动的准确而充分的信息，这样才有可能发现确切的因果机制，然而这通常是非常困难的。因为我们要了解的人类行动，并不像自然物那样静静地等待我们去发现和掌握。行动者（人）是能动的，他们会主动释放和隐藏或真或假的信息，从而给我们制造严重的信息困扰或干扰。而且，如果我们要了解的是比较复杂的人类行动，比如后文所说的博弈行动、集体行动，那么要掌握全面而准确的信息就更加困难。其次，即便勉强满足了这些条件，本来预测准确的结果也还有可能发生变化，从而导致预测不准。其原因还是在于人是能动的，会主动改变自己的行动。因为在人类世界，哪怕是以社会科学研究的名义进行预测，除非秘而不发，不对外传播，或者至少要保证不能影响到相关的行动者，否则这本身就是一种介入行动，会影响到相关的行动者从而有可能导致预测"自我挫败"。也就是说，如果预测结果对相关行动者来说是有害的、不利的，这些行动者只要知道并相信这种预测，那么就不大可能"坐以待毙"，相反会改变行动，从而改变结果，导致预测错误。①

第二节　社会科学的研究框架和内容

　　既然社会科学的研究主题（研究对象和研究目的）不同于自然科学的，那么二者的研究框架设计当然也就不可能一样。既然社会科学以发现人类行动这种因果机制并据此来解释人类世界的种种现象为己任，那么也就只能围绕人类行动来设计研究框架，否则这样的目标是不可能实现的。因此说到底，社会科学就是人类行动研究。② 而行动当然是由人采取的，所以研究人类行动还必须研究人本身——这就是人性研究。这样社会科学以人类行动为中心的研究框架就建立起来了，它明显不同于自然科学研究各种物质（无机物、有机物和生物）及其产生消灭和运动变化的框架。

一、行动研究

　　人类的行动非常多样，而且大多比较复杂，所以不大可能建立一个统一的行动理论，而只能针对各种不同形式的行动分别进行研究，从而形成系列的行动理论。

　　出于不同的研究目的，或者是因为视角和思维不同，学者对人类行动的分类也各有不同。比如马克斯·韦伯（Max Weber）把社会行动分为目的理性式、价值理性式、情感式、传统式四类③，同为德国人的齐美尔（Georg Simmel）则把社会互动分为交换、冲突、支配、社交等形式④。这里我们根据人类行动的复杂性和重要性程度，从纯形式的角度将其分为若干类型，由此形成单位行动论、

---

① 当然还有一种情况，叫作预测的"自我实现"，也就是如果所预测的结果对相关行动者来说是有利的，那么这些行动者只要知道并相信这种预测，自然就会一如既往地行动甚至坚定其既有的行动，从而使预测的结果得以实现甚至加速实现。但在现实中，预测结果往往是对有的人有利，同时对有的人有害，在此情况下，如果这些人都相信预测的结果，那么就会采取完全相反的针锋相对的行动，从而产生冲突，致使其结果难以预料。

② ［奥］路德维希·冯·米塞斯. 经济科学的最终基础：一篇关于方法的论文［M］. 朱泱，译. 北京：商务印书馆，2015：13-14.

③ ［德］马克斯·韦伯. 韦伯作品集Ⅶ：社会学的基本概念［M］. 顾忠华，译. 桂林：广西师范大学出版社，2005：31-32.

④ LEVINE D N. Georg Simmel on Individuality and Social Forms［M］. Chicago：The University of Chicago Press，1971：section Ⅱ.

博弈行动论、集体行动论、组织行动论等理论形式。

（一）单位行动论

这个理论意在揭示行动的组成元素和结构。比如美国社会学家帕森斯（Talcott Parsons）将单位行动看成由四个部分组成的：行动者、目的、处境（包括行动者不可控的条件和可控的手段）、目的与处境的关系或者说做出选择的规范取向。① 但本书认为，不可控的条件就是环境，是外在于行动的，所以不宜看成行动的组成部分，否则我们就无法辨识行动的存在。而目的、规范等主观元素内在于行动者，所以不应与行动者并列。其实内在于行动者的主观元素有很多，如果提到行动者却不提及这些主观元素，那么人作为行动者也就是空洞的，或者就是被当成了普通的生物。

如此梳理下来，行动的基本元素应该是行动者（哲学化的术语是"主体"）、工具和对象（哲学化的术语是"客体"），三者缺一不可。当然所有这些元素都处于一定的环境之中。这些元素相互作用的方式就是行动的结构，也就是人作为行动者运用一定的工具作用于一定的对象。

在这里，人作为行动者并不是空洞的，因为所有的行动者不仅仅是一个个物质实体，而且都是在一定的精神状态下、出于一定的目的而行动的。换言之，行动者既是外显可见的实体存在，也是具有内在主观精神的存在。其中，所有人都是出于一定目的而行动的，旨在满足特定的需要。正是为了满足自己的需要，行动者还要确定作用的对象，希望通过作用于对象，使其出现可以满足自己需要的状态或者效果。而对象及其被希望出现的状态或效果，就是行动者所确定的目标。显然目标既有客观的一面，也有主观的一面。除了需要和目标，人的其他主观精神，比如知识、情感，也会在行动的过程中发挥重要作用。所有这些主观精神就构成一个人的人格。由于所有人既是实体存在又是精神存在，所以提及行动者，当然就要两者兼顾，否则就不是完整的人。

至于行动的对象，其范围很广，包括人和非人的物体两大类，但它们一定是实在的而非虚构的或幻想的。对象和行动者一般是分离的，但有时候行动者也会把自身当成对象。

最后，工具是行动者用来作用于对象的中介物，其来源就是资源，范围也很广，也可以说包括人和非人的物体两大类，但也一定是实在的——哪怕有些

---

① ［美］T. 帕森斯. 社会行动的结构［M］. 张明德，等译. 南京：译林出版社，2003：48-50.

工具承载着一定的精神意义。人们经常把工具和手段混为一谈，其实手段是相对目的而言的，是用以达到目的的一切东西甚至包括行动本身，因此不是行动的组成元素。目的和手段其实是一对思维范畴，而不是用来描述行动的实在范畴。工具和方法虽然相关，但也不是一回事，方法是如何使用工具的技艺。[①] 工具一般也是和行动者相分离的，但人们首先使用的工具就是其自身的外部器官，特别是双手，所以一旦一个人的这些外部器官受损或者缺失，那么他的行动能力就将受限甚至丧失。另外，在具体的场景中，对象和工具的区分一定是清楚的；然而一旦改换场景，对象和工具的位置就有可能发生变化，也就是从前被当作对象的东西，现在变成了工具，或者从前被用作工具的东西，现在变成了行动的对象。

总之，从行动的三个组成元素来看，显然行动是实在的，而不是虚构或幻想的东西。

单位行动论是行动研究的基础，因为它基于主体视角（这对我们人类来说是理所当然的），提出了人类行动的一般模型，指出了人类行动的基本元素和结构，从而为我们提供了一个可以把握人类行动的基本工具。这个理论主要是一种分析工具，但也可直接用于研究最简单的个体行动，即行动者是一个人且其作用对象是自然物的情况，因为个体行动最符合这种理论形式，事实上这个理论形式就是根据个体行动提炼出来的。

（二）博弈行动论

在人类世界中，纯粹的个体行动虽然简单，却是罕见的，实际发生的种种行动更为复杂，而人类世界的种种现象恰恰就是由这些复杂行动造成的。

首先我们可以看到，人类始终处于社会化的生存状态之中，人与人之间普遍地进行着交往互动，这是人类世界的常态。若根据单位行动论来看，交往互动就相当于一个人以他人（可能是一人或多人）为行动对象，而他人反过来也以此人为行动对象，并且这二者是相互关联的，即正因有前者的发生，所以才有后者的发生。

但是对于这种交往互动，单位行动论是无法把握的，而要用到博弈行动理论。因为单位行动论从单一主体的单向视角和思维来看待行动，但交往互动却

---

① 我们反复强调人的行动是实在的和外在可见的，因此才说方法是如何使用工具。但有时候人们也在一些抽象的或比喻的意义上来说方法，比如思维方法、解题方法，这不是此处所说的行动的方法，二者不可混为一谈。

是主体之间的双向交互作用，由此导致，即使从每个行动者的角度来看，其行动也具有不同于个体行动的特征，也就是任何一方都必须考虑作为其对象的他人如何行动，否则就一定不能达到目的，而且最终的结果也是双方互动的产物，而非仅取决于某一方的行动。像这种人与人之间的交往互动就是博弈行动，所以需要博弈行动论才能把握。至于说过去一些博弈论者提出"与自然博弈"的说法，认为此种情况也可以当作博弈行动来研究，此类模型多见于数学抽象，与实证研究有所区别，本书所说的博弈行动一定是指人与人之间真实的交往互动。

人们对于博弈行动的观察和认识早就有了，有关思想可谓源远流长，只不过长期不具备理论的形式。作为一种理论形式的博弈论，最初形成于冯·诺依曼（John von Neumann）和摩根斯顿（Oskar Morgenstern）所著的《博弈论与经济行为》一书。① 但这种理论形式从一开始就是数学家的头脑"游戏"，以寻求数学意义上的均衡结果为研究目的，可称之为"形式博弈论"（亦称数学博弈论），也就是复杂烦琐的抽象演绎的甚至是想象的数学化的博弈论②。形式博弈论似乎告诉人们，一个人如果不懂得复杂高深的数学知识，那就没法进行博弈；形式博弈论作为对策论，仅仅关心参与双方头脑中的决策过程而不顾及现实的策略实施过程；形式博弈论所追求的均衡解，赋予人类世界以决定论的色彩；还有人指出作为形式博弈论前提的理性人假设也是虚构的；甚至形式博弈论所说的博弈也可能是虚构的或不成立。

所有这些都表明，形式博弈论是远离经验世界的，其对人类世界的解释力令人怀疑，因此很有必要发展出经验博弈论，也就是写实的、能够真正解释现实博弈行动的理论。本书就将形式博弈论所构建的被动博弈模式，即人们按照给定条件被动地进行博弈，转变为能动博弈模式，即人们主动发起博弈和构造条件而进行博弈。有人说演化博弈论也是一个摆脱形式博弈论的出路③，但本书对此存疑。也正是为了与主流的形式博弈论相区别，本书决定使用博弈行动论（game action theory）的新称谓，用以指这种基于能动博弈模式的写实的经验行

① ［美］冯·诺依曼，摩根斯顿. 博弈论与经济行为［M］. 王文玉，王宇，译. 北京：生活·读书·新知三联书店，2004.
② 潘天群. 作为社会科学方法论的博弈论［J］. 洛阳师范学院学报，2016，35（6）：1-6，97.
③ ［美］赫伯特·金迪斯. 理性的边界：博弈论与各门行为科学的统一［M］. 董志强，译. 上海：格致出版社，2011.

动理论。

鉴于作为交往互动的博弈行动是一个普遍存在的事实，博弈行动论也就是极其重要的可以普遍适用的行动理论。诺贝尔经济学奖得主奥曼（Robert Aumann）认为博弈论（当然他指的是形式博弈论）是社会科学的"统一场"理论①，这不算太夸张。只是形式博弈论的理论预设存在严重的缺陷，甚至可以说是错误的，具有很大的误导性，因此需要发展为博弈行动论，为此社会科学界还需继续努力。

（三）集体行动论

虽然我们可以把人与人之间的交往互动笼统地看成博弈行动，但其实博弈行动也包括诸多形式，前述的社会学家对社会行动进行的分类就表明了这一点。这说明还需按博弈行动的不同形式而对其进行更为细致和深入的研究。从不同形式的博弈行动对人类世界的重要性来看，本书认为集体行动这种形式特别值得研究，因为人类世界所有可见的伟大成就和所有重大的灾祸，一句话，所有能够展示人类力量的地方，都是由集体行动造成的。

集体行动与个体行动相对，是多人参与的有共同目标指向的行动形式。但这里所说的共同目标，并不一定是指所有参与者都内心赞同或自愿接受的目标，因为这种目标也可能是由个别人决定之后强加于他人的。这里所说的共同目标也不意味着目标的实现必然会对所有参与者都有利，实际上既可能有利也可能有害，或者对一些人有利而对另一些人有害。再从目标所指的对象来看，集体行动的对象既可以是物，比如在耕作、围猎、拓荒、建筑、工业生产等情况下，也可以是人，比如在比赛、战争、群体冲突的情况下。

无论其目标如何，由于集体行动是多人参与的，因此参与者之间必然会发生数不清的交往互动。其实集体行动总是两种过程同时进行的：一方面是集体行动的参与者与其对象相互作用，另一方面是集体行动的参与者之间相互作用。正因如此，我们才说集体行动是一种博弈行动的形式。只不过和其他形式的博弈行动（如市场交易）不同，集体行动指向一个共同目标。

显然，仅仅基于集体行动，我们就足以解释人类世界各个层次的许多重要现象了。然而遗憾的是，迄今尚缺乏专门而系统的集体行动理论形式，有关研究都是零散出现的，这就指出了社会科学界还需继续努力的又一个方向。

---

① ［英］约翰·伊特韦尔，等. 新帕尔格雷夫经济学大辞典（第2卷）［M］. 北京：经济科学出版社，1996：492.

（四）组织行动论

正如奥尔森所指出的那样，集体行动不同于个体行动，并不会自动发生——哪怕是集体行动的目标实现之后对所有人都有好处，这就是他所说的集体行动困境。不过奥尔森说困境仅限于大规模的集体行动，他认为小规模的集体行动就不存在这个问题。但经验告诉我们，这种困境是普遍存在的，与集体行动的规模无关，"三个和尚没水喝"的民谚表明集体行动挑战的普遍性。此外，奥尔森也没看到，集体行动不仅不会自动发生，即使开展起来后也不容易维持下去，即便维持下去也不容易达成目标。其实所有这些都是集体行动面临的难题，都可以称作集体行动的困境。

然而这些难题并不是无解的，其实人们早就找到了解决办法，这就是把集体行动的所有参与者组织起来，即组织行动。为破解集体行动的困境，奥尔森提出给集体行动的参与者施加单独的和选择性的激励，包括积极的奖励诱导和消极的惩罚强制①，这就指出了组织行动的存在。只是奥尔森的视野还不够宽广，因为组织行动并不仅限于他所说的施加激励，而是包括本书所说的分工、控制和协调三种行动，他所说的激励只是一种控制行动，并且也不是完全的控制行动。

由于组织行动是集体行动的组织者针对参与者而采取的行动，所以肯定是博弈行动的一种形式——只不过是因集体行动而起。组织行动跟管理活动有一些重合之处，这就是管理学者通常把管理跟组织联系起来的原因。但二者也不是等同的，因为管理是一个含义混杂的概念，不仅包括这里所说的组织行动，还包括计划、参谋、决策、评估等行动。组织行动也不是有组织的行动（organized action）的意思，因为有组织的行动就是集体行动，集体行动必然是有组织的行动，二者是同义反复。② 马克斯·韦伯所说的组织行动，也跟此处所说的组织行动意思不同，因为它既包括这里所说的意思，也包括有组织的行动的意思，因此是含混的。③ 组织行动更不是指组织实体或组织形式，尽管后二者是人们长期研究的对象。其实组织实体和组织形式都是组织行动的产物，也就是当把集体

① ［美］曼瑟尔·奥尔森. 集体行动的逻辑［M］. 陈郁，等译. 上海：上海三联书店，上海人民出版社，1995：41-42.
② ［法］米歇尔·克罗齐耶，埃哈尔·费埃德伯格. 行动者与系统：集体行动的政治学［M］. 张月，等译. 上海：上海人民出版社，2007：1.
③ ［德］马克斯·韦伯. 韦伯作品集Ⅶ：社会学的基本概念［M］. 顾忠华，译. 桂林：广西师范大学出版社，2005：65.

行动的参与者组织起来时，这些人就构成组织实体，而用以把参与者组织起来的规则规范则是组织形式，二者是一体两面的，一起构成组织体系。其中组织形式实际上是一些角色的设定和行为的规范，也就是人们常说的制度规定。因此可以说，一切制度都是这样随集体行动的组织而产生的，若非出于组织集体行动的需要，人们便不会制定制度，即使制定也无意义。

应当说关于组织行动的研究由来已久，源远流长，在政治学、管理学、社会学、经济学等多门学问中，我们都能看到相关的研究，在管理学中甚至有人提议建立组织学（Organizationology）这门学问①，在社会学中则有组织社会学的分支。但总的来说，这些研究也是零散的，而且大多是在组织实体的意义上来进行的，而没有将其与组织行动和集体行动联系起来，甚至对组织形式（制度规定）的研究往往也是脱离组织行动和集体行动的，从而存在不少混乱和困惑。所有这些不足表明，社会科学界还需继续努力，构建一个专门而系统的组织行动理论。

二、人性研究

毫无疑问，一切行动都是由人采取的，人类行动之所以不同于自然界中物与物的作用，究其根源只可能来自人本身。所以对于人类行动的研究必然离不开对人本身的研究，否则就难以理解和把握人类行动，对行动做出的解释也一定是错误的。但这里对人本身的研究——我们称之为人性研究，是出于研究其行动的需要而产生的，意在把握人类行动的内在机制，由此解释人为什么并且是如何决定采取行动的，而不是对人的生物特征进行研究，也不是抽象的认识论或精神现象研究，或者关于人之善恶的道德哲学讨论。

研究人类行动的内在机制（解释人为何和如何决定采取行动），这和解释行动的过程和结果是完全不同的目的和任务。前述的各种行动理论，其主要任务是解释人类行动如何导致了各种结果，揭示的是人类行动的外在机制；而人性研究的目的在于揭示人类行动的内在机制，从而解释人们为何和如何决定采取行动。这里所说的内在和外在，当然是以行动者自身为标准的：内在机制就是发生于行动者内部的过程，就是人的心理活动机制，是可体会但不可观察的；外在机制则是行动者在一定环境中运用工具作用于一定对象的过程，是外显可

---

① ［美］弗里蒙特・E. 卡斯特，詹姆斯・E. 罗森茨韦克. 组织与管理：系统方法与权变方法［M］. 李柱流，等译. 北京：中国社会科学出版社，1985：11.

见的。

概括来看，人类行动的内在机制包含产生某种需要、产生行动意念、确定行动目标、制订行动方案、评估行动方案和选择行动方案六个前后相继的环节。

（一）产生某种需要

我们每个人都是行动者，所以根据我们自己的亲身经验和体会就应该知道，一切行动都起因于我们产生了某种需要，也就是源于产生了想要什么、追求什么的欲望。需要是人类行动的原动力，如果一个人能够做到无欲无求，那么就不会也没有必要采取行动了。但在现实中，无欲无求是根本不可能的——毕竟人也是一种生物。人与人之间最多有欲求类型、多少和程度的差异。

人的需要多样且复杂，难以完全道尽，这里只能简单地归纳整理一下。

从其产生途径和方式来看，这些需要可能是与生俱来的，也可能是后天养成的；或者是由内在的生理机能激发出来的，或者是受到外在环境刺激而产生的。

从其性质来看，人类不仅有生物性需要，如食欲、性欲，还有特殊的社会（文化）性需要，如公平对待、受人尊重、受人认可、受人赞誉、受人爱慕、受人仰慕、受人尊崇、受人关爱、受人帮助、为人知晓、为人铭记、怜悯他人、同情他人、关爱他人、帮助他人、爱慕他人等需要。也因此，即使是生物性需要，人也不像动物那样表现得赤裸裸，而往往和社会（文化）性需要交织混合在一起。比如说人吃饭，就未必只是满足食欲的表现，否则那些奢华的宴会、那些吃饭的礼仪就不可理解了。

由于人是一种生命形式，说到底都追求生命的保存和发展，所以人的需要又可归为自我保存和自我发展两类。但即使在这方面，人也有不同于其他生物的地方，因为人有生命观、人生观或者说人生意义观，其所谓的生命并不只是生物学意义上的，还有社会文化意义上的。对人来说，到底什么是生命的保存和发展，这是他们的主观理解和设定，因人因时因地而异。比如印度人的轮回观念就认为，生命是轮回的，人即使在生物学意义上死了，也还有来世，从而生命得以延续，只不过来世的生命表现如何，取决于今生是为善还是作恶。① 所以在这种生命观看来，生命的保存并不仅限于今生，还包括来世，生命的发展则在于来世。正因对其生命有独特的理解和设定，所以当一个人认为自己的生命已失去价值，或者反过来，认为只有结束生命才能够体现价值时，他就有可

---

① 姚卫群. 印度宗教哲学概论［M］. 北京：北京大学出版社，2006.

能会产生主动结束自己生命（自杀）的需要。

另外从生命保存和发展的角度来看，人的各种需要也可以换个说法，分为积极进取性的需要和消极防御性的需要，即趋利避害的需要，以及追求快乐感受和消除痛苦感受的需要，即趋乐避苦的需要。[①] 同样，这里所说的利害苦乐，都不仅仅是生物学意义上的，也是社会文化意义上的，是人的主观理解和设定，从而因人因时因地而异。

最后，人的需要还可以分为终极目的性需要和衍生手段性需要：前者本身就是目的，而非为了满足其他需要而产生的，所以是终极性需要；而后者只是手段，是为了满足其他需要而产生的，所以是衍生性需要。比如说一个人想要过上安逸舒适的生活，以此为终极性需要，为此他想要获得大量的金钱，这就是衍生性需要。一个人的终极目的性需要总是与其人生价值或意义的设定密不可分，体现的是他的人生追求，因此是其人生观和价值观的高度体现，而这在不同人之间可能是不同的，即使是同一个人，也可能会在不同时空环境下发生改变。至于为满足终极目的性需要而产生的衍生手段性需要，那更加多样且变幻莫测，视一个人所处的情势而定。更为复杂的是，衍生的手段性需要本身也可能会成为目的，从而衍生出更多的手段性需要，由此形成一系列的需要链条。比如，一个人想要过上安逸舒适的生活，为此想要获得大量的金钱，为此想要中大奖，为此想要知道自己近期的"运势"或者开奖的"规律"……

（二）产生行动意念

不管一个人产生了什么样的需要，往往都会激发他产生想要行动的意念。这是因为，对任何人来说，所有的需要都不能自动得到满足，而且通常也不能依靠内在的心理幻想来满足，而往往需要利用某些外在的东西（身外之物或人）才能得到满足，比如，只有用食物才能填饱肚子，用水才能解渴，用衣物才能御寒，用防盗门窗才能保证室内安全，用图画或音乐才能获得美的享受。而这些外在的东西并不一定是现成的，即使是现成的，也不一定能够自动地满足需要，这就促使人们必须去获取这些东西并加以处理，也就是采取行动（这些外在的东西也就是前述的行动对象）。显然行动意念的强度跟需要的强度是成正比的。

---

① 趋乐避苦是功利主义的观点（［英］边沁. 道德与立法原理导论［M］. 时殷弘，译. 北京：商务印书馆，2000)，但趋乐避苦跟趋利避害的意思不尽相同，不可等同视之。

行动意念其实也是一种需要，即想要采取行动的需要，只不过相对源发的目的性需要来说，属于衍生的手段性需要。换言之，行动就是目的的手段。这就说明，人类行动通常是有目的的，即为了满足那些目的性需要，因此行动意念本身就表明了行动的目的性。这里所说的目的（purpose），也可称之为意图（intention）或动机（motive），也就是一个人想通过满足某种需要而希望自己达到什么状态或者产生什么效果。① 就如一个人想要吃东西，无非是希望自己由此产生饱腹感或者说消除饥饿感，或者是希望自己产生一种享受的或者有面子的感觉。因此目的总是对行动者自身而言的，是内向的。

此外，既然行动是为了满足目的性需要而采取的手段，那么人们就一定是在采取行动和满足需要之间建立了因果关系（前者为因，后者为果），否则他们怎么会认为采取行动就能满足需要呢？但这种因果关系又是怎么得以建立起来的呢？对此我们只能说，这属于人类千万年积累下来的一种集体经验，并通过不断向后代示范或传授而得以传承，从而成为一种常识②，体现在如"天上不会掉馅儿饼"等民谚中，以及那些讽刺通过坐等、空想、幻想、想象或者自我欺骗而不采取实际行动就企图实现愿望的寓言或故事中。

当然这是就一般情况笼统而言的，如果具体到某种需要，从而一个人具体想要采取什么行动，则取决于他在二者之间建立的具体因果关系，取决于更加具体的知识。比如，一个人饿了，为消除饥饿感，他立即想到去觅食而不是去睡觉，就是因为他在满足食欲与去觅食而非去睡觉的行动之间建立了因果关系，具有这种具体知识。当然这样的具体知识并不是人人相同的，而跟每个人学习和探索知识的经历密切相关。

（三）确定行动目标

行动意念只是人们头脑中的一个想法，还不是实际行动。一个人即使在产生了某种需要并由此产生了行动意念之后，也不会立即行动起来。这是因为，

---

① ［美］穆雷·N. 罗斯巴德. 人、经济与国家［M］. 董子云，等译. 杭州：浙江大学出版社，2015：99.

② 常识是一种知识，是几乎已成为习惯而不易引发人们质疑或反思的知识。而知识是知和识的结合，前者意味着接收信息，后者意味着做出判断，所以知识就是基于一定信息而做出的判断或者说提出的见解。这些判断或见解可能是描述性的、解释性的和评价性的，其中描述性判断仅限于陈述事实，解释性判断则要运用逻辑做出因果解释，评价性判断又包括利害评判、道德评判和审美评判三种。前两种知识都可以称为经验性知识，最后一种则为评价性知识。

按照前述的单位行动论，此时除了行动的主体（及其需要）得以明确之外①，行动的其他组成元素尚不明确，所以根本无法开展行动。因此，要开展实际行动，接下来人们就必须明确其他组成元素。

首要的就是确定行动的对象。如前所述，由于行动实际上就是去获取和处理用以满足自身需要的东西（行动的对象），所以什么是可以满足自身需要的东西，从而可以成为行动的对象（即可以对其采取行动），这是任何人采取实际行动之前都要首先解决的问题。

确定行动的对象又包含明确对象的性质及其状态或效果两个方面。首先是明确对象的性质，即某物或某人满足需求的能力，由此才能将其当作对象来获取。比如，我们知道石头不是食物，只有食物才能满足食欲，所以我们饿了就去找食物而不是找石头来充饥。又如，我们知道男人不是女人，只有女人才能生孩子，所以一个男人如果想要有自己的孩子，那就要去找女人而不是找男人来结婚。

其次是明确对象应该具有什么状态或效果才能满足我们的需要。因为一般来说，被确定的对象，即使性质正确，也不一定具备直接满足我们需要的性状，从而需要对其进行处理，使之出现可以满足我们需要的状态或效果。比如，从性质上看，食材是能够满足我们食欲的，但并非所有的食材都能生吃，所以通常需要对其进行处理，比如剥皮、做熟、软化、去毒、去腥，从而使其呈现出可以直接满足我们需要的状态或效果。又如，从性质上说，女人是能生孩子的，但一个男人所娶的妻子也可能患有生育疾病，这就需要对其进行治疗，使其恢复正常的生育能力。显然在进行这些处理之前，我们都是明确了对象应该出现什么状态或效果。

因此，确定行动的对象，既包括明确其能够满足需要的性质，也包括明确其能够满足需要的状态或效果。而用以满足需要的对象及其状态或效果就是行动的目标，所以确定行动对象也就是确定行动目标。

在这里，和行动目的一样，行动目标也是行动者的主观设定和期待或要求（而不是指实际存在的东西及其状态或效果），但二者还是有所不同。目标是针对行动的对象而言的，是外向的，要通过获取和处理对象才能实现；而目的是

---

① 和个体行动不同，集体行动的主体亦即参与者并不是一目了然的，而要由集体行动的组织者通过设定其资格条件来加以明确。但这个问题比较复杂，对此后文会有探讨，这里暂不讨论。

对行动者本身而言的，是内向的，是因需要的产生而产生的。但二者又密切相关，不可分割：目的不确定，目标也就没法确定，因为目标是用以满足需要的对象及其状态或效果，所以要以首先明确目的为前提；反过来，要达到目的或者满足一定的需要，那么就必须实现目标。正因如此，人们在谈到行动的目的或目标时，往往也就不做仔细区分，而是笼统而论，既包含行动者的需要和对自身状态或效果的设定和期待，也包含对处理对象的结果的设定和期待。而且正因如此，本来行动的最终结果以及行动的成败，应以目的是否达到亦即需要是否得到满足作为考评依据（因为一切行动都是为了满足需要而发动的），但由于行动目标是否实现本身就意味着目的是否达到，所以人们一般也以目标实现与否来考评行动的结果和成败。

一旦确定了行动目标，那么行动者也就知道了应该去做什么，即应该去获取什么东西和应该将其处理成什么样，而这就是行动的任务。所以对任何人来说，确定对象、确定目标跟明确任务就是一回事。正因如此，人们通常也不区分目标和任务，而将其连带一起来说，完成任务就等于实现目标，反之亦然。

最后，由于人们在确定对象的过程中明显离不开知识的帮助，所以他们将动用其知识储量或者调动其学习或探索知识的能力。这些知识显然既是关于对象之性质及其状态或效果的，也是关于行动对象与满足需要之因果关系的（前者为因，后者为果），否则我们就只知道这些东西的性质及其性状，却不知道它们能否满足我们的需要。

但这些知识并不都是常识，而是因对象而异的，非常丰富，所以人们的知识储备未必都够用，这就需要他们调动学习或探索知识的能力，去弥补、拓展或开发相关的知识。

这些知识也有可能是错误的，也就是并未正确地认识到对象的性质及其状态或效果以及与满足需要的因果关系。当对象是人的时候，这种知识尤其容易出错，因为认识形形色色的人是最难的，人们对各种自然物也许可以认识得清清楚楚，唯独难以看清楚各种具体的人。这就更需要人们调动其学习和探索知识的能力，纠正和更新相关的知识。

由此导致的结果当然就是，这些知识是因人而异的，不同人所掌握的知识并不一样，因为各自的知识储备或者学习探索知识的能力有别。也因此，不同的人，哪怕是有类似的需要（目的相同或相似），其所确定的目标也未必相同；甚至是同一个人，由于其相关知识发生变化，也会因时因地而改变目标——即使需要或者目的不变。

（四）制订行动方案

除了确定行动的对象或目标，还有一个行动的组成元素即工具有待确定。这个元素不确定，则人们就只知道做什么，却不知道该怎么做，也就是不知道该怎样去获取和处理对象，才能得到想要的东西并使之产生想要的状态或效果，如此也就没法开展实际行动。

而要确定行动的工具，那就要解决使用什么工具和如何使用工具这两个问题。首先要明确使用什么工具才能有效获取和处理对象。比如，我们要喝水，而水是液态流动的东西，所以就需要某种不会泄漏的盛具来装水。而喝生水可能会让我们生病，需要将其烧开，而这又需要我们找到可以把水烧开的盛具和燃料。一句话，解决使用什么工具的问题，其实就是去搞清楚要当作工具来使用的东西（具体中介物），是否具有能够有效获取和处理相应对象的性质。比如，普通的石头不是燃料，那么就不能拿这种东西来当烧水的工具。

除了解决使用什么工具的问题，为了让性质上正确的工具能够发挥其应有的作用（获取和处理对象的作用），还要解决如何使用工具的问题。因为一切工具都有其独特的性状，如果不了解这些性状，从而使用不当，那么就发挥不出其应有的作用，甚至反而会产生破坏的、危险的或有害的作用。比如用煤炭来烧水必须用引燃物，直接点火是不能让煤炭燃烧起来的。至于说如何使用工具的问题，这里面包含极其丰富的内容，诸如地点、位置、角度、时间、顺序、步骤、动作、方式等，难以言尽。对此，人们一般将其归于方法、技法、技艺或技术的概念，所以解决如何使用工具的问题，也就是解决行动的方法问题。

确定行动的工具，不管是解决使用什么工具的问题，还是解决如何使用工具的问题，这都是在制订行动方案。很明显，行动方案的核心内涵与行动的工具密不可分，其实就是考虑使用什么工具和如何使用工具来获取和处理对象。

在制订行动方案的过程中，人们也是以知识为依据的，为此也需要动用其知识储备或调动其学习或探索知识的能力。这些知识既是关于工具之性质及其性状的，也是关于工具与有效获取或处理对象之因果关系的（前者为因，后者为果），否则我们就无法确定所选择的工具是否能够真正起到获取或处理对象的作用。

同样，这些知识并不都是常识，也是因工具而异的，而世界上可做工具的东西实在是太多了，所以这方面的知识也就极其丰富。显然没有人掌握了所有这些知识，都存在知识储备不足的问题，所以在很多时候，人们都需要调动其学习和探索知识的能力，来弥补、拓展甚至开发相关的知识。

　　此外，这些知识也可能是错误的。哪怕被当作工具的东西是自然物，行动的对象也是自然物，所以这些知识也就属于自然科学的知识，但依然可能是错误的，这在自然科学史上屡见不鲜，比如放血疗法所依据的体液平衡说。只不过人们动用其学习和探索知识的能力，不断地纠错，更新知识，才让这些自然科学知识越来越正确。但如果所用的工具是人（相对于行动者的他人，当然指的是正常的活人）——比如叫别人去替自己做某事，或者工具和对象都是人（与前同义）——比如叫别人去帮自己对付某人，那么此时关于工具及其与对象之因果关系的知识就不再是自然科学知识，而且很不可靠，特别容易出错。

　　总之，不同人的知识储量和学习或探索知识的能力存在差别，所以他们关于工具的知识也是千差万别的。这就导致，哪怕是实现类似的目标，不同人也可能会制订出不同的行动方案。甚至是同一个人，即使目标不变，由于其相关知识发生变化，也可能会制订出不同的行动方案。

　　（五）评估行动方案

　　在行动方案制订出来后，行动的元素就齐备了，结构就完整了，按理说人们就应该立即行动起来了，也就是将行动方案付诸实施，但实际并非如此。这是因为，一方面，人们为达到一定目的（满足一定的需要）而行动，可确定的目标或可使用的工具都有可能是多样化的，从而完全有可能制订出几个行动方案，但是因为代价太高或者相互排斥，同时实施几个行动方案没有必要或者没有可能，这就需要在其中进行选择取舍；另一方面，即使是只制订了一个行动方案，通常人们也还有其他更多的考虑（更多的需要），从而也需要对行动方案进行选择取舍。而人们选择行动方案的依据是对其进行评估的结果，所以在做出选择之前必须先进行评估。

　　具体来说，评估行动方案包括有效性、可行性和可取性评估，某些人可能还会进行正当性评估。

　　1. 有效性（effectiveness）指的是假如行动方案付诸实施，那么就能实现目标。换言之，有效性就是有用性。因为不能实现目标的行动方案，无论看起来多好也是毫无用处的，所以任何人都必定要评估行动方案的有效性。

　　如前所述，由于任何人都是根据关于工具的知识来制订行动方案的，而人们也肯定相信他们所凭借的知识是正确的，所以才据此来制订行动方案，这就导致人们在制订行动方案时，实际上就已经对行动方案进行了有效性评估。在他们看来，自己制订的行动方案肯定是有效的。当然，假如在行动方案制订出来后，一个人的知识发生了变化，他对原有的知识产生了怀疑，对原有知识之正确性的信念减弱了，那么他也会重新评估其有效性。

不过行动方案到底是不是有效的，这要等到方案实施之后，看最终的结果才能知道，因此人们对行动方案之有效性的评估就只是一种事前的主观判断，未必是正确的。所有人也都知道这是一种主观判断，但人们对此还是抱有程度不等的信心，其来源就是他们对其所用知识的信念。[①] 一个人越是信任某些知识，越是相信这些知识是正确的，就越相信据此而制订的行动方案是有效的。当然，由于人们对相关知识的信念有程度差异，所以这种主观认定的有效性也有程度差异。至于具体是何种程度，那就因人因时因地而异了，且很难精确表达。

2. 可行性（feasibility）也就是可实施性，指的是行动方案具备实施的条件，因而能够实施下去。显然，即使是被行动者认为有效的行动方案，如果不能实施，那还是等于无用（因为同样不能实现目标），所以任何人也必定要评估行动方案的可行性。

由于人们在制订行动方案时主要解决的是用什么工具和怎么使用工具的问题，所以不会也不必考虑可行性问题，这就导致可行性评估一定发生在行动方案制订出来之后，这就和有效性评估有所不同。

实施行动方案是从头脑的构想落实到实际的行动的过程，而这需要相应条件的支撑，否则就无法开展行动，因此可行性评估实际上就是评估这些条件是否具备。而行动的条件，概括来说可分为内外两方面：从内部来说，它要求行动者具备运用工具的相应能力；从外部来说，它要求行动者掌握足够的资源以提供足够的工具，而且所处的自然环境（时间、空间、地形、地貌、气候、生态等）和社会环境（其实就是除行动对象以外的其他人）对他是有利的，亦即，这些环境条件即便不构成帮助或支持的力量，也不构成阻碍或反对的力量。由于行动的条件很多，所以可行性评估的结果也就有程度的差异，但同样难以精确表述。

和有效性评估一样，可行性评估也是事前的主观判断，因而也不一定正确。比如行动者对自己能力的判断就未必准确，高估或低估都是常见的。那些经验丰富的人可能会高估自己的能力，而那些经验欠缺的人则有可能低估自己的能

[①] 至于说人们对于知识的信念是怎么产生的，这比较复杂，可能来自亲自实践的结果的检验，也可能来自对权威人物的崇拜乃至迷信。科学主义一定程度上就是对科学家的崇拜乃至迷信，进而对这些人创造的知识抱有完全的信心。

力。行动者对自己所掌握资源的判断，特别是对其是否充分足够的判断，也不一定准确。对所处环境是否有利的判断更有可能出错，毕竟任何人所掌握的信息都是有限的，而且随着行动的开展，所处的环境很有可能会发生变化，而这往往是难以预判的。

当然我们也要看到人的能动性。人们并不是仅仅局限于现有条件来进行可行性评估的，他们也可能基于创造条件的可能性来进行评估。换言之，假如一个人判断现有条件缺失或不足，但他不一定就会做出不具可行性的判断，因为他会进一步判断：这些缺失或不足的条件有没有可能得到补足，也就是有没有创造条件的可能性，而且这种可能性有多大。比如说，如果他判断自己能力缺失或不足，那么有没有可能通过学习或锻炼来进行弥补？如果判断自己所掌握的资源缺失或不足，那么有没有可能去开发和补充这些资源？如果判断自己所处的环境不利或者不够有利，那么有没有可能扭转这种局面？于是这时的可行性评估，就转变为对创造条件的可能性的评估，由此又会引发连锁行动方案的制订，即进一步制订关于创造条件的行动方案。人们对创造条件的可能性的判断，就来自他们对创造条件的行动方案的可行性评估，于是这就将形成一个行动方案及其可行性评估的链条，然而现实中经常会出现这种情况。

3. 可取性（desirability）指的是行动方案值得采取，而这是相对行动的代价来说的，只有代价是值得的，行动方案才是可取的。

代价总是相对行动者来说的，也就是行动者的付出和所要承担的坏结果。因为是行动者自己在行动，所以当然他自己要付出；也因为结果都是由其行动导致的，所以即使是坏的，当然也应由他自己承担。

行动的代价有很多种，其中有些是不可避免的，有些则是可避免的，而且不可避免的代价也有可能减轻其程度。一般而言，有三种代价是任何行动都不可避免的：一是行动者自身脑力和体力的消耗（甚至可能包括丧失生命），因为行动是人活动起来的状态；二是投入的资源，因为开展任何行动都要使用一定的工具，而工具的来源就是资源；三是行动者并不期待也不想要的负面结果，即副作用，因为从系统论的观点来看，所有行动都涉及诸多联系在一起的元素，针对对象的作用并不会仅限于对象，往往还会对其他元素产生作用，而且行动总是处于一定的环境之中，既影响着环境又受环境的影响，这就会导致一些行动者不想要的结果。

有时候人们可能还会产生违规的代价——虽然这并非不可避免。所有人都生活在一定的社会群体中，其中通常都制定有一些行为规范，如工作守则、工作纪律、法律法规，违反这些规范就要受到一定的惩罚。尽管人们制订的行动方案不一定都是违规的，但有时候难免要与之发生冲突，如果将其付诸实施的话，那么就会产生违规的代价。

我们知道，无论人们选择什么行动方案，一旦将其付诸实施（即采取实际行动），就会产生代价，而不管是什么代价及其程度如何，这既不可避免也无法摆脱，可以说这是一个尽人皆知的常识。而任何人采取行动都只是为了达到其目的，并不想要付出代价，但代价又是不可避免的，这就导致人们必须对实施行动方案的代价进行预估，包括可能会产生什么代价及其程度如何，进而判断这些代价是否值得，从而判断相应的行动方案是否可取。这就是对行动方案的可取性评估。

至于人们是怎样进行可取性评估的，此时既要运用经验性知识，也要运用评价性知识。经验性知识的作用在于帮助人们预估，如果采取和实施某个行动方案，那么可能会产生什么代价及其程度如何。在此基础上，评价性知识则帮助人们决定该行动方案是否可取。对任何人来说，对他有利的东西就是可取的，对他有害的则是不可取的。而有利指的是一个人认为某个东西能够满足自己的需要或者对此有正面的帮助作用，反之，如果他认为某个东西的作用是负面的，会妨碍甚至破坏其满足需要，那么它就是有害的。据此来看，对任何人来说，由于采取和实施一个行动方案就能满足自己的某种需要，所以该行动方案是有利的、可取的；然而实施该行动方案又不可避免地会产生某些代价，从而不利于其他某些需要的满足，所以该行动方案又是有害的、不可取的。那么这个行动方案是否可取就无法判断了吗？非也。因为人们并不是这样单方面来评估其可取性的，而是利害两方面综合权衡。这就是说，如果一个人判断，虽然实施某个行动方案可以让他获得某些好处或者避免某些损失，但是获利刚好抵偿甚至不足以抵偿代价，或者代价比所要避免的损失还要大，那就意味着得不偿失，那么这个行动方案就是不可取的，反之才是可取的。总之，可取性评估就是得失评估，即在获得的收益与付出的代价之间进行比较。值得采取的行动方案，一定是由此带来的获利在抵偿代价后还有剩余，或者由此产生的代价比所要避免的损失更小。

可取性评估也是一种事前的主观判断，因此这种判断未必正确。可取性评估以判断可能会产生什么代价及其程度如何为基础，这就需要运用有关的经验性知识，然而这些知识未必是全面的或正确的，所以相应的判断也就不一定正确，有时候甚至难以预料会产生什么代价，更不要说其程度了。就比如，一个法盲缺乏有关法律的知识，他当然也就预料不到违规的代价。而建立在对代价之错误预判基础上的可取性评估，当然也就不会正确。

而且可取性评估也不可能人人一致或者始终不变。因为人们据以判断可取性的利害判断，是一种主观的价值判断，并无客观标准，而是因人因时因地而异的，由此导致可取性评估也就具有很大的主观性。即便从形式上说，每个人都认为实施某个行动方案可以带来某些收益或者避免某些损失，同时认为代价是一种损失，但这些收益和损失到底是多大，这就因人因时因地而异了，具有很大的自由度，难以揣测。所以关于行动的代价到底值不值得，相应的行动方案是否可取，对此人们就不大可能得出普遍相同或者始终不变的结论。就如一个明星花高价购买人身部位保险，他认为代价是值得的，从而做法是可取的，但其他人可能会认为代价太高了，根本不值得，这种做法也就不可取。

4. 正当性（rightness）指的是行动方案符合行动者的道德观，因此是正当的。基于社会化的经历和社会生活的方式，一般而言人们都有一定的道德感（道德意识），秉持一定的道德观（具体的道德标准或观点），从而有可能根据其道德观而对行动方案的正当性进行评估，进而选择具有正当性的方案。

但是不同于其他三项评估，这项评估只能说是可选项，而非不可或缺，也不是每个人都会做此评估。事实上，如果正当性评估与其他三项评估相矛盾，也就是一项行动方案被评估为有效、可行且可取但却不正当时，那么最有可能被舍弃的就是这项评估，正所谓"道义放两旁，利字摆中间"。我们知道，人们为了满足其需要而采取行动，而行动的成败（目标是否实现，需要是否得到满足）只取决于行动方案的有效性和可行性，行动的得失则取决于其可取性，所以可以说所有人都会重视行动方案的有效性、可行性和可取性，却不一定关心它的正当性。一个人不管某个行动方案是否正当，只要它是有效、可行和可取的，就很有可能选择它并将其付诸实施。对那些成功至上主义或唯成功主义的信奉者即马基雅维利主义者来说，也包括那些注重可取性的经济主义者，他们作为非道德主义者，就只在乎能否达到自己的目的（取得成功）及其得失，而不在乎行动本身是否正当，所以只有那些道德主义者才会对行动方案进行正当性评估。对道德主义者来说，虽然正当性评估并不影响行动的成败和得失，但是基于两点考虑，他们还是坚持进行正当性评估：一是为了求得内心坦然，否则他们就会因为自己的行动违背道德而备受煎熬，即通常所说的良心谴责；二是出于对人类社会应当如何的理想追求，也就是他们希望看到一个道德化的人类世界，而非道德的人类世界是根本不能接受的。可见，道德主义者坚持正当性评估，根源在于他们具有不同的需要（价值追求）。

对道德主义者来说，正当性评估的过程很简单，但结果未必一致，甚至有可能完全相反，除非他们分享着相同的道德观。我们知道，道德观并非社会规范，而是关于善恶好坏的价值观，具有很大的主观性和自由性。一个人认同和接受什么道德观，在其年少时主要是受教育的结果，在以后则会经历道德论证和选择的过程，而每个人所受的教育、进行论证的理由和逻辑未必一样，所以最后认同和接受的道德观往往就会存在差异，据此做出的正当性评估也就不一定是一致的。甚至同一个人也可能会因时因地改变其道德观，由此导致他的正当性评估也不一定始终不变。

（六）选择行动方案

在完成上述各项评估之后，人们暂时还无法对行动方案做出选择，因为评估有多个项目，不可能只依据某一项评估结果而做出选择，所以这时还必须进行综合评估并得出一个结果。而综合评估并不是把各项评估的结果简单相加或者进行平衡，而是按照"有效性×可行性×可取性"的公式来进行的，因为这三项评估是不可或缺的。对那些道德主义者来说，综合评估公式则变成"有效性×可行性×可取性×正当性"，因为在他们看来，这四项评估都不可或缺。

通过综合评估，只有有效、可行且可取（对道德主义者来说则是有效、可行、可取且正当）的行动方案，才会为人们所选择并将其付诸实施，然后我们就能看到相应的实际行动——也就是实施行动方案的表现。

但如果有几个行动方案都被评估为有效、可行且可取（或者有效、可行、可取且正当），人们又会如何选择呢？由于实施每个方案都是为了实现同样的目标和达到同一个目的，而且实施的方案越多，代价就越大，所以通常来说，人们没有必要多方案并行（多管齐下）。而且如果有些方案之间是相互排斥的，那么也无法全部实施。无论是什么情况，这时人们都会选择其中综合评估结果最优的行动方案来付诸实施。当然我们也不排除有人会同时实施几个行动方案——只要相互不排斥就行，毕竟不同人可以承受的代价也是不同的。

一旦有方案被评估为无效、不可行、不可取，或者（对道德主义者来说）无效、不可行、不可取、不正当，则不管出现其中哪一种情况，人们都会放弃该方案，当然更不会实施该方案。

有一种特殊的情况，即如果所有行动方案都被否定了，那么人们又会如何决定呢？这时人们有可能回头从根源上去克制需要（降低需要的强度或者延缓需要的紧迫性）甚至取消需要①，从而降低或打消行动意念，这就意味着一个人放弃采取相应的行动——此时我们将看不到有实际行动出现。但是人们也有可能不放弃需要，不打消行动意念，而是回头去修改目标或者重新设定目标，从而重新制订、评估和选择行动方案。人们还有可能在不改变目的和目标的情况下，回头去修改行动方案，使之具有效性、可行性、可取性和正当性，然后再进行方案选择。在后两种情况下，最终还是有可能会出现实际的行动——只是已非他最初想要采取的行动。

由此可见，人因需要而行动，却不是只要有需要产生就一定会行动，而且人会克制甚至取消需要。即使一个人有了需要并产生了行动意念，甚至如上所述，已经明确了行动目标和制订了行动方案，最终也不一定会采取实际行动。就此而言，王阳明说"一念发动处即是行"② 并不正确，因为从产生行动意念到最终采取实际行动，中间还有其他多个环节，而且最终也不一定就会产生实际行动，再说行动意念只是一种心理活动，而不是实际行动。

表3-1 人类行动的内在机制

	过程	内容
1	产生某种需要	各种需要中的某一种
2	产生行动意念	为了达到目的（满足某种需要）而想要行动
3	确定行动目标	选择行动的对象并设定和期待其应有的状态或效果，也是确定行动的任务（做什么）
4	制订行动方案	对使用什么工具和如何使用工具（怎么做）的计划或设想
5	评估行动方案	有效性×可行性×可取性，或者，有效性×可行性×可取性×正当性
6	选择行动方案	若有效、可行且值得，或者有效、可行、值得且正当，则选择相应方案，反之若无效、不可行或不值得，或者无效、不可行、不值得或不正当，则否定有关方案

---

① 根据我们的经验可知，克制或取消需要是有可能的，哪怕是生物性需要，即使不能取消，也可以进行克制。佛教、禅修、苦行等修炼主义者所做的事情，在很大程度上就是克制甚至取消各种需要（欲望），不行此道的凡人也经常克制甚至取消某些欲望。

② 陈荣捷. 王阳明传习录详注集评［M］. 台北：台湾学生书局，1983：302-303.

（七）关于理性人模型的讨论

从产生需要到最终选择行动方案，这就是人类行动的内在机制。这个过程可能会在比较短暂的时间内完成，也可能会花费较长的时间，因行动之简单复杂或难易程度而有别，也是因人因时因地而异的。而且已经付诸实施的行动方案，在实施的过程中还有可能被修改甚至被否定，这就相当于重新制定、评估和选择行动方案。但不管如何，这个机制是一定存在的，我们每个人都可以根据自己的亲身体会来验证。从这个机制中，我们看到了人的某些一致性，但如果具体到细节，则我们看到的是人的多样性和可变性。

人类行动的内在机制表明，不管是产生行动意念，确定行动目标，还是制订、评估和选择行动方案，这都要运用知识，耗费脑力，且有内在的逻辑，即行动的逻辑，一般也称之为"目的—手段"逻辑，这也是行动的内在因果关系。换言之，一个人采取某种行动总是有原因的，具体说来就是，一个人想要采取什么行动，是因为他想要满足一定的需要或者说为了达到一定的目的。行动的原因就是行动的理由，概言之就是关于目的和手段的理由，也就是关于为何要去做什么和为何应该如何做的理由。①

但人的行动逻辑（"目的—手段"逻辑）并不是自然规律，因为各人的价值观念和知识背景有别，从而各自的目的和手段也有所不同，甚至有可能是相互矛盾和冲突的，不大可能出现自然规律那样的普遍性；行动的目的和手段是人为建构、设计和选择的，是可改变的，所以行动逻辑并不具有自然规律的天然性、恒定性和重复性；也因为行动的目的和手段是人为构建的和可改变的，所以人们也就可以而且能够成功地违反某种行动逻辑——哪怕是他自己曾经遵循过的，然而自然规律却是不可能被违反的——尽管历来总有人试图打破或违反自然规律。

正因为人的行动都是有逻辑的（只是各人有各人的逻辑，未必一致，甚至同一个人在不同情境下也可能会形成和贯彻不同的逻辑），所以才是可理解和可解释的。也正是在此意义上，我们说人是理性的，至少在行动的时候是理性的，这不会有错。马克斯·韦伯则将行动理由看成人具有理性的表现，具有理由的行动也就是理性的行动。②

---

① 任何人行动肯定是有其理由的，但这跟他表达出来的理由未必是相符的，毕竟表达本身就是一种行动策略，这要注意区分。

② ［德］马克斯·韦伯.韦伯作品集Ⅶ：社会学的基本概念［M］.顾忠华，译.桂林：广西师范大学出版社，2005：31-32.

但此处所说的理性人，并非主流经济学所说的那种观点。主流经济学中关于"利益（效用）最大化"或"最优手段"的提法，关于偏好的提法，关于偏好的普遍性、稳定性和可传递性的假设，都是为了方便进行数学处理而罔顾经验事实杜撰出来的。人们对理性人将信将疑甚至大加批判，其实针对的就是这种虚构的理性人模型。西蒙（Herbert A. Simon）提出的有限理性说①就是对此模型的批判和改造，然而此说仍然不能成立，因为他和主流经济学分享着相同的理性观，其不同之处仅在于为理性加上限制。主流经济学所说的理性只是为了方便进行数学处理而给出的定义，早就偏离了理性的本来意思。不只是主流经济学，还有很多人也随意定义理性，为其附加许多本不具有的含义，从而使得理性成了一个似乎无所不包也无所不能的大杂烩概念。一系列关于理性人的误导、困惑、质疑和争论，就是由此而产生的。

其实理性的本义是推理，理性人只表示人具有推理的能力，而没有理性万能、理性人必定成功、理性人客观、理性人冷静、理性人优秀、理性人同质等多余的意思。就此而言，人具有理性，这是一个不争的事实而非假设。我们可以发现，人们在数学和科学研究、侦探和判案等很多方面都在运用这种推理能力，所以说人是理性的，这并没有错。只是我们不能说人时时处处都是理性的，因为他们并非时时处处都在运用这种能力。但只要他们在运用这种能力时，就必然是理性的。而人们在从产生需要到选择行动方案的过程中，显然运用了而且必定要运用推理能力，所以这时人一定是理性的。就此而言，对人类行动的研究以理性人模型为前提和基础，这没有任何问题。

只是从这样的理性人模型中，我们不可以引申出更多的意思，否则就是对此模型的误会和滥用。比如说，理性只能帮助我们产生行动意念，确定行动目标，制订、评估和选择行动方案，而不可能帮助我们实现一切愿望，更不是确保我们成功的法宝。事实上任何行动的成败（是否实现目标和达到目的）都具有不确定性，因为人们对行动目标的设定，对行动方案之有效性和可行性的估计，都未必是正确或可靠的，而且在实施行动方案时还要受到更多不确定因素的影响，所以难以确保行动的成功。理性人也不意味着客观，事实上如前所述，人类行动的内在机制中充满了主观性，如价值观、信念、期望、理想等。理性人也有情感或情绪，而不意味着冷静。情感或情绪只是人的苦乐感受，即便一

---

① 赫伯·赛（西）蒙. 人类事务的理性 [M]. 林钟沂，译. 台北：森大图书有限公司，1988.

个人在进行推理的时候，也会产生快乐或痛苦的感受，也会有主动或被动、积极或消极的精神表现。所以理性人就是普通人的正常表现，既然如此，那么也就无优秀可言。一个人优秀与否，不应该根据理性来判定，理性本身也不是一个可用于评价的概念和标准。最后，理性人只意味着具有推理的能力，而这些推理只是在形式上相同，就其内容和结果来看却因人因时因地而异。所以理性人并不意味着人们必定会得出相同的或者不变的结论，也不意味着他们必定会采取相同或者不变的行动，主流经济学以及一切形式化理论所设想的那种同质化理性人根本就不存在。

第三节　适用于社会科学的研究方法

在明确了什么是社会科学之后，我们再来看看有些什么方法是社会科学研究可以通用的——因此也可以为比较政治学研究所用。

一、社会科学研究方法的性质

当我们强调社会科学研究方法的时候，其潜台词自然是这种方法与其他方法具有不同的性质，为此我们就需要首先搞清楚其性质到底是什么。而按照前述的行动理论，只有对人类行动来说才有所谓的方法存在，一切方法都是相对我们的行动而言的。所以为了搞清楚社会科学研究所用的方法是什么性质，我们又必须首先搞清楚社会科学研究本身，或者其所属的一般科学研究本身是什么性质。

毫无疑问，人类从事的科学研究本身就是一种行动①，只不过是一种认知行动，即以认识为目的的行动，区别于那些不以认识为目的的行动。既然科学研究是一种行动，那么当然也就包含主体（行动者）、对象和工具这三个基本元素，正是从这几方面来看，科学研究的独特性质才显现出来。

从主体来看，除非我们把科学研究界定为狭义上的一种职业，否则并非那些经过专门训练的或者被称作科学家的人才从事科学研究，而是人人都在从事科学研究。因为如前所述，人们在采取其他实际行动之前，也就是在内在机制

---

① ［奥］路德维希·冯·米塞斯. 经济科学的最终基础：一篇关于方法的论文 ［M］. 朱泱，译. 北京：商务印书馆，2015：11.

运行的过程中，都可能从事一定的科学研究，即调动学习或探索知识的能力，去认识对象、认识工具、认识资源、认识环境甚至认识自己，否则就难以确定目标以及制订和评估行动方案。就此而言，科学研究的性质并不是由主体的身份来决定的，而是由其目的来决定的。这个目的就是认识，也就是求真（求得事物的真相，包括是什么和为什么）。至于这种认知行动的深层目的是什么，那就很难说了，可能有人纯粹是出于好奇、兴趣、快乐、炫耀等目的，但大多数人还是出于实用的目的，即通过认识所产生的经验性知识来帮助自己或他人采取其他行动，即前述的帮助了解对象和确定目标以及帮助制订和评估行动方案。从人类科技史的角度来看，对人类有意义的科学研究，基本上是出于实用目的而进行的，而不是因此而进行的科学研究，则几乎都是浪费生命的无聊表现。

从对象来看，科学研究把我们所处的经验世界[①]（包括我们自己）都包含在内，几乎是无所不包。因为如上所述，我们的行动需要我们认识我们自己、我们的对象、我们的工具、我们的资源和我们的环境。只不过对于如此广泛的对象，人们已经将其划分为若干具体领域，从而形成不同学科的研究。自然科学与社会科学就是最为宽泛的科学门类划分，分别研究自然世界和人类世界。另外，和科学研究的目的密切相关，科学研究的对象也有一个特殊之处，就是此时它们只是用来认识的，以满足我们的求知欲（想知道它是什么样的和为什么如此），而不是用来满足我们的其他需要。即使有时候我们必须处理对象，比如改变其性状，那也是为了满足求知欲而不是其他需要。比如作为自然科学研究实验品的活体动物，即使我们将其大卸八块，那也不是出于屠夫杀猪宰羊的目的。简言之，在科学研究中，我们获取和处理对象，目的仅在于满足我们的求知欲而不是其他需要，我们需要的是由此产生的经验性知识，而不是那些获得的和处理过的东西。由此可见，科学研究的性质也不是由对象来决定的，根本上还是取决于目的。

从工具来看，即使作为一种认知行动，科学研究也需要使用一定的工具，以便获取和处理对象。至于这些工具到底是什么，或者说需要使用什么工具，那就很难说了，因为这是根据对象而定的，任何能够有效获取和处理相应对象以达到科学认识目的的工具都行。对任何人来说，显然最初始的工具都是自身

---

① 之所以说科学研究是经验性质的，就是因为其研究对象是经验的世界，而不是抽象的或玄想的世界。后者并不是科学研究的对象，但可以成为如哲学、数学、神学研究的对象。

的外部器官，如五官和四肢。对科学研究来说，感官和双手最为重要，因为前者帮助我们观察对象，后者帮助我们操作其他工具以获取和处理对象。但是因为我们自身的器官存在不足，比如肉眼既看不太远，也看不太细，所以我们还需要使用身外之物来当作工具，比如现代自然科学所用的诸多高科技器材。由此延伸开来，科学研究所要用到的工具就越来越多。

除了用什么当作工具的问题，关于行动的工具，我们知道还有一个如何使用的问题，也就是方法问题。如此看来，作为一种行动的科学研究，其方法也就没有什么特别的，依然指的是如何使用工具。简言之，科学研究的方法就是指研究者如何运用工具作用于对象以达到科学认识的目的。既然没有什么特别的，那么显然方法也就不决定科学研究的性质。而一些人特别强调科学研究的方法，甚至将其提到决定科学研究之性质的高度，以致出现"科学的研究方法"这样的说法，真是让人匪夷所思。这些对我们要说的社会科学研究方法来说同样成立。

二、社会科学的通用研究方法

既然如前所述，社会科学与自然科学除了研究对象不同，研究目的也有一些差异，那么在研究方法的采取上也就不可能完全一样。但所有门类的社会科学研究，由于其总体的研究对象和研究目的是一致的，所以也就一定存在一些可以通用的研究方法。

一般来说，出于求知的科学目的，科学研究要经历获取和处理信息、描述研究对象、做出科学解释和检验科学理论四个阶段，因此我们可以分成这四个方面来分别考察社会科学研究所要用到的方法。

（一）获取和处理信息的方法

科学研究的目的是认识一定的对象，把握其状况和解释有关的原因，为此必须首先获取有关对象的足够而有效的信息，否则就达不到目的。这也就导致，如何运用工具去获取有关对象的信息，就是任何科学研究都要首先考虑的。

获取信息的具体方法并无一定之规，而要看研究对象是什么，必须针对不同的对象而采取不同的方法，否则就难以奏效。有学者认为，这方面可采取的方法有案例法，针对某个时间点上的单一样本；实验法，针对由对照样本和实验样本所组成的一对样本；比较法，针对同一时间点上的同等样本；跟踪法，针对一定时间跨度范围内的具有一个或多个共同属性的群组；参与法，针对他人的活动，不过研究者要直接参与其中；交流法，针对他人的想法或者其他各方面情况，如访谈、采访、座谈、问卷调查；观察法，针对人们的外在行为表现；等等。① 这些的确是可采取的方法，但并不齐全，此外还有实地调查测量。如果是获得二手信息，那么就要查阅文献资料。

显然这些不同的方法多是根据对象的差异而设计的，即使对象相同，也采取了不同的方式，而且采取每种方法想要获得的信息也不尽相同。在这方面，虽然自然科学和社会科学研究都需要获取信息，但由于二者的研究对象存在很大差异，所以那些适用于自然科学研究的方法，就不一定适合于社会科学研究，反之亦然。比如说在社会科学研究中可以运用交流访谈、参与活动的方法，那是因为研究者和研究对象都是人，所以这是可行的并且在一定程度上也是有效的。但在自然科学研究中就没法运用，因为它的研究对象是自然世界，我们没法与之交流，更不可能参与其"活动"——那里也根本不存在人类活动。反过来，自然科学研究可以通过搭建人工实验室来获取信息，但社会科学研究就不大容易运用这种方法，特别是在研究对象比较宏大或者面临着伦理限制的时候。

要让我们获得的信息起到帮助认识和把握研究对象的作用，那么它们就一定要是真实的，虚假的信息再多也无益。真实指的是有关情况的确存在或者发生过，是根据我们观察得来的，而不是幻想、想象或者编造出来的。然而研究者是人而不是神，我们的观察能力有限，不可能不出错。特别是在社会科学研究中，我们的研究对象往往也是人，从中获得的信息充满着主观性，更有可能不是真实的。比如我们就不能轻易断定被访谈者所说的都是真实的，因为谈话本身就是一种行动策略，他们有可能故意释放假信息或者隐藏真信息。鉴于上述原因，所有获得的信息都要接受检验，以确定其是否真实。然而这在自然科学研究中就不容易，在社会科学研究中则更困难。如果是重复的现象或者尚存的事物，那么或许我们可以通过多次观察或多人观察来检验其真实性。但如果不具备这种条件，那就只能通过逻辑推理来检验了，也就是根据已被证明是真实的信息（特别是源于生活经验的常识），通过逻辑推理来判断新获得的信息是否真实。学界提出过三角测定法，也就是用同一信息的不同来源渠道来相互佐证，在一定程度上也可以起到检验作用。但由于所有这些方法都需要满足一定的条件才能适用，所以没有任何一种方法是绝对有效和可靠的。

---

① 罗杰·皮尔斯. 政治学研究方法：实践指南 [M]. 张睿壮，等译. 重庆：重庆大学出版社，2014：41-51，94-128.

经过检验的信息，即使是真实的，也可能是凌乱的，而且有可能意义不明，很难为进一步研究所用，所以还需要进行处理，即整理和解读。有一种整理方法叫作编码，也就是将所获得的信息用符号或者数字来代替，然后进行分类，通过发现其中反复出现或重叠的信息，比如词频分析，来寻找可能存在的模式或确定潜在的可能因素。这是一种偏向量化处理的方法，绝不是唯一的整理方法。但不管怎么整理信息，目的都在于剔除那些与研究对象无关或者关系疏远的信息，而凸显那些关系密切的信息并使之条理化，以便我们更好地了解和把握研究对象。

在整理的过程中，我们也免不了要对信息的含义进行解读，否则也就不知道该如何整理，因为信息的含义并不是自明的，不管是实物的或符号化的信息，还是文字表述的信息，都是如此。比如考古发现一个雕塑，其用处是什么，从而这是个什么东西，这就不是自明的。对此，据说话语分析和叙事分析（历史叙事）就是这种解读方法，但也存在不少分歧。没人怀疑解读信息的必要性和重要性，但是应该如何解读，这确实不太好办，也很难说有什么好的方法，毕竟解读本身就是一种主观的过程，尤其是解读从人类社会中获取的信息。但不管采取什么方法，解读的目的都是把握信息的含义以使其变为可理解的，否则也就没法运用这些信息。

就比较政治学研究来说，我们要了解一国政体的构建、形态、运作和成效等情况，不是亲临实地进行观察、访谈和调查，就是通过查阅各种文献资料来间接了解，别无他法。对于当代现存的各国政体，现在都可以通过互联网途径，查阅到有关宪法、法律或其他规范性资料以及其他数据或案例，也可以参阅有关的专门性文献。而对于历史上的政体，那就只能通过查阅有关文献资料才能有所收获。对于各国政体的成效，我们可以通过采集一些公开的数据（包括字面上的数据、事实性报道或者其他文字记录），或者对某国民众进行问卷调查而获得有关信息。相对而言，前者更具可行性，后者则受制于严苛的条件而不易操作。至于如何保证这些信息的真实性，那只有依靠亲自观察和调查、来源渠道的多样化和逻辑推理来解决。最后，所有这些信息未必都要进行量化处理，这取决于我们到底想要知道什么。比如，如果是要了解各国政体的形态和成效情况，那么必要的量化措施也许能够提供一些便利，但除此之外就看不出有什么必要了。

（二）描述研究对象的方法

在获得一定信息的基础上，研究者要把握对象的状况，就必须运用这些信息来描述研究对象。

至于如何描述研究对象，这不仅取决于我们获得的信息，还取决于我们采取的视角和思维方式。现在流行的方法都是定量的统计的描述法，主要有描述统计法和推论统计法两种：前者是设计一些可量化的指标，然后用所获得的信息去填充；后者是用少量的样本去描述总体的状况。换个角度来看，这些方法又可分为单变量统计、双变量统计和多变量统计，分别描述的是样本的单项特征、一对变量（自变量和因变量）、两个或以上的自变量。这些描述方法都是为了便于进行下一步的统计分析，以确定变量之间的关联性。至于这样做是不是真的有效描述了研究对象，是不是有助于我们完整地把握研究对象的状况，这并非其目的所在，事实上也根本做不到。

定量描述法深受统计学思维的影响，现在已到了走火入魔的地步，必须予以反思并紧急刹车。我们说，并非万事万物都可以度量或者适于度量，毕竟数量只是我们把握事物的一个维度而不是全部，不可能仅凭定量描述就可以把握整个对象。事实上在没有做出定性描述之前，这种定量描述也是无用的，根本无助于我们把握对象。所以对于经验世界的任何研究对象，我们都应该首先采用定性的方法来描述，在此基础上，如果有必要，再采取定量的描述方法，以使描述更为细致和精确，而不是采取相反的做法。

更具体地说，对于现实世界中的任何研究对象，我们都应该按照系统思维来看待：首先根据我们获得的信息，把握其组成和结构及其所处的环境，然后才是在每个方面进行必要的定量描述。这就意味着，我们必须首先懂得系统论的基本原理，树立系统看待事物的眼界和思维。

系统论是用于描述复杂系统、解决复杂性问题的理论工具。系统论和今天时兴的复杂性思想或理论并不是两种观点，其实前者本来就包含后者，后者就是在前者的基础上发展起来的，是对它的拓展和深化而非背离。[1] 我们也不能把系统论简单地等同于整体主义观点，否则就会跟个体主义一样是简化论。[2]

系统论者已经推演出了不少原理，但可以说都来自这几条核心原理：系统是由各元素相互作用而构成的整体，元素就是其组成部分，而元素之间相互作用的方式则是其结构；作为一个整体的系统会发挥出不同于其组成元素的功能，

①　[法] 埃德加·莫兰. 复杂性思想导论 [M]. 陈一壮，译. 上海：华东师范大学出版社，2008：31-32.
②　[法] 埃德加·莫兰. 复杂思想：自觉的科学 [M]. 陈一壮，译. 北京：北京大学出版社，2001：206.

表现出全新的性质和特征，系统并不是组成元素的简单相加；系统还总是处于一定的环境之中并与之发生交互作用，而后者影响着系统功能的发挥；系统和环境的相互作用导致更大规模或更高层次系统的形成，因此系统具有层次性。

从这些原理来看，物理主义的机械论、简化论和还原论明显是错误的，不可能帮助我们准确地把握经验世界的对象。对社会科学所要研究的人类行动来说，更不能用对个体行动的类比（复制）、放大（量增）、累加（总和）或升级（质变）来把握和理解复杂行动。

这种以系统眼光和思维来看待和把握研究对象并据此进行描述的方法，就是现在所说的建模（建立系统模型，如图3-1所示）。根据有关学者的说法，模型是用数学公式或图表展现的形式化结构，用以帮助我们理解和把握世界。所有模型都假设有一些实体，通常是人或组织，并描述其如何相互作用。为了理解复杂系统，我们还需要树立多模型思维，同时运用多个模型，因为所有单个模型都只是在特定条件下才成立的，并且是简化的，从而有可能是错误的。不过模型不一定都是对现实世界的简化描述，也可能是对现实世界的类比，或者是出于探索目的而构建的虚拟世界。这三种模型各有其建构方法：表征法用于抓住现实的重要部分，而对不必要的方面进行剥离或整合；类比法是对现实进行类比和抽象，但和表征法难以截然区分；另类现实法并不刻画现实世界，而是进行虚拟实验（比如思想实验），以便我们更好地理解现实世界的各种约束条件。①

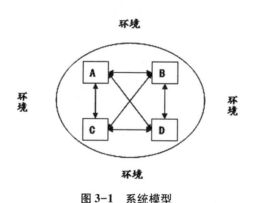

图3-1　系统模型

---

① ［美］斯科特·佩奇. 模型思维［M］. 贾拥民，译. 杭州：浙江人民出版社，2019：4-12，23-24.

建模的方法并不区分自然科学和社会科学而适用，而是通用的。但是由于二者的研究对象不同，所以所建立的模型就存在很大的差异：自然科学建立的是关于无机物或无机界、有机物或有机界、生物或生物界的模型，而社会科学要构建的却是关于人性和各种人类行动的模型。为此二者所采取的具体方法也是有差异的，比如在社会科学中构建模型，未必都要使用数字或图形，其实通常用文字叙述就可以讲清楚，而且往往更适合于描述人类世界的现象，毕竟这个世界存在心灵和主观的元素，这是数字或图形根本无法表达的。

就比较政治学研究来说，其研究对象是政体，所以就要对政体进行建模，包括为具体各国或者某国某个阶段上的政体建立模型。比如本书所说的政体是一个由政治共同体的公职及其担任者所构成的组织体系，具有组织形式和组织实体两面性，是通过分工、控制和协调机制设计而构建起来的，这就构建了一个关于政体的一般模型。过去阿尔蒙德等人运用结构—功能主义方法，提出"体系—过程—政策"的研究框架，按照"输入—转换—输出"的运作过程，从政党、利益集团、立法机关、行政机关、官僚机构和法院六个方面去描述政治体系，实际上也建立了一个关于政治体系的一般模型。

（三）做出科学解释的方法

描述对象是为了把握对象，相对容易，但要解释相应的一些现象，这就十分困难了，这也是现在社会科学界重点探讨的问题。对此，事实上人们并没有找到一些比较好的方法，甚至运用了一些错误的方法。

关于做出科学解释的方法，现在学界谈论得最多也用得最多的，就是量化的相关性分析，该法以确定变量之间是否相关为目的，其中又集中于线性回归分析。按照线性回归分析方法，变量之间的线性关系（如果放在坐标系中来看就是一条直线）用线性回归方程来表示，其一般形式是 $Y=a+bx+\varepsilon$，或者 $Y=A+B_1x_1+B_2x_2+\cdots+B_nx_n$，其中 Y 是因变量，x 是自变量。线性回归分析的目的在于确定变量之间的关联程度，这用相关系数 r 来表示，其计算公式比较复杂，不过现在可用 Excel 软件来计算。r 的取值区间为 $[-1,1]$，其中 1 和 -1 都表示确定相关（只不过性质不同，或为正相关或为负相关），0 则表示确定无关。显然 r 越是趋近于 -1 或 1，有关变量就越有可能是相关的。据说只要 r 超出了 ±0.3 的范围，就表示可能具有比较明显的相关性了，但其依据是什么并不清楚。相关系数还需要检验，以确定其是可信的。

尽管这种定量的相关性分析方法在社会科学研究中越来越流行，然而它并不是做出科学解释的方法，最直接的原因是，相关关系并不是因果关系①，所以这种分析并不能帮助我们确定因果关系，从而无法做出因果解释。据说，如果要根据相关性分析的结果来寻求因果解释的话，那么就要做出进一步的理论说明，也就是要依靠一定的理论来做出解释。如果是这样的话，那么其依据的理论又是哪里来的？凭什么可以作为依据？而且，如果因果解释是依据一定的理论而做出的，那么这种相关性分析又有什么作用？不仅如此，既然相关性分析最多只能确定变量之间有关系，而不能确定是一种因果关系，那又凭什么认为某个变量是自变量（原因），某个变量是因变量（结果）？这样设定有什么意义？

退一步说，即便我们不追求因果解释，仅局限于寻求相关关系，但是为什么仅仅依据数量上的关系就可以断定变量之间是相关或不相关的？难道这不可能是巧合吗？如前所述，数量只是我们把握事物的一个维度而不是全部，因此不可能仅凭数量上的关系就断定变量之间是相关或无关的。这种方法完全不顾及事物的结构和性质以及相互作用的过程，所以是不可靠的甚至是错误的。毕竟事物之间有无关系，取决于相互作用的联结机制而非其他。若两个事物之间都没有相互作用，那又怎么可能有关联？这可以说是常识。再退一步说，即使从数学上看，变量之间也不仅限于线性关系，还包括指数的、对数的或曲线的关系②，那么凭什么认为变量之间就一定是线性关系呢？只是因为线性关系最简单，所以就被讨论和运用得最多，也不管是否正确了吗？实际上关于非线性复杂系统的研究已经表明，这个世界并非线性机械论模式的，线性思维是一种不正确的过时的思维方式。③

定量的相关性分析方法明显不是做出科学解释的方法，然而在现在的社会科学研究中却被广泛运用甚至到了泛滥的地步，人们已经误入歧途太深。其实就算我们去考察自然科学研究，也没有发现如此滥用的现象，这难道还不能引起我们警觉和反思吗？

如前所述，其实要做出科学解释（经验的因果解释），不管采取什么方法，

---

① 罗杰·皮尔斯. 政治学研究方法：实践指南［M］. 张睿壮，等译. 重庆：重庆大学出版社，2014：169.

② 罗杰·皮尔斯. 政治学研究方法：实践指南［M］. 张睿壮，等译. 重庆：重庆大学出版社，2014：166.

③ ［德］克劳斯·迈因策尔. 复杂性中的思维［M］. 曾国屏，译. 北京：中央编译出版社，1997.

都必须揭示相应的因果机制——各种因素在一定的环境中相互作用的方式和过程——才行，要尽可能进入系统的内部进行考察而不是只在外部进行猜想、臆测或运算。如图 3-2 所示，在这里，系统内部的组成元素就是内因，而系统外部的环境则是外因。无疑，导致最终结果或现象的直接而根本的原因是内因，外因只是通过影响系统的组成元素而间接影响最终结果的产生，本身并不能导致最终的结果（因为外在环境永远不是系统的构成性元素），这就是区分内因和外因的关键所在。从逻辑上说，内因是充要条件，而外因只是必要条件。这就是所谓内因是根本、外因是条件、外因通过内因起作用的道理。比如说，我们现在都知道，精子与卵子相结合才能孕育一个新生命，其中精子和卵子就是内因；而精子和卵子所处的环境条件，比如它们所在的相应器官的温度、酸碱度、有无病症等状况，虽然会影响精子和卵子的质量，从而对最终结果有影响作用，但它们本身并不能促使新生命的诞生，所以只是外因。

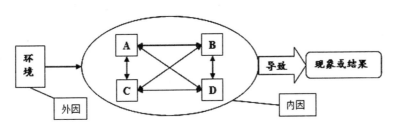

图 3-2　基于因果机制的解释方法①

至于具体来说如何才能揭示因果机制，自然科学和社会科学中的做法不尽相同，因为前面已经指出了自然世界和人类世界的因果机制是不一样的。自然科学研究常用的方法是建立人工实验室，运用精密工具（如内窥镜、显微镜）进行深入细致的观察，或者是做对比实验（如孟德尔的豌豆实验）。社会科学研究则很难建立人工实验室，也缺乏精密工具——通常也用不上，研究者一般动用自己的感官或者通过亲身实践来观察、体会和比较就足够了。毕竟人类世界的研究对象都是中观的，而且研究者本身也是人，可以融入研究对象或者与之交流。

———————————

① 从这一方法来看，我们可以发现，所要解释的现象或结果，就是我们设定的问题，而为了解决这个问题，我们去寻找因果机制，由此建立了一个系统模型，导致这个系统模型成为我们的研究对象。这表明，真正的科学研究都是问题导向和问题引领的，然后才是去确定研究对象，而不是反过来先确定研究对象，再去设定所要解决的问题，因为那样做是盲目的。

如前所述，人类世界的因果机制，笼统地说就是人类行动，所以要揭示人类世界的因果机制，重在获取真实、可靠且充分的信息，以准确认识和把握行动的类型，在此基础上建立正确的行动模型。简言之，在社会科学中要揭示有关的因果机制，依靠的是建立系统的行动模型。因为一旦行动模型建立起来，那么各种因素到底是如何以人类行动的方式和过程而造成最终结果的或者将要造成什么结果，就一目了然了。在这里，如图3-3所示，作为行动的基本元素的行动者、工具和对象都是内因，而行动所处的环境是外因，行动的方式和过程就是行动者运用一定的工具作用于一定的对象，最终的结果或现象就是这样产生的，而环境会对行动者、工具和对象都造成影响，从而影响整个行动过程，进而影响到最终的结果。

社会科学所用的这个因果机制解释法看似简单，实则非常困难。所有有经验的社会科学研究者都应该深有体会的是，构建行动模型的头等难题就是信息获取。即使所要研究的行动范围不大，我们也不一定能够获得真实而充分的信息，对那些宏大的集体行动来说则更是如此。如果信息不够真实充分，那么建立起来的行动模型就很可能是错误的，起不到揭示因果机制的作用。除了信息难题，另一个难题在于，即使我们明白人类行动就是人类世界的因果机制，然而对于各种类型的人类行动，目前的研究还很不充分。别的不说，只是关于单位行动的基本组成和结构，就还存在不少认识误区或模糊地带。至于博弈行动，现在流行的形式博弈论所构建的被动博弈模型，可以说完全是错误的和误导性的。在此情况下，如果把这些一般的行动类型模型运用于具体场合，那就肯定会发生偏差甚至错误，无法建立起真正符合实际情况的行动模型，当然也就无法揭示出相应的因果机制。还有一个难题在于行动模型本身的复杂性。行动模型尽管已是简化的表现形式，但本身未必都是简单的，相反大多比较复杂。比如集体行动，规模越大就越复杂，要建立这种行动模型其实是很困难的。因此

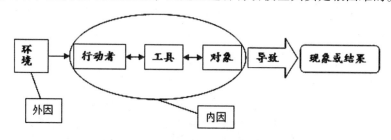

图3-3　社会科学基于因果机制的解释方法

总的来说，关于社会科学揭示因果机制的构建行动模型方法，现在还只能说是明确了我们要努力突破的方向，而不等于说这种方法已经很完备、很成熟了。

上面说的是我们如何去揭示因果机制以做出因果解释的方法，显然具有相当大的难度，是对研究者的重大挑战。当然也有一种更为简便省事的办法，就是运用各种现成的带有一定普遍性的理论来进行解释，可以称之为理论性方法。这里所说的理论当然指的是经验理论或科学理论，也就是包含因果解释——哪怕是最简单的因果解释——的经验性知识，通常是一个命题或者一组具有逻辑关系的命题。运用理论性方法是一个演绎推理的过程，也就是基于一般性解释，结合具体情况，来解释更为具体的问题。这种方法虽然简便易行，做出的解释却很可能是错误的，因为作为其大前提的理论本身就可能是错误的，而且如果有关信息不充分或不确切，那么即使理论前提是正确的，所做出的推论也是错误的。

就比较政治学研究来说，我们要解决的终极问题是如何获得优良政体，为此就要解释优良政体是如何形成的。为此本书构建了三个具有内在逻辑关系的理论，即政体构建理论、政体形态理论和政体运作理论，其中基于政体形态的模型建构解释各种不同形态的政体何以产生不同的能力和导致不同的治理成效，再通过政体构建博弈模型解释各种不同形态的政体是如何形成的。当然这些都是十分复杂且困难的工作，本书也只能算是运用这种方法的一个尝试。

（四）检验科学理论的方法

我们对某些现象做出经验性的因果解释，其实就是在提出一个科学理论，所有的科学理论都是这样产生的。至于说这些理论是不是具有普遍性或一般性，或者说具有多大程度的一般性，这取决于其研究对象的范围大小和历时长短。研究对象的范围越大，历时越长，这些理论就越具有一般性，反之一般性则越小。

然而不管其一般性如何，这些理论都有可能是错误的，也就是所做出的因果解释可能是错误的。而提出错误的理论，做出错误的因果解释，这显然不符合我们从事科学研究的目的，因此需要对其进行检验。

在自然科学中，检验理论的主要方法是预测和实验。预测主要用于那些人力所无法干预的自然事件，比如地震的发生、星球的运行。按照预测的方法，如果一个理论是正确的，那么当理论所说的条件具备时，我们就应当能够观察到相应的自然事件发生。实验则用于一切可以人为操控的情况。这就是说，如果一个理论是正确的，那么通过人为构造理论所说的条件，我们就应该能够得到理论所说的结果。通过检验的理论就得到确证，否则就被否定——也可能由此引起理论的修改并因此促成科学的进步。

自然科学可以用预测的方法来检验理论，是因为自然世界存在规律。一旦某个理论确切地掌握了相应的自然规律，那么预测就能实现，并由此检验理论的正确性。但是人类世界的规律具有概率性与条件依赖性，所以社会科学无法采用自然科学的那种预测检验方法。但是前面我们也说过，社会科学也可以进行预测，只不过不是像自然科学那样依据规律而进行预测，而是依据所发现的因果机制来预测。就此而言，社会科学的理论也可以通过预测来进行检验，前提是确认相应的因果机制没有发生变化。考虑到社会科学的预测具有不确定、一次性、不可逆、具体和短期等特点，而且一定不可变成一种介入行动，所以要小心谨慎地使用这种检验方法。

那么社会科学可不可以采用实验的检验方法呢？尽管我们知道在社会科学中很难做实验，但我们应当看到，自然科学做实验，本质上就是一种实践活动，所以用实验来检验理论的正确性，其实就是用实践的结果来检验。① 因此，社会科学也许很难做自然科学的那种实验，但可以把理论的正确性交给我们的实践去检验。对此人们一直有一个误解，那就是认为检验理论的正确性要在认知的范畴中也就是在头脑中来完成，似乎我们的头脑中有一种先天的标准，让我们可以轻松地识别什么是正确的或错误的理论。然而这是不可能的，因为科学研究是针对外部世界的一种行动，而不是我们内心的反省活动，所以要检验理论是不是正确，就必须交给实践活动——针对外部世界的行动——来解决：如果一个科学理论是正确的，那么操纵其提出的原因，就应该能够得到其推断的结果。

当然，即使是交给实践来检验，这方面自然科学和社会科学还是有所不同。自然科学有条件建立人工实验室，所以一般采取做实验这种实践形式来进行检验；而且因为实验室条件是可控的，所以自然科学的检验结果通常是可靠的。然而社会科学往往只能采取非实验的其他实践形式来进行检验，而且这些实践活动的环境条件往往是不可控的，其进程难免受到其他因素的影响，所以检验

---

① 有人把做实验看成预测，认为理论实际上是用预测结果来进行检验的［GREENSTEIN F I，POLSBY N W. 政治科学大全（第 7 卷）［M］. 幼狮文化事业公司，编译 . 台北：幼狮文化事业公司，1984：118，121］，这就把预测和实验混为一谈了。实验是人为设计和构建起来的，其结果是经人为操作而产生的，所以这不是预测，而是一种实践活动，预测仅仅是推断和观察结果。

结果总是有缺陷的，并不那么可靠。

　　就比较政治学研究而言，对相关理论进行实践性检验不是不可能，但难以实行，主要是因为机会太少，绝大多数学者终其一生也没有机会。因为要检验比较政治学的理论，那就要有机会在一个地方或一个国家建立一个政体或者至少是其中的一部分，然后观察是不是会出现理论所推断的结果。但这种机会显然是非常少的，而且并不是所有地方在构建政体的时候，都以学者的理论为指导或者吸收学者参与其中。所以比较政治学的理论恐怕不得不主要依靠预测的方法来进行检验。但对此我们还是要强调一下，这种预测检验方法并不是自然科学的那种，而且必须小心谨慎地使用。

02

第二部分

关于政体的理论性研究

根据前述的研究框架，现在我们来解决关于政体的理论性问题，包括政体是如何形成的，政体是什么形态，政体是如何运作的。对于这些问题的探索和解答，就分别形成政体构建理论、政体形态理论和政体运作理论。

第四章

政体构建理论

政体构建理论所要解决的问题：各种各样的政体是如何形成的？在某些情况下为何无法成功地产生政体？唯有解决这些问题，我们才能进一步理解和把握各种形态的政体并解决最终的核心问题。

无论何时何地，政体都不可能是自然形成的，而且说政体是逐渐演化而成的，也不成立。政体明显是人工的作品，是人为构建的产物。穆勒就指出，政治机构是人工作品，其起源和整个的存在都归因于人的意志，而不是什么自然生长出来的东西。① 所以关于政体是如何形成的问题，实质上是关于人们是如何构建政体的问题。

这里说的政体构建，并不仅指从无到有的政体创建，还包括从旧到新的政体革新以及从彼到此的政体转变，总共有三种情况。

（1）从无到有的政体创建发生于一个新国家初创的时候。现在全世界有近200个国家，但这些国家并非都有悠久连绵的历史，其中很多都是晚近代才产生的。除了个别具有古代历史的国家，这些国家的形成基本上都要从近代说起，大概有三次高潮：一是16~19世纪欧美拉民族国家和殖民地国家的产生，二是"一战"后因欧亚旧帝国瓦解而产生的新国家，三是"二战"后因欧洲殖民帝国瓦解而产生的亚非国家。甚至在20世纪最后十年，还因前欧洲社会主义国家的瓦解而产生了一批新国家。对这些全新的国家来说，只可能是从无到有地创建政体。

（2）从旧到新的政体革新则是在一个已经存在的国家对现有政体进行改造和更新，但又不是完全抛弃原有政体。实际上在任何一个国家存续期间都有可

---

① ［英］约翰·穆勒. 代议制政府（英汉对照）［M］. 段小平，译. 北京：中国社会科学出版社，2007：6-7.

能发生政体革新，甚至可以说是不可避免的，其差别仅在于革新的频率和程度。

（3）从彼到此的政体转变指的是一个国家完全抛弃现有的政体而另外选择或创建一个不同的政体。实际上这意味着发生了国家转型的革命（但未必都发生了暴力战争，也可能是和平进行的），诞生了一个新的国家——即使其领土和人口都没有变。因为正如亚里士多德所说的，政体对一个城邦来说具有内在的决定性作用，政体改变了，也就意味着城邦发生了变化——即使其公民一仍其旧。只不过这种新国家和第一种新国家不同，因为它具有作为一个国家的历史，原有国家的地域和人口都不变或者变化很小，只是政体彻底变了，而第一种新国家从前并无作为一个国家的历史，从领土、人口和政体各方面来说都是新建立的。

第一节　政体构建的一般过程

考察政体构建，首先要准确地把握其过程环节。虽然这是描述性的工作，却是十分必要的，因为不清楚政体构建的过程事实，必然导致我们解释不清其结果，即使做出了解释，也一定是虚假和无效的。

通过经验归纳我们可以发现，无论在哪种情况（政体的创建、革新、转变）下，政体构建的过程通常都包括提出倡议、召集会议、设计方案、商议方案、选择方案、批准方案、实施方案等环节。

经验显示，政体构建是一种集体行动，无论何时何地都没有出现过一人担当和完成一国政体构建任务的情况。既然是多人参与的集体行动，那么政体构建过程就一定不会自发启动，而必然始于有人提出倡议和发出号召。比如当年美国联邦政体的构建就是如此。1786 年，基于当时出现的种种困难，一些有识之士，甚至包括当年的建国元勋，都意识到必须修改《邦联条例》，重构邦联政体，建立一个更加强大的全国政府，否则内政外交的种种难题都无法解决，甚至作为邦联的美国也将难以为继。而当年召开的安纳波利斯会议正好提供了一个机会，正是在此会议上，弗吉尼亚州的部分代表提议修改《邦联条例》，此后又获得了邦联国会的同意，这才有 1787 年费城制宪会议的召开。①

---

① ［美］卡罗尔·帕金，克里斯托弗·米勒. 美国史（上册）［M］. 葛腾飞，等译. 上海：东方出版中心，2013：328-338.

　　而倡议发出后，一般都会有人响应，只不过未必都是支持意见，也有可能是反对意见，如当初部分人士提出要修改《邦联条例》而重构政体，塞缪尔·亚当斯（Samuel Adams）、托马斯·潘恩（Thomas Paine）等元勋就表示反对。如果倡议无人响应，或者即使有所响应，但支持者寥寥或者反对者甚众，那么此时倡议者及其支持者仍强行推动政体构建的进程就很容易招致失败，所以为了壮大声势，获得更多人的支持，倡议者往往会采取一些措施，人为制造舆论。比如当年袁世凯在建立洪宪帝制之前，就鼓动成立了妓女、乞丐代表、人力车夫代表等所谓的各界公民请愿团，人为制造支持建立帝制的舆论声势。①

　　一旦构建政体的倡议得到一定的响应和支持，那些支持者或其代表就会被倡议者召集起来开会，共议政体构建事宜，这些会议在近现代通常被称作制宪会议。基于集体行动的逻辑，此时如果不制定有关的规则，也就是如果不把所有与会者组织起来，那么召集的会议就一定会混乱无序，从而无法完成任务。所以召集会议的环节一定包含制定相关规则，规定在会议中如何提出意见、如何进行讨论和如何做出决定，以及与会者如何分工、谁来执行议事规则、如何执行议事规则等。这些规则一定是不可少的，即使在参会者人数极少的情况下也是如此，这与民主与否无关，而是集体行动的逻辑使然。所以我们看到，1787 年美国费城制宪会议召开后，首先就选举了大会的主席和秘书并通过了议事规则。②

　　我们已经知道政体是一个组织体系，而且是人工产物，是基于人为设计的方案而构建起来的，这就导致设计政体方案是政体构建的一个关键环节。原则上被召集参会的所有人都可以设计和提出政体方案，但由于设计政体方案需要具备相应的知识和智慧，并非任何人都能承担，所以现实中往往是由个别人设计和提出政体方案的。在美国费城制宪会议的情况下，最先就是由弗吉尼亚州代表伦道夫（Edmund Randolph）提出一个实际上由麦迪逊（James Madison）起草的方案，然后与会者就此进行商议。与会者也可能指定他们中的少数几个人或部分人专门负责起草政体方案，比如法国大革命后历次政体构建过程中所任命的制宪委员会③，这个做法在后来的其他国家也很常见。还有一种极为特殊的

---

① 参见贾逸君. 中华民国政治史（上卷）[M]. 上海：上海书店，1990.

② 参见［美］詹姆斯·麦迪逊. 辩论：美国制宪会议记录 [M]. 尹宣，译. 南京：译林出版社，2014.

③ 参见洪波. 法国政治制度变迁：从大革命到第五共和国 [M]. 北京：中国社会科学出版社，1993；法兰西宪法典全译 [M]. 周威，译. 北京：法律出版社，2016.

情况，就是委托外邦人或外国人来设计和起草政体方案，比如在古希腊城邦时代和近代一些国家就出现过。不管是什么情况，古典和近代政治学中都把这些政体方案的设计者称作立法者（lawgiver /legislator）①。

一般来说，除非有特别规定或者存在某些特殊情况，否则会议上一定会出现若干个政体方案，即使只有一个方案，在商议过程中也会产生一些不同意见，有人也会提出新的看法，这时就需要在这些方案或意见中做出选择或决定。而这个过程必然充满争论协商、交易妥协、修改调整，所以商议政体方案的过程跟选择或决定政体方案的过程交融在一起，难以区分。

至于最终被选择或被决定的政体方案是如何生效的，这因情况而异。在王权时代，一国君主负责选择或决定政体方案，因此他做出了什么选择或决定，这就意味着他直接批准了该方案从而使其立即生效，过去的钦定宪法就是如此。当然这也就意味着选择方案和批准其生效是同一个过程。但至少是19世纪以来，那些认同人民主权原则的国家要顾及民意，消除政体的正当性隐患和挑战，所以政体方案的选择和批准就成了两个不同的环节：选择在先，是少数人的事，批准紧随其后，必须交给多数人。其实这意味着政体方案要经历两次选择或决定，只不过选择或决定的人不同。至于在此情况下，批准政体方案的多数人是谁，又如何批准，这在不同国家、时代的做法不尽一致。如果那些集中起来制定和选择政体方案的人，能够表明自身就具有基于民意的正当性，例如有些国家的国民或人民代表大会，那么就像从前的君主一样，他们选择某个政体方案也就意味着批准其生效，两个过程也是合二为一的。但如果不是这样，那么他们就必须将其选择的政体方案交给另外的多数人来批准，比如美国费城制宪会议将宪法交付各州批准，以13州中的9州同意为通过，法国历史上则多次将宪法决议案提交全民公投，以过半数同意为通过。

被批准生效的政体方案只是一种组织形式，本身并不会自动实施和运作。要让政体运作起来，发挥其应有的作用，那就必须将政体方案付诸实施，也就是按照方案本身的设计，填充相关的人员，让其担任相应的公职，承担和履行一定的职责，通过这些人员的活动而使政体运作起来。只有到这一步，政体构

---

① PLATO. Republic［M］. REEVE C D C. Indianapolis：Hackett Publishing Company，2004：111；ARISTOTLE. Politics［M］. REEVE C D C. Indianapolis：Hackett Publishing Company，Inc.，2017：49；ROUSSEAU J-J. Discourse on Political Economy and the Social Contract［M］. BETTS C，trans. Oxford：Oxford University Press，1994：76. 不过要注意的是，他们所说的立法者不一定仅限于设计政体方案，也包括其他方面的立法。

建才算真正完成。所以我们看到，近现代各国在宪法生效后都会进行有关的选举或任命活动，这就是实施政体方案的表现。

政体构建的所有这些环节都体现为一些人的活动，这些人又各有其目的、目标、策略等，所有这些环节及其涉及的人的活动，就共同构成了一个国家的政体构建模式。不难发现，政体构建模式是多样化的，因时因地而异。看不到这些具体差异，对一国政体构建情况的了解就容易产生错误、陷入虚幻或者受到误导，而这些都是不符合科学研究要求的。

第二节　政体构建的博弈模型

尽管描述是解释的前提和基础，但仅仅描述政体构建的过程及其模式，并不能解释政体构建的结果，包括为什么有时候或有些地方政体构建会失败，而在成功的情况下，所构建的政体为什么是它所呈现的样子？要解决这些问题，那就要运用博弈行动理论，因为政体构建各个环节中的各种活动都是博弈行动。

无论何时何地，政体构建都是一个由多阶段博弈构成的动态博弈过程——这也被称作序贯博弈（sequential game）。由于各阶段的参与者及其目的、目标和策略不断变换，甚至具体的主题（围绕什么事情而博弈）也在变换，而且前一阶段博弈的结果会影响到下一阶段的博弈，所以这里我们需要建立两种博弈模型来进行处理：首先不区分阶段，而根据博弈的共同元素（博弈就是双方参与者制定、选择和实施各种针对对方的策略以达到各自目的的过程），建立政体构建的一般博弈模型，然后再区分政体构建的阶段，建立阶段博弈模型。

一、关于能动博弈模型的构建

为建立政体构建的一般博弈模型，首先我们需要扭转一下博弈模型的构建方式。以下所述对一切博弈都适用，关于政体构建的博弈也不例外，故不另外特别说明，最多用政体构建的具体案例来体现。

如前所述，过去数学化的形式博弈论构建的是一种被动博弈模型，这就是说，所有的博弈条件，如博弈者的人数、需要、知识、目标乃至外在环境，都是给定的和不变的，无人可以摆脱这些条件，也不可能改变这些条件，所有博弈者都只能在这些给定条件下被动地选择策略，这样将导致一个均衡的结局：此时所有的博弈者都"必然"会分别选择某种策略而不会选择其他策略，因为据说对每个人来说，没有比这更好的策略了，所以没有人有改变选择的动力。由于均衡结局具有"必然性"，适合预测，非常诱人，所以形式博弈论者孜孜以求的，就是采取数学的方法去发现或证明存在这样的均衡结局，纳什（John Nash）、约翰·海萨尼（J. Harsanyi）和赖因哈德·泽尔滕（Reinhard Selten）这些获得诺贝尔奖的数学家所做的事情都是如此。形式博弈论所构建的被动博弈模型，其典型样式就是虚构的"囚徒困境"。而他们之所以要构建这样的博弈模型，不是因为这种模型是现实的写照，而是因为唯此才适于进行数学处理，才能得出具有决定论性质的结论，从而可以对博弈结果进行预测。

然而不客气地说，形式博弈论者完全是错误的。首先他们虚构的"囚徒"人性模型就是错误的，而根本没有看到人的能动性。由此，他们假定博弈条件不可改变也不真实，现实的博弈根本就不是这样的。所以他们最终构建的被动博弈模型完全不符合事实。

其实我们只要仔细观察现实就不难发现，无论何时何地，人们都是既接受现有条件而参与博弈，也积极主动地构造条件而参与博弈。他们绝不是被关押起来只能接受命运摆布的"囚徒"，绝不是仅仅服从和固守既有条件而被动地进行博弈，相反，他们时刻都想着和试图改变甚至操纵博弈的条件，以形成对自己有利的局面。

不仅如此，而且从来就没有自然产生的博弈，人世间的所有博弈都是人为主动挑起来的，是因为有人想通过他人的行动来达到自己的什么目的（把他人的行动当成达到自己目的的手段）而引起的。一句话，博弈的发生是因为有人想让别人怎么行动，如果人们都是想着靠自己行动而去达到什么目的，那么人世间也就不会发生博弈了。① 而主动挑起博弈，这也是人的能动性的充分表现。虽然并非每个人都是如此主动的博弈者，被动应对的博弈者也的确存在，而且每个人都有可能充当被动博弈者，但是无论如何，主动博弈者是一定存在的，因为如果没有这些主动挑起博弈的人，那么人世间也就不会发生博弈了。

鉴于此，我们必须抛弃形式博弈论构建的被动博弈模型，而构建起真正符合事实的能动博弈模型。首先，被动博弈模型实际上仅仅描述和解释了博弈者是如何选择策略的（但即使在这方面也不一定正确），而不包含博弈者是如何制

---

① 至于为什么会这样，那当然是因为一个人认为靠自己行动无法达到某种目的，而只能依靠他人行动，或者认为仅靠自己行动也不行，还要靠他人采取什么行动，或者认为靠他人行动比靠自己行动更为有利或更容易成功，后者具有比较优势。

定策略的（它也解决不了这样的问题），相反假定每个博弈者都有一个天然的策略库（所谓的策略空间，而且简单地采取逻辑的表述方式），然后再去考察博弈者如何从中挑选策略。但这既不真实也不完整。因为根本就不存在什么天然的策略库，任何策略都是人为制定出来的，这恰恰是人们发挥其能动性的一个领域。而且任何博弈者都必须首先制定策略，然后才有可能做出选择，而在没有搞清楚策略是如何制定出来的情况下，我们又怎么可能解释得清楚博弈者是如何选择策略的。

其次，被动博弈模型仅仅关心策略的选择问题，而根本不考虑策略的实施问题，完全是一种头脑游戏，是典型的"纸上谈兵"，这也是既不真实也不完整的。我们知道，制定和选择策略都只是发生在头脑中的心理活动，只有将策略付诸实施才是实际的行动，才能收到实效和达到目的。而被动博弈模型似乎假定，一旦博弈者选择了什么策略，那么这些策略就一定会得到实施，在实施的过程中也不会改变，而且一定会收到实效和达到目的，从而博弈双方做出策略选择就意味着博弈结束，就是结局的呈现，所以他们以为解释了博弈者的策略选择，就解释了博弈的最终结局。然而稍微有点经验和常识的人都知道事实并非如此，都知道实施策略是很不容易的。而且我们也知道，即使博弈者都已做出策略选择，他们还会继续围绕策略的实施而进行博弈，即或者帮助或者阻挠对方实施策略。这就导致，并不是所有被选择的策略都能实施或者顺利实施，博弈者也有可能在实施过程中修改策略，从而博弈者做出策略选择并不意味着博弈结束，博弈的真正结局来自围绕策略实施而发生的博弈。因此，能动博弈模型要真正解释博弈的最终结果，那就不能像被动博弈模型那样仅仅停留在头脑中，必须去考察博弈者是如何围绕策略实施而博弈的。

按照由此构建的能动博弈模型，主动博弈者无论制定、选择和实施什么策略，都是试图使对方按照自己的设想而行动（设为行动 A），以期得到他想要的结果，而不是如被动博弈模型以为的那样，假定或等待对方会制定、选择和实施什么策略，然后再有针对性地采取行动。

以晚清政体革新为例。从 19 世纪 70 年代早期维新派著书立说，宣传鼓动开设议院，到 1895 年后晚期维新派明确提出开国会、定宪法并上书清廷官员和光绪帝，再到 1900 年以后立宪派不停催促清廷做出预备立宪的决定和召开国会并最终制定宪法、成立资政院和各省谘议局以及组织中央内阁，维新派和立宪派从来都不是假定或者等待清廷会做出什么决定和采取什么行动，而是主动促使其去改变政体。所以历史学者才说，晚清政体变革根本就不是清廷主动作为的结果，自始至终都是被维新派和立宪派推动而发生和进行的。①

　　同样，在1786—1787年，美国最先想要改变邦联政体的那些有识之士，也不是坐等各州精英和民众普遍觉悟和行动起来，而是积极活动，首先促成邦联国会批准召开费城制宪会议，在宪法制定出来后又积极推动各州批准，最终才实现了美国政体的变革。

　　那么主动博弈者到底是如何促使对方按照自己的设想而行动，以期得到他想要的结果的呢？人们普遍有个误会，总以为一个人可以直接指示或命令他人如何行动，从而直接产生想要的结果，其实这是根本不可能的。根据前述的人类行动的内在机制，任何人采取行动，都要经过需要和行动意念的产生、行动目标的确定以及策略制定、评估和选择的过程，然后才是实施策略（可见的实际行动）。因此任何人的任何行动都只可能是他自己出于自己的目的并自己做出决定的结果，这是他人不可代替的。他人只能施加影响，哪怕是直接对一个人发出指示或命令，那也只是在影响其做出决定的过程。因此主动博弈者针对对方所采取的一切行动，都只是在试图影响对方行动，从而主动博弈者针对对方制定、选择和实施的一切策略都是影响策略（IS）。

　　具体来说，如图4-1所示，由于任何人采取行动都要经历需要的产生、行动意念的产生、确定行动目标以及制定、评估和选择策略几个环节，最后才是实施策略，所以对主动博弈者来说，要使对方按照自己的设想而行动，那么也就只有从这些环节入手才有可能影响到对方的行动，由此主动博弈者可采取的影响策略无非就是五种：影响对方的行动意念（IS-W），影响对方的行动目标（IS-G），影响对方制定策略（IS-M）、选择策略（IS-C）和实施策略（IS-E）。这些策略可能单独使用，也可能组合使用，还有可能全部使用。在实际的博弈过程中，并不是说每个主动博弈者都会面面俱到地去制定、选择和实施这些策略，而是说他们可能会也只可能从这些方面去着手。

　　另一方面，由于人是能动的，"囚徒"模型的人是虚构的，所以无论主动博弈者如何施加影响，作为博弈另一方的被动博弈者都不可能立即"俯首听命"或"坐以待毙"，而是会做出一定的反应，制定、选择和实施一些应对策略（CS）。被动博弈者实施应对策略的这些行动，是分别针对主动博弈者所施加的各种影响而采取的，所以不同于行动A，可统称为行动B（其中包含多个而不是

---

　　①　侯宜杰. 二十世纪初中国政治改革风潮：清末立宪运动史［M］. 北京：中国人民大学出版社，2011：392.

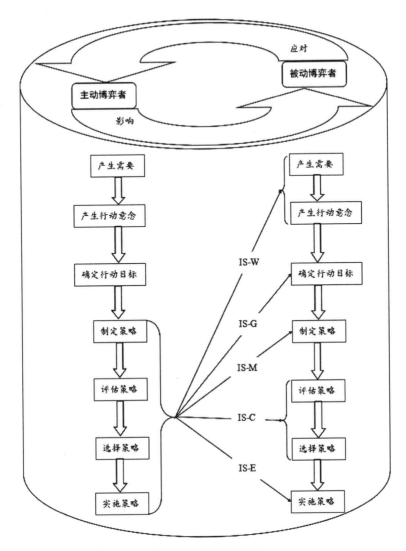

图 4-1　能动博弈模型

一个行动），要注意区分这两类行动。

一旦被动博弈者实施其应对策略，那么博弈就真正开展起来了。双方的这种博弈未必是一次性的，有时候可能要进行多个回合。

总之，主动博弈者为影响对方行动而采取行动，或者说针对对方制定、选择和实施影响策略，反过来，对方制定、选择和实施应对策略，这才是真实的博弈过程，才是真正的博弈。换言之，能动博弈模型才是对现实博弈的真实写照。

与之相对，形式博弈论经常虚构一些案例并采取数学的方法进行分析研究，但其中的一些案例到底在什么意义上是博弈，这让人十分怀疑。比如，一对未携带通信设备（任何一方未携带亦可）的朋友在大商场中走散了，这时他们如何做出决定和采取行动，按照形式博弈论的理解，据说这也是博弈（所谓的静态博弈的一种情况），也可以进行博弈研究。然而博弈一定是指人与人之间的交往互动（有目的相互作用），那么这就必须具备一个非常基础的前提条件，即双方存在必要的信息沟通，最起码双方都要知道对方在针对自己采取行动，否则交往互动就根本不可能发生，而只可能是虚构和幻想。既然如此，那么像这种走散了的朋友之间缺乏任何的信息沟通，相互都不知道对方是否在针对自己采取行动，这种情形根本就不是博弈。在此情况下，如果他们各自采取了什么行动，比如一方原地等待而另一方寻找，或者双方都在原地等待或相互寻找，或者一方或双方寻求广播台或其他通信设施找人，或者一方或双方各自回家，或者一方或双方弃同伴不顾而去做其他事情等，这些都只是两个没有任何关系的独立行动的偶然组合，根本就不是博弈。既然如此，那么对于这种情况也就不能进行博弈研究，即使研究也是虚假的博弈研究且毫无意义。

不仅如此，我们还可以看到，博弈一定意味着有人（主动博弈者）率先针对对方采取行动，从而引起对方做出一定的反应和采取针对自己的行动，而这之间肯定存在时间差，因此博弈一定是有时序的，是分先后的。由此来看，形式博弈论所谓的同时进行的静态博弈或者说静止博弈，也不成立，堪称奇谈怪论。一切博弈都是有先后顺序的动态博弈。

二、参与政体构建的博弈者

在讲清楚能动博弈模型之后，下面我们就据此来具体分析政体构建博弈的基本元素，从而把政体构建博弈的一般模型揭示出来。过去形式博弈论把博弈的组成元素搞得很复杂，其实按照前述的单位行动论来看，任何博弈的组成元素就是博弈的参与者（统称为博弈者）和他们使用的工具，因为在这里，博弈者是互为主体和对象的。由于博弈者所用的工具涉及行动策略的问题，所以也可以说博弈的组成元素就是博弈者及其策略，据此就足以描述清楚政体构建博弈模型了。

这里首先来考察参与政体构建的博弈者，可以从其外在和内在两个方面的特征来进行考察。

（一）政体构建博弈者的外在特征

由于博弈是人与人之间的交往互动，所以任何博弈都必然由两方（two sides/parties）行动构成，只不过两方的行动不是独立不相关而是相互针对和相互关联的，即一方以另一方为行动的对象。就此而言，多人博弈并不意味着多方博弈，因为根本就不存在超过两方的博弈。进而言之，博弈是两方结构，这是由行动是主体作用于对象的结构决定的，只不过此时双方互为主体和对象。

博弈者必然也只可能分为两方，但这不意味着各方都只有一个人，也可能有多个人。在任何一方为多人的情况下，他们针对另一方而采取的行动就只可能是集体行动。按照前述的集体行动和组织行动理论，由多人组成的一方必须是有组织的，必须要采取一定的组织形式才行，如军队、政党、小圈子（派别、小集团、核心会议、秘密会议）、社会运动等形式。比起双方都是一个人的博弈来，显然这种情况下的博弈就复杂多了，因为我们已经指出，集体行动的参与者之间也在进行博弈，这就意味着博弈中嵌套博弈。

我们说博弈只可能在两方之间进行，这也不意味着任何一方不能与除对方之外的其他人进行博弈。只是此时与其他人进行的博弈，跟当前进行的博弈不是一回事，而是另外一场博弈，二者不能混为一谈。我们说，任何一场博弈都是固定的双方围绕固定的主题而进行的，否则不管是一方或双方改变了，还是其主题变换了，那就不再是原来的那场博弈，而是一场新的博弈。当然，两场博弈之间也可能是相关的，比如某人参与博弈 B 就是为了帮助他更好地进行博弈 A，或者博弈 B 就是因为博弈 A 而引发的。而这恰恰就是现实中经常出现的情形，从而形成繁复的博弈网络。而博弈网络和嵌套博弈一样，都意味着博弈的复杂情形。

不管博弈是简单还是复杂，显然要准确地把握博弈，关键就在于准确地把握两方参与者是谁和分别是什么状况。根据能动博弈模型，任何博弈都是人为主动挑起来的，那些主动挑起博弈的人就是主动方，而被他们确定为对象从而参与博弈的人则是被动方。所以我们要搞清楚博弈的参与者，其实就是要搞清楚博弈的主动方和被动方，包括主动方是谁，是什么状况，他想去影响谁的行动（想跟谁博弈），这些人又是什么状况。

至于说什么人会成为博弈的主动方，这很难概括，因为任何人都有可能——只要他想要影响他人的行动。而谁会成为博弈的被动方，这就要看主动方是如何确定对象的了。和一般行动一样，主动方确定博弈的对象也要运用有关的知识。比如早期维新派认为，之所以中国在与西方列强的较量中处处落败，是因为不仅在于军事、器物不如人，甚至政体也不如人，从而认为中国应该改变政体，建立西式政体。然而他们发现，不仅普通大众，就是清廷官员和最高统治者，大多处于自大自满或者浑浑噩噩的状态之中，不少人甚至连洋务运动都不能接受①，更何况改变中国的政体了。尽管如此，维新派还是认为，要想改变中国的政体，就必须依靠这些官员和统治者。因为在当时的情况下，只有他们最有权势和力量，才能实现中国的政体转变，其他力量都不足为虑。更何况维新派本身并非革命派，也不曾想过推翻现有的清廷统治者。正是基于这种认识，维新派就决定去影响这些清廷官员，特别是高官和最高统治者。同理，美国最早一批想要改变邦联政体的有识之士（主要是邦联国会中的弗吉尼亚州代表），因为认识到只有邦联国会才有权决定这类事务，所以他们就把邦联国会中其他各州的代表作为影响对象，呼吁他们支持这项事业，当然最终也成功地使邦联国会同意召开制宪会议（名义上是讨论修改《邦联条例》的会议）。

就政体构建的两方博弈者而言，其具体来源可分为三种情况：

（1）在政体创建的情况下，那些积极推动建国的人当然也最有动力去创建新国家的政体，从而成为主动方，而他们需要其支持或者需要反对之的任何人则成为被动方。例如印度国民大会党积极争取印度殖民地脱离大英帝国而独立建国，所以该党也积极推动印度政体的创建进程。1945—1946年，在英国殖民当局的主持下，印度殖民地的各省立法机构选举了300名代表，各土邦又协商推选了近100名代表，共同组成制宪会议，准备为新成立的印度殖民地国家创建政体。在此过程中，国大党的主要对手是穆斯林联盟，因为后者不愿意印度殖民地中的穆斯林地区加入新国家而希望独立建国。结果到1947年，英国殖民者提出印巴分治方案，印度殖民地分别建立印度和巴基斯坦两个国家，为此穆斯林联盟退出制宪会议，致使国大党在制宪会议中占据绝对多数，成为具有绝对优势的主动方，而那些占据少数的持不同意见的会议代表则成为被动方。②

（2）在政体革新和政体转变的情况下，那些想要改变或更换政体的人是主动方，同样，他们需要其支持或者需要反对之的任何人则成为被动方。至于到底谁会成为主动方和被动方，通常这要看一国社会分化的状况，如基于地域、种族、宗教、职业、财富等差异而形成的群体（其中当然也有交叉或重合）是

① 李定一. 中华史纲 [M]. 重庆：重庆出版社，2019：736.
② KHOSLA M. India's Founding Moment：The Constitution of a Most Surprising Democracy [M]. Cambridge：Harvard University Press，2020：13-14.

什么情况。通常来说，一旦某个群体的人认为现有政体没有满足他们的需要甚至有损于他们的利益，那么他们就会谋求推动政体革新甚至希望以别的政体替代之。亚里士多德用派系的产生和分化来解释政体变革的原因①，正是此意。比如在 19 世纪的英国，新兴的工商业者和产业工人就因为利益受损而要求并推动改革议会（下院）的选举制度。② 此时主动方会寻求本群体的人或认为有共同利益诉求的其他群体的人支持，同时反对那些反对、阻挠或破坏其行动的群体的人，而主动方求支持或予以反对的这些人就成为被动方。

（3）无论是政体创建、革新还是替换，都存在一种非常特殊的情况，即主动方来自外国势力，被动方也是由外国势力来决定的。比如二战后的德国被四国分区占领，作为一个统一国家不复存在，但到 1949 年的时候，也正是四国推动了两个新德国的建立，导致两个新德国创建政体也就必须接受外国人的指导和安排，而那些经四国占领当局审查、同意和许可其参与政体创建的德国人，就成为被动方。③ 与德国不同，二战后日本虽然也被战胜国（主要是美国）占领，但并未灭国，只是占领当局要替换其政体，因此经占领当局同意而参与其中的日本人就是被动方。④ 拿破仑战败后，法国犹在，但英、奥、俄、普等反法联盟的战胜国要改变其政体，他们同意复辟君主制，由法国的君主派当权，但因担心引起法国的动荡，所以又不允许恢复到大革命之前的君主制，由此他们也同意法国的自由派参与其中，但绝不允许共和派参与（其时共和派也不成气候），于是法国的这些君主派、自由派和共和派人士就成了被动方。⑤

再从过程环节来看，政体构建的两方博弈者在不同的阶段有不同的表现，而且进入和退出也是常见的。通常来说，由于政体构建是由倡议者发动的，他们最关心政体的构建，所以往往是核心的参与者，并且会全程参与政体构建的博弈。拿美国联邦宪法的制定来说，当时詹姆斯·麦迪逊不仅是最先发起倡议

① ARISTOTLE. Politics ［M］. REEVE C D C, trans. Indianapolis：Hackett Publishing Company, Inc., 2017：111-114.
② 参见沈汉，刘新成. 英国议会政治史［M］. 南京：南京大学出版社，1991.
③ 参见迪特尔·拉甫. 德意志史：从古老帝国到第二共和国［M］. 波恩：Inter Nationes，1987.
④ 参见［日］升味准之辅. 日本政治史（第4册）［M］. 董果良，译. 北京：商务印书馆，1997.
⑤ 参见［法］乔治·杜比. 法国史（中卷）［M］. 吕一民，等译. 北京：商务印书馆，2010；［法］乔治·勒费弗尔. 拿破仑时代（下卷）［M］. 中山大学《拿破仑时代》翻译组，译. 北京：商务印书馆，1978.

的弗吉尼亚州代表之一，而且参加了费城制宪会议，起草了会议所讨论的弗吉尼亚方案，全程参与了宪法草案的讨论和决定（是少数几个从未缺席会议的人），甚至在宪法通过后还积极撰文呼吁各州批准宪法。① 而响应者（不管是支持者还是反对者）虽不一定都会进入后续环节，但他们明显扩大了参与者的范围，其中一些人还会被召集到有关政体构建的会议中。如果这种会议是经选举产生的，那么倡议的异议者或反对者也可能会加入其中。在设计政体方案的阶段，即使设计者来自与会人员，他们也可能会咨询会议外人士，从而导致参与者的范围进一步扩大，如果设计者来自与会人员之外则更是如此。与会者在商议和选择政体方案的时候，可能还要咨询更多人的意见，受到更多人的影响（除非如费城制宪会议那样秘密进行），这些顾问或意见影响者也就成了参与者。如果最后被选择的政体方案还要交给广大民众投票来决定，而且如果政体方案采取普选的方式来实施，那么参与者就达到了最大的范围。

总之，政体构建的博弈者是全程的而不局限于某个环节，其中包括倡议者、响应者（又包括支持者和异议者或反对者）、设计者（有可能来自会议外人士）、咨询者、议决者、批准者（有可能来自会议外）、实施者（通常都是会议外人士）等多种类型的人。

（二）政体构建博弈者的内在特征

除了要搞清楚政体构建博弈者的外在特征，如双方的确定、人数的状况、组织的状况、来源和过程表现等，还要搞清楚他们的内在特征，特别是其目的，否则不仅博弈者是空洞的，而且我们也难以理解他们的行动。因为任何人都是出于一定的目的而采取行动的，博弈作为人的一种行动形式当然也不例外。

就政体构建博弈者来说，他们每个人当然都是为了满足自己的某种需要而参加政体构建博弈的。至于说具体是什么需要，这当然因人而异，而且要追寻其终极目的性需要也不大容易，毕竟这是位于一个人内心最深处的东西，涉及一个人的人生观和价值观。不过据此我们还是可以大致区分出两种人：一种是把参与政体构建当成手段，希望由此建立理想的政体，以实现某种理想的社会状态，可能麦迪逊就是这样的人；另一种人也把参与政体构建当作手段，但不是为了什么理想的政体或社会状态，而仅仅是为了个人出名、得势或得利，比如袁世凯。显然前一种人的终极目的性追求是公共的而非私人的，或者说他们

---

① 参见 [美] 西德尼·霍华德·盖伊. 美国国父列传：詹姆斯·麦迪逊 [M]. 欧亚戈, 译. 北京：北京大学出版社，2014.

把公共的追求当成了私人的追求，二者融为一体；而后一种人的终极目的性追求仅限于私人，仅与他自己有关。这的确是人生观和价值观的根本差异。

正因为存在这样的目的差异，所以参与政体构建的博弈者希望构建什么样的政体也就必然存在差异，包括政体应该履行什么职责、承担什么任务、发挥什么作用，进而政体应该怎么设计。对前一种人来说，并非什么政体都是可接受的，而是必须符合某些政治原则，尤其是关于政体的根本职责和基本职责以及为此必须如何设计的基本原则。而对后一种人来说，什么政体都可以接受，只要自己能从中得利就行。人类历史上为什么会产生统治型政体，恐怕就跟后一种人的追求有着密切的关系。

当然，政体构建博弈者之间不仅存在目的差异，也可能存在目的共识。这种共识通常只存在于博弈的某一方，在比较特殊的情况下也可能共存于双方。不管是哪种情况，显然这里双方都是由多人组成的，否则也就无所谓共识了。其中，在只有某一方存在目的共识的情况下，那就意味着双方不存在目的共识，导致双方针锋相对地激烈对抗和斗争。就如前述的印度案例，制宪会议中的穆斯林联盟希望看到的是巴基斯坦分立，从而要求分别为印度和巴基斯坦制定不同的宪法，这就和国大党没有共识，致使双方斗得不可开交，最终以穆斯林联盟退出制宪会议收场。但是博弈双方也可能存在目的共识，导致双方可以用妥协交易的办法来解决其他分歧。比如在美国费城制宪会议的案例中，当时除了罗得岛州，其余 12 个州都派代表参加了会议，其中大州代表倾向于废除邦联政体以建立一个更为强大的全国性政府，而小州代表则希望保存邦联政体同时同意对其做出一些必要的修改。虽然存在这一重大分歧，但各州代表还是有一个基本的共识，那就是维持 13 州的联合并寻求建立更有利于联合和治理的政体。制宪会议最后通过的联邦宪法，其序言就充分体现了这一目的共识：我们美国人民，为了形成一个更加完善的联盟，树立正义，确保国内安宁，提供共同防务，促进全体福利，并确保我们自己和后代的自由福祉，特制定美利坚合众国宪法。①

三、政体构建博弈者的策略

无论参与政体构建的博弈者是什么情况，为达到各自的目的，他们都必须采取实际行动亦即实施一定的策略才行，而实施策略的前提是制定和选择策略，

---

　　① 此文本的原文可在网上查到。

所以博弈研究的主要任务和内容就是探讨博弈者是如何制定、选择和实施策略的。

根据前述的能动博弈模型，我们已经知道主动方可能采取的策略就是五种，这些策略既可能单独使用，也可能组合使用，还可能全部使用，而被动方则做出一定的反应并制定、选择和实施一定的应对策略。下面我们就来逐一考察双方的这些策略。

（一）主动方影响对方行动意念的策略和被动方的应对策略

我们已经知道，任何人的行动都始于意念的产生，如果一个人连想要行动的念头都没有，那也就不可能采取行动。这就给博弈的主动方一个重要的启示：要想影响对方的行动，使其按照自己的设想而行动，那么首先就要促使其产生相应的行动意念，即需要采取策略 IS-W。当然，如果主动方确定对方已经产生了相应的行动意念，那就没有必要采取这一策略了，但如果发现对方的行动意念还比较弱的话，还是有必要采取这一策略以强化之。

至于说主动方何以知道对方是否产生了相应的行动意念，其主要依据是对方的言行表现。我们知道，有时候一个人想要采取什么行动时，他会发表声明，直接说出自己的想法；有时候即使不说出来，别人也可以从其表情、举动或言语中推断得知。当然，这些判断也可能是困难的，甚至会出错，因为人们会掩饰其想法，即使通过言行表现出来也可能是虚假的。韩非说"君无见其所欲，……君无见其所意"①，这虽然是对君主的劝诫，却也并非不是对现实的描述。但不管对方是否透露有关信息，以及透露出来的信息是真是假或者是否确切可靠，主动方都可以采取策略 IS-W，主动地促使对方产生或加强行动意念，这样也最可靠。主动方也可以去侦察对方的行动意念，或者甄别其透露的信息是否真实可靠，这就会引发新的博弈（信息博弈），但是其结果难以预料。假如通过侦察或甄别，主动方发现对方并未产生相应的行动意念，那么还是要采取策略 IS-W 才行。

1. 主动方如何制定、选择和实施策略 IS-W

如前所述，既然行动意念是因需要的产生而产生的，那么主动方要促使对方产生某种行动意念，那就要在其需要和行动之间建立因果关系。换言之，主动方一定要使对方明白，如果他想满足自己的什么需要，那么就必须采取什么行动，从而激发其产生或加强其想要采取某种行动的意念。可见主动方制定策

———————————

① 韩非子 [M]. 高华平，等译注. 北京：中华书局，2015：34-35.

略 IS-W，其实就是要解决如何才能在对方满足某种需要和采取某种行动之间建立因果关系的问题。

因为行动意念因需要的产生而产生，所以主动方也可以从刺激对方产生某种需要入手。但是产生某种需要跟采取什么行动之间不一定具有因果关系，所以对主动方来说，更为关键的是要在他刺激对方产生的这种需要与想要对方采取的某种具体行动之间建立起因果关系。主动方由此制定的策略 IS-W 就是利诱和威胁。利诱是主动方向对方承诺，只要对方做什么，那么我方就会给予对方什么好处。威胁则是主动方向对方承诺，如果对方不做什么，那么我方就会对其施加什么损害。这两种策略实质上就是刺激对方产生趋利避害的需要，并在这两种需要与采取主动方所要求的某种行动之间建立因果关系。

显然这里的需要并不是被动方自发产生的，因果关系也不是被动方依据自己的知识而自己建立起来的，而是主动方通过向对方做出承诺而刺激其产生和强行施加给对方的。这就导致，被动方是不是真的会产生相应的需要，以及会不会接受这种因果关系，那就要看主动方承诺的好处或损害是不是足够大，并且能否让对方相信承诺是可兑现的，或者说能否让对方相信自己有兑现承诺的实力（包括能力和资源）。这里的关键是让对方相信承诺可兑现，而不是主动方是否真的有兑现承诺的实力，所以有时候这种承诺也可能是虚假的，即主动方明知自己并无兑现承诺的实力但不告知对方实情，故意做出虚假承诺，此时利诱和威胁就变成了欺骗和讹诈。一定要注意的是，欺骗和讹诈是主动方故意为之的，如果是主动方因过于自信而估计不足，造成最终不能兑现承诺，那就不是欺骗和讹诈，因为此种情况只是一种结果的事实状态而不是策略。

主动方也可以在不刺激对方产生某种需要的情况下，而在对方既有的某种需要与自己想要对方采取什么行动之间建立因果关系。因为如前所述，由于在具体的情境下，一个人的具体行动意念（想要采取什么行动），是依据该行动与满足某种需要的因果关系的具体知识而产生的，所以主动方可以从影响对方的这种具体知识入手，由此制定的策略 IS-W 就是说理。说理是主动方站在"中立"的第三方立场，向对方做出"客观"的分析，指出对方如果采取各种不同的行动，那么分别会产生什么后果①并且跟对方有什么利害关系，从而让对方通过利害权衡，"自觉地"倾向于采取某种行动，产生相应的行动意念。因此，说

---

① 但这些后果是对方自己的行动造成的，而不是主动方的行动造成的，与主动方的行动无关，至少主动方要向对方这样表明，否则这种策略就不是说理而是利诱或者威胁了。

理的实质就是通过影响对方的知识，来引导对方做出相应的行动选择和产生相应的行动意念。

举例来说。当年张仪为了让韩国与秦国结盟，可谓巧舌如簧。他对韩王说

> 韩地险恶山居，五谷所生，非菽而麦，民之食大抵菽饭藿羹。一岁不收，民不餍糟糠。地不过九百里，无二岁之食。料大王之卒，悉之不过三十万，而厮徒负养在其中矣。除守徼亭障塞，见卒不过二十万而已矣。秦带甲百余万，车千乘，骑万匹，虎贲之士科头跿跔贯颐奋戟者，至不可胜计。秦马之良，戎兵之众，探前趹后蹄间三寻腾者，不可胜数。山东之士被甲蒙胄以会战，秦人捐甲徒裼以趋敌，左挈人头，右挟生虏。夫秦卒与山东之卒，犹孟贲之与怯夫；以重力相压，犹乌获之与婴儿。夫战孟贲、乌获之士以攻不服之弱国，无疑垂千钧之重于鸟卵之上，必无幸矣。夫群臣诸侯不料地之寡，而听从人之甘言好辞，比周以相饰也，皆奋曰'听吾计可以强霸天下'。夫不顾社稷之长利而听须臾之说，诖误人主，无过此者。大王不事秦，秦下甲据宜阳，断韩之上地，东取成皋、荥阳，则鸿台之宫、桑林之苑非王之有也。夫塞成皋，绝上地，则王之国分矣。先事秦则安，不事秦则危。夫造祸而求其福报，计浅而怨深，逆秦而顺楚，虽欲毋亡，不可得也。故为大王计，莫如为秦。秦之所欲莫如弱楚，而能弱楚者莫如韩。非以韩能强于楚也，其地势然也。今王西面而事秦以攻楚，秦王必喜。夫攻楚以利其地，转祸而说秦，计无便于此者。"①

这就是说，张仪首先指出韩国实力虚弱，跟秦国相比更是虚弱，不堪一击，这就牢牢地把握住了韩国求自保的迫切需要。张仪继续指出，韩国若要自保，那么有两条路可走，要么归顺楚国对抗秦国，要么与秦国结盟去削弱楚国。但是他指出两种选择的后果不同：如果是前者，那么韩国必然遭到秦国的猛攻，而秦强韩弱，所以韩国必然覆灭；但如果是后者，那么韩国就可以讨得秦王欢心，从而得到秦国的保护而不惧怕楚国报复。通过这一番"客观"分析，张仪认为道理已经讲清楚了，韩王也应该知道怎么做了，事实上韩王也确实被他说动了心，选择与秦国结盟。

但说理也可能是有意误导，因为主动方可能会通过操纵信息（释放虚假信息、隐藏真实信息、掩盖部分信息、释放部分信息等）或者进行诡辩，故意引

---

① 二十五史（第1卷）[M]. 北京：线装书局，2011：259-260.

导对方认为必须采取什么行动（正是主动方想要的）才能满足某种需要，实际上二者并不具有因果关系——但主动方并不会明确告知对方。比如韩王当年就受了张仪的误导，因为与秦国结盟的韩国，后来在遭到其他国家攻击时并未得到秦国的保护，反而是被秦国直接灭掉，而且是第一个被灭掉的。而韩王之所以会被误导，就是因为张仪向他隐瞒了秦王要灭六国一统天下的野心，秦国并不满足于做韩国的保护国。

因此概括来说，主动方可制定的策略 IS-W 就有六种。至于在具体情境下，主动方到底会制定哪一种策略，那就不仅要看他自身是什么状况，也要看他对对方了解得如何，此即知己知彼。比如，如果他要制定利诱或威胁的策略，那这就不仅取决于他自身的确有实力，而且也取决于对方是否有实力。如果对方比自己更有实力（更强大的能力和资源），那么就很难为威逼利诱所撼动，显然对这样的人制定利诱或威胁策略就是不恰当的。除了对方的实力，主动方还要了解对方的需要，尤其是涉及人生观和价值观的需要，否则制定利诱或威胁策略也可能是不恰当的，就如当年蒙古人对文天祥那样。反过来，如果主动方要制定欺骗或讹诈的策略，那也要看对方是什么情况，特别是对方的知识情况，因为通常只有比较无知的人才容易被欺骗或被讹诈。至于说主动方制定说理的策略，当然是因为他不具备可以利诱或威胁对方的实力，却有三寸不烂之舌，擅长说理，比如战国时期的纵横家，而且他认为对方是一个讲理的人，可以通过说理来打动。反过来，如果他认为对方存在某些知识缺陷，那么也可能制定误导策略。其实在现实的博弈中，通常主动方并不会只制定某种单独的策略，而会把两种或以上的策略组合起来，这就增添了博弈的复杂性。

下面以政体构建博弈的真实案例说明之。在 1910 年 6 月要求立即召开国会的第二次请愿运动中，孙洪伊等代表致函清廷的会议政务处大臣，表示如果清廷不答应召开国会，那就是不允许人民（其实就是指立宪派自己）掌握立法权，那么人民也就没有遵守法律的义务，如果今后人民仇视政府，有不法之举动，酿成大变，那么我们这些代表也没办法开导他们，而只有坐视大清江山覆灭。① 这里立宪派制定的就是说理加讹诈的组合策略。

对早期的维新派来说，从其实际表现来看，他们制定的主要是说理策略，也就是通过著书立说，陈述现状，突出危机和后果，同时论述变革带来的好处，

---

① 侯宜杰.二十世纪初中国政治改革风潮：清末立宪运动史［M］.北京：中国人民大学出版社，2011：206.

试图让清廷统治者看清楚萎靡不振和顽固不化与有所作为和有所改变的差异，从而自觉地做出判断，产生改革变法的想法。①

立宪派和维新派坚信，清廷统治者即使不关心民众的死活，也一定会关心他们的江山，这就牢牢地把握住了他们的根本需要。而立宪派和维新派所做的，不过是在清廷保江山的需要和进行变法或者说变革政体的行动之间建立因果关系，表明清廷统治者要自保，那么就必须变法，据此来激发其变革变法的行动意念。至于说他们为什么普遍制定说理的策略，顶多加上诳诈策略，说到底还是因为他们自身实力不足（相对清廷统治者来说）。

以上说的是主动方如何制定策略 IS-W。但是我们知道，制定策略只是第一步，下面还要经历评估和选择的过程，所以还要继续考察。就立宪派和维新派来说，我们是从其实际表现而得知他们具体制定了什么策略的，但可以推测，他们应该也制定过其他策略。比如早期维新派未必没有考虑过组织社会运动、对清廷施压的威胁策略，但在 19 世纪七八十年代，我们看到他们仅限于著书立说，这说明他们应该也对各种策略进行过评估和选择。比如从可行性角度来看，就组织社会运动来说，早期维新派的能力和资源应该都不是太大的问题，然而当时的社会环境却不是十分有利，如果组织社会运动，不但可能得不到社会的支持，反而会遭到人们的普遍抵制，这就让他们认为这个策略不可行。又从可取性角度来看，组织社会运动需要投入很多资源，而且副作用可能还很大，比如被免官或者被抓捕，相对而言著书立说的代价更小，因此更为可取。再从正当性角度来看，这些维新派人物都是具有新思想的旧知识分子，他们深受儒学教育，应该都是道德主义者，自然会考虑各种策略的正当性问题。按照忠君爱国的旧式道德观，估计他们也不会接受组织社会运动这种威胁策略，因为这有叛逆之嫌。正是通过这一系列的评估和排除，他们最后选择了著书立说的说理策略。

当然，上述的策略评估和选择是一个人内在的心理活动过程，除非当事人主动表达出来，否则旁观者就只能通过其实际行动来倒推，因此必然具有一些猜想性质。但我们每个人都是行动者，都知道自己是如何进行策略评估和选择的，所以也可以按照同理心去推测他人。

鉴于这些内在的心理活动过程确实具有推测性质，不易验证，也容易引起

---

①　王先俊，章征科. 近代中国政治思想史［M］. 合肥：中国科学技术大学出版社，2006：69-71，73-74.

争议，下文就不再具体分析主动方是如何评估和选择策略的，而是直接根据其外在的行动表现来判断其制定和选择的策略。

主动方制定的策略 IS-W 经评估和选择后，当然还要将其付诸实施才行，毕竟任何策略都只是人们头脑中的计划和构想，即使以口头或书面的方式表达出来依然如此。实施策略就是按照策略的计划和安排，将其从构想变成现实的过程，这就是我们所见的实际行动。然而任何有实际经验的人都知道，实施策略的过程并不一定顺利，有可能受阻或被延迟，严重时甚至无法实施下去。之所以如此，是因为在现实中，行动的条件未必都能得到满足。如果一个人缺乏有关的能力或者能力不足，那么即使准备了足够的资源也不能很好地实施策略。而现实中更常出现的情况是行动者无力准备充足的资源，更不要说实际所需的资源超出了计划。此外，策略能否实施下去或者顺利实施，还要看当时的环境对他是否有利。不少策略之所以不能实施下去，就是因为受到了外界（自然的或社会的）的阻挠甚至破坏，这也是常见的情形。

就早期维新派采取著书立说的说理策略来看，由于内外条件都能满足，所以这些策略就得到了顺利实施。诸如王韬、何启、胡礼垣、冯桂芬、薛福成、宋育仁、汤寿潜、陈炽、陈虬、宋恕、郑观应等代表人物，都写成了系列著述，其中大多流传于民间士人和朝廷官员之中，有的甚至送到了光绪帝手中。反过来，康有为自 1888 年借进京赶考之机首次向光绪皇帝上书，劝其变法，一直到 1898 年，历时十载，总共上书七次，除了第三书、第六书和第七书外，其余的全都因为官僚的阻挠而未能送达光绪帝手中。①

无论如何，只有在策略 IS-W 得到实施的情况下，主动方才有可能激发或者强化对方的某种行动意念。但在博弈的情境下，这只是一种可能而不是必然，因为还要看被动方是如何反应和应对的。

2. 被动方如何做出反应和应对

一旦主动方实施策略 IS-W，由于实施策略就是外显可见的实际行动，所以被动方当然会接收到相关信息，从而做出一定的反应和应对。正是在被动方做出反应和应对后，博弈的实际结果才得以产生。

面对主动方针对自己的行动，和所有人的正常反应一样，被动方会首先了解对方的行动是什么情况，进而判断对方的意图是什么（是善意还是恶意），从而判断对方的行动对自己是有利还是有害，在此基础上再制定、选择和实施一

① 参见蔡乐苏，张勇，王宪明. 戊戌变法述论稿［M］. 北京：清华大学出版社，2001.

定的应对策略。

由于人是多样化的，对情况的了解也有差异，因此哪怕是主动方实施同样的策略 IS-W，被动方的具体反应和应对策略也不可能完全一样，大概分为四种情况。

（1）如果被动方不清楚对方行动的具体情况，不能对其意图轻下判断，从而无法判断对方的行动跟自己的利害关系，那么他就会表现出犹疑的态度，采取观望的应对策略。例如 1900 年庚子变乱发生后，国内朝野逐渐出现了要求立宪的声音，慈禧太后通过官员奏章和国内报章，对此也有所耳闻，但她"意亦游移"①。这说明，她当时对此了解不多，无法做出明确的判断，因此只好采取观望的应对策略。在此情况下，对主动方来说，他的策略 IS-W 就是失败的，因为没有起到影响对方行动意念的作用——至少没有立即引起。

（2）如果被动方在了解了对方的行动之后，认为对方既无善意也无恶意，从而对方的行动跟自己没有什么利害关系，那么就会表现出冷漠的态度，采取不予理睬的应对策略。就如早期维新派著书立说，虽然也有所传播，但对那些普通民众来说，即使他们有所耳闻，也没有任何反应，因为他们认为这与其没有任何利害关系。当然，早期维新派也没有打算把这些普通民众当成影响对象。但是当时不少朝廷官员跟普通民众一样，即使有所耳闻，也未将其当回事，因为他们不认为维新派的所作所为跟自己有什么利害关系。他们只在乎自己的官位，而这取决于上级和朝廷，那才是与其有利害关系的，才是值得关注和关心的。在此情况下，主动方的策略 IS-W 由于没能影响到对方的行动意念，所以也是失败的。

（3）如果被动方根据对对方行动的了解，认为对方是善意的，其所作所为正好满足了自己的某些需要，或者有助于自己满足某些需要，从而对自己是有利的，那么他就会表现出欢迎的态度，采取正面而积极的回应策略。例如早期维新派通过其著述宣扬时局危险，主张改革变法，一些士人和官员认为其出发点是好的，与之产生了同感，所以就认同其观点主张，并加入传播鼓动的队伍之中，成为维新派的一员。而康有为的第三书（1895 年 5~6 月）首次成功送达光绪帝后，恰逢甲午战败，光绪帝正想要自保自强、有所作为，所以他对康有为的上书大加赞赏，还将其下发给群臣讨论。在这种情况下，主动方的策略 IS-W 显然是成功的，即使不是激发了对方的行动意念，起码也起到了巩固或加强

---

① 王开玺. 晚清政治史：数千年未有之变局（下卷）[M]. 北京：东方出版社，2016：14.

的作用。

（4）如果被动方根据了解，认为对方是恶意的，其行动对自己是有害的，那么就会表现出反感的态度，进而采取拒绝排斥的应对策略（其中又包括消极的躲避策略、中间的拒绝策略和积极的反击策略）。比如在 1910 年 6 月的第二次国会请愿运动中，请愿代表甚至以民众反叛为威胁，然而其要求还是遭到了清廷的拒绝，因为军机处大臣并不希望建立一个约束他们的国会——那是对他们有害的东西。而对于晚期维新派提出变法的见解和呼吁，那些顽固的保守派很不以为然，他们害怕因为变法而丢掉官位。① 所以他们宣称维新派扰乱纲常，居心不良，不仅对此表示坚决反对，还反过来予以驳斥。当然言论驳斥算是比较轻微的反击方式了，严重的则有对对方的职位、财产、家人、人身甚至生命施加损害的做法。无论如何，在此情况下主动方的策略 IS-W 都是失败的。

（二）主动方影响对方行动目标的策略和被动方的应对策略

即使主动方的策略 IS-W 是成功的，促使对方产生或加强了相应的行动意念，但接下来对方确定的行动目标也有可能不符合主动方的心意。所以要使对方按照自己的设想而行动，主动方还要采取策略 IS-G 去影响对方的目标设定。

例如，1860 年英法联军攻占北京，随后签订了《北京条约》，当时的清廷统治者也不是完全没有受到震动，也不是没有人萌生为自保所以要自强的念头，这些最先觉醒的统治者就是洋务派，洋务运动因此也被称作自强运动。但洋务派并没有把改变政体设定为自强的目标，而只是追求强军和附带的工业化以及西式教育（这一目标设定一直持续到甲午战败），对此维新派显然是不能接受的，所以他们始终致力于把清廷统治者变法的目标引向政体变革，试图促使其建立立宪君主政体。

至于说主动方何以知道对方的目标设定，同样也是根据对方的言行来判断的。其实一个人在表露其行动意念的时候，往往同时就会表达其目标指向。不过这些表达出来的信息也可能是虚假的，主动方的判断也可能会出错，更何况有时候人们并不会对外公布其目标。在此情况下，由于侦察和甄别信息可能会引发新的信息博弈，其结果也不确定，因此对主动方来说，最好还是采取策略 IS-G，直接促使对方按照自己的设想来确定目标。

我们已经知道，人们总是凭借一定的知识来确定行动目标，这些知识不仅

---

① 王开玺. 晚清政治史王开玺. 晚清政治史：数千年未有之变局（下卷）［M］. 北京：东方出版社，2016：41-42.

帮助他们认识对象本身，还在对象设定和满足需要之间建立因果关系。所以对主动方来说，要影响对方的目标设定，那么就要去影响对方的相应知识，否则不可能成功。这就意味着，制定策略 IS-G 所要解决的问题，其实就是要想方设法去影响对方关于行动对象的知识，从而帮助其确定对象——当然是主动方想要的对象。主动方由此制定的策略 IS-G，可以简单概括为两种通常相配合的做法：一是从反面否定对方已有的旧知识，一是从正面向对方输送未有的新知识。

举例来说，洋务派之所以不以改变政体为目标，是因为他们通过与西方国家的初步接触（实际上主要就是军事接触），认为西方的优势和威胁只在于"船坚炮利"，所以只要"师夷长技"，也就是通过强军（不管是向外国购买还是自己生产西式武器），就足以自强，从而达到自保的目的。至于说政体，他们认为西方这些蛮夷之邦在这方面并无优势，中国自己的政体就好得很，并不影响自强自保，因此无须变革。洋务派的这番见解，就是著名的"中体西用"说。不过出于强军的需要，洋务派同时也开启了中国工商业和交通运输业的近代化进程，而且为了造就相应的人才，翻译了一些西方书籍，开办了一些新式学堂，派遣了一批留学生出国，从而与西方的交流往来更加频繁密切，这就在无意中扩大了一些人的眼界，更新了他们的知识，这些人就是早期维新派。早期维新派的确受益于洋务运动，跟洋务派也有很深的渊源关系，但他们不完全认同洋务派的观点。他们认为洋务派犯了本末倒置的重大错误，也就是目标设定不当的错误。在他们看来，洋务派以为西方的优势仅在于军事，这是错误的，西方强大的根本在于政体优势；反过来，中国的政体并不是完美无缺和优于西方政体的，相反弊病重重，特别是缺乏西方政体那种君民一体、上下一心的优点。① 所以对早期维新派来说，要真正做到自强自保，仅仅强兵是不够的，从根本上说必须改变中国的政体，建立西方式的政体，必须以改变政体为目标。正因如此，早期维新派著书立说，传播关于西方世界的新知识和他们的新见解，希望影响包括洋务派在内的清廷官员，使之以改变政体为目标。

同样，作为晚期维新派的核心人物，康有为自第六书得以成功送达光绪帝后，又第七次上书，同时奉上其编纂的《俄主彼得变政记》一书，此后又陆续呈上他自己写的《日本变政考》《孔子改制考》《列国政要比较表》《波兰分灭记》《法国变政考》《突厥守旧削弱记》《英国变政记》《德国变政记》等书，

---

① 王先俊，章征科．近代中国政治思想史［M］．合肥：中国科学技术大学出版社，2006：59-64，73-74．

以及一些外国人所著之书，不断向光绪帝输送新知识，以期将其变法目标引导到改变政体上来。

面对主动方实施的策略 IS-G，被动方如何反应和应对也是因人而异的。同样，被动方首先会去了解对方的行动，然后判断对方的意图，确定跟自己的利害关系，最后采取犹豫观望、不予理睬、接受学习或者排斥否定的应对策略。显然只有在第三种情况下，主动方的策略 IS-G 才算取得了成功，而在其余情况下都是失败的。其中被动方主动否定和抛弃旧知识，积极学习和欣然接受新知识，当然以认定对方是善意的从而对自己是有利的为前提。正如光绪帝在读了康有为的第三书后，就认为康有为忠君爱国之心可鉴，精神可嘉，所以不但仔细阅读了上书，还将其分发给群臣讨论。1898 年以后，光绪帝甚至回头去阅读了康有为的历次上书，也认真阅读了康有为呈递的书目。反过来，如果被动方认为对方是恶意的，对自己是有害的，那么他不但不会接受对方的知识影响，反而会固守自己的旧知识，否定和批判对方输送或散播的新知识，甚至对对方发动其他方面的反击，当年清廷的那些顽固派、守旧派就是如此。

（三）主动方影响对方制定策略的策略和被动方的应对策略

即使主动方成功地影响到了对方的行动意念和目标设定，也不能保证对方就一定会采取他想要的行动，因为任何人的实际行动就是他出于一定的目的、针对一定的对象而实施策略的外在表现，所以一个人究竟会采取什么样的实际行动，还要看他制定的策略是什么。这就导致，为了确保对方按照自己的设想而行动，主动方还要设法去影响对方制定策略，力图让对方制定出本方想要的策略。如果主动方没能成功地影响到对方的行动意念和目标设定，甚至对此毫不知情，那么要确保对方按照自己的设想而行动，就更要设法去影响对方制定策略。而为了影响对方制定策略，主动方就要采取策略 IS-M。

我们也知道，所有人都是凭借一定的知识来制定策略的，只是此时所用的知识是关于工具的，包括对工具本身以及对工具与获取或处理对象之因果关系的认识。既然如此，那么主动方要想影响对方制定策略，同样也就只有从影响对方的相关知识入手。所以主动方制定策略 IS-M，实际上就是要设法去影响对方的知识状况，进而引导对方制定出本方想要的策略。就此而言，主动方制定的策略 IS-M 就跟策略 IS-G 是类似的，包括两种通常搭配使用的做法：既否定对方的旧知识，又为其提供新知识。

在现实中，主动方制定的策略 IS-M 和 IS-G 很有可能是混杂在一起的，也就是制定了一种策略，既想影响对方的目标设定，也想影响对方的策略制定。

就像康有为向光绪帝进献各种书籍，显然并不只是试图影响后者的目标设定（变革政体），同时也是试图影响后者制定变法的策略。比如，康有为在第七次上书时，首先呈上《俄主彼得变政记》一书，其实就是试图让光绪帝学习彼得大帝，制定与之类似的变政策略。

　　当然策略 IS-M 和 IS-G 也可能是分开制定的。1906 年清廷颁旨，决定预备仿行立宪，但并未提出时间期限，只是宣布从改革官制入手，厘定法律，广兴教育，整饬武备，普设巡警，并督促中央机关和地方督抚从这些方面加紧筹备，奠定立宪的基础。对于清廷制定的这种预备立宪策略，立宪派一开始欢欣鼓舞，成立了不少团体，跃跃欲试，试图参与筹备活动。但在 1907 年以后，他们看到清廷筹备立宪迟缓不力，而且颁布种种限制民众参与的法律，便开始对清廷的预备立宪策略不满起来，要求确定召开国会的期限。为了让清廷改变或者说重新制定立宪策略，立宪派通过在报刊上发文、向朝廷上书和请愿等途径，驳斥了清廷或与之持相同见解者的观点，并从正面阐述了首先召开国会、改变预备立宪方案的理由。比如清廷仿行立宪谕旨提出的最重要的理由是"规制未备，民智未开"，而立宪派代表杨度认为此论并不成立，因为所谓的人民程度并无一定标准，反过来，恰恰只有通过召开国会和进行立宪，增进人民的宪政知识，历练人民的参政能力，人民程度才能逐步提高。对于朝廷决定先普及教育、办理地方自治的预备立宪安排，立宪派也认为不合理，他们说理论上这是循序渐进之道，但事实上就是排斥民众参与而让不负责任的政府和无知识的官吏来掌控预备立宪进程，而这根本就不能实现预备立宪的目标。同时他们认为，现在时局危迫，只有尽快开设国会，让人民参与其中，上下同责，才能挽救危亡，否则不等召开国会，国家都灭亡了。①

　　面对主动方实施的策略 IS-M，被动方依旧是前述四种可能的反应和应对策略。例如，对于 1907 年立宪派要求明确召开国会期限的请愿运动，清廷十分反感，拒不接受立宪派的意见，也不改变之前制定的预备立宪策略，坚持认为立宪必须循序渐进，必须先拟定宪法大纲、议员法和选举法，完成各项筹备事务之后，才能确定召开国会的时间。1908 年出台的《逐年筹备事宜清单》表明，清廷的确没有改变其原先的筹备立宪策略。不仅如此，清廷甚至对立宪派实施镇压，包括命令学部申诫学生，出台报律、结社集会律、整顿学务令，还查禁

---

① 侯宜杰. 二十世纪初中国政治改革风潮：清末立宪运动史［M］. 北京：中国人民大学出版社，2011：52-55，84-113，129，132.

了政闻社。① 就此而言，立宪派试图影响对方制定策略的策略 IS-M 完全归于失败。

（四）主动方影响对方选择策略的策略和被动方的应对策略

如果主动方没能成功地影响对方制定策略，那么他还可以继续在选择策略的环节施加影响，也就是采取策略 IS-C，促使对方选择本方想要的那种策略。

但要制定策略 IS-C，主动方就要首先解决一个严重且困难的信息问题：如何探知对方制定了些什么策略。很明显，主动方要去影响对方选择策略，那么肯定要以知晓对方制定了什么策略为前提。也许有时候对方会主动公布其制定的策略，就像清廷发布关于预备仿行立宪的谕旨，但是我们知道，一个人主动透露的信息未必是真实的，甚至就是虚假的，更何况有时候人们并不会对外公布其制定的策略，所以主动方必须设法去侦察对方制定的策略或甄别有关的信息。这并不是那些"纸上谈兵"的数学家们，通过将其转换成静态和动态博弈以及完全信息和不完全信息博弈所能解决的问题。现实中主动方真正采取的措施，是去侦察对方的策略并且甄别有关的信息，所以我们才会看到过去和现在从来都不缺乏专门的情报人员，如侦探、侦察兵、谍报人员，以及渗透、卧底、伪装、打探等侦察信息的行动，还有情报比较、情报分析等甄别信息的行动。②

但是主动方去侦察对方或者甄别有关信息，未必能够得到满意的结果，因为这很有可能会引发信息博弈——"信息战"。一个人既然不主动透露自己的信息，那就是不想让他人知道，既然如此，他又怎么可能会坐等对方来打探自己的真实情况呢？所以现实情形就是一方想方设法去打探对方的信息，另一方则"守口如瓶"，想方设法保密信息，或者故意释放假消息以扰乱和迷惑对方。而信息博弈和其他一切博弈一样，其结果是不确定的，并没有什么办法可以保证主动方一定能够获得关于对方的真实可靠的信息，尤其是像制定的策略这种可以埋藏在心里的信息。

不管信息博弈的结果如何，主动方要想影响对方选择策略，那就必须去了解和掌握对方制定的策略。如果主动方实在无法确知对方制定的具体策略，那么从现实来看，一般来说他会假设或推测对方制定了什么策略，但这样就非常

① 侯宜杰. 二十世纪初中国政治改革风潮：清末立宪运动史 ［M］. 北京：中国人民大学出版社，2011：133，141-146.
② 由此可见，就对待和处理这个信息问题而言，能动博弈模型跟形式博弈论构建的被动博弈模型也是截然不同的。

有可能出错且极不可靠。

由于任何人都是依据策略评估的结果而做出策略选择的，并且选择策略的基本规则对任何人来说都一样（见前述的人性研究之选择行动方案），所以假定主动方已经知道了对方制定的策略，那么他要想影响对方选择策略，就只有从影响对方的策略评估入手。由此看来，主动方制定策略 IS-C，其实就是考虑如何才能影响对方的策略评估。

我们已经知道，任何人都是从有效性、可行性和可取性这三个缺一不可的方面来评估其制定的策略的，对道德主义者来说还要增加正当性评估这一项，那么这就告诉主动方，影响对方的策略评估，其实就是去影响这几项评估——其中的某一项、某几项或者所有项。由于每项评估都有一定的依据，所以影响对方的评估，也就是去影响评估的依据。而每项评估的依据都有所不同，所以影响每项评估的做法也就不一样。综合这些情况来看，策略 IS-C 显然是多样的。

（1）针对对方有效性评估的策略 IS-C。我们知道，任何人进行有效性评估，依据的是他对制定策略时所凭借的知识的信念，即他越相信这些知识，那么就越相信据此而制定的策略是有效的（能够实现目标）。因此对主动方来说，影响对方有效性评估的策略无非就是两种可能：如果他想要对方否定某个策略选项，那么就要促使其将该策略评估为无效，为此就要去否定对方所凭借的知识，或者至少要降低其对这些知识的信念（哪怕产生怀疑也好）；反过来，如果他想要对方选择某个策略，那么就要促使其将该策略评估为有效，为此就要去肯定和维护对方所凭借的知识。前面我们曾提到早期维新派反驳洋务派的观点，其实这就是在否定洋务派制定强军策略的知识依据，认为该策略对自强从而自保来说是无效的（最后中日甲午海战的结果似乎也印证了他们的观点）。

（2）针对对方可行性评估的策略 IS-C。我们知道，任何人都是根据其内外条件（包括自身的能力、掌握的资源、所处的环境以及创造条件的可能性）是否具备或具备的程度来进行可行性评估的，因此对主动方来说，要影响对方的可行性评估，也就只有去影响对方对这些条件的认识和判断，由此制定的策略也是两种可能：如果主动方想要对方否定某项策略，那么就要让对方将其评估为不可行，为此就要设法去否定对方认为具备相应条件的认识和判断，反之则要肯定甚至加强这方面的认识和判断。

例如清廷选择预备立宪而不是立即立宪的策略，从可行性评估的角度来说，就是因为他们认为不具备立即立宪的条件，比如"规制未备，民智未开"的说法。而立宪派希望清廷放弃这一策略而抓紧召开国会，所以就着力去否定清廷关于条件不具备的这一认识和判断，进而认为预备立宪越发不可行。

（3）针对对方可取性评估的策略 IS-C。我们知道，可取性评估其实就是代价评估，由此判断所制定的策略是否值得采取。因为在进行可取性评估时，关于代价与收益的权衡规则对任何人都是一样的，所以可取性评估的关键在于对策略实施所产生的代价（包括其性质和程度）的认识和判断。这就告诉主动方，要想影响对方的可取性评估，就要设法去影响其对代价的认识和判断。

1905 年清廷派遣大臣出访日美欧等国考察各国立宪的情形，结果导致清廷面临着师法何国而立宪的选择，为此首先对各选项进行了可取性评估。当时作为出访大臣同时也是皇室成员的载泽成了立宪派，他主张师法日本，其他出访大臣基本上也是这个意见，因为他们认为这样的立宪策略所产生的代价最少且最小。载泽在反驳立宪反对派时，就提出立宪不会损害君主权力，也不会利汉不利满，反而有"皇位永固""外患渐轻""内乱可弭"三大好处，总之"利于国、利于民，而最不利于官"。① 换言之，在载泽看来，如果立宪，那么皇帝、满族权贵和满人乃至普通民众，都不会成为被牺牲的代价，唯一要承担代价的是官僚。但他说这番话时，心中想的是日本式立宪，而不是英国式的，更不是美法等国模式的，这就相当于是在对师法日本立宪这个策略进行可取性评估。由于载泽是皇室成员，能够得到慈禧太后这个清廷最高统治者的信任，所以他的这种认识和判断有效地影响到了后者。在他归国后，不但慈禧太后单独召见和询问了他，他也专门上奏朝廷说明情况，慈禧太后在读了他的奏折后大受感动，最终做出了按照日本方式来预备立宪的决定。

（4）针对对方正当性评估的策略 IS-C。我们知道，正当性评估只对道德主义者才成立，而评估的依据就是他们的道德观。所以假如主动方判定对方是道德主义者，那么要影响对方的正当性评估，就要设法去影响其道德观才行。

但是相对前面几种策略来说，这种策略很难行得通。关键在于，道德观属于一个人的价值观，是随着一个人的成长经历而逐渐树立起来的，大多会逐渐强化乃至终身不变。这就导致，除非在一个人比较年轻的时候，否则要影响其道德观就很难。虽然也有人在成年后改变了道德观，但总的来说并不多见。所以要想影响道德主义者的道德观，进而影响其正当性评估，这是很难做得到的，

---

① 侯宜杰. 二十世纪初中国政治改革风潮：清末立宪运动史［M］. 北京：中国人民大学出版社，2011：49-51.

从而在现实中也就不多见。

总之，主动方能够采取的策略 IS-C 就是上述四种。对此，被动方的反应和应对依旧有前述四种可能性。比如，载泽说服慈禧太后就是一个成功的案例，前者有效地影响到了后者的可取性评估，进而影响到了后者的策略选择。而载泽之所以能够取得成功，是因为他是皇室成员，可以让慈禧太后相信他是善意的，是为了保住大清江山。而慈禧太后对于立宪与否和师法哪国立宪都无所谓，只要"君权不可侵损"就行，所以当她听载泽说师法日本立宪既能保住大清江山，又不会产生太大的代价，那么这当然就是不二选择了。与之相对，早期维新派未能影响到洋务派对于强军自保策略的有效性评估，立宪派也未能影响到清廷对于预备立宪策略的可行性评估，二者都是失败的，这是因为维新派或立宪派直接否定洋务派或清廷（关于有效性或可行性）的认识和判断，这对后者来说是难以接受的，至少是令人不快的，所以洋务派或清廷都没有接受这些影响，而是坚持既定策略不动摇——直到遭到现实打脸为止。

（五）主动方影响对方实施策略的策略和被动方的应对策略

如果主动方没能成功影响到对方选择策略，甚至在前述的所有环节都没有成功，那么他还可以在最后一个环节即实施策略的环节继续施加影响。由于此时对方实施的策略是不符合主动方心意的，所以主动方自然不会任其实施，而会采取阻挠或破坏的策略——这就是竞争策略。

反过来，如果对方做出了符合主动方心意的策略选择，或者主动方在前述的所有环节都成功地影响到了对方，那么在对方实施这些策略的时候，他还是有必要继续施加影响以助其成功——因为此时对方的成功就是他自己的成功。由于此时对方实施的策略是符合其需要的，所以主动方自然会支持或帮助对方实施策略——这就是合作策略。

主动方影响对方实施策略的这两种策略，即竞争和合作的策略，都是这里所说的策略 IS-E。而且由于对方实施策略是可见的，所以这时对主动方来说也不存在信息问题。

我们已经知道，一个人实施策略，就是把所制定和选择的策略，从计划和设想变成真实的行动（按照策略的计划和设想而行动），而这需要一些条件支撑才有可能。所以对主动方来说，要影响对方实施策略，那么就要去影响这些支撑条件，这就是策略 IS-E 的基本内容。由于支撑一个人实施策略的条件不外乎内外两类，概言之就是自身的能力（特别是使用工具的能力）、掌握的资源和所处的环境，所以主动方要影响对方实施策略，也就只可能从这三个方面着手，设法去影响对方的这些条件。当然，这些策略的具体内容，会因策略是竞争的还是合作的而有所区别，基本上就是相反的。

（1）针对对方能力的竞争与合作策略。如果主动方采取合作策略，要支持或帮助对方实施策略（采取行动），那么他当然要首先保护对方的生命和人身安全以及行动自由，由此保护其基本的行动能力，然后有针对性地帮助对方形成或提高实施具体策略的行动能力——比如，训练和提高选民的投票能力。

与之相反，如果主动方采取竞争策略，要阻挠或破坏对方实施策略（采取行动），那么他肯定要设法损害或削弱对方实施具体策略的能力，甚至会损害或削弱对方的基本行动能力，比如将对方监禁起来，限制其行动自由，或者伤害对方的身体，甚至从肉体上消灭对方。例如 1913 年民国通过大选成立了国会，宋教仁率领的国民党由于准备充分，得以成为国会中的第一大党。按照当时《临时约法》的规定，国民党将负责组织内阁，宋教仁将成为内阁总理，但这显然不符合袁世凯的心意。袁世凯虽然已经接替孙中山当选为临时大总统，但这并不是他想要的全部，他还想当上正式大总统，而且是有实权的地位巩固的正式大总统。所以为了阻止和破坏宋教仁率领国民党组阁，袁世凯最先试图利诱和拉拢宋教仁，以便控制国民党，但宋教仁不为所动，于是袁世凯就指使时任内阁总理的赵秉钧派人暗杀了宋教仁。①

（2）针对对方资源的竞争与合作策略。如果主动方采取合作策略，要支持或帮助对方，那么除了针对对方的能力，还可以针对对方的资源，也就是向对方提供或补充金钱、物资、人力，以及其他具有物质载体的非物质资源如信息、技术、关系，以助其成功。比如在南北议和、清帝退位以后，袁世凯就多次支持和资助某些势力采取行动，包括唆使部下制造兵变，从而以北方不稳为由而拒不赴南京就职；指使北洋将领和北京军警联合会威吓参议院，使其同意由陆徵祥担任内阁总理；唆使各省军政长官通电，胁迫国会同意先选举正式大总统而后制定宪法；拼凑所谓的公民请愿团包围国会，胁迫其选举自己为正式大总统；赞助以康有为为代表的尊孔复古势力，支持鼓吹恢复帝制的筹安会，组织各种所谓的请愿联合会，从而"名正言顺"地恢复帝制。②

反过来，如果主动方采取竞争策略，要阻挠或破坏对方行动，则会削弱或破坏对方的资源，以促其失败。比如袁世凯在当选为正式大总统后，就以颠覆

---

① 朱汉国，杨群．中华民国史（第 1 册）［M］．成都：四川人民出版社，2006：42-43.

② 朱汉国，杨群．中华民国史（第 1 册）［M］．成都：四川人民出版社，2006：37-55.

政府为由将国民党解散并将其议员全部开除。国会因为国民党议员的缺失而达不到法定人数，无法正常运作，随后袁世凯也将其解散和关闭了事。现在对反对派人士来说，先前已因二次革命而失去了地方都督职位，现在又失去了政党组织、国会议员职位乃至国会阵地，合法资源尽失，也就很难在体制内有效地反对袁世凯，而袁世凯在消灭了最大的竞争对手之后，也得以成功地复辟帝制。

（3）针对对方环境的竞争与合作策略。对任何人来说，外在的环境条件（不管是自然的还是社会的）要么是有利的助力，要么是不利的阻力，所以如果主动方采取合作策略，试图支持或帮助对方以助其成功，那么就一定会设法维持或加强对方的外在助力，同时排除或削弱外在阻力。反过来，如果主动方采取竞争策略，试图阻挠或破坏对方以促其失败，那么就一定会设法给对方设置或增加外在阻力，同时消除或削弱外在助力。

这当中，虽然一般而言，外在的自然环境是不容易受人为操纵或改变的，但主动方还是可以实施局部控制或利用某些自然条件，从而将对方置于有利或不利的自然环境当中。当然，这种策略主要出现在战争等特别依赖自然条件的博弈当中，而对不怎么依赖自然条件的政体构建博弈①来说就没有什么用处，相对来说比较少见。

但是政体构建博弈永远摆脱不了外在的社会环境，社会环境就是博弈双方以外的其他人，而这在很多时候是可以人为操控的（尽管范围和程度不同）。比如主动方可能会去人为制造或散播对对方有利或不利的社会舆论，包括发表颂扬的意见（"吹喇叭，抬轿子"）或者进行抹黑（"污名化"），或者在社会各界人士中发起和组织后援团或反对团体，以帮助对方成功或者促使其失败。正如那些一心推动袁世凯复辟帝制的人，不但制造国内外都支持复辟帝制的舆论，还组织了一大批所谓的公民请愿团劝进，这就是试图制造有利于袁世凯复辟帝制的社会环境，形成助力。

不管主动方为影响对方实施策略（实际行动），采取的是合作（支持帮助）策略还是竞争（阻挠破坏）策略，一旦他实施这些策略，被动方就一定会知道，并且还会根据对对方意图及其善恶的判断以及进而做出的利害判断，来决定自己的态度和应对策略。

对于主动方提供的支持帮助，如果被动方认为是善意的，对自己是有利的，

---

① 当然这也不是绝对的，有时候时间、空间甚至气候对政体构建博弈来说也很重要，比如在天寒地冻的时节进行选举，就会对选举结果产生很大的影响。

那么他就会予以接受，而且更加坚定决心和信心，继续实施既定策略，这时主动方的策略 IS-E 就可以说取得了成功（当然最终的成功取决于对方实施策略实现了目标）。比如对于那些吹捧他的社会舆论和请愿团的劝进，袁世凯就欣然接受，从而在复辟帝制的道路上狂奔不止，最后袁世凯成功复辟帝制，这对他的那些支持者来说，就算是完全成功了。

对大多数人来说，或者说在大多数时候，人们都会认为别人给予支持帮助是善意的，因此一般都会接受。但也有例外。一旦被动方怀疑对方的意图，认为对方居心不良，是要陷害自己（俗称"挖坑设套"），那么他就不会接受在能力和资源方面的"支持帮助"，对于社会环境方面的"支持帮助"，比如吹捧自己的社会舆论，则会设法去消除或削弱，进而停止实施既定策略或者改变策略（以免落入圈套）。这就是"你想让我干，我偏不干"，因为我怀疑你居心不良。当然被动方的怀疑和判断也可能是错误的（俗称"好心当成驴肝肺"），但不管如何，只要被动方如此应对，那么主动方的策略 IS-E 就算是失败。

而对于主动方实施的阻挠破坏，一般来说被动方都会认为是恶意的，对自己是有害的，所以会设法（消极地）保护自己和拥有的资源以及维护友好的社会环境，甚至可能会反过来（积极地）去阻挠破坏对方实施阻挠破坏的策略，以排除对方的干扰，继续实施既定策略。这就是"你不想让我干，我偏要干"，因为我还是认为你居心不良。在此情况下，我们不能说主动方的策略 IS-E 就一定失败了，还要看被动方的保护和反击是否成功，如果没有成功，那么主动方的阻挠破坏就取得成功，而对方的行动则必定归于失败。比如袁世凯称帝后，倒袁派很快组织起护国军，要求袁世凯退位，取消帝制。袁世凯当然不会坐以待毙，他号令军队迎敌，并且试图分化瓦解对手。然而护国军在战场上接连取胜，并且改变了原先对袁世凯有利的国际环境——外国列强纷纷对其表示不满，还加深了北洋军阀内部的分化。在内外交困之下，袁世凯无法继续维持帝制，最终只得宣布退位和取消帝制。①

在某些特殊的情况下，对于主动方实施的阻挠破坏，被动方也有可能会认为是善意的，比如认为对方是为了阻止自己采取对自己有害的错误行动，从而对自己是有利的，那么他就不会反对对方的阻挠破坏，而是主动停止实施既定策略——不再采取相应的行动。在此情况下，主动方的策略 IS-E 立即就获得了成功。

---

① 朱汉国，杨群．中华民国史（第 1 册）［M］．成都：四川人民出版社，2006：59-62.

对主动方来说，被动方的上述种种反应和应对显然是不确定的，因为他不清楚对方到底会作何判断。所以通常来说，主动方都是按常理"出牌"，比如想要对方实施什么策略（采取什么行动），就予以支持帮助，反之则加以阻挠破坏，因为主动方按常理判断，人们一般会认为支持帮助是善意的而阻挠破坏是恶意的。

但有时候主动方会反其道而行之，采取更为高超的策略。比如主动方不想对方实施什么策略（采取什么行动），但不采取竞争策略，对对方进行阻挠破坏，而是对对方施以援手，但又让对方怀疑自己居心不良，从而拒绝接受帮助，进而自动停止既定策略或者改变策略。结果主动方以一种曲折的方式取得了成功，而被动方本想避免落入圈套，结果却落入了更大的圈套。同理，主动方想要对方实施什么策略（采取什么行动），但不采取合作策略，给予对方支持帮助，而是进行阻挠破坏，故意让对方认为自己是恶意的，从而使对方更加坚定地继续实施既定策略。①

四、政体构建的阶段博弈模型

既然政体构建是一种多阶段的动态博弈，那么除了建立一般博弈模型外，还必须建立阶段博弈模型才能揭示其全貌，才有助于完整解释政体构建的结果。

（一）政体构建过程的始末

首先我们有必要界定一下政体构建过程的开端、结束和延续，以便划定阶段博弈的考察范围。

如前所述，政体构建发端于倡议者的出现，这很容易理解和把握，至于如何识别其结束，这分为两种情况来看：在成功构建起政体的情况下，这自然意味着政体构建结束；但即使没有成功构建起政体，政体构建也有可能结束，而这又包括下述两种情况。

一是政体构建的全部环节，包括最后实施政体方案的环节都进行过了，但正是在最后一个环节，由于种种原因没能成功构建起政体，从而宣告政体构建结束。例如清廷早在 1906 年就决定预备仿行宪政，并于 1908 年公布了宪法大纲，以九年为预备期。此后立宪党人不断发起请愿运动，要求早开国会、组建责任内阁、建立立宪君主制。在此形势下，清廷先是将预备期缩短为六年，后

---

① 如此看来，博弈不但复杂，更是奥妙。对此，除了能动博弈模型，形式博弈论的被动博弈模型不可能把握得了。

于 1911 年 5 月 8 日公布了内阁成员名单。就在清廷立宪看似即将成功的时刻，当时的一些满族权贵（他们后来建立了宗社党）认为实行立宪君主制有损于他们的既得利益，对立宪党人颇为不满，所以他们把组建内阁看成维护自身利益的最后机会，这就导致在由 13 人组成的内阁中，满族蒙古族和皇族的成员占据了 9 人，时人称之为"皇族内阁"。满族权贵的这一举动导致立宪党人对清廷彻底绝望，转而支持革命党人。10 月 10 日武昌起义爆发后，清廷仓促改组内阁，决定实行宪政，令资政院制定宪法，试图挽回局面，但为时已晚，最终皇帝被迫退位，清朝至死也没能建立起立宪君主政体，清末的立宪运动也就以失败而告终。

二是政体构建发生了中断且无法再继续进行下去，也就是只进行了一个或几个环节，甚至只差最后一个环节，便无法进行下去，从而宣告结束。1793 年制定和通过的法兰西第一共和国宪法，就因为国内外的特殊形势而暂停实施，此后随着雅各宾派垮台，这部宪法再也没有实施过，所以实际上是在宪法通过后就结束了。一定要注意的是，这里必须是发生了中断且无法再继续进行下去，后来也没有恢复进行，才算是结束。有时候虽然中断了，但后来又恢复进行，那就不算是结束。比如 1932 年国民党决议，拟于 1935 年召开国民大会，制定宪法，实行宪政。随后立法院组织了宪法起草委员会，制定并通过了宪法草案，由国民政府于 1936 年 5 月 5 日正式宣布。国民党又决定于 1936 年 11 月 12 日召开国民大会，为此立法院制定了国民大会组织法和国民大会代表选举法并交由国民政府公布。本来选举法已于 1936 年 7 月 1 日施行，但由于日本侵华战争形势紧张而中断，国民大会召集日期被迫延后。[①] 直到 1945 年抗战结束后，制宪进程才得以恢复，包括召开国民大会、制定宪法和组建政府。

在政体构建的开端和结束之间，当然就是延续的过程。从上述情况来看，这个过程有长有短，有完整和不完整之别。

（二）各阶段的政体构建博弈

我们已知政体构建过程大概包括提出倡议、召集会议、设计方案、商议方案、选择方案、批准方案、实施方案等环节，其实每个环节就是政体构建的一个阶段，因为每个环节的参与者相对固定且其具体主题是固定的，而不同环节的参与者尤其是主题会发生变化。现在我们就据此来考察政体构建博弈的阶段形式。

---

① 王世杰，钱端升. 比较宪法 ［M］. 北京：商务印书馆，1999：473-481.

在提出倡议的阶段，发生的博弈围绕是否同意构建政体而进行，其参与者就是倡议者和倡议指向的对象，而后者又可分成响应者、观望者和漠然者三种人。其中响应者又包括支持者和反对者，他们显然是认为政体构建跟自己有利害关系的人；观望者由于还不能明确政体构建跟自己有无利害关系，因而态度模糊，表现犹豫；漠然者则明确认为政体构建跟自己没有利害关系，所以表现出事不关己、无动于衷的态度。由于观望者和漠然者并无回应表现，所以倡议阶段的博弈实际上是在倡议者和响应者之间发生的。

在召集会议的阶段，发生的博弈围绕如何决定参会人员以及如何组织会议而进行，其参与者是包括倡议者在内的一切参会人员。实际上这个阶段发生了两场博弈：一是倡议者及其支持者之间为决定参会人员而进行的博弈，二是与会人员为决定会议的组织事宜而发生的博弈。

在设计方案的阶段，发生的博弈围绕如何决定政体设计者和如何设计政体方案而进行。这个阶段也存在两场博弈：一是与会人员为决定由谁来负责设计政体方案而进行的博弈，二是政体设计者与其他影响者（不管是与会人员还是会议外人士）之间就如何设计政体方案而进行的博弈。

在商议和选择方案的阶段，发生的博弈围绕选择什么样的政体方案而进行。如果会议是封闭秘密进行的，那么参与者就局限于与会人员；但如果会议是对外开放的，那么除了与会人员，会议外人士往往也会参与其中——他们就是试图影响与会者做出决定的人。

在批准方案的阶段，发生的博弈围绕是否批准被选定的政体方案而进行。如果是将政体方案交付全民公决或者特定会议来表决，那么所有有资格并参与批准政体方案的人都是参与者，这些人当然也就分成赞成者、反对者和不决者三种，因此实际上就是在赞成者和反对者之间进行博弈。如果是在如钦定宪法的情况下，政体方案由国君选择和批准，那么博弈其实是在作为批准者的国君和作为影响者的支持者和反对者之间进行的，其中，不管是支持者还是反对者，他们都试图去影响作为批准者的国君，这也就导致他们之间也必然进行博弈。

在实施方案的阶段，发生的博弈围绕公职的分配而进行。如果是竞选，那么其参与者就是一切竞逐公职的人和选民。在这里，不仅竞选者之间会发生博弈，选民和竞选者之间也发生博弈。如果是任命，那么参与者就是任命者和试图获得任命的人。同样，这里不仅任命者和职位追求者之间会发生博弈，职位追求者之间也会进行博弈。

这里粗略地勾勒出政体构建的多个阶段博弈形式，并不意味着在每个阶段只发生了一场或者一次博弈（有时人们也用一局博弈来指称一场或一次博弈），实际情形通常是复杂的。在这里，一场博弈和一次博弈不是一个意思。一场博弈是根据其参与者和具体主题来确定的，如果参与者更换了，或者具体主题变换了，那么就是另外一场博弈。而一次博弈是根据博弈的次数来确定的，其参与者和具体主题都不变，这样的博弈一旦结束就算进行了一次，如果再进行一次，那就是重复博弈①。在现实中，政体构建的每个阶段通常都会发生多场或多次博弈，就像在1787年的美国制宪会议上，与会者就经常围绕某项政体设计方案反复进行讨论。因此要真正掌握每个阶段的博弈是什么情况，那么就必须搞清楚这些具体场次的博弈——当然是按照前述的能动博弈模型，否则政体构建的阶段博弈模型就是空洞的。

第三节　解释政体构建的结果

我们建立政体构建的博弈模型，目的是解释政体构建的结果。但政体构建的结果是多样的，这取决于从什么角度来看，比如从时间的角度来看，至少包含各阶段的具体结果和全部阶段结束后的最终结果，那么我们需要解释所有这些结果吗？不需要，因为我们有自己的理论问题设定。前面我们说到，政体构建理论所要解决的核心问题，是解释为什么政体构建有成功也有失败，而在成功的情况下，为什么构建起来的政体是其呈现的那种形态，所以我们在此要解释的就仅限于这两种结果。

一、政体构建何以成功或失败

如果从最终结果来看，政体构建有成功的也有失败的（当然是从那些希望构建政体的倡议者的角度来说的）：前者意味着一国最终建立起某种得以实际运

①　重复博弈是就博弈的参与者及其具体主题不变而言的，而不意味着真的存在各方面都完全一样的博弈重复进行，事实上每次进行的博弈都会发生一些变化——哪怕是很小的变化，比如博弈者的得失和策略，不可能是完全相同的。而且从现实性的角度来说，重复博弈一定是次数有限的，而不可能无限地重复进行。因为每个人的生命都是有限的，而且任何人采取行动都是要付出代价的，重复次数越多，代价也就越高，所以不可能会有人没完没了地重复博弈，甚至次数较多的重复博弈都不大可能出现。但数学化的形式博弈论却可以置现实于不顾，居然去探讨什么无限次重复博弈，所以这种博弈论也就只能是远离现实的数学游戏，根本描述和解释不了经验现实。

作的政体（不管是什么样的政体），后者则意味着相反的结果。为什么会产生不同的结果，这个问题值得解释，因为政体研究的最终目的是寻求优良政体，为此就要搞清楚如何才有可能成功构建起政体，否则全部努力都是徒劳。

我们知道政体构建是一个多阶段的连续的动态博弈过程，各阶段博弈都不可或缺，都对最终结果发挥了作用，是这些阶段博弈连续作用才造成了最终的结果，同时各阶段博弈也不是空洞的，而是由一些具体场次的博弈组成的，所以我们要解释政体构建的最终成败，那么就要首先解释各阶段博弈中具体场次的博弈何以成功或失败，然后再把各阶段博弈的连续作用考虑进来。

（一）政体构建各阶段的具体场次博弈何以成功或失败

在解释具体场次博弈的成败之前，我们首先需要界定一下，对一场或一次博弈的结果（结局）而言，何谓成败。

过去数学化的形式博弈论，因为原本来源于对赌博或棋盘游戏的研究，深受其影响，所以创造了"输赢（win/lose）""零和博弈（zero-sum game）"和"非零和博弈（non-zero-sum game）"等概念，试图以此来描述和把握博弈的结局。但其实这并不总是适用的，也未必都是有意义的。我们知道，任何人开展任何行动，自然是既有收获也有付出（这就是"得失"的概念），但这些只有对每个人自己来说才是有意义的，而没法在不同人之间进行比较，更没法进行相互计算。而"输赢"等概念，却意味着可以找到某种不因人而异的统一依据和标准（比如金钱），由此可以在不同人的收益与成本之间进行横向比较和计算。但是这种情况并不是普遍的，有太多的博弈结局都是不可计算的，即使计算也没有意义，所以用"输赢"等概念来描述和把握博弈结局就不总是合适的。并不是什么博弈结局都可以谈论输赢，也不是什么博弈结局都可以看成零和或非零和的。

实际上描述和把握博弈结局有一个更好的方式，那就是根据博弈者的目标实现情况来看他们的成败。因为所有人，无论开展什么行动，包括参加博弈，都是为了达到一定的目的，实现一定的目标，也就是希望取得成功——实现目标和达到目的就是成功。就此而言，博弈的结局无非就是三种情况：所有人都成功了（如果按照过去的说法，这就叫作共赢局），所有人都没有成功（共输局），有人成功而有人失败了（输赢局）。

这里所说的成败，显然都是相对具体的博弈者而言的。所以当我们说一场或一次博弈是成功还是失败时，那要看是相对谁来说的。

现在的问题是，在具体场次的博弈中，不管对哪一方博弈者来说，为什么会出现成功或失败的结局。

我们已经知道，博弈就是双方博弈者针对对方制定、选择和实施策略的过程，一切因素，说到底都是通过博弈者制定、选择和实施其策略而发挥作用从而产生结果的，因此博弈结局的成败就取决于这些策略是否取得成功——是否实现了相应的目标。

根据能动博弈模型，我们知道主动方有五种策略可以采取，这些策略可以单独使用，也可以组合使用，还可以全部使用。如果主动方采取了上述全部策略并且全都取得了成功，也就是全面而有效地影响到了对方的行动意向、行动目标以及策略制定、选择和实施的过程，那么这时被动方看起来就像是木偶（傀儡）一样受到了对方的操纵，完全按照主动方的意志来行动。但现实中这几乎是不可能的，因为人都具有能动性，要操纵一个人极为困难。现实中更常见的情形是，即使主动方全面实施了上述策略也未必成功，反而是结果难料，具有多种可能性（看看前述的被动方的各种反应和应对之策）。不仅参与者难料，旁观者也难料，更不是形式博弈论者以为通过数学计算就能预料得到的。在现实中，可以说任何博弈者都不敢保证他的某个策略一定能够成功，更不要说所有策略都成功。①

虽然博弈者的策略既可能成功也可能失败，难以预料，但我们看到的确有人取得了成功，这又是为什么呢？根据前述的能动博弈模型来分析和总结，我们可以将其概括为四个原因。但必须说明的是，这些因素的形成和作用的发挥都是有前提条件的，而这些条件并非人人都具备，所以不是谁都能取得成功。

（1）机巧，也就是博弈者采取了高超的策略，令对方做出自己想要的行动选择。这也是博弈者具有主观能动性的充分体现，证明人不是形式博弈论所假定的"囚徒"。比如（见策略 IS-C），主动方将对方所有可能的策略选项都考虑到，然后将其他策略选择全部堵死，也就是让对方认为这些策略是无效的、不可行的、不可取的或者不正当的，从而只余一种策略即主动方所希望的那一种策略可以选择。又如（见策略 IS-E），因为所有人都是首先判断对方的意图以及跟自己的利害关系，然后来决定应对之策的，这就使得主动方有可能反其道而行之，通过掩盖自己的真实意图和暴露虚假的意图，来误导对方的判断，从

---

① 不过话说回来，尽管博弈者的策略既有可能成功，也有可能失败，具有偶然性，但人们还是必须参与博弈，否则就永无成功的可能。一句话，参与博弈不一定能成功，但不参与博弈一定不能成功。

而使对方停止实施或者继续实施既定策略。

至于说博弈者能否制定出高超的策略，显然这要看他自身的知识和能力如何，包括他是否充分了解自己、资源、对方和环境，有没有将这些情况综合起来制定出巧妙的策略的能力。而这里所说的高超策略，是因情况而异而不是普遍成立的。此种情境下是高超的策略，换个情境可能就不再高超了。项羽采取"破釜沉舟"的策略可以成功地激发士兵的斗志，大获全胜，而马谡机械地套用该策略却导致军心大乱，不战自溃，说的就是这个道理。

（2）实力，也就是博弈者拥有相应的能力和足够的资源，能够强力实施己方的策略并取得成功。事实上，再高超的策略，如果缺乏能力和资源的支持，那也没法实施，从而沦为空谈。像前述的策略 IS-W，如果缺乏兑现利诱或威胁承诺的实力，那就是空谈。其他各种策略，如支持帮助或者阻挠破坏对方实施策略的策略 IS-E，也需要实力的支撑——只是大小多少不同而已。

1913 年在镇压了二次革命后，袁世凯决意先选举正式大总统而后制定宪法，国会迫于其压力，最终同意并制定了总统选举法。然而在国会选举总统的时候，袁世凯担心自己不能当选，就指示首都警察厅和其他地方机关发动便衣军警、地痞流氓等各色人物，拼凑了一个所谓的公民请愿团，将国会层层包围起来，只许议员进去而不许出来，声称不选出最具声望的总统就不解围。一开始议员对此十分不满，故意分散选票，导致前两轮均未选出总统。但拖到后面，议员忍饥挨饿，部分议员无法坚持，所以在晚上十点进行第三轮投票后，袁世凯终于达到选举法所规定的票数而当选为正式大总统。① 很明显大多数议员都是被迫选举袁世凯的，而他们之所以这样做，当然是因为袁掌握着雄厚的资源——人员和金钱，能够实施这种强迫手段。

但显然不是谁都有实力，或者有比对方更强大的实力。而且实力的作用也是因人而异的，而非普遍奏效。比如尽管遭到威逼胁迫，但还是有部分议员始终没有投票给袁世凯。

（3）运气，也就是博弈者遇到了有利的外部环境，从而策略得以成功实施。同样，再高超的策略，如果缺乏有利环境的支持，也难以成功实施，反而极易招致失败。

我们对比早期和晚期的维新派，可以发现他们都采取说理策略，试图影响清廷统治者，使之产生想要改变政体的念头。但从结果来看，早期维新派显然

---

① 朱汉国，杨群. 中华民国史（第 1 册）[M]. 成都：四川人民出版社，2006：46.

是失败的，因为他们著书立说，呼吁了二十来年，然而清廷统治者依旧我行我素，无动于衷。而晚期维新派却取得了成功，他们打动了一批高官，特别是打动了光绪皇帝，促使其决心维新变法。虽然和早期维新派相比，晚期维新派采取的策略的确有一些变化，更加多元化，除了著书立说，还上书皇帝、办报、组织社团、发起运动，但是他们之所以能够打动一批高官特别是光绪帝，并不是因为这些策略更加高明，而是因为遇上了好时机。事实上，1894 年甲午战争中北洋水师战败，深深地震撼了清廷官员和光绪帝，所以这时康有为才能成功上书光绪帝并深得其赞赏。与此类似，庚子之乱后便有立宪派提出要立宪，但清廷对此不理不睬。等到 1904 年日俄战争爆发、日本取胜以及 1905 年俄国革命爆发以后，清廷统治者坐不住了，于是开始考虑立宪派的呼吁，派遣大臣出国考察，并在 1906 年下诏决定预备仿行立宪。

所以博弈者的策略能否获得成功，还要看是否有运气。而运气或时机，其实就是有利的外在环境条件。然而运气通常是可遇不可求的，只是在一些特殊情况下或者在一定范围内。博弈者也可能通过人为操作而制造出时机来——此即所谓的造势。但要造势，就要花费大量的资源，而这也不是任何人都具备的。

（4）试错，也就是博弈者通过多次尝试而最终取得成功（但不是说多次尝试就一定能够成功）。如果说运气不常有，这通常是一种偶然性，超出了人的控制范围，那么做出多次尝试还是人们可以掌控的。大多数人懂得这个道理，所以才有"失败乃成功之母"这条谚语。在博弈的情境下，多次尝试就意味着重复博弈，直至取得成功或部分成功。比如立宪派发起国会请愿运动，要求速开国会，但前两次清廷都直接予以拒绝，到第三次请愿的时候，清廷终于下诏将召开国会的预备时间缩短至三年。

但试错是有条件的：一方面博弈双方依旧存在，这样才有可能进行重复博弈（多次尝试）；另一方面博弈者必须具备足够的资源，承担得起代价，因为试错产生的代价将逐渐累积增加。

（二）政体构建各阶段博弈导致最终结果的连续作用机制

对政体构建这种多阶段动态博弈来说，不管是所有阶段都进行过了，还是中间发生了断裂从而无法进行后续阶段，都意味着整个政体构建过程结束。一旦政体构建过程结束，其最终结果也随之而出现，概言之包括两种情况：（1）成功地构建起了某种政体。（2）没能构建起任何政体，而这又包含两种情况：一是前面任何一个阶段失败了，无法进入下一个阶段，从而宣告整个政体构建失败；二是前面所有阶段都成功了，但最后一个阶段失败了，结果还是全部失败。

由此可见，无论政体构建的最终结果是成功还是失败，都跟各阶段的成败密不可分。这就是说，如果政体构建最终获得了成功，那么每个阶段一定都是成功的；反之，无论哪个阶段失败（包括中断缺失的情况），都会导致最终失败的结果。所以政体构建的最终结果并不是仅由最后那个阶段造成的，也不是各阶段博弈结果的加总或叠加，而是由各阶段博弈连续的共同作用造成的。

那么政体构建的各阶段博弈是如何连续作用从而导致最终结果的呢？或者说，前阶段博弈的结果到底是如何影响到后阶段博弈的？这就需要我们搞清楚各阶段博弈前后衔接的连续作用机制。概言之，这种前后衔接的连续作用机制有两个，可分别称作利益传递机制和知识传递机制。

利益传递机制指的是，前阶段博弈的结局形成后阶段博弈参与者的处境，从而影响着他们的利害判断和接下来的行动决定。对于上阶段博弈的结局，不同人当然会做出不同的利害判断：（1）对上阶段的博弈者（局中人）来说，如果他在博弈结束时实现了目标，达到了目的，那么他当然会对这一结局感到满意，认为对自己是有利的，反之则不会满意，认为当前局面对他是不利的。（2）对那些并未参与上阶段博弈的局外人来说，上阶段博弈的结局也有可能会对他们造成某些影响——这可以称作博弈的溢出效应，为此他们也会对现有局面做出一定的利害判断。

正是基于对上阶段博弈结局所做出的利害判断，不同人会做出不同的行动决定，从而形成下阶段博弈的基本组成和结构。因为：（1）那些对上阶段博弈结局表示满意的局中人，为了维护现在的有利局面，会继续参加下阶段乃至所有后续阶段的博弈；（2）而那些不满意上阶段博弈结局的局中人，如果想要扭转不利的局面并且承担得起代价，那么就会继续参与下阶段乃至所有后续阶段的博弈，但如果他们认为继续参与博弈会造成更大的损失，那么就会选择退出；（3）那些原本并未参加上阶段博弈的局外人，现在则因为新局面跟自己发生了利害关系，所以一定会参加下阶段的博弈。

比如说在1787年的美国制宪过程中，那些不满意甚至反对费城会议制定的宪法的人士，也就是被宪法支持者称作"反联邦主义者"或"反联邦党人"的人，认为宪法中潜伏着精英主义和暴政的危险，因而他们不管是否参加过费城会议，都积极参加批准宪法的阶段博弈，反对批准宪法，或者是提出修改意见以作为同意批准宪法的交换条件。而宪法的支持者自称"联邦主义者"或"联邦党人"，对费城会议制定的宪法是满意的或基本满意的，希望能够得到各州批准，所以不管之前是否参加了费城会议，也都参加了批准宪法的阶段博弈。为此他们奔走呼号，积极撰文，指出美国正处于危机之中，而要解决现有问题，就要批准宪法，改变美国的政体。

知识传递机制指的是，人皆有向历史学习和总结经验教训的能力，这也是人们学习知识的一个重要途径，所以前阶段博弈所显示的各种策略的效果，就会为后来的博弈参与者所反思、借鉴、模仿或学习，成为他们制定新策略的知识依据。正因如此，各阶段博弈（甚至是与此无关的其他博弈）才有可能出现某些策略和结果雷同的现象，从而形成恶性或良性的循环。①

比如，如果前阶段有人采取过政变②的策略并取得了成功，那么在后续阶段，这一策略就很有可能会被仿效。法国在第一共和国时期，自1793年雅各宾派逮捕国民公会中的吉伦特派领袖，政变就成了家常便饭：1794年热月党人发动政变，逮捕了雅各宾派领袖并将其送上断头台；1797年执政官巴拉斯等人联系拿破仑军方势力发动果月政变，驱逐了议会中新当选的王党分子（其中不少人都被流放到法国的海外殖民地）；1799年执政官西耶斯等人再度联合拿破仑发动雾月政变，驱逐了其他执政官，控制了议会；1802年拿破仑为制服议会中的反对派，撤回所有提交给议会各院的法案，使之处于"法律禁食"状态，然后以此为由宣布议会任期结束，需要改选议员，借机将议会中批评和反对他的自由派议员清洗掉，而以支持他的文武官员替代之，实际上这也是一次政变。

又如，袁世凯自从最初制造骚乱、拒不赴南京上任，并因此获得了成功、尝到了甜头，他就屡次采取这种策略并屡屡得逞，比如发动军警势力威胁参议院同意任命陆徵祥为内阁总理，发动所谓的公民请愿团威胁国会议员选举其为正式大总统，发动所谓的公民请愿团制造支持复辟帝制的舆论和形势。

再如，如果前阶段博弈双方都采取说理和交易的策略，从而达成退让和妥

---

① 新制度主义者所谓的"路径依赖（path-dependence）"现象（［美］道格拉斯·C.诺思. 制度、制度变迁与经济绩效［M］. 杭行，译. 上海：格致出版社，2008：136），可能就包含这个意思。但"路径依赖"这个词实在是太神秘了，难免让人产生一种冥冥中被注定了的感觉。然而事实并非如此。是不是会产生这种现象，这要看人们究竟是如何总结历史经验教训、如何向历史学习知识的。

② 政变指的是不按政体设计的制度途径而阻止合法的任职者上任、使在任的合法任职者下台或者将现任的合法任职者控制起来使之不能履职。政变的对象是政府中位高权重的人，而且并不一定仅限于某一人。发动政变的通常是政府中人，但也可能是里外结合。政变的目标仅限于人事变动或控制，而不涉及政体的制度形式，否则就是革命了。这里所说的"合法"是相对具体国家的政体设计而言的，而没有普遍通行的标准。就此而言，政变肯定是不合法的。但政变并不意味着一定要使用军事暴力手段——尽管大多时候是如此。

协，那么后续阶段也有可能继续如此，美国制宪过程就是典型的案例。如果我们拉长时段来看，那么英国自"光荣革命"以后的政体构建也是如此，多次通过博弈双方的交易妥协而以和平改良的方式实现政体革新，这就跟法国屡次用革命、政变的对立冲突方式来改换政体形成鲜明的反差。

二、成功构建的政体何以如此

在成功构建起政体的情况下，各国的政体往往呈现出不同的形态，这是如何造成的？解释这个问题也有其重要意义。因为政体研究不仅追求成功构建起政体，还追求构建优良的政体，而不是随便什么政体都行。因此，如果我们知道各种不同形态的政体是如何造成的，那么也就有可能知道如何构建起优良的政体。

从前述的政体构建过程来看，一国最终构建起来的政体何以是其呈现的形态，显然首先取决于政体方案是如何设计的。因为一切政体都是人为构建起来的，而构建的起点就是设计政体方案，所以政体设计者设计的政体方案，也就直接奠定了最终出现的政体形态的基础。

至于说政体设计者具体会如何设计政体方案，这是因人而异的。首先政体设计者的来源就是多样化的，其中既有政治学者（包括我们耳熟能详的政治思想家），也有政治实践家，还有一些人兼具两种身份。比如在古希腊城邦时代，柏拉图就去过叙拉古城邦并试图为其设计政体。此后其他城邦也曾邀请他设计政体，只不过在经历了叙拉古的失败之后，他都没有答应。① 在亚里士多德的《政治学》《雅典政制》等书中，则记载了那个时代和地方一些政体设计者的事迹。近代以来，洛克曾受邀为英国人在北美建立的卡罗来纳殖民地设计政体，起草了宪法。卢梭曾应邀为科西嘉和波兰设计政体，这体现在其所著的《科西嘉宪政规划》（1765 年）和《关于波兰政体的思考》（1770—1771 年）等书中。② 法国大革命以后，一些著名的政治思想家和实践家都曾参与过政体设计，比如拉法耶特、孔多塞、罗伯斯庇尔、西耶斯、拿破仑、贡斯当、托克维尔等。这方面的例子不胜枚举。可以说，只要在政体构建过程中提出过政体方案，哪

---

① 参见 ［美］保罗·埃尔默·摩尔. 柏拉图十讲 ［M］. 苏隆，编译. 北京：中国言实出版社，2003.

② 参见 ［比］雷蒙·特鲁松. 卢梭传 ［M］. 李平沤，何三雅，译. 北京：商务印书馆，1998；［法］卢梭. 政治制度论 ［M］. 刘小枫，编，崇明，等译. 北京：华夏出版社，2013.

怕是不完整、不全面的点滴方案，这些人也可以被称为政体设计者，只不过人们更加关注的是那些有系统思想的、提出了整套方案的人。

而这些形形色色的政体设计者，其利益诉求、价值观、智力水平、知识阅历等千差万别，所以他们设计出来的政体方案自然也就多种多样。首先他们的利益诉求和价值观直接决定着他们的目的追求，而这将直接影响到他们如何设计政体方案。我们知道，不管是谁设计政体方案，都是为了让所设计的政体去承担某些职责（目标任务），至于具体是什么职责，这就要看政体设计者自身追求什么。而政体设计者试图让政体承担什么职责，这又直接影响到他如何设计政体方案，显然被赋予的职责不同，那么所设计的政体方案也就不可能一样。比如，为什么传统国家的政体往往是集权专制型的，而近现代以来却出现了分权限权型的政体，这两种政体方案的差异，首先就源于政体设计者的目的追求不同——赋予政体的职责不同：前者从统治者的立场出发，是为了把政体当成政治统治机器，以役使民众为自己服务，这方面我们可以看看中国古代法家的思想；而后者从民众的立场出发，是要限制甚至驾驭统治者①，确保其为公众服务或者至少不对公众造成威胁和损害，这方面我们可以看看如洛克等人的有限政府思想。由此我们可以说，尽管政体设计者具有良善的目的追求却未必能够设计出良好的政体方案，但是反过来，如果政体设计者本身的目的追求就是恶的、坏的，那么他一定设计不出良好的政体方案。

其次，政体设计者自身的智力水平和知识阅历，直接决定着他们如何设计政体方案。从政体设计者的角度来看，政体方案就是用以实现其目的追求的手段，至于说到底应该采取什么样的手段（制订什么样的政体方案）才能达到目的（让相应的政体履行被赋予的职责），这当然会因各人的智力水平和凭借的知识经验不同而有所差别。比如注重历史经验的人，所设计的政体方案就一定会带有明显的历史模仿特征；对人性持乐观看法的人，比如中国古代的儒家，就不会注重政体的约束机制设计；而把政府看成"必要的恶"的人，就会注重约束政府公职人员的行为。

正是这两方面因素共同作用，最终导致不同的政体设计者设计出不同的政体方案。例如在中国古代，法家堪称一批智力水平比较高的人物，然而他们是非道德主义者，至少可以说是道德水准十分低下，其用心和追求十分卑鄙、阴

---

① 参见［美］斯科特·戈登. 控制国家：从古代雅典到今天的宪政史［M］. 应奇，等译. 南京：江苏人民出版社，2005.

暗、冷酷和残忍，所以由这样一批人物设计出君主高度专权、官僚俯首听命和民众备受压榨的政体，就一点也不让人觉得奇怪了。但人类历史上终究还是有一些道德高尚且智力非凡的政体设计者，他们不但赋予政体公共治理的职责，还试图设计出合适的政体来承担和履行这样的职责。除了这两类堪称善恶分明的人，还有第三种政体设计者，他们口头宣扬高尚的道德价值，也宣称让政体承担公共治理的职责，然而其设计的政体方案却与这种职责背道而驰，根本就不可能达到宣称的目的，其实这些人是想通过这种虚表实内的手法来达到某些不可告人的目的。

我们说一国最终构建起来的政体之所以是其呈现出来的形态，这首先取决于政体方案是如何设计的，但不是说，仅仅依靠政体方案的设计就足以把这个问题解释清楚。因为政体方案设计只是政体构建过程的一个环节，后面还要经历选择、批准和实施的环节，所以除非在非常特殊的情况下，比如口含天宪的中国古代皇帝亲自制定、决定、批准和实施政体方案，否则政体设计者并不能直接决定其设计的政体方案的命运，所有的政体方案都要经过选择和批准才能付诸实施，而这些环节充满了博弈，致使政体方案有可能会被修改、舍弃或选中。无论如何，只有经过选择和批准的政体方案，才是最终付诸实施的政体方案，并成为最终出现的政体形态的底本。

但是交付实施的政体方案还不等于最终出现的政体形态。我们知道政体形态兼具形式和实体的两面性，被交付实施的政体方案只能说是政体的形式，至于其实体，则要看实施的结果如何。因为实施政体方案，就是根据政体方案的安排去填充人员，从而使头脑中的政体方案变成可以运作的组织实体。而实施政体方案也是一个博弈的过程，那些竞逐公职的人之间，以及他们与有任命或选举权的人之间，都将进行博弈。这就完全有可能导致，按照政体方案，本不符合要求的人却担任了政体的职位，甚至这些任职者反过来还去改变政体方案所设定的某些职责和职权，从而使得最终建立的政体跟政体方案的设计不尽匹配，而这种情况在任何时代和地方都是难以避免的，只是程度有所不同而已。总之，实际出现的政体形态是随着政体方案的实施而最终形成的。

第五章

政体形态理论

政体形态理论所要解决的问题，是找到一种理论工具去确切地把握和深刻地理解各种政体的组成和结构，而后我们才可能有效地解释政体的运作状况。虽然基于法条和观察而简单地进行描述和分类，也能让我们在一定程度上把握和理解各种形态的政体，但这是零散而肤浅的，让我们很难理解其内在的逻辑，从而难以解释其运作状况。正因如此，对于政体形态的考察，我们需要从简单的描述和分类，上升到更为一般的理论层次，从而形成政体形态理论。

我们找到的用来理解和把握各种政体形态的理论工具，就是基于集体行动的组织法则的政体设计原理。因为不管政体最终是如何形成的，它终究是人为构建的产物，特别是作为其底本的政体方案，更明显是人为设计的，所以要把握各种政体形态的内在逻辑，关键就在于把握政体设计的基本原理。而在大多数政体设计者看来，建立政体就是为了开展一定的集体行动（公共治理或者政治统治），那些把政体拟人化或者进行拟人化思考（比如关于国家意志的形成、表达和执行之类的说法）的人尤其如此。因此，要设计出真正能够运作和实现其目标的政体，政体设计者就必须遵守集体行动的组织法则。对于这些法则，政体设计者未必会予以明确表达，但不能不遵守。①

第一节　政体设计的基本原理

既然政体设计原理以集体行动的组织法则为基础，那么要讲清楚这些原理，

---

① 反过来说，不遵守集体行动的组织法则的人，只可能成为拙劣的政体设计者，所设计的政体一旦建立起来，必然故障重重，更难以实现其目标。

我们就必须首先搞清楚集体行动的组织法则是什么，然后再看看这些法则是怎样具体运用于政体设计从而形成基本原理的。

一、集体行动的组织法则

集体行动的组织法则指的是，为了开展集体行动，完成和实现其目标任务，那么就要把所有参与集体行动的人组织起来，为此就要以目标任务为导向，设计出合理有效的分工、控制和协调机制。

这里所说的机制，指的是由谁去做什么的方式和过程。其中分工机制①的作用在于解决集体行动的目标任务的分担问题，也就是如何把集体行动的目标任务转变成每个参与者的目标任务的问题；控制机制的作用是解决参与者的动力和方向问题，即参与者缺乏行动的动力以及其行动偏离甚至背离目标方向的问题；协调机制的作用是解决参与者之间发生冲突的问题，即参与者之间因为观念分歧或利益矛盾而发生冲突的问题。

之所以要把集体行动组织起来，就要设计分工、控制和协调三个机制，其根源在于集体行动是多人参与的行动这个性质，是出于开展集体行动和实现其目标的需要。既然集体行动是多人参与的行动，那么要完成和实现其目标任务，就必须设法使每一个参与者都尽可能地发挥积极作用，同时又防止其产生消极作用，而这只有通过合理有效的分工、控制和协调才能做到，否则集体行动就无法开展起来，开展起来也无法持续下去，持续下去也不可能完成和实现目标任务。因为，若缺乏分工，则每个参与者都不知道该做什么，也不知道该由谁去做，从而集体行动就无法开展起来，更谈不上完成和实现目标任务。若缺乏控制，那么参与者就会各行其是，出现干私活、搭便车、磨洋工、畏惧不前等"投机"行为，而这些胡乱作为或者缺乏动力的情况，必将导致集体行动要么陷于停顿，要么偏离目标方向，从而无法持续下去，更不可能完成和实现目标任

① 这里所说的为把集体行动组织起来而进行的分工，跟人们通常说的劳动分工和社会分工不是一回事。经济学上所说的劳动分工（division of labor），指的是经济生活中出现的一种分化现象，即各种群体分别从事各种具有比较优势的行业，然后相互间进行互补性的交换。而社会学上所说的社会分工（social division of labor），较之劳动分工的范围更广，还包括其他领域比如学术研究的群体分化现象。但所有这些分工，都跟集体行动的组织无关，因为并没有谁为这些群体分配任务或职业，那些都是他们自己选择的。所以严格说来，劳动分工或社会分工的说法并不准确，其实它们不是分工，而是社会分化，即各种经济群体或社会群体的分化。只有这里所说的情况才是真正的分工，或者说，一切分工都是因集体行动而引起的，如果没有集体行动，那就不需要分工。

务。若缺乏协调，那么一旦参与者之间发生冲突，则集体行动必将陷入混乱和内耗，从而难以维持下去，同样也不可能完成和实现目标任务。无论出现哪种情况，集体行动的目标任务都不可能完成和实现。而人们之所以开展集体行动，不就是为了完成和实现一定的目标任务吗？所以正是为了完成和实现集体行动的目标任务，基于集体行动的特殊性质，就需要把集体行动组织起来，为此就要进行分工、控制和协调机制设计。

对于集体行动的这些组织法则，我们还可以从那些破坏集体行动的做法来进行反证。破坏集体行动跟组织集体行动虽然正好相反，但都是以组织法则为依据的，即都是从分工、控制和协调机制入手的。比如在分工机制方面，破坏集体行动的做法就是煽动对分工的不平情绪或不满意见，从而诱使参与者拒绝或抵制履行分配给他们的职责（任务）；在控制机制方面，破坏集体行动的做法是懈怠参与者的意志，促使其消极怠工，或者诱使他们做出偏离甚至背离本职的事情；在协调机制方面，破坏集体行动的做法是故意分化参与者，制造矛盾和挑起冲突。这些破坏活动在战争的情境下表现得最为充分，这就是所谓的兵法。

正是通过分工、控制和协调三个机制的设计，集体行动的参与者就被组织起来，从而形成一个组织体系。在这个体系中，各个组成部分的形成，也就是各种角色、职位、机构或部门的设置，就是由分工机制设计导致的；控制和协调机制的设计则把各个组成部分联系起来，从而形成体系的结构。而设计分工、控制和协调机制的基本手段，就是制定一系列的行为规范，这些就是人们通常说的制度，也就是组织形式；填充其中各种角色、职位、机构或部门的人，也就是集体行动的参与者，就构成组织实体。我们说任何组织体系都有组织形式和组织实体的两面性，其根源就在于此。

二、政体的三个机制设计

就政体而言，由于不管其是否具有正当性，它都是一种集体行动的组织体系①，所以任何政体设计者，不管基于什么样的思想或经验，都必须遵循集体行动的组织法则，在明确其根本职责的基础上，设计好分工、控制和协调这三个

---

① 在政体正当的情况下，它所从事的集体行动就是公共治理，而在不正当的情况下，这种集体行动则可能是政治统治或者其他情况。为了表述方便，我们这里都假定政体是正当的，只是在必要的时候才会专门提及不正当的情况。

机制。这也就导致，最终建立起来的政体也必然包含分工、控制和协调这三个机制。各种政体之间的差别并不在于是否具备这三个机制，而在于各个机制在具体设计上的不同，所以这三个机制就可以成为我们理解和把握各种政体形态的有效途径，否则我们就难以理解一国政体为何会是如此形态，对它的理解和把握就容易流于表面或者限于枝节。

（一）政体的分工机制设计

分工机制是分工的方式和过程，其作用是解决目标任务的分担问题，包括承担什么、谁来承担和怎样承担等问题，其实就是要把集体行动的目标任务转变成每个参与者的目标任务。为此，分工机制设计包括前后连贯的三个环节，其中每个环节都可以采取多种设计方式。

1. 明确总体职责和设定具体职责

对任何集体行动来说，分工首先意味着分解其目标任务，即将这些目标任务拆分成具体可执行的目标任务，以便分配给各个参与者来承担。而分解的前提当然是明确集体行动所要承担的总体目标任务。对政体来说，目标任务就是职责，所以明确政体所承担的总体目标任务，也就是明确其总体职责或者说职责范围是什么。

如前所述，人们构建政体是为了达到一定的目的，这当中就蕴含着他们赋予政体的职责。如果最终如其所愿地构建起了政体，那么他们希望政体承担的职责就会被固定下来，从而成为政体的本职所在。在现代，这样的本职通常会在一国宪法的序言中表达出来，比如美国宪法序言所说的形成更完善的联盟、树立正义、确保国内安宁、提供共同防务、促进全体福利、确保自由福祉。

但除了本职，我们还可以发现，任何国家的政体都会承担另一种职责。因为政体一旦建立起来，势必会产生有关自我维护的事务，而这些事务处理得如何，将直接关系到政体能否有效履行其本职。所以穆勒曾针对政府指出，政府是达到其目的的一种手段，因此需要具备必要的自我维护能力；对政府好坏的评价，一个重要的标准就是政府机器本身的性能。[①]

因此概括起来，任何政体所要承担的总体职责（职责范围）就包括两类：政体本应承担的根本职责；关于政体自我维护的附属职责。基本上，前者是关于"做事"的职责，后者是关于"管人"的职责；而且显然前者是目的，后者

---

① ［英］约翰·穆勒. 代议制政府（英汉对照）［M］. 段小平，译. 北京：中国社会科学出版社，2007：26-27，46-47.

是手段；前者是原生的和根本的，后者是衍生的和附属的。在现实中，人们往往对一国政体所承担的这两类职责不加区分，或者不关心其区别，但从理论上说，我们不应将二者混为一谈，而且必须区分其主次，因为这将影响到如何评判政体的性能和优缺点。

不管是哪一类职责，都需要将其分解和具体化才行。因为一方面，这些职责要靠多人参与的集体行动来完成，需要落实到每个参与者；另一方面，这些职责，尤其是其中的根本职责，往往是宏观抽象的，很难直接付诸行动。因此政体的分工机制设计，首先就意味着分解其总体职责，从而设定各项具体职责。

分解政体的总体职责和设定具体职责，这是政体设计者的首要工作。至于他们到底会如何分解和设定，这取决于他们对总体职责本身的理解，以及对如何分解才有可能完成这些职责的认知。而这显然是因人而异的，所以会产生多种分解方式。

就有关政体自我维护的职责来说，所有政体设计者都必须考虑到这一点，否则就是不合格的。通常这类职责会被分解为公职人员的选拔任用、公共资源的提取使用、政体的内部协调、政体内部的激励约束、政体的外部公关以及政体的保护、修补和改进等具体职责，兹不细述。这类职责分解，通常会与后面所说的控制和协调机制设计有所交叉，但未必是重合的。

就政体本应承担的根本职责来说，则有三种常见的分解方式。当然在现实中，没有哪个政体设计者会仅仅采取其中某一种分解方式，而是多种方式混用。

（1）如果政体设计者从公共事务类型的角度来看待和理解政体的根本职责，那么就会按照一定的公共事务分类来进行分解，由此设定诸如经济的、社会的、文化的、教育的、生态的、治安的、国防的、外交的等各种具体职责。

至于说根本职责到底会分成哪些具体的职责，这要看他们对政体的职责范围是如何认识的。比如古典自由主义者采信小政府理论，认为政府只应承担非常有限的一些职责，结果就只包括对外的国防、外交和对内的治安等非常简单的几项具体职责。后来的社会主义者、福利国家主义者主张建立大政府，则在此基础上增加了经济、社会、文化、教育、生态等多项具体职责。又如在传统的君主制时代，为国君及其家室的私生活服务也被看成政府应当承担的职责，于是按照王室私生活的事务类型来划分，政府就要承担饮食的、盥洗的、服饰的、车舆的、婚配的、丧事的、宗族的、祭祀的、保卫的等若干具体职责。

（2）如果政体设计者从地域范围的角度来看待政体的根本职责，那么就会根据地区划分及其层级来分解职责，从而设定诸如全国的、省级的、市级的、县级的、乡级的、村级的等具体职责。至于到底会分成多少个地区及其层级的具体职责，这取决于他们对一国国情如地理、人口、经济、历史等的认知。

（3）如果政体设计者从过程环节的角度来看待和理解政体的根本职责，那么具体职责如何设定，就要看他们是如何理解和认识政体运作过程的。如果他们信服孟德斯鸠的三权划分理论，认为政体运作本质上是一个法律运作过程①，那么就会把政体的根本职责分解成立法、行政、司法等具体职责。但如果像洛克、卢梭、古德诺那样，采取拟人化的思维，认为政体运作是主权者或国家表达和执行其意志的过程，那么就会把政体的根本职责分解为决策和执行（或者立法和行政、政治与行政）这两种具体职责。

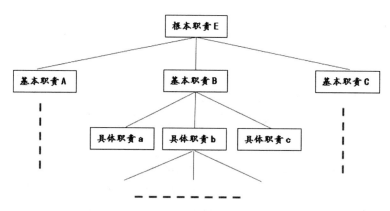

图 5-1 政体职责的多重分解（职责体系）

最后，对于上述两类职责，通常不管哪种分解方式都是多重的，也就是经过初次分解而设定的各种具体职责，还会继续分解为更加具体的职责，以使这些职责变得可承担、可执行，从而形成多层次的职责体系（如图 5-1 所示）。比如，一国宪法确定了政体的总体职责，然后通过分解，设定了一种具体职责——宪法保障，再授权制定法律，对这一具体职责进行进一步分解，形成审查立法的合宪性、裁决国家机关之间的纷争、裁决全国政府与地区政府以及地区政府之间的纷争、裁决有关选举的争讼、审理宪法诉讼案件等更加具体的职责，最后由承担这些职责的机构或本部门进一步分解，将其落实到本机构或本部门的具体每个职位上。如果说前面从公共事务类型、地域范围或过程环节等

---

① 这种观点是很奇怪的，但显然不是来自古希腊的传统，而是来源于罗马法的传统。该传统历经中世纪也不曾断绝，到了 12 世纪还经历了一个复兴的过程，所以近现代的西方政治思想家和实践家几乎莫不口称法律。

角度所采取的分解方式是横向分解的话，那么这里所说的多重分解方式就是纵向分解。①

2. 设置公职及其任职资格和任职方式

政体的各项具体职责设定之后，就需要有人去履行，因为职责不可能自动实现，所有职责都是由具体的人来完成的。从集体行动的角度来看，这些履职者就是集体行动的参与者。

对于这些承担具体职责的人，通常我们说他们占据着一定的职位，或者说担任着一定的职务。如前所述，职位的本质是一种社会角色，只是更为正式，有特定的名号（头衔、称呼），也有一定的特权，是某种身份和地位的标志。但说到底，所有职位都源于其被赋予的职责，因为没有这些职责的设定，也就没有必要设置相应的职位。所以在设定了政体的各项具体职责之后，立刻就要设置相应的公职，以便找到承担职责的人。这是分工机制设计的第二个环节。

既然公职是根据各项具体职责而设置的，那么一旦各项具体职责得以明确，设置公职就不过是明确其角色定位并赋予一个名号而已，这并不是什么难事。

但是既然各种职责并不会自动履行，所以设置公职真正要解决的问题是找到承担职责的人，这样才能把具体职责落实到具体的人头上，才有望完成和实现各项职责，为此就需要明确任职者的资格条件和任职方式。

明确任职的资格条件，就是要求任职者具备履职所需的品德和能力。概言之，这些要求无非就是两方面：一是常人应当具备的私德和公德以及能够正常思考和行动的能力，比如已经成年，身体无影响正常行动的残疾，智力正常，无精神疾病；二是具体职位所需要的职业道德以及因职位而异的专业能力。

设定任职资格仅仅是表明任职者需要具备的条件，至于如何找到满足条件、足以担任职务的人，这些人如何上任，这就涉及任职方式的问题了。所以设置公职还要解决这个问题：由谁并且怎样来认定一个人或者公职追求者是否符合资格条件，以及符合条件的人选又通过怎样的方式来担任职务。在这方面，不同政体设计者基于其需要和知识的差异，设计了多种任职方式，比如自荐、推举、考察、提拔、竞选、抽签、考试、任命、世袭等。

3. 为任职者赋予职权

正如任何人都需要采取一定的手段才有可能完成任务和实现目标一样，对

---

① 承担各项职责的各种公职之所以会被归类为某个机构或部门以及形成层级关系，其实就是由职责的横向和纵向分解方式导致的。

政体中的任职者来说，即使他们都是合格的（具备履职所需的品德和能力），但如果他们没有采取一定手段的权利，那么也就没法行动，更谈不上有效履职。所以分工机制设计不能仅仅是设定职责和设置职位以及填充任职者，还必须为任职者赋予职权。

职权指的是任职者可以采取什么手段的权利或者说资格，如前所述，这跟社会学意义上的权力并不是一回事。无论如何，职权都是基于职责和职位的设定而产生的，是职位本身所有的，而不属于任职者个人，所以任何人除非担任某个职位，否则就没有相应的职权。

从性质上说，职权指的是任职者为履行相应职责可以采取什么手段的权利或者说资格；从程度上说，职权指的是这种履职行动有多大的自由度，或者说不受各种规定限制（而不是指天然的限制）的程度有多大。因此，赋予职权，既要明确赋予什么样的职权，也要明确赋予多大的职权。由于职权涉及的是为了履职这个目的而采取的手段，而这个手段就是任职者的行动，所以我们可以根据行动理论来分析任职者的行动，进而明确赋予什么职权和多大的职权是什么含义。从性质上说，赋予任职者什么职权，也就是允许任职者可以采取什么行动①，这当然是难以笼统概括的，因为不同职位所承担的职责不同，对此的要求当然也就各不相同。但是从行动的组成和结构来分析，任何行动都是由行动者、对象和工具组成的，而在这里，行动者是确定的，即任职者，任职者可以采取什么行动，就是指可以针对什么对象使用什么工具，对此作出要求和规定就是赋予任职者什么性质的职权。比如允许警察针对嫌疑人使用手铐，这就是赋予其一种强制权。从程度上说，赋予任职者多大的职权，这也是因职位不同而异的，但是我们依然可以从任职者针对的对象和使用的工具两方面来理解，即对象和工具的时空范围——这体现了任职者的行动自由度，对此提出要求和规定就是赋予任职者多大的职权。比如允许警察针对任何嫌疑人或者某些嫌疑人，使用任何材质/款式或者某种材质/款式的手铐，这就体现了强制权的大小。

人们通常以为这样的职权只存在于政府之中，实则不然。在没有发生官民分化的情况下，任何公民都有可能担任公职，从而获得职权。而在发生官民分化的情况下，由于在很多时候和地方都是由政府垄断公职，所以职权通常也就等于政府职权。而在一国民主化之后，尽管政府依然存在，但因政府不再垄断

---

① 其反面当然就是不可以采取什么行动。因为职权是授予的，所以从逻辑上说，没有得到允许的行动都是不可以采取的，这是题中应有之义，无须赘言。

公职，所以实际上政府之外的普通公民也要担任一定的公职，从而获得职权。只不过普通公民获得的这种职权，近代以来通常被称作公民权利、政治权利或民主权利，而很少被称作职权。

总之，在为任职者赋予职权之后，政体的分工机制设计也就完成了，即关于应当由谁来承担什么职责以及如何承担职责的问题得到了解决。所以概言之，政体的分工机制设计就是"三定"：定职责、定职位和定职权。

正是通过分工机制设计，政体的组成部分（各种职位、机构或部门）才得以形成。由于这些设计是因人因时因地而异的，所以政体形态也就多种多样。古往今来各种政体之所以存在差异，首先就是因为各自的组成部分不同，而且据此可以说，没有任何两个政体是完全相同的。

（二）政体的控制机制设计

控制机制是控制的方式和过程，其作用在于解决集体行动的参与者出现动力和导向的问题。其中动力问题指的是参与者动力不足甚至缺失，表现出逃避、懈怠、拖沓、推诿、畏惧、顾虑等行为。导向问题指的是参与者的行动偏离甚至背离目标方向，表现出干私活、乱作为等行为。

在集体行动的过程中，参与者出现动力和导向问题是难以避免的。因为跟个体行动不同的是，在集体行动中，每个参与者的目标任务（职责）都是因分配而产生的（按照前述的分工机制），而不是他们自己自主决定或选择的，而他们自己都要付出一定的代价，所以除非让他们跟这些目标任务产生正向的利害关系，否则没有人会自觉主动积极负责地去完成和实现这些目标任务，这就是之所以会产生动力和导向问题的根源。

而在政体运作的过程中，可以说几乎所有的任职者都会产生这样的问题，并不会因为设定了任职资格和任职方式而消失或杜绝。因为设定任职资格和任职方式只能起到筛选任职者的作用，而无法确保其随后的履职行为。政体设计者的最大错误就是假定人是不变的，以为只要设定了任职资格和方式，确认任职者具备相应的品质和能力，就足以保证其之后的履职行为也完全符合要求。但这种假定根本就不成立，因为任职会导致一个人的身份地位发生改变，任职也是一个持续的过程，免不了会受到周围环境的影响，所以任职者总是在不断地对其处境进行利害判断，从而调整其行为，表现出善变的形象，最终难免出现动力和导向的问题。

不管是动力问题还是导向问题，都会严重损害集体行动之目标任务的完成和实现。因为集体行动的目标任务要靠各个参与者来完成和实现，然而在出现动力和导向问题的情况下，他们要么不努力，要么不干"正事"（与所分配的任务无关或者对其无用甚至有害的事情），当然也就不可能指望集体行动的目标任务能够完成和实现。正因如此，集体行动的组织者必须事先考虑到这一点，设计出一定的控制机制，以解决这样的问题。这里所说的控制，意思就是控制参与者的行为。控制机制设计的本质，就是在参与者与其履职行动之间强行建立起正向的利害关系，即参与者是否履行职责和是否正确履职，将对他产生或有利或有害的结果：履行职责且正确履行就将得利，否则就将受罚。

由于动力和导向是两个不同的问题，所以用来解决它们的控制机制设计也是有所区别的，分别是激励机制和约束机制的设计。

1. 激励机制设计

就动力问题来说，由于这是集体行动的参与者缺乏有关的或足够的激励而产生的问题，要解决这个问题，就只有对参与者施加相应且足够的激励才行，也就是要设计激励机制。

设计激励机制也是可能的。因为人是趋利避害的，唯有利害关系可以使人产生积极行动的动力（不管是主动的动力还是被迫的压力），所以为解决动力问题而施加的激励，具体来说就包括奖励和惩罚两种手段，二者分别使人产生主动行动和被迫行动的动力，也可以说是正向激励和负向激励两种手段，二者分别产生行动的拉力和推力。其中让人主动行动的动力又包括两种：受奖赏诱惑所产生的动力，其实就是提升一个人的收益预期，这可以让人积极行动；受安全保障所产生的动力，其实就是降低一个人的代价预期，即通常所说的免除后顾之忧，而这可以让人放心行动。所以奖励手段也就分为积极的刺激和消极的保障两种。说到底，设计激励机制，无非就是设计和挑选合适的激励和惩罚手段，现实中一般都是混合采用多种手段。

对政体的激励机制设计来说，概括来看，大多数政体设计者采取正向的激励手段（奖励），负向的激励手段（惩罚）不是没有，但相对少见。这里我们着重考察其中的奖励机制设计。这方面主要采取的手段是设定职位待遇和进行功绩表彰。职位待遇是基于职位的设置而设定的，任何人只要担任一定的公职就能享受相应的待遇，所以这是一种普惠式的激励机制设计。职位待遇一般包括头衔名号、薪水福利、职位特权、安全保障等。头衔名号是身份地位的象征，是一种荣誉，涉及人的价值观，所以具有精神激励的作用。薪水福利解决任职者的实际生活问题，其激励作用自不待言，这对那些担任政府公职、以此为职业和基本生活来源的人来说更是如此。职位特权是相对其他不担任任何公职的人来说的一种特殊待遇，比如中国古代给那些朝廷命官或乡里精英免税或免役的特权，当然也有很大的激励作用。安全保障的作用在于免除任职者的后顾之忧，这也是一种必要的激励手段。各种手段各有其激励的作用，所以一般都是混合采用的。此外，为了产生不同的激励效果，职位待遇虽然是普惠式的，但还是可以进行差别设计：不仅不同类型的职位设定不同的待遇，甚至区分职位的等级高低而设定不同的待遇。

功绩表彰是基于任职者的履职表现而设定的，包括授予荣誉称号、给予物质奖励、进行职级提升等等。和职位待遇不同，功绩表彰显然不是普遍的，并非所有任职者都能获得，所以这是一种具有选择性和差异性的激励机制设计。而且与职位待遇由明文规定不同，功绩表彰需要以人为评定为基础，为此又可以设计出多种评定方式，比如由上级或领导评定、由下级评定、由同侪评定、由第三方评定、由服务对象评定等，各自的激励效果存在很大的差异。

2. 约束机制设计

就导向问题来说，由于这是集体行动的参与者的行动偏离甚至背离目标的问题，要解决这个问题，那就只有针对其行动，制定一定的行为规范并确保其得到遵守，让行为规范来发挥约束作用，这就是约束机制设计。

对政体的约束机制设计来说，要确保任职者在履职过程中遵守相应的行为规范——职务规范，首先就要制定职务规范，这是约束机制设计的第一步。其实制定职务规范早在分工机制设计环节就已经完成了，从而跟这里的约束机制设计存在交叉。因为职务规范实际上是关于任职者应当如何履职的行为规范，也就是有关行使职权的行为规范，而这在进行分工机制设计时是不可能不考虑的。

但仅仅制定职务规范是不够的（由此导致分工机制设计和约束机制设计虽有交叉，但并不重合），因为并不是所有人都能遵守职务规范，或者说不是时时处处都能做到。实际上在遵守和违规之间，任何人都是在具体的情境下，根据利害判断和利害权衡来进行选择的。所以一个人有时会遵守，有时就不遵守，或者有些人会遵守，而有些人就会违规。因此要发挥职务规范对任职者行为的约束作用，就要确保其得到遵守（维护其效力），这是约束机制设计的第二步。

至于如何才能保证任职者遵守职务规范，这是一个千古难题。我们发现，几乎所有政体设计者提出的手段，都是追究任职者的违规责任，纠正其违规行为并进行惩罚，从而警示或威吓其他任职者（不得违反职务规范）。这就造成看似是职务规范在约束任职者的行为，实际上是谁来负责追责、处置和惩戒，也就是谁来实施约束，谁才是真正的约束力量。

这里所说的违规责任，当然是相对具体的职务规范而言的，但具有多方面的含义或类型，如政治的、法律的、道德的、纪律的责任，或者集体的、个人的责任。其中政治责任是对政策制定者而言的，严格说来应该叫作政策责任或决策责任，比如没有制定有关的政策（不作为），或者制定的政策是错误的、无效的或有害的。法律责任是指任职者的履职行为违反了法律的规定，构成了职务犯罪，比如滥权、贪腐。道德责任指的是任职者违反了职务规范所设定的道德要求，如不诚实、没有公德、私生活混乱。纪律责任仅对政府中的任职者才成立，指的是任职者的日常工作行为违反了其所属机构或部门制定的工作纪律，如迟到、缺勤、扰乱工作秩序。当承担责任的是任职者个人时，这就是个人责任；但有时候一个机构或部门作为一个集体也有可能承担连带责任，这就是集体责任。

不管是什么责任类型，其责任承担者（被追责的对象）是谁，相应的处置和惩罚措施是什么，以及由谁来负责实施约束（追责、处置和惩戒），所有这些都是约束机制设计所要解决的重要问题。而在这些方面可采取的手段是多样的，比如由谁来负责实施约束，就有由上级、下级、第三方、相互之间或者外部力量等负责的多种方式。现实中往往是混合采用多种方式，分别用于不同的职位，其效果也有差别。

（三）政体的协调机制设计

协调机制是协调的方式和过程，其作用是解决集体行动的参与者相互冲突的问题。无论什么样的集体行动，也不管其参与者是什么样的，参与者之间发生冲突都在所难免。因为集体行动是多人参与的行动，而人总是个体的存在，每个人不仅有其独特的观念，还有独特的利益诉求，而这两方面都不可能全部一致，由此就会引发冲突。所以集体行动中所发生的冲突跟其他地方一样，说到底都是观念或利害的冲突。

如果这些冲突得不到解决，那么集体行动必将陷入混乱和内耗，从而无法开展下去，更谈不上完成和实现目标任务。设计协调机制，就是为了解决这种冲突问题，以保证集体行动得以开展下去。虽然协调机制并不能预防冲突的发生，更难以预料会发生什么样的冲突，但可以提供解决途径，使得一旦发生冲突，就有渠道去解决它，而不至于放任之而无法解决，进而破坏集体行动的开展。

概括来看，集体行动的组织者所设计的协调机制，不外乎上级裁定、相互协商和第三方裁决三种。政体的协调机制设计也是如此，而且现实中没有哪个地方仅采取其中某一种设计，而通常是混合采用，只不过分别用于不同的地方。

这当中，如果采取上级裁定的协调机制设计，那就意味着必须设计一个等级结构的组织体系，因为只有这样的组织体系中才有上下级之区分。军队这种组织体系，就是典型的等级结构。等级结构的意思是，在组织体系中形成一个支配与服从的单向链条：上级支配下级，下级服从上级。① 但要注意的是，这里所说的支配与服从链条是一种人为的规定，而不是事实上的权力关系，不能跟社会学所说的权力混为一谈。按照这种等级结构的设计，当下级（人员、机构或部门）之间发生冲突时，上级就负责裁决纷争并且立即生效；如果是下级与上级发生冲突，则一律以服从上级决定为准。由上级裁定的协调机制，本质上是一种集权体制的设计——集权于上级。举例来说，在实行中央集权体制的国家，中央和地方各级政府的划分，虽然是依据地域范围而进行分工的结果，但它们之间的相互关系，从协调机制来看，却是等级式和集权化的：如果地方政府之间发生冲突，那么就由上级地方政府直至中央政府来裁决；如果下级地方与上级地方甚至中央政府发生冲突，则一律以服从上级政府的决定为准。

相互协商的协调机制设计指的是发生冲突的双方亲自出面或者派出代表共同组成会议，按照共同认可的规则进行协商，直至提出解决冲突的方案。这里显然不再存在等级和集权，冲突双方是平等的。比如，但凡建立两院议会的国家，都会设立两院联合委员会，其作用就是解决两院在立法上的冲突，这就是相互协商的协调机制设计。又如，在实行联邦体制的国家中，议会的上院一般都代表联邦的各组成单位，实际上这也是解决各组成单位政府之冲突的一种相互协商的协调机制设计。

第三方裁决的协调机制设计指的是冲突双方把争端交由独立而平等的第三方来裁决。表面上看，上级裁决下级之间的冲突，似乎也是第三方裁决的协调机制设计，但其实并不是。因为一方面，第三方裁决机制中的第三方并不是发生冲突的双方，而且与冲突双方也没有利害关系，因此是独立的，而上级裁决就不一定了，上级有可能正是发生冲突的一方；另一方面，也是特别关键的地方，在于这里所说的第三方跟发生冲突的双方是平等的，不存在等级关系，然而在上级裁定的协调机制中，上级高于冲突双方，是不平等的，即使上级就是

---

① 等级结构虽然是一种层级关系，但并不等于层级关系，因为并非所有的层级关系都是等级式的。

冲突的一方，它与另一方也不是平等的。① 现实中的司法（法院裁决）机制，就有可能是②这种第三方裁决的协调机制设计。例如在日本，中央政府有权干预地方政府，但地方公共团体（日本的地方自治单位）可以表示不服，并要求设在中央的"中央与地方讼争处理委员会"进行审查；若地方公共团体不服该委员会的审查结果，还可以向高等法院提起诉讼。另一方面，如果地方公共团体之间发生权限纠纷，则由内阁的自治大臣任命"自治纷争处理委员"来进行调解；如果调解不成，则双方可向行政法院提起诉讼（这在日本称作机关诉讼）。③ 其实现在不少国家都设立独立的宪法委员会或宪法法院来裁决政体运作过程中出现的争端，这也是第三方裁决的协调机制设计。

从政体的职责范围来说，控制和协调都属于有关政体自我维护的一类职责。由于这两种职责是不可避免的，所以政体设计者在进行分工机制设计的时候就要考虑到，从而造成控制和协调机制设计跟分工机制设计有所交叉。但分工与控制和协调机制设计未必是重合的，因为在进行分工机制设计时，虽然可以新设置一些职位、机构或部门来承担控制或协调职责，比如上述的第三方评定功绩、第三方实施约束、第三方裁决，但也可以将控制或协调职责交付既已设置的某些职位、机构或部门，比如上述的上级、下级、同侪，从而使之成为承担混合职责的职位、机构或部门。显然在前一种情况下，这既是分工机制设计，也是控制或协调机制设计，二者是重合的；但后一种情况就不完全是分工机制设计，而更多是控制或协调机制设计，二者就不重合。

如果说分工机制设计导致政体组成部分的产生，那么控制和协调机制设计就塑造着政体的结构，因为正是这两种机制把政体的各个组成部分联系起来成为一个整体。由于现实中各种控制和协调机制设计通常是混合采用的，这就使得一国的政体结构通常是混杂的，并非简单地用一两个术语就可以表达完整和清楚。只不过从整体来看，一国政体通常会有一个占据主导地位的控制和协调

---

① 但我们不能因为这里所说的第三方与冲突双方地位平等，就认为它无法做出有效的权威性裁决；也不能认为只有裁决者占据更高的地位，才能产生有效的权威性裁决。独立而平等的第三方也能做出有效的权威性裁决，因为其有效性和权威性来自冲突双方的认可，特别是对裁决的公平性的认可。反过来，高高在上的裁决者反倒有可能做出不能让冲突双方信服和认可的裁决。

② 但不必然是，因为在多数国家，普通法院并没有这样的协调职责，而仅限于裁决民间纠纷。

③ 参见［日］礒崎初仁，金井利之，伊藤正次. 日本地方自治［M］. 张青松，译. 北京：社会科学文献出版社，2010.

机制设计，也就是针对其主要组成部分的控制和协调机制设计，从而使其呈现出某个突出的结构特征，并由此与其他政体区别开来。比如从国家结构方面来看，中央集权体制和联邦体制的政体就呈现出不同且突出的结构特征，从而将二者区分开来。

第二节　政体形态的一般考察

由于不管政体设计者的思想观念和利益诉求有何不同，他们都必须遵循上述的基本原理来设计政体方案，所以一切最终构建起来的政体都必然包含分工、控制和协调这三个机制设计，这也是它们之所以会形成某种形态的内在逻辑。因此，我们在考察具体政体的时候，就不能只做表面功夫，仅考察其形式和相应的分类，也不能简单地套用某种关于政体的理论模式，而应当深入地把握其内在的逻辑，搞清楚政体设计者到底是如何设计分工、控制和协调机制的，如此方能准确地把握政体形态并获得深刻的理解。

然而过去的政治制度研究基本上就是表面功夫，太过于形式化而不顾及政体的内在逻辑问题，让人知其然而不知其所以然，所以给人一种肤浅的感受。另外，有些人则因为服膺于某些理论家的说教，便将其关于政体的理论模式生硬地套用于现实的政体，结果不仅让人不能真切地把握现实的政体形态，而且还起到了很大的误导作用。比如自18世纪孟德斯鸠提出三权划分学说①以后，该学说逐渐流行起来，结果无论中外，人们到处滥用三权划分的政体模式：无论什么时代或国家的政体，都被分成立法、行政和司法三个组成部分来看待和处理。② 这完全违背了政体设计的基本原理，太过荒唐：难道那些生于孟德斯鸠之前的政体设计者，就已经知道了三权划分学说并将其贯彻于政体设计之中？

---

① 对该学说的集中概括，可见于［英］M.J.维尔．宪政与分权［M］．苏力，译．北京：生活·读书·新知三联书店，1997：83.

② 比如张品兴．梁启超全集（第3卷）［M］．北京：北京出版社，1999：795；张品兴．梁启超全集（第7卷）［M］．北京：北京出版社，1999：2058；章嵚．中华通史（上）［M］．北京：东方出版社，2014：133；白钢．中国政治制度通史（第1卷）［M］．北京：人民出版社，1996：38-39；彭怀恩．中华民国政治体系［M］．台北：风云论坛出版社有限公司，2003：30-31；孙关宏，胡雨春．政治学概论［M］．上海：复旦大学出版社，2008：124；［美］加布里埃尔·A.阿尔蒙德，等．发展中地区的政治［M］．任晓晋，等译．上海：上海人民出版社，2012：14-15.

难道那些生于孟德斯鸠之后但不完全赞同甚至明确反对三权划分学说的政体设计者，比如孙中山，也会将三权划分学说贯彻到政体设计之中？如果政体设计者并没有采用孟德斯鸠的三权划分学说，那么又如何可能在政体中设计立法、行政和司法三个组成部分呢？即使政体设计者采用了孟德斯鸠的三权划分学说，也不等于他们就是亦步亦趋而毫无变化或创造的。以法国为例，虽然 1789 年的《人权宣言》明显接受了孟德斯鸠的三权划分学说，而且该宣言也是此后各共和国宪法的序言，然而从大革命后实行立宪君主制的法兰西王国，到此后的第一至第五共和国，其政体从来就不完全符合甚至完全不符合三权划分的模式。今天的法国总统超越于立法、行政和司法三个部门之上，而且除此之外还设有宪法委员会，经济、社会与环境委员会，共和国法院，保民官等，显然这并不是什么三权划分的政体模式。此外，孟德斯鸠提出的三权划分学说完全不涉及国家结构的设计，所以根本不能用来完整地描述一国的政体。说到底，孟德斯鸠的三权划分学说并非政体设计的基本原理，而是他基于对政体运作过程的独特理解而设计出来的一种独特的政体方案，因此不可随便套用，更不能到处滥用。政体设计的基本原理是以集体行动的组织法则为核心的，而且在进行分工、控制和协调机制设计的时候，不同的政体设计者可以有不同的选择和创造，比如孙中山就明确表示不完全认可孟德斯鸠的三权划分学说，从而创造性地提出了五权宪法的政体设计方案。① 所以我们考察现实的具体的政体形态，绝不能简单地套用三权划分这类理论模式，也不能像阿尔蒙德等人那样以某国政体为模板而到处套用，而必须深入地把握其内在的逻辑，搞清楚政体设计者到底是如何设计分工、控制和协调机制的。

现在我们就根据政体设计的基本原理来考察一下各种政体形态。不过需要说明的是，虽然任何国家的政体都必然包括分工、控制和协调这三个机制，政体形态就是这三个机制设计的结果，但这不等于说具体某国的政体一定会包含这三个明显可见的部分。在任何国家的政体中，我们只能看到那些具体的职位以及由其组成的机构或部门，要从这些职位、机构或部门中发现这三个机制，那么就要仔细辨别它们的职责是什么。另外如前所述，一国的政体不一定等于其政府，除了政府体制，还有可能包括国家结构和民众参与的内容，所以我们有必要从这三个方面及其组合来考察一国的政体形态，只是在每个方面我们都要搞清楚分工、控制和协调机制是如何设计的。

---

① 参见五权宪法［M］//孙中山文选. 北京：九州出版社，2012.

一、政体构造法律

基于组织形式优先于组织实体的原理，我们要考察现实的政体形态，那么就应从考察其组织形式入手。组织形式或者说制度形式，就是政体设计者所设计的政体方案，从古至今，无论在什么国家或地方，这都是用一定的法律形式来表达的。① 这些法律不一定都叫作宪法，也不一定是一部总成的法律，甚至可能没有法律之名，我们可将其统称为政体构造法律（constitutional laws/laws of constitution），简称政体法。② 因此，我们要考察政体的组织形式（制度形式），那就要从政体法入手，以之为据，为此要首先搞清楚一国或一地的政体法是何状况。

这也说明，对政体的法条式研究有其合理性。过去比较政治学界批判这种研究方式，虽然在理，但明显矫枉过正了，以致走到了另一个极端。现在的比较政治学界几乎不再关心一国的政体法，而完全陷入探究因果关系的所谓科学研究而不能自拔。然而这是荒谬的。如果我们连一国政体的组织形式都没搞清楚，又谈何因果关系研究，又会产生怎样荒谬的因果关系研究？所以比较政治学研究不能从批判法条式研究而走到另一个极端，即根本不关心政体法的规定。如果说传统的法条式研究有什么缺陷，那么并不在于它从一国的政体法入手和以之为据，而在于它把一国政体仅仅看成宪法或法律上所规定的政府形式，而且一般不按照政体设计的基本原理来进行分析、理解和解释，而完全像法学家那样拘泥于法条框架并进行阐释，这就不是政治学的研究方式，也无助于我们真正理解和把握一国的政体形态。

政体法在不同时代和国家有不同的表现，即使在同一时代或同一个国家，也并非只有一种表现形式。人们最容易想到的是宪法（constitution）③，但这并

① 正因如此，这些政体设计者往往被称作立法者（lawgiver/legislator）。

② 英国宪法学家戴雪（A. V. Dicey）的著作《政体法研究导论》（Introduction to the Study of the Law of the Constitution），其实就是研究英国的政体构造法律即政体法的，因为按照英国人的用法，constitution 就是指政体（polity）。也只有这样，laws of constitution 或者 constitutional laws 才是可理解的，否则不管是叫作"宪法的法律"还是"宪法性法律"，都是令人费解的。

③ 中译者沿袭当年日本人的成规，几乎总是不加区别地把 constitution 译作"宪法"，但这个译法并不好，特别容易误导人。在国外，constitution 这个词主要有两种用法：一是指政体（polity）本身，此时将其译作"宪法"就是错误的，而必须译作"政体"；二是指关于政体或国体的基本原则或法律规则，也就是俗称的宪法，但其实此时将其译作"政体法"或"国体法"更加准确。

不是最早的形式。宪法只是 16 世纪产生了效力高于普通法律的根本法观念之后，才在法、英等国出现的称谓，然后从 17 世纪起为一些人所使用并逐渐流传开来。① 据此来看，英国被认为是一直有宪法的，其渊源甚至可以追溯到中世纪，只不过缺乏一部总成的法典化的宪法，其宪法是多部成文法与不成文惯例的统称。据说美国 1787 年制定的联邦宪法才是世界上第一部成文宪法，这是就其采取总成的法典形式而言的。但实际上，这种形式的成文宪法在此之前就已经产生了，因为在 1776 年北美 13 个殖民地联合宣布独立建国后，各州就分别制定了自己的成文宪法。正是从美国开始，此后全世界制定成文宪法的案例越来越多，最终形成一股汹涌的大潮。今天，绝大部分国家制定有成文宪法，从而成为我们考察其政体的根本依据。

但要注意的是，不同时代和地区的人们对宪法的理解是有差异和变化的，这就导致我们不能把宪法所记载的内容都看成是有关政体构造的。的确，宪法的本来意思和作用接近于政体设计图，也就是政体组织法、政体法，所以宪法和政体的意思本来是相近的。近代的欧洲人就用源于拉丁语的 constitution 一词来对译源于古希腊语的政体（polity）一词，迄今仍旧如此。② 而据称是世界上第一部成文宪法的美国联邦宪法，通篇都是对联邦政体的设计和规定。应当说最初人们对宪法的定义和理解是没有什么分歧和偏差的，但到后来就越来越多样化了。比如一些国家的建国者随心所欲地增加宪法的内容及其承担的功能，结果宪法就由政体设计图变成了国家设计图，其中不仅包含对一国政体的设计，还包括对国土、国民以及国家象征的规定。在此情况下，宪法其实是国体法，也就是对作为一个政治共同体的国家进行设计和构建的根本性法律③。如果说作为国体法的宪法，对于作为政体法的宪法来说还不算偏离太远，那么有的宪法

---

① ［美］迦纳. 政治科学与政府（政府论）［M］. 林昌恒，译. 北京：东方出版社，2014：188－189.

② 在自由主义学者萨托利（Giovanni Sartori）看来，这种译法并不准确且非常糟糕（［意］G. 萨托利.“宪政”疏议［M］//刘军宁，等. 市场逻辑与国家观念. 北京：生活·读书·新知三联书店，1995）。因为他认为政体一词是中性的，并不具有宪法一词所具有的规范性目的和意义。在他看来，宪法是有特定含义的，是在解决“我们如何能够既被统治又不受压迫”这个问题的漫长而痛苦的试错过程中产生的；从其经历和承载的历史来看，宪法具有规范性的目的——保障主义，即只有保障人权和限制政府权力的宪法才是真正的宪法，否则就是名义的（不具有宪法的规范性目的）或者冒牌的（假装具有宪法的规范性目的）宪法。

③ ［德］海因茨·默恩豪普特，迪特·格林. 宪法古今概念史［M］. 雷勇，译. 北京：商务印书馆，2023：11.

还包括对基本国策的规定，举凡经济、社会、文化、教育、国防、外交等政策无所不包，结果宪法不仅是国体法和政体法，还是政府的施政纲领，这就偏离太远了。还有一些国家的宪法除了上述内容，更似一个政治宣言，意在表达本国的建国历程、历史功绩或者民族情感以及本国政体或各项制度的适宜性和优越性，由此试图使宪法起到某种政治教育和使政权正当化的作用。对于诸如此类的宪法，我们就需要仔细辨别，才能看到其中有关政体构造的内容。

从今天来看，宪法是最主要的也是最重要的政体法形式，但它并不是政体法的唯一表现形式。首先从历史上看，在很长的时期内，人类世界根本就没有宪法这个称谓和事物，但我们却不能说在宪法产生以前就没有政体法，因为那时候也需要设计和构建政体。例如在中国古代的皇权帝制时期，皇帝颁发的诏旨就可能包含政体法的内容，《元典章》① 所收录的皇帝诏旨就是如此，而历代大臣得皇帝命令而编撰的会典（"典章会要"）——尽管是事后汇编的，如《唐六典》②《明会典》③《大清五朝会典》（简称《清会典》)④，也是政体法的充分体现。

其次，即使一国制定了成文宪法，也没有将所有的政体法包含在内。政体设计者在设计政体时，由于对政体之总体职责的横向和纵向分解，不可能做到面面俱到和细致入微，所以只能以原则性的手法，设计出宏观的分工机制，这就导致所制定的宪法也只能是宏观的和原则性的。至于更具体而细致的分工，一般就在宪法中规定由某些专门的职位、机构或部门来负责，比如授权立法机关制定相应的组织法、选举法等。甚至这些具体的组织法也不可能做到面面俱到和细致入微，所以还会进一步授权各政府机关在此基础上制定更加具体细致的组织规则，比如议会的议事规则、政府机关的工作规则等。因此，一国的政体法其实是自宪法而起的一套法律体系，而不仅限于宪法。

最后，在一些特殊的国家，不成文的惯例或者没有法律之名的文件规定，也可能是政体法的表现形式和组成部分。比如英国就有很多不成文的惯例塑造着该国的政体，这是众所周知的。而在当代中国，中共的党章和党内法规，虽无法律之名，但其实也起着塑造政体的作用，比如从中央到地方的各级党委会

---

① 参见陈高华，等. 元典章［M］. 北京：中华书局；天津：天津古籍出版社，2011.
② 参见张九龄，等. 唐六典全译［M］. 袁文兴，潘寅生，主编. 兰州：甘肃人民出版社，1997.
③ 参见申时行，等. 明会典［M］. 北京：中华书局，1989.
④ 参见中国第一历史档案馆. 大清五朝会典［M］. 北京：线装书局，2023.

掌握着全国和各地方的核心决策权，设在各政府机关中的党组掌握着本部门的核心决策权，党的各级委员会和组织部负责所有政府官员的考察、选拔和任用，党的纪检机构与政府的监察机构合署办公、"一套人马两块牌子"，党的中央军事领导机关与政府的军事领导机关合二为一，党的政法委员会统领和协调公检法司等政府机关等，这些都是依据党章和党内法规而设计的。

以上所有这些政体法形式，都是我们在考察现实而具体的政体的组织形式时，要注意把握并以之为据的。

二、国家结构形态

从政体设计的基本原理来看，国家结构形态的形成，其实是按照地域范围对政体进行分工、控制和协调机制设计的结果。当然这也就意味着，国家结构形态的形成，要以一国具备一定的地域广度和人口规模为前提和基础，而地狭人寡的袖珍国家（也就是城邦）就完全没有必要进行国家结构设计。从政体法的形式来看，所有国家的宪法或其他法律性文件，通常都会涉及国家结构的设计，但其内容未必集中而显见，需要我们仔细辨识、筛选和归纳。

国家结构形态的主要内容是全国性政府与地区性政府的设置方式及其相互关系，如果一国政体还包含非政府的民众参与部分，那么国家结构形态就还包括全国性与地区性民众参与的制度安排及其相互关系。这里主要考察前一个方面，因为后一个方面一般是与之相一致的。

按照政体设计的基本原理，国家结构设计所要解决的主要问题是如何在全国性政府和地区性政府之间进行职责分工，从而二者分别如何设置，包括地区性政府设置多少个，各自的地域管辖范围在哪里和是多大，地区性政府又如何根据地域范围进行再分工和再设置——划分地域层级；如何控制所有这些政府；如何协调各个和各级地区性政府之间以及它们与全国性政府之间的关系。正因为对此的分工、控制和协调机制有多种设计，所以就产生了多样化的国家结构形态。但这里我们没有必要沉迷于国家结构的形态分类，也不必过分追求分类的全面性，重要的是根据政体设计的基本原理，按照分工、控制和协调机制的设计，搞懂各种国家结构形态是如何形成的及其关键特征。

比如，联邦体制的国家结构该如何认识、理解和把握？美国是世界上第一个采取联邦体制的国家，也是非常典型的联邦体制案例，据此我们可以看到，联邦体制国家一般是先有各地区性国家的存在，然后这些国家再联合而成一个新国家。虽然这种国家的形成路径是特殊的，但依然要按照上述的分工、控制和协调机制设计，才能构建起完整的政体，从而形成联邦体制的国家结构形态。

首先要设计分工机制。由于联邦体制国家的地区性政府先于全国性政府而存在，真正需要建立的是全国性政府，所以在进行职责分工时通常就采取排除法，即所有属于全国范围的公共事务，如国防、外交、全国性交通和商贸等，都归全国性政府管理，除此之外的则被看成是地区性公共事务，归相应的地区性政府管理。相应地，全国性政府和各地区性政府自成体系，各有各的机构和人员去履行相应的职责。

其次要设计控制机制。由于联邦体制国家不存在中央与地方的等级关系，所以对联邦政府和各州政府的控制，就不可能采取由上级实施激励或约束的方式，余下的就只有相互约束以及外部激励和约束等方式了。对美国来说，众所周知，它采取的是政府机关之间的相互约束方式，包括联邦政府与各州政府之间的相互约束，这就是所谓的制衡（check and balance）。除此之外我们还应看到，美国是强调民权原则的，所以由政府之外的民众对联邦政府或各州政府实施激励或约束，也是重要的控制机制设计，比如普遍的和直接的选举，不少州还建立了召回或罢免制度。

最后要设计协调机制。虽然在联邦体制的国家，全国性政府与各地区性政府在职责上有明确的分工，在机构人员上自成体系，互不相干，但二者之间以及各地区性政府之间还是有可能发生冲突的。因为宪法上对职责的划分是原则性的，这就有可能会造成双方在理解上的分歧和矛盾。在美国历史上，各州政府认为联邦政府越权和侵犯了州权的争端比比皆是。至于各地区性政府之间发生冲突则更是难以避免，因为总会有跨区域的人员往来流动，从而会产生一些交叉性事务。由于在联邦体制的国家，全国性政府与地区性政府以及地区性政府之间只有职责分工的不同，而不存在上下等级关系，所以对于它们之间的冲突，也就不可能采取由上级裁定的方式，剩下的就只有相互协商和由第三方裁决这两种方式了。在美国，联邦国会的参议院代表各州，这就是协调各州冲突的重要机制，比如历史上对南部州与北部州、自由州与蓄奴州、东部州与西部州、工商业州与农业州之关系的协调。而联邦政府与各州政府之间的纷争，则一般交由作为第三方的联邦最高法院来裁决，由此形成了不少的宪法判例。

联邦体制的国家结构形态就是这样形成的，其主要特征也在于这三点。但这里我们主要是以美国为例来进行考察和说明的，虽然具有典型意义，但还不足以揭示联邦体制的全部特征，因为有些国家在某些具体设计上采取了不同的做法，导致联邦体制也存在一些有细微差别的亚类型。比如1871年成立的德意志帝国也是采取联邦体制的，但明显不同于美国的那种。该帝国由 25 个地区单位联合组成，其中包括由四个王国、六个大公国、五个公国和七个侯国改成的 22 个邦国以及 3 个自由市，从法国分割而来的阿尔萨斯和洛林则作为帝国政府的直辖地区。从职责分工来看，帝国政府负责国防、外交、海关、刑事等事务，各邦国和自由市的政府则保留教育、卫生、邮政等地区事务（初期个别邦国的政府甚至还保留着军事和外交事务），同时保留自己的立宪君主制政府或议会体制政府。但帝国政府的皇帝和宰相法定由普鲁士邦的国王和首相分别担任。作为帝国国会上院的联邦议会代表各邦国，其地位明显高于作为下院、代表民众的帝国议会，而且一切立法和政策都要经其同意才能生效。联邦议会的主席由帝国宰相担任，同时在该议会的 58 席中，仅普鲁士一邦就占据 17 席，而该议会只需 14 票便可否决议案。① 显然，与美国联邦体制强调各州无论大小一律平等的设计不同，德意志帝国的联邦体制更加突出普鲁士邦的主导地位，而且各邦国也依据其大小而在联邦议会中占据不同数量的席位。这样的设计造成在控制机制方面，虽然当时帝国议会是民选的，但没有什么职权，来自外部的激励或约束基本上没有，帝国主要依靠各邦国在联邦议会中的相互约束。然而由于普鲁士在联邦议会中一邦独大，所以这种相互约束机制也不同于美国的那种。至于在协调机制方面，由于普鲁士在联邦议会中占据主导地位，所以当联邦议会作为协调机制而发挥作用时，这种协调机制就跟一般的相互协商机制有所区别。

　　虽然联邦体制的国家结构存在这些亚类型的细微差别，但总体来看，它还是明显不同于中央集权体制的国家结构。过去政治学界习惯于把联邦体制的国家结构看成是分权的，而把中央集权体制看成是集权的，以为这就是二者的主要区别。此说能否成立，关键在于能否搞清楚分权和集权是就什么而言的。如果是从分工的角度来理解分权或集权，那这就是错误的观点，因为只要是分工，这就意味着职责和职权的划分，无论联邦体制还是中央集权体制都是如此。所以二者的差别并不在此，而在于控制和协调机制的不同设计。如前所述，联邦体制采取的是相互约束和外部激励或约束的控制机制设计，以及相互协商和第三方裁决的协调机制设计，如果说联邦体制体现了分权的特征，那么也就仅限于此。与此不同的是，中央集权体制的控制和协调机制设计都充分体现了集权

① ［德］卡尔·艾利希·博恩，等. 德意志史（第 3 卷下册）：从法国革命到第一次世界大战：1789—1914［M］. 张载扬，等译. 北京：商务印书馆，1991：275-277.

的特征，因为无论是协调还是控制，中央集权体制的国家结构都采取由上级决定的方式：既由上级来裁定纷争，也由上级来实施激励和约束；而上级是一个链条，其顶点就是中央政府，所以这种国家结构形态就成为中央集权体制。

也正是从控制和协调机制设计的角度来看，我们可以发现，地方自治体制（local autonomy system）或地方放权体制（decentralization system）① 跟联邦体制并无本质区别，因为二者都采取一样的协调和控制机制设计。二者的不同仅在于国家建构路径和国家结构形成路径的差异：联邦体制国家是先有地区性国家，再有联合起来的新国家，而地方自治体制或地方放权体制所属的单一体制国家是先有一个整体的国家，然后再划分出各个地区；联邦体制的国家结构是随着国家建构一起形成的，而单一体制国家的地方自治体制或地方放权体制，则是在国家建立之后通过改革而形成的，比如英、法、日等国就是如此。也就是说，二者的差异是历史性的而非制度性的，是名称的而非实质的。②

三、政府体制形态

政府体制表示政府是一个组织体系，政府一词更多地表示组织实体的意义，在组织形式的意义上则一般称之为政府形式，而政府体制包含这两种意思，不过这里我们只考察政府形式的方面。

如前所述，我们把政府看成是专职化的国家治理体系（其变异形式则是国家统治体系）。从历史上看，公共治理与人类社会相伴而生、相伴而行，但政府却不是从来就有的，只有等到一个地方的公共治理体系专职化之后，也就是跟畜牧业、种植业、手工业、商业的社会分化一样，当公共治理也变成一种专门

---

① 有学者把地方放权视为一个一般性的概念，表示一个整体国家中所存在的不同程度的地方自治，结果联邦主义也被包含在内（［瑞士］ J. 布莱泽. 地方分权：比较的视角［M］. 肖艳辉，袁朝晖，译. 北京：中国方正出版社，2009：80）。但本书所说的地方放权仅限于单一体制国家，这种做法其实就是实行地方自治，所以地方放权体制跟地方自治体制没有区别。

② 美国学者斯蒂潘（Alfred Stepan）认为联邦体制有两种［STEPAN A. Federalism and Democracy: Beyond the U. S. Model［J］. Journal of Democracy, 1999, 10（4）: 19-34］：一种是"走到一起的"，如美国、瑞士、澳大利亚，这样形成的联邦体制是对称的，也就是各州无论大小，其地位和权利平等；另一种是"拴在一起的"，如西班牙、比利时、印度，这些国家事实上是单一体制国家，只是为了维系国家的存在，为了维护和平秩序，通过下放权力而非让渡权力而形成了一种特殊的不对称的联邦体制。在本书看来，与其说存在这两种联邦体制的区分，不如说是联邦体制和地方自治体制或地方放权体制的区分。

的职业或行业时，政府才得以产生。而政府产生以后，就成为一国政体的主要部分，甚至在很长时间和很多地方就等同于政体本身。19 世纪民主化时代开启以后，政府不再等同于政体，但迄今仍是一国政体的主要部分。所以对绝大多数国家来说，政体设计主要就是指政府体制设计，这也是政体构建最重要的任务，是各国政体法中最主要的内容。

对政府体制的设计当然也要遵循前述的基本原理，即进行分工、控制和协调机制设计，由此形成各种形态的政府体制。但对于从古至今世界各地的各种政府体制，如果像英国学者芬纳（Samuel E. Finer）那样试图进行概括和描述，这恐怕是一件十分困难且费力不讨好的事情。19 世纪下半期以来，由英国人白芝浩（Walter Bagehot）肇始，人们已习惯于将现代国家的政府体制概括为议会体制（或称内阁体制）和总统体制两种类型。① 这种分类有其便利性，但也存在不足，因为它仅适用于现代西方国家的政府体制，而现代世界的政府体制并不仅限于此，不仅存在或出现过如党国体制（party-state system）② 这样的独特类型，某些传统类型的政府体制也继续存在，比如文莱和一些中东国家的世袭君主政府体制，还有梵蒂冈、伊朗等国的宗教神权政府体制。

总的来说，从古至今，世界上的政府体制五花八门，没有任何一种分类可以将其全部包含在内，不管什么样的分类都只是简化的概括，总会遗漏某些重要的特征和类型。所以我们不能盲从这些分类和命名，而只能将各种类型的命名看成是一种简便的代号，比如总统体制和议会体制。鉴于存在这些问题和不足，此处我们并不打算对政府体制进行分类，而是挑选几个当今人们普遍认可的主流类型，从政体设计的基本原理来考察其组成和结构的形成及其主要特征。

（一）议会政府体制

人们公认议会政府体制是从英国发源的，英国是世界上第一个建立议会政府体制的国家，然后才有其他一些国家学习英国。根据英国的情况来看，议会政府体制的主要特点在于：政府的行政部门是内阁，由作为立法部门的议会下院选举产生，并对其负责（承担政治责任）和受其监督，一旦议会下院的多数不再支持内阁（通过不信任投票），则内阁要么集体辞职，要么提请国家元首解散下院重新大选。

---

① BAGEHOT W. The English Constitution ［M］. Oxford：Oxford University Press，2001：14.
② ［意］G. 萨托利. 政党与政党体制 ［M］. 王明进，译. 北京：商务印书馆，2006：70.

　　这就是说，从分工机制的设计来看，议会体制的政府至少要分成立法和行政两个部门，其中立法部门被称作议会，行政部门被称作内阁。其实和其他政府体制比较来看，这种分工机制设计并没有什么特别的。对议会政府体制来说，其突出的特征在于控制机制设计，即由议会（在英国主要是下院）控制内阁（甚至包括作为司法部门的法院）。协调机制设计也是类似的，也由议会以一个更高者的姿态来负责协调。这在英国就是所谓的议会主权或者议会至上主义，而一些学者认为这不过是代替或战胜了君主专制主义的议会专制主义①。在英国，我们知道这种设计有其历史渊源，即议会与国王持续斗争，最终是议会取得了胜利；后来内阁取代了国王，国王沦为虚位君主，那么原先议会对国王的优势，现在就转变为议会对内阁的控制并协调一切国家机关之间的冲突。

　　然而上述的议会政府体制只能就英国并且就其大概而言才是成立的，如果更仔细地考察就会发现，该模式并未完全概括议会政府体制的全部特征，其中还有诸多具体而微的复杂之处，导致议会政府体制存在一些亚类型。

　　先从分工机制的设计来看，在职责分配方面，我们不能简单地认为，政府立法、行政和司法部门的职责分别是立法、行政和司法（我们暂且假定这些职责是清楚而无歧义的），实际上各部门职责的拓展、兼领和交叉比比皆是。从职责的拓展来看，比如议会的职责就不仅限于立法，称之为立法机关是就其主要职责而言的。此外议会至少还承担着作为民意代表机关的职责，负责接收和集中民众意见并提出相应的议案，而这些提案并不都是法案，未必都会引发立法过程。议会对内阁的问责和监督也与立法无关，而是来自控制机制的设计，是在履行控制的职责。又如法院，其司法职责本来是裁决民间纠纷，但在南非②，最高上诉法院、高等法院以及其他地位相当的法院还有违宪审查的职责，显然这也是来自控制机制的设计。从职责的兼领来看，比如瑞士的联邦委员会既是

---

① 麦克尔·门德尔. 议会主权：一个真正的英国专制主义［M］//尼古拉斯·菲利普森，昆汀·斯金纳. 近代英国政治话语. 潘兴明，等译. 上海：华东师范大学出版社，2005.

② 本书将南非作为议会政府体制的案例来进行考察，而有的学者却认为南非是总统体制的（宋微. 世界主要政党规章制度文献：南非［M］. 北京：中央编译出版社，2016），这恐怕是不对的。因为南非总统由议会选举产生，总统领导的内阁要向议会负责并受其监督，显然这种政府体制更接近于英国而不是美国，我们不能因为南非总统的称谓及其兼具国家元首和行政首脑的角色而以为这是一种总统政府体制。

行政机关也是集体的国家元首①，南非总统既是行政首脑也是国家元首。还有职责交叉的情况，比如在英式议会体制的政府中，内阁成员同时也是议会成员，内阁也向议会提交法案并参与立法过程，这就等于说内阁也承担着立法职责，从而与议会的职责有所交叉。

在机构设置方面，议会体制的政府并不是只分成立法、行政和司法三个部门（分别是议会、内阁、法院），除此之外还可能包括国家元首和其他一些独立机构。国家元首的职责是作为国家（作为政治共同体）的人格象征（国家元首就是国家第一人或第一公民的意思），显然它不是立法、行政或司法机构。而诸如选举委员会、宪法法院②这些独立机构，承担的是有关政府自我维护的职责，也不能被归为上述的三个部门。即使是这三个部门，其具体设置也有国别差异。比如英国率先建立了两院制议会，但有一些国家的议会却是一院制的，如匈牙利③。这些机构的产生方式在不同国家也不尽相同。在瑞士，作为政府行政部门的联邦委员会由联邦议会的两院联席会议选举产生，而非如英国那般由议会下院选举产生；瑞士联邦法院的法官经联邦委员会提名，由联邦议会的两院联席会议选举产生，且有任期（六年，可连选连任），而非如英国那样实行任命制和终身制。

可见，议会政府体制是通过多种分工方式混杂而成的，绝非套用三权划分模式就可以理解和把握。当年孟德斯鸠的确曾去过英格兰实地考察，并认为自己提出的三权划分学说来源于对英格兰政体的考察，然而很明显，他的三权划分学说仅仅是一个理论模型，既不是对当时英格兰政体的真实写照④，也不能完全用来描述后来的议会政府体制。

再从控制机制的设计来看，在英式议会政府体制的情况下，议会（下院）可以采取倒阁的方式来控制内阁，但并非所有议会体制的国家都是如此。例如在瑞士，联邦委员会对联邦议会两院负责并受其监督，但联邦议会两院却不能

---

① CHURCH C H. The Politics and Government of Switzerland [M]. New York：Palgrave Macmillan，2004：114.
② 英国没有设立宪法法院，因为它没有成文宪法，而且宣称议会主权或者议会至上主义。但在其他一些实行议会体制的国家，例如德国、南非、匈牙利，却专门设立了宪法法院。
③ KOROSHYI A. Government and Politics in Hungary [M]. Budapest：Central European University Press，1999：162.
④ 英国宪法学家戴雪早就指出孟德斯鸠误解了英格兰政体（［英］A.V.戴雪.英国宪法研究导论 [M].何永红，译.北京：商务印书馆，2022：398）。

对联邦委员会进行不信任投票（反过来，联邦委员会也不能解散联邦议会的任何一院）。联邦委员会对联邦议会两院负责并受其监督的方式仅限于：定期向每届议会做施政纲领报告；每年年终向议会做行政管理报告；联邦议员、议会党团或者议会的委员会可以动议，要求联邦委员会说明其提出的法案、所做出的决定或者所采取的特别措施是否适当，如果国民院或联邦院同意了该动议，则联邦委员会必须向联邦议会提交有关法案、决定和特别措施的审查结果报告；在每个会期的第二、三周内，任何联邦议员都有权以口头或书面的形式对联邦委员会质询，如果是书面质询，则联邦委员会必须在下个会期到来之前做出答复。又如在南非，内阁向议会下院即国民议会集体负责：如果国民议会对除总统以外的内阁成员通过了不信任案，则总统必须重组内阁（但在此情况下，内阁不能提请总统解散国民议会）；如果国民议会对总统通过了不信任案，则以总统为首的内阁必须全体辞职。

总之，从分工机制设计来看，议会政府体制一定包含一个叫作议会的机构设置——不管是作为民意代表机关、立法机关、决策机关还是监督机关，至于其他政府机构的设置则是多样化的（可归为两大类：或者是从事公共事务管理的，或者是负责政府自我维护的），但无论如何，其中被称为行政部门的机关一定是议会产生的。从控制和协调机制设计来看，议会政府体制特别重视议会和内阁（行政部门）的关系，协调和控制的具体方式也是多样化的，但议会明显具有优于其他政府部门的中心地位，也正因如此，这种形式的政府体制才叫作议会体制，其实就是议会中心体制。

（二）总统政府体制

从立法部门与行政部门的关系来看，议会体制的确是一种特殊的政府形式，至少与通常所说的总统政府体制明显不同。人们公认，美国是第一个建立总统政府体制的国家，后来才有其他一些国家学习和模仿。根据美国的情况来看，总统体制的政府，其立法和行政部门都由民选产生，而且行政部门也不用对立法部门负责。更具体地说，美国联邦政体设计者比较严格地遵循孟德斯鸠的三权划分学说，首先将政府分成立法、行政和司法三个部门，各自承担制定法律、执行法律和适用法律的职责，其机构和人员自成体系，然后通过职责和职权的交叉设计来实现相互控制和协调。由此来看，如果说议会政府体制明显具有以议会为中心的结构特征，那么总统政府体制则没有中心结构，而是一种平行分工与相互控制和协调的结构模式。

的确有一些国家受了美国影响并学习或模仿其总统政府体制（主要见于中

南美洲），但也有一些国家并非完全照搬，而是在此基础上进行了改造，于是形成了另一种总统政府体制，即超级总统体制（super-presidentialism system）。①1947年的中华民国宪法可能构建了最早的超级总统体制，所以超级总统体制并不是从人们视之为典型代表的法国起源的。目前俄罗斯、一些苏联的加盟国、韩国等也采取这种政府体制。

和美式总统体制比较，超级总统体制的政府也设有一个民选的兼任国家元首和行政首脑的总统，并且也不对议会负责，但不同之处在于，总统不是与其他政府部门相平行的一个部门，而是地位更高，负有协调政府各部门的职责，而且还单独设立一个以总理为首的内阁作为行政部门，由议会产生并对议会负责和受其监督。所以，如果说美式总统政府体制不具有中心结构，那么超级总统体制就有，只不过不是以议会而是以总统为中心。

总之，与议会政府体制相对照，总统政府体制的突出特征：从分工机制设计来看，它必然要设立一个总统职位，既作为行政首脑也作为国家元首，而且必定是民选的（直接或间接选举）而非由议会选举产生；至于其他政府机构的设置，则各国存在差异，其中议会、法院等机构的设置是必不可少的，然而其他机构则不一定设置，比如总理及其领导的内阁、宪法法院、咨议机构等。从控制和协调机制设计来看，在总统政府体制中，议会并不占据中心地位，即使是超级总统体制，总统也不占据中心地位，而且总统无须对议会负责，所以就不存在总统或议会控制和协调其他政府部门的情况，而是各政府部门之间相互控制和协调，在外部则有选民对总统和议会实施控制。显然，总统政府体制和议会政府体制在分工、控制和协调机制设计三个方面都不同。

（三）议行合一政府体制

议会体制或总统体制的政府形式多见于全国性政府，如果放在地区层面来看则情况往往不同。有一些国家，其地区性政府与全国性政府形式相同，比如美国的各州政府也是总统体制的；但也有不同的，比如在日本，中央政府是英

---

① 学界对于超级总统体制还存在争议。最初迪韦尔热将其称作半总统体制或半议会体制，后来又有人称之为双首长体制、混合体制等，近年来称之为超级总统体制的多见起来，包括在国外学界，多用于指俄罗斯和一些苏联加盟国家。不同的称谓表明人们对这种政府体制的归类是有分歧的：是议会体制的变体形式，还是总统体制的变体形式，还是不同于总统体制和议会体制的第三种形式？本书认为这是总统体制的变体形式，因为总统由民选产生、兼任国家元首和行政首脑且不对议会负责，显然不同于议会体制而更接近于总统体制。

式议会体制，但在都道府县的地方层面，政府的行政首脑和议会均由选民直选产生（这被日本学者称作"二元代表制"①），行政首脑还有权否决议会的决议，这颇似于总统体制，但议会又可以对行政首脑投不信任票，而行政首脑也可以解散议会，这又像是议会体制，所以是二者的混合体。

实际上对许多国家来说，不管其全国性政府是何体制，更常见的地区性政府既非议会体制也非总统体制，而是议行合一体制。议行合一体制指的是政府仅设立一个民选的集体性质的议会、委员会或理事会，全面负责本地区的公共事务管理，该机构集体决策，然后由作为其成员的各议员、委员或理事分头去执行，或者这些人分成若干执行委员会去执行，而该集体机构当然也负责控制和协调议员、委员或理事以及执行委员会。例如在英格兰，民选的各级地方议会负责决策，议会内设的各种委员会则负责执行；在美国，地方的乡镇委员会、学区理事会和各种特别区理事会也是如此。相对而言，全国性政府采取议行合一体制的十分少见，鲜有耳闻。

比较来看，议行合一体制与总统体制毫无共同之处，但与议会体制却有一些瓜葛，可以相互转化。如果说二者有什么不同，主要在于议行合一体制的政府虽有职责的分工，但没有机构和人员的分化，而是同一批任职者承担决策和执行的双重职责；而在议会体制的政府中，机构和人员都有分化且比较多样。这就导致二者的控制和协调机制设计也有所不同，即议会体制以议会为中心来实施控制和协调，而议行合一体制实际上采取的是相互控制和协调的机制。

四、民众参与形态

政府是一国政体中的专职化部分，二者可能是重合的。但在某些国家，政体中也可能包含非专职化的部分，也就是不具有政府公职人员身份（官）的民众（民），通过政体设计的某些制度途径而参与其中。这种民众参与也有不同的形态类型。

从历史上看，人类从一开始就是社会生活的状态，但最初并不存在官民分化，没有设立政府，所以最初的公共治理本来就是由民众来承担的。后来作为又一次社会分化的结果，人类社会出现了官民分化，产生了政府，自此以后才

---

① ［日］松村岐夫，伊藤光利，辻中丰. 日本政府与政治［M］. 吴明上，译. 台北：五南图书出版股份有限公司，2005：193；［日］五十岚晓郎. 日本政治论［M］. 殷国梁，高伟，译. 北京：北京大学出版社，2015：149.

有国家这种政治共同体形式，公共治理随之也就变成了国家治理。现在的问题是，既然政府本身就是或者说本来应该是专职化的国家治理体系，那为什么还需要政府之外的民众参与呢？这里其实有两种设计逻辑，也就是说，无论是作为国家治理体系还是作为国家统治体系，一国政体都有可能包含关于民众参与的设计，但是其目的完全不同。

（一）民众参与的两种设计逻辑

在统治型国家，比如在中国古代的皇权帝制时期（自秦汉至明清），国家无疑是"家天下"的君主国，政府无疑是非民主的，其政体完全就是一种国家统治体系。正如有学者所言，皇帝和官僚集团施政的主要诉求，是尽可能提升汲取人力与物力的强度和总量。① 然而即便如此，在某些时候，皇帝也准许不具有官员身份的大族乡绅、致仕官员或乡野士人与闻朝政，为朝廷举荐人才，协助地方官府缉盗征粮征役等，这就意味着，其政体也包含一个民众参与的部分。只不过这些民众并不普通，也不广泛，而仅限于少数有权有势的社会精英——这是一种资格限定；而且这种资格显然是皇帝恩赐给社会精英的，而非他们固有的"天赋权利"（虽然他们中的某些人，比如儒士，可能会认为这种权利是固有的）。

像皇权帝制时期的中国这样的统治型国家，之所以允许一定的社会精英参与国政，这不过是皇帝的一种政治统治策略（政治统治术）而已，也就是通过笼络和吸纳社会精英甚至与之建立同盟，来巩固其政治统治地位，而这跟国家治理的目的毫无关系（至于由此产生某些国家治理的客观效果，那是另一回事）。因此，皇帝允许社会精英参与国政，这只是其开明（明智）的表现，而非必须如此，实际上是可有可无的。一般来说，皇帝如果不吸纳这些社会精英参与，那么就容易失去他们的支持甚至遭到他们的反对，从而统治不稳，但历史上仍有许多皇帝对此置若罔闻，因为并非所有皇帝都是开明的，而且向社会精英开放确实也会对皇帝形成一些限制，有损于皇帝的独裁和权威。

---

① 谌旭彬. 秦制两千年：封建帝王的权力规则 [M]. 杭州：浙江人民出版社，2021：1-2.

与统治型国家相对，共和国是以公民为国家主人的"公天下"的国家。① 虽然共和国也建立专职化的政府，但既然共和国本来就是公民所有的，而且是为了全体国民的幸福而进行国家治理，那么国家治理本来就应该是全体公民的职责所在，没有任何理由将政府之外的公民排斥在国家治理之外，国家治理不是也不应该由政府来垄断。② 因此对共和国的公民来说，参与国家治理是一种基于其身份而产生的固有权利，而且这种权利是全体公民普遍享有的，而非仅限于某些人。

不仅如此，在共和国，公民参与也不是可有可无的，而是绝对必要的，否则共和国就会腐化变质，就难以维系。因为越是缺乏公民参与，则本来作为国家公器的政府，就越容易沦为政府人员的私器，腐化变质在所难免，最终作为国家公仆的政府人员变成国家的主人，公民则由国家的主人沦为政府的奴隶，政府不是为了全体国民的幸福而进行治理，而是为了他们自己或者某些人的私利而进行统治，这就完全违背了共和国的立国之本。从前的共和主义思想家和政治家之所以呼唤公民精神，呼吁公民参与，原因即在于此。马克思主义创始人对此也表示高度的警惕，恩格斯就指出，以往的国家，不管是世袭君主国还是民主共和国，都具有这样的特征："社会为了维护共同的利益，最初通过简单的分工建立了一些特殊的机关。但是，随着时间的推移，这些机关——为首的是国家政权——为了追求自己的特殊利益，从社会的公仆变成了社会的主人。"③ 所以在共和国，为了确保立国之本，政体设计必须包含一个公民参与的部分，而不是像统治型国家那样可有可无。

（二）共和国的公民参与形态

从政治伦理的角度来看，统治型国家早已受到世人的批判和唾弃，近现代

---

① 和其他类型的国家一样，共和国的成员也是国民（national），也就是具有一国国籍或国家归属的人，而无论其是否居住在该国领土范围内，也无论其性别、年龄、民族、宗教等有何不同。但生活在一国之内的居民（inhabitant）未必都是该国的国民，因为他们可能不具有该国的国籍，是外国人。我们已经指出，只有共和国才有公民（citizen）的存在，而在其他类型的国家，比如统治型国家，国民通常分为两类人：一类是统治者，是特殊国民，即特权阶层；另一类是被统治者，是普通国民，即臣民（subject）。但共和国的国民也不都是公民，因为作为国家主人，公民必须具备当家作主的能力，要满足最基本的一些条件。至于说这些条件是什么，也就是公民资格（citizenship）该当如何确定，这是因时因地而异的。

② 这就是共和国作为"民有、民治、民享"的国家的原理。

③ 马克思恩格斯文集（第3卷）[M]. 北京：人民出版社，2009：110.

以来共和国已逐渐成为全世界的主流选择，所以接下来我们就没有必要去考察统治型国家的民众参与，而将注意力放在共和国的公民参与上。

在古典政治学的话语中，公民参与是共和国的应有之义，既是公民的权利也是其义务。在现代政治学的话语中，公民参与也被称作政治参与，有人还将其视为民主的本质①。在现代，由于观念和用语有所变化，公民参与往往用公民权利、公民自由、政治权利、民主权利等话语来表述，一国宪法中对公民权利自由的表述，就是在表明公民既有政治参与的职责，也有相应的资格和职权。② 当然，一国的政体法并不仅限于表述这些权利或自由，还会涉及公民参与的具体形式和途径等，否则公民参与将变成虚无缥缈的空头说辞。这些就是我们考察共和国之公民参与形态的法律依据。

由于公民参与也是集体行动，所以对公民参与的设计，也要遵循政体设计的基本原理，设计出相应的分工、控制和协调机制。只是在这些方面，不同国家有不同的做法，由此形成多种公民参与形态。

第一，在分工机制设计方面，主要是明确公民参与的职责、资格和职权。

（1）关于公民参与的职责分配。虽然不同的政体设计者基于不同的思想观念和理论基础会采取不同的做法，但这在共和国肯定是存在的，区别只在于多少而非有无。概括来看，公民参与的职责一般分为两类：针对政体本身的职责和关于国家治理的职责。

所谓针对政体本身的职责，就是前述的关于政体自我维护的职责。既然公民是共和国的主人，那么共和国要建立什么样的政体，当然就应该由公民来决定，所以共和国应该由公民投票来批准宪法及其修正案。由于政体最主要的部分是政府，所以共和国的公民当然也应当决定采取什么形式的政府和选择什么样的人来担任政府公职。但如果公民仅仅是决定和产生政府，除此之外对政府再无影响作用，那么即使是共和国的政府也一定会腐化变质。按照现代民主理论的理解，公民选举政府公职人员，这是一个委托和受托（从事国家治理）的过程。而由于信息不对称的缘故，如果委托人不能有效地监督代理人（受托人），那么代理人出于自利的动机，就很可能会做出损害委托人利益的事情。所

---

① ［美］科恩. 论民主 ［M］. 聂崇信，朱秀贤，译. 北京：商务印书馆，1988：10.

② 对此自由主义者可能有不同的理解，他们认为申明公民的自由权利，主要是为了表明政府的职责和职权有边界，也就是对政府进行限制。这种理解当然不算错，但不完全，毋宁说对人权（human rights）的表述才是如此，而公民权利指的是作为共和国主人的公民有政治参与的职责、资格和职权（义务和权利）。

以公民不能仅仅是决定和产生政府，还必须监督政府。

在共和国，即使公民已经建立了专职化的政府，委托其从事国家治理，作为主人的公民还是必须参与国家治理，包括参与政府的治理过程（间接治理）和撇开政府亲自从事治理活动（直接治理）。因为按照共和国的立国之本，公民从事国家治理（民治），这本来就是他们不可推卸的职责，建立政府并委托其从事国家治理，这不过是一种权宜之计——对大国来说尤其必要①，而不等于说公民就免除了国家治理的职责。一旦建立了政府，那么"委托—代理"问题就始终存在，这是不可消除的，所以任何政府都不可被盲目信任，公民要始终对其保持警惕。出于这种对政府不放心的理由，公民就有必要参与政府的治理过程。因为公民越是不参与政府的治理过程，就越是不了解政府管理公共事务的情况，就越有可能被边缘化，对政府的监督也一定会流于形式而归于无效。此外，并非所有的公共事务都适合交给政府去管理，有些公共事务应该由公民亲自来管理。比如有些重大的公共事务（通常是宏观领域的）关系到共和国的立国之本，这就必须由公民亲自来决定才行，必须符合和体现公民的意志——否则公民作为国家主人的地位根本无从体现。还有些公共事务（通常是微观领域的）交给政府去管理，很可能会产生更高的成本、更低的效率和更差的效果，反而不如由公民亲自来管理更好。

因此在共和国，分配给公民的职责就是政体自我维护和间接或直接从事国家治理。至于说这些职责是不是还需要进一步分配（纵向分解），不同国家的做法也是不一样的。通常来说，各国都是把全部公民同等看待的，没有加以区分，所以不管是投票、选举、监督还是治理，都不区别公民而进一步分工。如果说有进一步分工的话，那主要是根据地域范围来进行的，也就是把公民参与的职责分成全国性的和地区性的，其中地区性的职责可能还包括多个层次。全国性的职责意味着公民决定全国性政体，产生和监督全国性政府，参与全国性公共事务的管理；地区性的职责则意味着公民只在自己居住或所属的地区范围内，决定本地区的政体（比如在联邦体制的情况下），产生和监督本地区的政府（但在最低层次和最小范围的地区，也可能根本就没有设立政府），参与本地区的公

---

① ［英］约翰·穆勒. 代议制政府（英汉对照）［M］. 段小平，译. 北京：中国社会科学出版社，2007：103-105. 不过对于共和国要建立政府的原因，孙中山有不同的见解（三民主义之民权主义第五讲［M］∥孙中山文选. 北京：九州出版社，2012）。他基于人生而不平等的前提，提出权能分说，认为共和国的公民可以有权，但未必有能，所以应当让那些有能的人来从事国家治理，这些人就组成政府。

共事务管理。这就等于说，每个公民，不仅是全国的公民，也是各个和各级地区的公民，具有多重身份，所以也就承担着多重职责。至于说这些地区及其层级的划分，如前所述，这取决于一国的国家结构是如何设计的。

（2）关于公民参与的资格确认。一般来说，共和国的国民只要具备了公民资格，就具有了政治参与的资格，所以确认公民参与的资格，其实就是要确定什么人可以成为公民。我们知道，在不同地方和时代，对公民资格的限定有很大的反差和变化。总的来看，近代以来，在共和国逐渐成为世界主流国家形式的形势下，对公民资格的限定也随之而逐步放宽，比如性别、种族、民族、宗教等限制都被打破了，有些限制如奴隶身份也早已不复存在，但也曾增加过一些限制，如教育程度、财产状况（有无纳税能力），还有一些限制迄今也不曾废除，比如年龄、国民身份，只是这些迄今尚存的限制也经历了逐步放宽的过程，如逐步降低年龄门槛，允许具有双重或多重国籍的人成为公民。

关于公民参与资格的确认还有一个特殊的方面，这就是明确公民参与的主体形式。概括来说，公民可以个体形式或以有组织的集体形式来从事政治参与，但并非历来如此，实际上在很长时期内都仅限于个体形式。我们知道，在现代，有组织的集体形式主要有政党、利益集团、社会运动等。有一些本来并非以政治参与为目的的组织，如企业、媒体、社团，也有可能参与进来，从而变成公民参与的集体形式。但在历史上，有些共和国的政体设计者特别反感派别或党派现象，认为他们都是追求私利的，有损于公共利益，是造成国家混乱和不稳的根源，所以不承认公民有结社权利，反对以有组织的集体形式来参与。当然，今天世界各共和国的宪法普遍承认公民有政治结社或一般结社的权利，所以当公民以结社的形式（特别是组党的形式）来参与时，这也被认为是合法的。

（3）关于公民参与的职权授予。显然，如果一国的政体法只是规定公民有参与的职责和资格，却不明确公民参与的职权，也就是在参与过程中可以采取什么手段的资格和自由，那么公民参与就一定是空洞的和不可行的。所以关于公民参与的分工机制设计，还包括授予公民参与的职权。尽管在现实生活中，没有人把公民参与的这种资格和自由称作职权，然而它事实上就是一种职权，因为它是基于公民承担相应职责而产生的。

由于公民参与的职责分为两大类，而职责不同，相应的职权也不可能一样，所以我们最好分开来看这些职权。在针对政体本身的职责方面，如果是决定政体，那么公民就有权通过投票来批准宪法及其修正案；如果是产生政府，那么公民就有权投票选举政府公职人员；如果是监督政府，那么公民就有权查阅档案、获得信息、参加旁听、检举揭发、测评问责、召回罢免、示威抗议等。至于具体是哪些职权，这是因时因地而异的。

在关于国家治理的职责方面，如果是参与政府的治理过程，那么在一些国家，公民有权向政府请愿、提出意见和建议、参加听证会等，或者是结成利益集团或社会运动，通过院外游说、公开宣传、集会游行等活动，去影响政府的治理过程——特别是影响政府的议题和决策。如果是公民亲自参加国家治理，则在一些国家，公民有权在一定层次的地区范围内，直接提出议题、直接做出决定甚至直接付诸实施。其中公民有权直接提出议题，这被称作创制权或倡议权。而这种职权的行使，显然要以信息自由和言论自由为前提条件，因为没有信息自由，公民就难以察觉和发现公共事务，而没有言论自由，则公民无法表达有关公共事务的议题。公民有权直接决定公共事务，这被称作公决权，又包括两种略有不同的方式：一种是公民针对自己提出的议题，一种是针对政府提出的议题或做出的决定。公民有权直接实施决策，一般针对的是公民自己做出的决定，但这在各国一般仅限于最低层次和最小范围的地区，比如社区或乡镇。

第二，在控制机制设计方面，公民参与也会出现动力和导向问题，也需要通过控制机制设计来解决。

公民缺乏参与动力或动力不足的问题，这在不少共和国都出现过，比如一些公民长期不参加投票，整体投票率下降。在共和国，这是一个非常严重的问题，因为共和国要靠公民参与才能支撑和维系，否则就会动摇国本，共和国就会腐化变质。为解决这个问题，从古至今所采取的主要办法，除了开展公民教育、进行精神激励外，就是奖惩并用。例如在古希腊城邦时代，出席公民大会的公民可以获得一些补贴，而在现代一些国家，则强制公民参加选举或投票，否则就要对其罚款。

公民在参与过程中出现导向问题也是常见的，比如贿选、贿赂、勾结、骚乱、叛乱，从而偏离甚至背离了参与的本来目的，即这些行为与针对政体本身的职责和关于国家治理的职责无关甚至对此有害。为解决此问题，各国一般都是制定相应的法律来进行规范，并由政府有关部门来实施追责、处置和惩罚。

第三，在协调机制设计方面，由于在共和国中，公民之间存在性别、种族、民族、宗教、地区、职业、财富、教育等方面的社会分化，由此产生观念或利益上的分歧和矛盾，所以公民在参与过程中也会发生冲突，比如承认与不承认投票或选举结果的冲突。这些冲突如果得不到解决，不仅将使公民参与归于无意义，严重者甚至会引发社会混乱或国家分裂，所以对公民参与的协调机制设计也是不可缺少的。当然，公民之间发生的冲突有很多，这里仅限于公民在政治参与过程中所发生的冲突，其他冲突不涉及政体问题，而是一般的民事纠纷或社会冲突。

至于如何解决此类冲突，特别是围绕投票或选举结果而发生的冲突，现代国家一般是由作为第三方的法院来进行裁决，有的则交付宪法法院来裁决。但这种协调机制只能针对公民参与在法律程序上的冲突，对于公民参与的实质性冲突，比如在参与国家治理的过程中，各派提出针锋相对的议题，表达相反的观点，或者支持相反的决定，这种协调机制就是无用的，现实中也没有看到设计出什么协调机制来，而任由冲突方自行协调——但这并不是一种有意的机制设计。

五、整体组合形态

古往今来，并不是所有国家的政体都包括国家结构、政府体制和民众参与这三个部分，因为有的部分是因国情不同而设计的，有的部分是随形势变化而逐渐产生的，当然也有一些国家的政体同时具备这三个部分。如果是三者兼具的情况，那么三个部分的搭配是任意的还是要遵从某种规则呢？

比较来看，这三个部分的搭配并没有表现出什么规律性，而是存在多种组合方式，但是各部分的设计必须遵循统一的逻辑，否则就没法搭配。这里所说的逻辑是关于行动的"目的—手段"逻辑（为了什么目的而采取什么手段），具体而言就是关于政体设计和构建这种行动的逻辑。不同国家设计和构建政体，其目的不尽相同，所以也就不可能产生完全相同的政体。同理，如果一国的政体同时包含国家结构、政府体制和民众参与三个部分，那么各个部分就必须追求一个共同的目的来设计，而不能是相互矛盾或对立的，这就叫作逻辑的统一。

具体来说，在国家结构的设计方面，很明显联邦体制、地方自治或地方放权体制的设计逻辑比较接近和一致，而它们均与中央集权体制的设计逻辑相对立；在政府体制的设计方面，集权专制政府与分权民治政府的设计逻辑是明显对立的；在民众参与的设计方面，统治型国家的民众参与跟共和国的公民参与的设计逻辑也是相对立的。既然这些设计逻辑是相对立的，那么由此产生的国家结构、政府体制和民众参与也就没法搭配在一起。比如，把联邦体制、集权专制政府和公民参与组合起来，那就非常奇怪了，这样构建起来的政体也不可能顺畅运作。如果说现实中的确存在这样一种奇怪组合并且还能正常运作的政体，那么必定是因为其中的某些部分有其名而无其实，比如说虚君制、虚假的联邦体制或虚假的公民参与。

当然，在各部分的设计逻辑统一和一致的情况下，三个部分的搭配也不是只有一种方式。比如联邦体制的国家结构，既可以与总统体制也可以与议会体制的政府形式搭配；全国性政府是议会体制的，但区域性政府可以是总统体制的，全国性政府是总统体制的，但区域性政府可以是议行合一体制的。整体来看，正是三个部分多样的搭配组合方式才造就了多样的政体形态。

第三节　政党时代的政体形态

以上对政体形态的考察是从组织形式（制度）的角度来进行的，依据的是政体设计方案——表现为政体法。这种考察角度有其必要，但也确有其局限性，这就是有可能脱离实际。因为作为组织形式的制度设计和安排在现实中并不一定都是有效的，从政体法的规定中也不可能看得到现实的任职者是什么人及其状况如何。所以对于政体形态，还必须从组织实体（人事）的角度来进行考察和把握，看看一国政体到底是由哪些人组成的，这些人是什么状况。

古典政治学习惯于根据人头数，或者根据当政者的社会身份特征，来区分政体，这实际上就是从组织实体来看待政体的一种角度。比如亚里士多德注意到社会中有贫富分化，而这些或贫或富的群体有可能分别充斥和掌管政体，从而分别形成平民政体或寡头政体。马克思主义者把充斥和掌管政体（特别是政府或者说国家机器）的人称作统治阶级，并力图确定其到底属于哪个阶级，其经济基础如何，这也是从组织实体来考察政体的一个角度。其他从组织实体的角度来考察政体的，还包括关注政体中任职者的种族民族构成、宗教信仰状况、教育背景情况、经济收入状况、职业来源状况、地区来源状况、派系分化状况、姻亲血缘关系、人生经历状况、职业履历关系、价值观念或心理意识状况等。

显然，即使是从组织实体的角度来考察政体，这也包含多个维度，而据此考察的结果，无疑又是因时因地而异的，难以一概而论。这里我们选择一个特定的维度，即从政体中任职者的派系分化和相应的组织状况，也就是从政党归属的维度，来考察各国政体在组织实体方面的形态表现。我们选择这样的维度，不是说基于其他维度的考察就是不必要的或者无意义的，而是因为从全世界来看，人类早已普遍进入政党时代，政党在各国普遍存在且极为重要，事实上政党已经嵌入政体之中，已使政体形态——至少是政体法所设计的那种形态——发生了明显的改变。因此不从这个维度出发来考察政体，恐怕我们就难以确切地把握这个时代的政体形态。

一、政党治国体系的概念

政党时代在两百年前就开始了，一直持续至今。在这个时代，从组织实体的角度来看，各国政体大多不再是传统时代所谓的君主政体、贵族政体或寡头政体，甚至从组织形式角度所说的代议民主政体、议会体制、总统体制等，也未必真实刻画了这个时代的政体形态。之所以如此，关键就在于政体中人普遍是有政党归属的，是按照政党组织起来的，具有政党成员的身份。

对于这一新情况的出现，过去有人提出"党派政府（party government）"这一概念，试图以此来描述和把握之。① 该概念试图去反映新的现实，这是值得肯定的，但是它太狭隘了，并不足以描述和把握政党时代的政体变化。毕竟政体未必等于政府，而且这个概念中的政府仅指其行政部门，也太狭隘了。实际上在政党时代，政党并不是仅仅嵌入政府的行政部门，而是全面嵌入一国的政体之中。

为了更加准确和有效地把握政党时代的政体形态，本书提出一个全新的政体概念：政党治国体系。这就是说，从组织实体的角度来看，政党时代的政体形态就是政党治国体系，也就是政党时代的国家治理体系。

所谓政党治国体系，这是指一国中以所有占据政府公职的政党为中心，包括那些与这种政党联系在一起的社会团体或群体，它们共同构成的体系。需要注意的是，这里所说的政府是广义的国家政权概念，政府公职也不仅限于全国性政府，还包括各级地区性政府。至于这些政府公职的具体范围是什么，则取决于一国政体到底是如何设计的，显然是因时因地而异的。

人们通常把占据政府公职的现象称为执政，占据政府公职就意味着执政，这样的人就被称作执政者或当政者，这样的政党则被称作执政党。但是不知出于什么原因（可能是来自英美等国历史的偶然性并随之成为习惯），人们通常说

---

① ［法］让·布隆代尔，［意］毛里齐奥·科塔. 政党政府的性质：一种比较性的欧洲视角［M］. 曾淼，林德山，译. 北京：北京大学出版社，2006：2-6. 另外，过去学界一般都把 party government 译作"政党政府"，这是不准确的。因为在这个术语中，party 表示的是政府的党派性（partisanship）特征，所以最好将 party 译作"党派"，只有 political party 一词才表示作为一种组织体系的政党。

的执政党，并不是指所有占据政府公职的政党，而仅限于那些占据某些特殊政府公职的政党，比如议会体制中组阁的政党，或者总统体制中占据总统职位的政党，而在一党体制的情况下，执政党的含义又有所不同。如此界定的执政党概念显然十分混乱，也没有什么学术依据和意义。既然如一些学者所指出的那样，政党天然就是追求政府职位的①，亦即追求执政，占据政府公职就等于实现了这一目标，那么严格说来，所有占据政府公职的政党都应当被称作执政党，只有那些完全不占据任何政府公职从而没有实现其目标的政党才是真正的在野党。按照这样的执政党定义，我们也可以说，政党治国体系就是以所有执政党为中心而构成的国家治理体系。

尽管政党治国体系的确主要是由执政党组成的，但我们绝不能因此认为，政党治国体系仅由执政党组成。在政党时代，一个国家无论存在多少个执政党，都不是也不可能仅由某个政党单独治国，实际上总是一个或若干个执政党联系或控制着一定的社会力量（比如外围组织、企业、普通民众）共同治理国家，只不过执政党站在国家治理的前台，而其联系或控制的社会力量站在背后并向其汇聚（导致执政党占据政党治国体系的中心位置），以之为代表或渠道，参与国家治理和发挥相应的作用。

政党治国体系是以所有执政党为中心而构成的国家治理体系，但本书不将其称作政党执政体系，这有几个原因。第一，执政和治国的意思不同。执政仅限于占据政府公职，而治国却是指提出、制定和实施国策，即管理国家公共事务。第二，治国意味着已经执政，但执政不包含治国的意思。要治国，就必须首先执政，所以治国本身即意味着已经执政，包含着执政的意思，但反过来执政却不包含治国的意思，所以用治国这个概念更好。第三，治国比执政更重要。虽然执政和治国都是政党追求的目标，但相对治国的目标来说，执政显然只是手段。虽然"没有占据职位（议会席位或者政府的部长职位），就不可能有追求政策的行为"②，但显然政党追求执政的目的在于追求治国，因而治国比执政更重要。第四，政党治国体系的突出特征是"以执政党为中心"，但并不仅限于执政党，其范围要大得多。而政党执政体系的概念显然仅限于执政党，甚至可能指的是某个执政党的组织体系，或者是指执政党与国家机构和社会群体的关系。

---

① KEMAN H. Parties and government：Features of governing in representative democracies ［M］//
KATZ R S，CROTTY W. Handbook of Party Politics. London：Sage Publications，2006.

② KEMAN H. Parties and government：Features of governing in representative democracies ［M］//
KATZ R S，CROTTY W. Handbook of Party Politics. London：Sage Publications，2006.

不管是哪种意思，政党执政体系这个概念都不足以表达政党治国体系的意思。

本书提出政党治国体系这个概念，而不用政党政治学中既已存在的某些概念，这也是有原因的。比如法国政治学者迪韦尔热曾提出过一个广为传播的党派体系（party system）概念，用以指"政党共存的形式和模式"①，这个概念后来被人们普遍错误地当成"政党制度"概念来理解和使用。然而即使是区分这两种意思，政党体系也不等于政党治国体系，因为前者涵盖一国所有的政党，而后者仅限于执政党，而且我们还将看到，政党治国体系概念要比政党体系概念的内涵丰富得多。此外，由于只有占据政府公职的执政党才有可能治国，所以对政党治国体系的研究也才符合政治学的主题，而宽泛地研究一国所有政党共存的形式和模式，完全体现不出政治学的主题，这不过是一般的社会学研究。所以政党体系这个概念不足以表达政党治国体系的意思，对于这里的研究来说也是无关的。

二、政党治国体系的形态

既然政党时代的政体形态就是政党治国体系，那么我们要考察这个时代的政体形态，就要去搞清楚政党治国体系的组成和结构是什么情况，由此我们将看到政党治国体系存在多个类型。

（一）组成

从组成来看，各国的政党治国体系明显存在一些差异，最起码可以分为多元体系和一元体系两大类。

我们看到，一些国家不仅存在多个政党，而且存在多个执政党，所有这些执政党都联系或控制着一定的社会力量，比如外围组织、企业财团、利益集团、社会运动等，在受到它们支持的同时，也表达和集中它们的价值观念和利益诉求。反过来，借助于执政党的途径，这些社会力量也得以参与国家治理，成为政党治国体系的组成部分——只不过它们分属于一定的政党阵营。这样的政党治国体系由于其执政党是多元的，表现为多元中心的特征，所以不妨称之为多元体系。

与之相对，在另一些国家，我们看到可能存在多个政党，也可能只存在一个政党，但是无论如何都只有一个执政党，从而表现出一元中心的特征，我们

---

① DUVERGER M. Political Parties: Their Organization and Activity in the Modern State [M]. Translated by Barbara and Robert North. London: Methuen & Co. Ltd, 1954: 203.

不妨把这类政党治国体系称作一元体系。但在只有一个执政党的情况下，这也不意味着该党就是"孤家寡人"，实际上这样的政党也联系和控制着一定的社会力量，这些社会力量因而也借助于执政党的途径而参与国家治理，从而成为政党治国体系的一部分。

表5-1 政党治国体系的类型

政党治国体系		"以执政党为中心"的特征
组成	结构	
多元政党治国体系	政党主导治国体系 政党对抗治国体系 政党合作治国体系	多元中心
一元政党治国体系	政党领导治国体系 政党独占治国体系	一元中心

这里要特别考察一下，在多元政党治国体系的情况下，那些占据政府职位的小党有没有发挥治国作用，从而要不要将其纳入政党治国体系。萨托利为了确定党派体系的类型，曾区分出具有相关性和不具有相关性的政党：前者对于政党的竞选联盟或执政联盟具有作用，其是否加入联盟将决定联盟能否成立，所以这些政党应当被纳入党派体系来看待和处理；而不具有相关性的政党是无足轻重、不值一提的，甚至不被看成是政党。① 这一见解很重要，它提醒我们，尽管都占据政府职位，但是不同的执政党在政策制定和国家治理中的作用是有差别的，不可同等看待。通常而言，大党的作用更大，在一党独大的情况下甚至能够主导国家政策的制定。而那些比如仅仅占据几个议席的小党，其作用相对而言就更小，甚至可能毫无作用。这里所说的有作用或无作用以及作用的大或小，全部取决于在国家政策的制定过程中，一个政党能否按照本党的政见提出政策议题并成功纳入议程以及保证获得通过，或者能否通过附议、同意、修改或反对大党议题的方式，将本党的政见融入最终制定的政策之中。如果所有这些都无法做到，那么这样的政党即使占据政府职位，也发挥不了治国的作用。

---

① ［意］G. 萨托利. 政党与政党体制［M］. 王明进，译. 北京：商务印书馆，2006：172-174. 不过萨托利认为这样的小党就不应被看成是政党，这是我们不能同意的，因为这是政党的能力问题而不是性质问题。政党是由其追求执政治国的目标，而不是由其是否实现了这样的目标来界定的。

显然这就是大多数小党的情况。例如在英国，人们熟知的是两大党（过去的保守党与自由党、现在的保守党与工党），但实际上还有其他上百个政党存在。在中央政府，虽然议会下院选举实行单选区相对多数当选制，导致两大党长期占据议会下院最多的席位，但仍有一些小党能够占据几个席位。比如 2005 年议会下院的选举，在总计 646 个议席中，民主统一党（Democratic Unionist Party）9 席，苏格兰民族党（Scottish National Party）6 席，新芬党（Sinn Féin）5 席，威尔士民族党（Welsh Nationalists）3 席，社会民主与劳工党（Social Democratic and Labour Party）3 席，阿尔斯特统一党（Ulster Unionist Party）1 席，尊重与统一联盟党（Respect, the Unity Coalition）1 席。所有这些小党占据的议席加起来不过 28 席，而当年工党获得 355 席（过半数），保守党 198 席，自由民主党 62 席。① 由于在绝大多时候，英国两大党之一都能占据下院过半席位而单独组阁，并因此往往能够保证在下院通过本党提出的所有议案，而其他两个大党由于占据相当数量的席位，在议会中也有很大的发言权，所以其余的那些小党，除非有机会跟其他大党达成某种交易，否则在国家政策的制定过程中就很难发挥作用，成为无足轻重的边缘性政党（至少就中央而言如此，在地方则要另当别论）。在此情况下，这些小党尽管占据政府职位，也算执政党，但在政策制定过程中不能发挥作用，所以似乎应当将其从政党治国体系中剔除出去。

但是我们又注意到，小党也不是必然不能发挥国家治理的作用。比如在议会政府体制的情况下，如果某国实行比例代表制或者混合选举制，那么就不大可能出现英国那样的一个大党单独组阁，而只可能组成多党联合内阁。有时候即使产生了两个最大的党，但它们都不占据议会多数席位从而不具备单独组阁的资格，这时两大党就必须尽力争取其他小党的支持，结成联盟（它们往往在竞选的时候就结盟了），以占据议会多数席位。而无论哪个政党联盟占据多数议席，它都能够组阁。即使是在成功组阁之后，大党也要努力争取小党的支持，否则联合内阁就不稳定，容易垮台。在这些情况下，尽管小党只占据少量的议席，但其地位和作用却大幅度提升了，成为萨托利所说的具有相关性的政党。例如在意大利，自 1993 年修改选举法实行混合选举制（众议院 3/4 的议席实行单选区相对多数当选制，1/4 的议席按政党名单得票的比例分配），就逐渐形成了中右和中左两大政党联盟对峙的局面。但每个联盟都不稳定，容易遭到削弱，

---

① SAGAR D J. Political Parties of the World［M］. London：John Harper Publishing, 2009：604.

关键就在于加入联盟的小党经常提出要挟和叛逃。比如在 1996 年的选举中，中右联盟就因为极右的三色火焰党（Fiamma Tricolore）叛离而丢失了大约 48 个席位。[①] 既然小党对于政党联盟具有如此重要的作用，那么它们也就必然会向大党提出要价，表达本党的诉求；而大党为了争取小党的支持，也将不得不做出妥协，把小党的某些政见或要求吸收进政策议题之中。这样小党就能在政策制定过程中发挥作用了。另外我们还要看到这样的情况：一些在中央层面的小党却可能是地方上的大党，而且可能是地方的政府党，比如英国的苏格兰民族党。在此情况下，那些在中央政策制定过程中难以发挥作用的小党，却可以在地方层面发挥作用。而且中央的大党为了保证政策能够在地方实施，往往也需要得到中央小党却是地方大党的支持，这时后者就可以向中央大党提出要价，表达诉求，从而在中央政策的制定过程中也能发挥作用。在这些情况下，如果把小党排除在政党治国体系之外就必然错误。

因此，虽然政党要治国就必须首先执政，但执政党未必都能发挥治国的作用。既然我们不能确定在多元体系下，那些执政的小党能否发挥国家治理的作用，那么也就无须甄别，将其全部纳入政党治国体系之中，必然不会发生遗漏。

（二）结构

政党治国体系的各个组成部分之间相互作用，就形成它的结构。显然无论哪一种政党治国体系的结构都是复杂的，因为其中不仅涉及各执政党之间的关系，还涉及执政党与其联系或控制的各种社会力量的关系。人们往往更关注前一种关系，而忽视或轻视后一种关系，这是不对的，无助于我们准确地把握一国的政党治国体系。

正是基于上述两种关系，我们可以把政党治国体系进一步区分为政党主导治国体系、政党对抗治国体系、政党合作治国体系、政党领导治国体系和政党独占治国体系五种类型，其中前三种都属于多元体系，后两种则属于一元体系。

1. 政党主导治国体系

政党主导治国体系指的是一国虽然有多个执政党，但其中只有一个长期占据绝对优势（占据过半议席或者获得过半选票），因此长期单独组阁或执掌政府的行政部门。

新加坡堪称政党主导治国体系的典范。作为英国的殖民地，新加坡于 1955

---

① NEWELL J L. The Politics of Italy：Governance in a Normal Country ［M］. Cambridge：Cambridge University Press，2010：212-213，216-217.

年开始获得一些自治权，建立了由当地民众普选产生的立法议会。正是为了参加该年的议会选举，一批政党成立了，其中就包括人民行动党。作为当时的一个左派政党，人民行动党初次参选，虽然获得了几个席位，但实力并不强，也没参加内阁。根据英国议会制定的《新加坡自治邦法》，新加坡最终于1959年摆脱殖民地的地位，正式成为一个独立国家。正是在这年的立法议会普选中，人民行动党成为第一大党，且占据绝对优势，组建了内阁。此后虽然经历过分裂，但在1963年的议会选举中，人民行动党还是保持了第一大党且占据绝对优势的地位。自此以后，包括1965年新加坡脱离马来西亚联邦而独立建国以来，人民行动党一直占据着议会的绝对多数席位，其得票率一般都在70%以上，在1968—1981年间甚至占有全部议席，内阁当然也就全部由人民行动党组建和组成。从1981年开始，新加坡出现了一些变化：是年工人党秘书长耶惹勒南在补选中当选为议员，打破了议会中人民行动党的独占局面；在1984年的议会大选中，不但耶惹勒南继续当选，民主党领导人詹时中也成功当选为议员。鉴于这种形势，为把"理智的政治反对派"吸收到议会中，由人民行动党主导的议会通过了一个法律，针对反对党派设立了非选举产生的投票权有限的非选区议席。1990年，由人民行动党主导的议会又通过一个法律，设立了由官方任命的投票权有限的委任议席，其目的和设立非选区议席类似，只不过针对的是非党派人士。自此以后，新加坡议会中的基本格局就是人民行动党占据绝对多数的议席（一般都在90%以上），小党则总共占据两三个议席（其中包括非选区议席）①，剩下的就是委任议席（现为九个）。按照新加坡的议会政府体制，因为人民行动党一直占据绝对多数议席，所以也就长期单独组阁。另外，人民行动党通过选区民众见面会、下辖多个民众联络所的人民协会，以及基于选区而建立的公民资政委员会等机构或机制，还联系着广大选民和支持者。②

    如果说新加坡是最为典型的政党主导治国体系，那么其他一些国家在某个特定时期也是与此类似的——尽管没有新加坡那么夸张。二战结束后，日本战时议会的议员分别组建新党，其中右翼的有自由党、进步党（后来重组为民主党）、协同党，左翼的有社会党，共产党也得到盟军总部的许可而恢复活动。因

---

① 2011年，一直作为小党存在的工人党首次获得三个以上的议席（包括非选区议席），成为最大的反对党，此后这个新格局就延续至今。不过在总数100余个议席（其中选区议席92个）的新加坡议会中，小党依然是弱小的。

② 参见［英］康斯坦丝·玛丽·藤布尔. 崛起之路：新加坡史［M］. 欧阳敏，译. 上海：东方出版中心，2020.

此从一开始，日本就是左右两翼政党对峙的格局（虽然其间左右翼政党也曾有过合作组阁的经历），此后两翼的政党都因为内部的政见分歧而经历了分裂和重组。1955 年，为了应对社会党左右两派的合并和重组，自由党和民主党也合并为自由民主党（简称自民党），从此就独占鳌头，不仅占据国会两院的绝对多数席位，一直单独组阁，而且在地方议会和行政长官选举中也普遍占据优势。自民党独大、单独组阁的局面直到 1993 年才宣告结束，这就是日本的政党主导治国体系，习惯上一般称之为"1955 年体制"。当然，在进入 20 世纪 70 年代以后，自民党也曾在个别时候丧失过议会的多数席位，只是靠拉拢独立议员才形成多数，而且得票率也有明显下降的趋势，但依旧是单独组阁。在此期间，反对党派也不像新加坡的小党那样惨不忍睹，它们还是有一定实力的——尽管永远无法占据国会的多数席位（即使加起来也达不到），比如社会党一般就能占据大约等于自民党议席一半的议席，而且这些政党通常都控制或联系着一批外围组织或支持者，比如社会党就控制着工会组织劳动组合总评议会（简称总评），经常通过议会外运动来施加压力和彰显实力。这就造成，虽然自民党长期独大和单独组阁，但在国会中，它也经常和其他政党尤其是作为左翼政党代表的社会党合作提出、制定和通过法案，还经常吸纳其他政党的一些政策主张。①

在印度，1857 年兵变被镇压后，东印度公司对印度殖民地的统治宣告结束，印度殖民地转由英国政府直接治理，为此在印度总督之下建立了由其任命而产生的帝国立法委员会，吸收本地人士参与。正是为了争取参与权的开放和扩大，印度人于 1885 年成立了印度国民大会（简称国大党），1906 年还成立了穆斯林联盟。这两个政党后来分别主导了印度和巴基斯坦这两个国家的建立。1947 年 8 月印巴分治之后，国大党不仅继续组织和主持印度全国临时政府，而且主导着制宪会议的进程，制定了印度共和国宪法。自此以后，国大党就长期占据印度联邦国会的绝对多数议席（通常占据人民院议席的六七成以上，尽管其得票率一般仅有四成多或接近五成），从而长期单独组阁。在各邦，除了西孟加拉和喀拉拉这两个被印度共产党长期盘踞的堡垒外，其余各邦政府几乎被国大党所占据。如果有时候其他政党在个别邦议会选举中获胜而组阁，那么国大党掌控的联邦政府往往就会运用宪法赋予的紧急处置权而将其废掉，改由联邦政府直接

① 参见［美］安德鲁·戈登. 现代日本史［M］. 李朝津，译. 北京：中信出版社，2017；［日］升味准之辅. 日本政治史（第 4 册）［M］. 董果良，译. 北京：商务印书馆，1997。

治理，其实就是变相地由国大党把持当地政府。这种由国大党主导的治国体系一直延续到 1977 年。在该年的联邦国会（人民院）选举中，国大党首次失去多数席位，而由印度人民同盟、争取民主大会等反对党派组成的联盟组建内阁，这些反对党派也曾一度联合成立人民党。人民党在 1980 年的选举中失利而下台，国大党恢复了一党独大的地位，但 1989 年大选后，国大党最终失去了独大地位并延续至今。①

墨西哥于 1910 年爆发了下层民众反对上层精英的革命，随后陷入十年的冲突与混乱。1920 年，革命派人士奥夫雷贡在军队的支持下推翻总统卡兰萨，并最终当选为总统，重新恢复 1910 年革命以来与工农群体的联盟关系。此时势力最大的工人组织是墨西哥区域工人联合会，他们支持国会中的墨西哥工人党。农民也普遍组织起来，并成立了全国农民党。各州还建立了大量的工人和农民组织及其政党。1928 年，奥夫雷贡与作为"索诺拉铁三角"之一的卡列斯因为总统竞选事务而产生了分歧和矛盾。奥夫雷贡本已于 1924 年卸任，此时他却希望再次参选总统，并得到了全国农民党的支持，为此头一年还修改了宪法，允许前总统可以跨届继续参选总统，同时将总统任期从四年延长至六年。然而 1924 年当选为总统的卡列斯不赞同奥夫雷贡继续参选。由于在总统任上与墨西哥区域工人联合会领导人结成了紧密的联盟关系，因此卡列斯得到了该组织的支持。奥夫雷贡尽管最终当选为总统，但还未上任便意外地被人刺杀身亡，由此引发的猜疑令两派矛盾更加激化。为了修复两派的关系，维系工农群体的联盟关系，卡列斯宣布不参加 1928 年的总统大选，宣告墨西哥总统个人统治的时代结束，并于 1929 年将两派联合起来，创建了一个包含全国和各州所有革命政党的联盟政党——国民革命党，他本人则成为墨西哥革命的最高领袖。此后国民革命党经历了几次改组和更名。1934 年当选为总统的卡德纳斯于 1938 年改组了国民革命党，并将其改名为墨西哥革命党。该党建立工人部、农民部、军人部和民众部，分别代表工人群众、农民群众、军人和各州雇员，所有工会和集体农庄的成员自动成为该党的成员。该党由此从过去充满地方派系和意识形态色彩的一个政党，转变为一个民众主义的大众化组织。1940 年当选为总统的卡马乔再次改组革命党，取消了军人部，加强了民众部以便抗衡工人部和农民部，并在 1946 年将该党更名为革命制度党。从此以后，该党的革命色彩消退，而成

---

① 参见［德］赫尔曼·库尔克，迪特马尔·罗特蒙特. 印度史［M］. 王立新，周红江，译. 北京：中国青年出版社，2008。

为一个比较纯粹的选举组织。自革命制度党成立，一直到 2000 年总统大选为止，墨西哥总统一职就始终是该党的囊中之物（通常是现任总统提名参选下届总统的候选人，而且一般都是从其内务部长、国防部长或财政经济类部长中提名人选）。在墨西哥国会中，至少在 20 世纪 60 年代以前，该党始终占据九成以上的议席。各州州长几乎是该党的囊中之物，各州议会也为其全面掌控，甚至各市市长选举也是如此。只是在 20 世纪 60 年代以后，由于改革了国会选举制度，实行比例代表制，反对党派的议席才有所增加，但一般都在两成以下。以后又经过多次改革，反对党派在国会和各州议会中的席位不断增加，甚至还赢得了个别州长、市长的职位。特别重大的转折是 1988 年的总统大选。当时前总统卡德纳斯之子小卡德纳斯试图在革命制度党内开展改革运动，但未获成功而被迫退党，随后他便在党外建立新党——墨西哥真正革命党，并得到几个左派政党（国家重建党卡德纳斯阵线、人民社会主义党、墨西哥社会主义党）的支持，参加了 1988 年的总统竞选，获得了近四成的选票，首次将革命制度党总统候选人的得票率拉低至五成，同时革命制度党在国会中也仅仅获得半数多一点的议席。此后革命制度党便面临着来自右翼的国家行动党（于 1939 年成立）和来自左翼的民主革命党（1988 年由支持小卡德纳斯的党派联合而成）的夹击。革命制度党最终于 2000 年总统大选中首次失败，此后在国会中的议席也逐渐减少，在各州则丢失了许多州长职位和州议会议席以及一些市长职位，所以一般认为该党长期独大的地位就此而宣告终结。①

在政党主导治国体系的情况下，独大党长期主导着国家治理，这就导致国家治理明显具有该党的色彩，是其政见和政策的充分体现。其他小党尽管生存艰难，但也能在全国层面占据一定的议席，并且一般也在地方层面执政，因此在独大党主导国家治理的基本格局下，这些小党也能发挥一定的国家治理作用。

2. 政党对抗治国体系

政党对抗治国体系意味着一国存在两个最大的且都有能力占据绝对优势的执政党或执政党联盟，二者不仅在政见上针锋相对甚至完全相反（即通常所说的左右之分），而且相互视为竞争对手，几乎从不合作执政而是单独组阁或执掌政府的行政部门，导致两大党或两大政党联盟长期轮替的现象。

---

① 参见［美］迈克尔·C. 迈耶，威廉·H. 毕兹利. 墨西哥史［M］. 复旦人，译. 上海：东方出版中心，2012；徐世澄. 墨西哥革命制度党的兴衰［M］. 北京：世界知识出版社，2009.

　　人们最为熟悉的政党对抗治国体系可能是英、美两国。在英国，自从 1721 年辉格党占据下院多数席位，从而由其领袖沃波尔（Robert Walpole）负责组阁以后，政党对抗治国体系就形成了，此后便是辉格党和托利党、自由党和保守党以及 20 世纪以后保守党和工党两大党对抗的局面。除了在二战前和二战中的一个时期两大党曾一度合作组阁以外，其余时间全是两大党之一占据绝对多数，独自组阁。在个别时候，如果两大党均未能占据绝对多数，那么其中的最大党就不得不与一个小党联合组阁，但也绝对不是两大党之间合作。① 在美国，只是在南北战争结束以后，才形成了共和党和民主党两大党对峙的稳定局面，而此前政党变化多端。然而即便如此，美国两大党对峙的特征一直十分突出，从最早的联邦党和（杰斐逊的）共和党开始就是如此。当然，美国的政体比较特殊，不仅是联邦体制，还是总统政府体制，所以和英国有所不同，美国两大党对抗的局面，不仅存在于联邦国会两院之中，还体现在对总统职位的争夺和行政部门的组成上，以及对各州议会和州长职位的争夺上。②

　　其实除了英美两国，诸如法、德这样的国家，也是政党对抗治国体系，只不过不是两个最大的政党而是两个最大的政党联盟相对抗，双方各有一个最大的政党领头。在法国，大革命以来，尽管政党面目长期模糊不清且变化多端，但我们还是可以看到激进与保守两派势力的对抗态势。到了第五共和国时期，以戴高乐主义者为代表的保守派与以共产党或社会党为代表的左派，形成了明显的对峙局面。③ 学者们一般认为法国还存在第三种势力，即不左不右的中间派，比如激进党、人民共和党—民主中心。④ 但是我们要看到，无论什么时候，所谓的中间派政党常常是选边站的，总是参加或左或右的某个政党联盟，而且通常也朝两边分化。所以在法国，绝大多数时候是两大政党联盟对峙的局面。由于 1958 年后法国实行的是一种特殊的总统政府体制，所以两大政党联盟对峙的局面，既体现在对议会两院议席的争夺上，也体现在对总统职位的争夺上。而联邦德国自 1949 年建国之后，从一开始就形成了以基督教民主联盟为首的右

---

①　参见阎照祥. 英国政党政治史［M］. 北京：中国社会科学出版社，1993.

②　参见［美］小阿瑟·施莱辛格. 美国共和党史［M］. 复旦大学国际政治系，编译. 上海：上海人民出版社，1977.

③　参见吴国庆. 法国政党和政党制度［M］. 北京：社会科学文献出版社，2008.

④　［法］弗朗索瓦·博雷拉. 今日法国政党［M］. 复旦大学国际政治系，译. 上海：上海人民出版社，1977：22-29.

派与以社会民主党为首的左派两大政党联盟相对峙的局面。① 此后德国虽然经历了国家重新统一和政党兴亡的变化，但这个基本格局一直保持下来。

在政党对抗治国体系的情况下，由于存在两大执政党或执政党联盟相互对抗的竞争关系，国家治理就表现出对抗和反转的特征。这就是说，在平时的国家治理过程中，两大执政党或联盟处处针锋相对，几乎总是意见相反，充斥着相互批评和反对之声。一旦占据绝对优势的执政党或联盟更换了，那么国家政策往往就会出现明显的反转——虽然不一定是全面的反转。

3. 政党合作治国体系

政党合作治国体系是指一国并不存在任何一个占据绝对优势的执政党，而是有两个或两个以上实力相当的执政党，但这些执政党却不相互对抗而是相互合作，共同执政和治国，即使有时候某个执政党占据了绝对优势，各执政党之间还是继续保持合作，而不是由一党单独组阁或执掌政府的行政部门。

在 1945 年成立的奥地利共和国，11 月举行的国民议会大选结果显示，人民党和社会党分别获得大约 50% 和 45% 的选票，共产党获得大约 5% 的选票。由于两大党均未获得绝对多数选票和过半议席，所以无法单独组阁。但此时两党并未像英国的两大党那样选择一个小党来合作以凑成绝对多数，而是两大党联合组阁，合作治国。之所以如此，是因为两大党之间虽然并不是十分信赖，但它们对于排除共产党达成了共识，于是签订秘密协定，达成了合作。根据协定，中央、省和市的政府职位都由两党按比例分配，每名部长都配备一名来自另一党的副部长；两党若产生争论，就提交联合委员会来讨论决定；法案只有在经联合委员会议定后才能提交议会批准。这种政党合作治国体系也被称作奥地利道路。不仅如此，两大党都建立和联系着一系列的协会，其中归属于人民党阵营的有农业和工商业协会，工会则归属于社会党阵营。奥地利大部分的重大经济政策，是由这些利益集团在背后商议和拟定的，然后通过政党提交议会批准，这又被称作社团合作主义。奥地利的政党合作治国体系至少维持到了 20 世纪 60年代，此后两大党之一曾获得过绝对多数选票，出现过单独组阁，加之自由党、绿党等小党建立后，势力增长，而人民党相对削弱，这个体系也就难以为继了。②

---

① 参见 ［法］乔治·埃斯蒂厄弗纳尔. 德意志联邦共和国政党 ［M］. 上海师范大学外语系法语专业，译. 上海：上海人民出版社，1976.

② 史蒂芬·贝莱尔. 奥地利史 ［M］. 黄艳红，译. 北京：中国大百科全书出版社，2009：246-247.

　　除了两大党合作治国，还有三个及以上大党合作治国的情况，其典型就是瑞士。瑞士于1848年正式成为一个联邦体制的国家，联邦国会分为两院，其中联邦院代表各州，国民院代表全体国民并按比例代表制由民众普选产生，两院联席会议再选举产生行政部门——由七人组成的联邦委员会。1848年，自由主义激进派与天主教保守派两相对峙，二者后来分别成立了政党，在历经变化之后，便是今天的自由民主党和基督教民主党。此外瑞士还产生了社会民主党、农民党（经分化组合后便是今天的人民党）以及其他一些左右翼的小党。虽然也有一些小党进入过联邦国会，但迄今只有自由民主党、基督教民主党、社会民主党和人民党实力最强且力量相当。四大党不仅占据了国民院的绝大部分议席（至少八成），还几乎垄断了联邦院，在各州议会中也是如此。更神奇的是，从1959年开始（直到2003年），联邦委员会的成员固定由四大党的人担任，其比例2∶2∶2∶1也固定不变——这被称作魔幻公式。① 对于瑞士的这种多党合作治国体系，有学者也将其看成共识民主或共识政治的典范。②

　　政党合作治国体系突出地表现为政府的行政机关总是多党联合性质的，因此行政机关的政策制定和执行，无疑也是多党共同商讨合作的结果。政党合作治国体系还体现在政府立法机关的运作过程中：凡是参与联合组阁的政党，其议会党团通常都会在立法机关的议程和立法方面展开密切合作。这种合作通常是通过各党之间讨价还价最终达成协议的方式来实现的，协议的内容主要涉及政府行政机关的组成，其次是有关立法或政策方针的协调。在政党合作治国体系的情况下，代表社会群体主要价值和利益诉求的执政党相互合作，这就导致国家治理明显表现出多方照顾和妥协折中的特征。

　　4. 政党领导治国体系

　　政党领导治国体系是指在某些国家，虽然存在多个政党，但是法定仅由一个政党执政，或者说只有这个政党才能被称作执政党，其他政党则接受该党的领导，对其发挥参谋辅助的作用。

　　政党领导治国体系看起来跟政党主导治国体系有些相似，但实际上是大不相同的，因为前者确定了一个法定的执政党角色，而后者没有这种法律规定，各党之间依然是相互竞争的（尽管严重不平衡甚至可能包含一些非法的做法），

---

① 克莱夫·H. 彻奇，伦道夫·C. 海德. 瑞士史［M］. 周玮，郑保国，译. 上海：东方出版中心，2018：210.

② ［美］阿伦·利普哈特. 民主的模式：36个国家的政府形式和政府绩效［M］. 陈崎，译. 北京：北京大学出版社，2006：23-26.

占据主导地位的政党是通过与其他政党竞争而实现一党占优且长期执政的。

政党治国体系的典型是当代中国。在当代中国，尽管存在九个政党，但各党之间并不是竞争关系，而是领导与被领导的关系，即中共是占据领导地位的执政党，全面掌控从中央到地方的各级国家政权，其他被称作民主党派的八个政党则接受中共的领导和安排，在一定范围内和层次上参加政府。在国家治理的过程中，中共提出和决定国家的大政方针政策，并通过对人事安排的掌控而控制政策的执行，其他党派则主要通过人民政协这个平台，向中共提出建议或意见，供其参考，进行协商，并发挥一定的监督作用。现在这套体系被称作中国新型政党制度。[①]

但政党领导治国体系并非只有当代中国这个独例。在叙利亚，1953 年由阿拉伯社会党和阿拉伯复兴党合并而成的阿拉伯复兴社会党（简称复兴党），主导了 1963 年的军事政变，并在其后垄断了国家政权。1966 年，由于复兴党内部纷争不断，空军司令哈菲兹·阿萨德等人发动军事政变，建立了新复兴党人的政权（此外只吸收了共产党参加政府）。叙利亚在 1967 年第三次中东战争中战败，随后国内其他党派重新活跃起来，共产党、阿拉伯民族运动、胡拉尼社会主义者、社会主义统一运动、阿拉伯社会主义联盟等要求建立民族进步阵线，并强烈要求复兴党也加入其中。1968 年民族进步阵线正式成立并发表了民族宪章，指控复兴党对战败负有责任，要求复兴党与其他党派分享政权，建立民族联合政府。随后复兴党发生了派系分化，其中军方务实派以阿萨德（时任国防部长）为首，政治领导派以贾迪德为首。1969 年阿萨德发动军事政变，该派别在复兴党和政府中均占据上风，通过了临时宪法，建立了包含共产党、阿拉伯社会主义者、社会主义联盟运动等党派在内的新政府。1970 年，为了对付党内的对手，阿萨德再次发动军事政变，而后重建政治体制，于 1971 年恢复国民议会，1972 年建立新的民族进步阵线（其中除了复兴党，还包括其他左派政党如共产党、阿拉伯社会主义联盟、社会主义统一运动、民主社会主义联盟党、阿拉伯社会党等），1973 年颁布新宪法，建立总统体制的政府。根据叙利亚宪法的规定，复兴党是社会和国家的领导党，只有加入民族进步阵线的党派才能参加议会选举，否则就只能以独立候选人的身份参选。民族进步阵线制定有章程（现已改为《政党法》），规定复兴党在其中居于领导地位，复兴党总书记就是阵线的主席。

[①] 参见中共中央统战部.伟大的政治创造：中国新型政党制度［M］.北京：华文出版社，2022.

而阿萨德自 1971 年通过全民公决当选为总统，就一直是复兴党的总书记、国家的总统和阵线的主席，直到 2000 年去世。复兴党全面掌控从中央到地方的各级国家政权，工会、商会、学生会、大学等社会机构和团体的领导人也由复兴党人担任。因此叙利亚的大政方针政策乃至琐细的公共事务，都是由复兴党来掌控的，其他党派则通过阵线和议会的途径，参与政务磋商，向复兴党提出意见和建议。①

从前的一些东欧社会主义国家也建立过政党领导治国体系，具体来说就是由各国共产党领导的政党治国体系。在这些国家，共产党的领导作用被理解为"共产党组织及其机关决定一切社会领域、组织机构、企业、协会和工会等公众活动的发展"，"不仅在决定原则性的政治和经济发展目标方面起定调的作用，而且还要指挥全部社会实践活动"。②

"二战"结束后，东欧的保加利亚最先实现共产党执政。1944 年 8 月，在苏联军队攻入境内的形势下，保加利亚国王决定倒向盟国一方。经过一番周折，国王任命农民联盟领导人穆拉维约夫为总理，并宣布与德国作战。9 月，由共产党占据主导地位的祖国阵线发动政变，建立了由环节联盟领导人格奥尔基耶夫担任总理的临时政府，其中包含五名环节联盟、四名农民联盟、三名社会民主党和四名共产党（当时名为保加利亚工人党，1948 年年底才改名为共产党）的成员，共产党人占据了司法和内政两个要害部门。随后共产党依托苏军的占领和支持，发展迅猛，控制了祖国阵线，并与其他各党派进行了斗争：首先逮捕了前国王、王室顾问、上届议会所有成员以及 1941 年后供职于政府的所有人，从而清除了右派势力；对于左派，由于难以撼动农民联盟的强大地位，共产党便设法使之分裂成亲共和反共的派别，同时也使社会民主党发生了类似的分裂；在 1946 年清洗军队之后，新颁布的法令将国防部长的军事指挥权转交给内阁，从而削弱了环节联盟的力量。在这一系列斗争取得胜利之后，共产党要求举行大选，并要求祖国阵线的所有党派都列在一张名单上，对此农民联盟和社会民主党表示反对和抵制，但没有奏效。1946 年 9 月，保加利亚举行全民公投，宣布废除君主政体，建立人民共和国。10 月举行大国民议会选举，祖国阵线获得 364 个议席（其中共产党获得 277 个），反对党派获得 101 个议席，1945 年从苏

---

① 参见王新刚. 中东国家通史：叙利亚和黎巴嫩卷 [M]. 北京：商务印书馆，2007.

② [捷] 奥塔·希克. 共产主义政权体系 [M]. 蔡慧梅，等译. 南京：江苏人民出版社，1982：97.

联回国的共产党总书记季米特洛夫由此担任政府总理。随后反对党派再度遭到打击，农民联盟的领导人佩特科夫被判处了死刑。1947 年 12 月，由共产党主导的大国民议会通过了在苏联起草的"季米特洛夫宪法"。此后环节联盟自行解散，社会民主党与共产党合并，农民联盟转变为共产党的忠实伙伴并继续留在祖国阵线之中，工会、青年组织、妇女组织、专业团体等也都加入祖国阵线。所有加入祖国阵线的党派和组织都接受马列主义，承认共产党的领导地位，各级议会的候选人都只能从祖国阵线中产生。1971 年的保加利亚宪法宣布，保加利亚是工人阶级领导的社会主义国家，明确规定了共产党作为国家和社会的领导者的角色和地位。保加利亚的这种体制一直存续到 1990 年。①

在波兰，1944 年夏存在两个中央政府：一是受到西方国家认可和得到波兰地下抵抗力量"国家军"支持的伦敦流亡政府，一是得到苏联支持、在卢布林成立、由波兰工人党（共产党）控制的波兰民族解放委员会。随着苏军大量进入波兰领土，波兰民族解放委员会宣布成为波兰共和国临时政府并得到苏联承认。在随后举行的雅尔塔会议上，西方国家领导人争取到斯大林同意，决定扩大波兰临时政府以包含流亡海外的波兰领导人，并尽快举行自由民主的选举。1945 年 6 月，新的波兰民族统一临时政府成立。在 20 名政府成员中，波兰工人党及其盟友占据支配地位，非共产党人仅有六名，其中亲苏的社会党人莫拉夫斯基担任总理，原流亡政府总理、农民党领导人米科瓦伊奇克任副总理兼农业部长，共产党人哥穆尔卡担任另一名副总理。当时恢复重建的农民党在农村赢得了广泛的支持，实力很强，从而成为工人党的主要竞争对手。1947 年 1 月波兰举行了国民大会选举，最后公布的结果是，由工人党、社会党、小农党和民主党联合组成的民主集团获得 80% 的选票，农民党仅获得 10% 的选票。随即成立了新政府，支持工人党的社会党人西伦凯维茨任总理，各主要部门都掌握在工人党手中。10 月，米科瓦伊奇克逃离波兰，农民党瓦解，其剩余力量被亲工人党的左派接管，最终于 1949 年与小农党合并为统一农民党，并成为工人党在农村的盟友。社会党则于 1948 年年底与工人党合并成为统一工人党。至此波兰便形成了由统一工人党领导统一农民党和民主党的体系，一直延续到 1989 年。1952 年波兰制定了一部由斯大林亲自修改的宪法，宣布成立人民共和国。在随后举行的国会选举中，由统一工人党领导的全国统一战线所提出的候选人名单，

---

① 参见 R. J. 克兰普顿. 保加利亚史［M］. 周旭东，译. 北京：中国大百科全书出版社，2009.

获得了99%的选民支持。1976年波兰再次修改宪法，规定统一工人党在波兰社会中占据领导性的政治地位。①

　　在1945年的捷克斯洛伐克，由于苏联人要求战后建立民族团结的国民阵线政府，所以当年成立的临时政府有共产党（又分为捷克斯洛伐克共产党和斯洛伐克共产党两个组织）、社会民主党、国家社会主义党（又译作"民族社会党"）、人民党、斯洛伐克民主党等多个政党参加，各党分别占据三个职位（其中共产党的两支各占三个职位），流亡英国的贝奈斯恢复总统一职，倾向于共产党的社会民主党人菲尔林格尔担任总理，共产党人在四名副总理中占一半，分别是捷共的哥特瓦尔德和斯共的希罗基，还占据了内政、情报、文化、教育、农业、社会、劳工等部长职位。共产党虽然分为两支，但实力最强，它们以社会民主党为主要盟友，而以国家社会主义党为主要竞争对手。在1946年5月举行的制宪国民大会选举中，共产党得票最多（但未获得绝对多数选票），成为第一大党，这导致国民阵线政府进行了改组，哥特瓦尔德成为总理，共产党在其中占据九个职位，其余政党各占四个，斯洛伐克民主党占三个。此后国家社会主义党、人民党和斯洛伐克民主党相互接近，而共产党也与社会民主党相互支持。在1948年两个阵营相对抗的二月事件中，哥特瓦尔德迫使总统贝奈斯接受反对党派部长的辞职，从而建立了一个由共产党、社会党（由原社会民主党更名而来）和其他联盟党派所组成的左翼联盟政府。此后共产党对反对党派进行了打击，逮捕了其领导人。5月，重组后的国民议会制定了宪法，宣布成立捷克斯洛伐克人民民主共和国，建立了由共产党、社会党等组成的国民阵线联盟政府。6月，贝奈斯辞去总统一职，哥特瓦尔德当选为总统，共产党人扎波托茨基则接任总理一职。在斯洛伐克，民主党改为复兴党，加入斯共主导的国民阵线。1950年，国家社会主义党领导人雷拉科瓦被判处死刑。至此，捷克斯洛伐克就形成了共产党通过国民阵线领导社会党、人民党、自由党、斯洛伐克复兴党的体制，一直延续到1989年。1960年捷克斯洛伐克再次通过新宪法，宣布国家进入社会主义阶段，命名为捷克斯洛伐克社会主义共和国，并明确规定捷克斯洛伐克共产党是社会和国家的领导力量。②

　　在1944年年底的匈牙利，共产党、小农党、社会民主党、农民党、民主党

---

① 参见耶日·卢克瓦斯基，赫伯特·扎瓦德斯基.波兰史［M］.常程，译.上海：东方出版中心，2011.

② 参见威廉·M.马奥尼.捷克和斯洛伐克史［M］.陈静，译.上海：东方出版中心，2013.

以及工会代表结成民族独立阵线，并在此基础上召开临时国会，建立了由各党派共同组成的临时政府，但此后共产党便和小农党形成对抗之势。在 1945 年 11 月举行的国民议会大选中，小农党获得 57% 的绝对多数选票，共产党跟社会民主党一样，都获得 17% 的选票，农民党得票 7%。由于苏军要求建立上述四党的联合政府，于是小农党领袖佐尔坦出任总理，半数部长职位也由小农党人担任，共产党则占据四个部长职位，社会民主党也占据四个部长职位，农民党只占据一个。1946 年 2 月，匈牙利国民议会宣布废除君主政体，成立人民共和国，但总统和总理分别由小农党人佐尔坦和纳吉·费伦茨担任。3 月，为了对抗小农党，共产党、社会民主、农民党和工会全国理事会结成左翼联盟，迫使总理纳吉·费伦茨辞职并逃亡国外，随后亲共的左翼控制了小农党，并由其领导人拉约什继任总理。在新的形势下，为参加 1947 年 8 月举行的国会大选，佐尔坦带头建立了独立党，伊斯特万等人则建立了民主人民党。选举结果显示，左翼联盟获得了绝对多数选票，其中共产党得票率为 22%，成为第一大党，独立党和民主人民党分别获得 14% 和 16% 的选票，小农党则一蹶不振。为了联合力量打击反对党派，1948 年 3 月，共产党与社会民主党合并，改称劳动人民党（1956 年后又改名为匈牙利社会主义工人党）。独立党领导人佐尔坦逃亡国外，该党因之瓦解，民主人民党也自行解散。1949 年 3 月，劳动人民党把之前的民族独立阵线改组为独立人民阵线，并参加了 5 月举行的国会大选，选民只针对阵线提出的候选人名单进行投票，结果显示 95.6% 的选民都投了赞成票。8 月，匈牙利制定宪法，宣布成立人民共和国。1972 年宪法修改后，明确规定匈牙利社会主义工人党是社会的领导力量。[①] 因此匈牙利建立的是由共产党（劳动人民党、社会主义工人党）通过独立人民阵线领导其他政党（仅有农民党）的体制，该体制一直延续至 1989 年。

在政党领导治国体系中，占据领导地位的执政党长期领导其他政党进行国家治理，这就导致国家治理具有鲜明的该党色彩，是其政见和政策的高度体现。

5. 政党独占治国体系

政党独占治国体系意味着一国仅存在一个政党，因此也就只可能由该党执政，并且这些都是法定的。由于只存在一个政党，所以这种体系中就不存在各

---

① 参见 ［匈］温盖尔·马加什，萨博尔奇·奥托. 匈牙利史 ［M］. 阚思静，等译. 哈尔滨：黑龙江人民出版社，1982；宇信潇. 不可不知的匈牙利史 ［M］. 武汉：华中科技大学出版社，2018.

党之间的关系问题，但是唯一存在的政党与其联系或控制的各种社会力量之间还是存在比较复杂的关系。现在这种政党治国体系已经很少见了，在过去却有不少。

在意大利，墨索里尼于1922年10月被国王任命为首相，这时他还没有也无能力组建清一色的法西斯党内阁。不过墨索里尼从一开始就准备建立一党垄断的政府，为此他采取了种种措施。首先法西斯党与国家主义党合并，然后镇压了共产党，破坏了社会党、人民党等反对党的组织，再利用法西斯民兵等力量，胁迫议会通过新选举法，规定一党只需获得1/4以上的选票，便可占有2/3的议席从而组建一党内阁。在1924年的国会选举中，法西斯党威胁和舞弊并用，此后又大肆打压反对党，到1926年11月，法西斯党政府正式解散其他所有政党，查封所有反对党派的报刊，至此法西斯党一党垄断的政府体制得以完全建立。此后意大利的国家机构虽然大多继续存在，但除了国王外，其作用都已发生改变，真正的政府中心是以墨索里尼为主席的法西斯大委员会。根据1926年11月法西斯党通过的新党章，法西斯大委员会是该党的最高领导机构。法西斯大委员会同时也是最高的国家机关，1928年颁布的新宪法就直接规定，该机构是国家的最高权力机关。同年由议会两院批准的《法西斯大委员会权力法》则具体规定了该机构的职权，包括参与决定王位继承人和国王的特权与权限，向国王提出内阁首相和大臣的人选，规定内阁首脑的特权和权限，在议会大选时提出唯一的候选人名单，决定自身和议会两院的组成和权限，决定职团和协同组织的规则，参与各项立法活动，颁布各方面的法律法令，决定意大利王国与教皇国的关系，决定意大利本土和殖民地的变更，决定国防措施，起草和颁布法西斯党的党章和政策方针，任免法西斯党的总书记、副总书记和法西斯党全国指导委员会的委员。关于法西斯大委员会的组成，该法规定，该机构由终身委员、当然委员和特别委员组成，其中终身委员包括内阁首脑即墨索里尼本人（还特别规定内阁首脑同时担任大委员会主席）、"向罗马进军"的法西斯四人领导小组成员、1922年以后的法西斯党历任总书记，当然委员包括议会两院院长、内阁各部大臣、内阁首脑秘书处处长、内政外交劳工三部的副大臣、国家安全志愿民兵（即法西斯党组建和控制的民兵组织）总司令、法西斯党的总书记和副总书记、意大利皇家博物馆馆长、法西斯文化院院长、少年法西斯全国委员会总书记、特别法庭庭长、全国性协会的会长、职团联合会会长，特别委员则由墨索里尼随时任命，比如对法西斯运动和对国家有功的人员、著名的专家学者。独裁的法西斯党不仅重构了中央政府体制，还重构了地方政府和社会体制。对于地方，取消一切地方自治，废除市议会和由市议会选举市长的体制，所有市均由中央政府任命的波德斯塔（意大利中世纪城市行政长官的称呼）来掌管；各省行政长官是中央政府的驻省代表，由内政大臣任命并只对其负责，主持和控制省议会并有权否决其决议。对于社会，法西斯党全面建立职团制（corporatism），将各行各业的人全部组织在职业团体中，最终建立了从地方到全国的七大职团体系，即工业、远洋和航空运输、农业、商业、陆上运输和内河航运、银行和保险业、自由职业和艺术。各职团的主要作用是调解劳资纠纷，参与政府相关经济政策的制定，颁布相关行业领域的规则。对于所有这些职团，法西斯党政府的职团部（由墨索里尼亲任大臣）负责宏观管理，意大利职团全国评议会则是全国所有职团的最高领导机关（由墨索里尼担任议长），其运作方式是召开职团代表大会，在代表大会休会期间则由其常设机关职团中央执行委员会代行职权，另外职团全国评议会还设有七个委员会，分别领导地方各级的七大职团体系。①

在德国，1933 年 1 月，纳粹党党魁希特勒被总统兴登堡任命为总理。此时纳粹党虽是国会第一大党，但并不占据绝对多数席位，无法独占国家政权，于是就解散了国会重新大选，而后迫使国会通过"授权法"（全称《消除人民与国家痛苦法》），由此获得独断专行的授权，进而逐步实现了其独占国家政权的目标。7 月 14 日，在事实上已经消除了其他政党的情况下，纳粹党政府颁布法律规定，在德国只有一个政党即纳粹党，禁止其他一切政党存在，也禁止建立新党。② 至此，由于排除和取缔了其他所有政党，从中央到地方的整个国家政权也就完全落入纳粹党的掌控之中。和意大利法西斯党一样，德国纳粹党也对社会进行了全盘改造，以塑造其支持基础和控制社会力量。从前的工会都遭到解散，天主教会也被制服，新教教会中的反对派则遭到镇压。然后纳粹党政府将各种年龄、性别、职业的人群都组织起来，新建了一系列组织，其中青少年组织有德意志少年团、希特勒青年团、德国少女联盟、德意志女青年联盟、民族社会主义大学生联合会、青年义务劳动军，妇女组织有民族社会主义妇女联合会、德意志妇女协会，职业组织有德国劳工阵线、民族社会主义大学教师联合会、民族社会主义法学家联合会、民族社会主义医生联合会、民族社会主义教

① 参见朱庭光. 法西斯体制研究［M］. 上海：上海人民出版社，1995.
② 参见［美］威廉·夏依勒. 第三帝国的兴亡：纳粹德国史［M］. 增订版. 董乐山，等译. 南京：译林出版社，2020.

师联合会、德国粮食协会、德国文化协会（含新闻协会、作家协会、音乐协会、戏剧协会、电影协会）。这些所谓的民众组织都是纳粹党用来获取民众支持并控制民众的，而冲锋队、党卫队、民族社会主义汽车司机团等则是其明确而直接的附属组织。①

在俄国，1917 年 3 月彼得格勒发生了革命，沙皇政权被推翻，一些杜马成员成立了临时政府，而左派的社会革命党、孟什维克和布尔什维克则建立了苏维埃政权。一开始两个政权进行合作，达成了一系列协议，准备召开立宪会议，制定新宪法。4 月列宁回到俄国后，要求建立苏维埃共和国，发出了向临时政府夺权的呼声。5 月临时政府重组，孟什维克和社会革命党人均加入其中，形成联合政府，但这遭到了列宁的反对，他要求全部政权都归苏维埃——尽管当时社会革命党和孟什维克在苏维埃中占据主导地位。此后布尔什维克得到了广大工农兵的支持，壮大了力量，9~10 月，已经占据了彼得格勒和莫斯科苏维埃的绝对多数席位。11 月，布尔什维克发动革命，推翻了临时政府，由布尔什维克主导的苏维埃取而代之。随后进行了立宪会议选举，社会革命党获得最多席位而成为第一大党，布尔什维克成为第二大党，其他党派如左翼社会革命党、孟什维克和立宪民主党所获席位都在 100 个以内。在此情形下，社会革命党就成了布尔什维克的主要对手，为此布尔什维克决定与左翼社会革命党结盟。1918 年1 月初，立宪会议召开，但由于党派分歧严重，会议未能完成任务便遭到红军驱散。随后全俄苏维埃第三次代表大会召开，宣布俄国为工兵农苏维埃共和国，7月召开的第五次全俄苏维埃代表大会通过了俄罗斯苏维埃社会主义联邦共和国宪法。此后其他党派，包括左翼社会革命党，因为反对布尔什维克的一些政策（特别是签订布列斯特条约）而联合起来，发起了一系列暴动，加之又发生了外国武装干涉，布尔什维克决定取缔其他政党和政治组织，从而形成一党独占国家政权的局面，此后也没有其他政党建立。1922 年年底苏联成立后，这一局面也没有改变。1977 年制定的苏联宪法明确规定，苏联共产党是苏联社会的领导力量和指导力量，是苏联社会政治制度以及国家和社会组织的核心。②

在 1944 年的罗马尼亚，8 月，安东内斯库政权被推翻，接着建立了以瑟奈

---

① 参见［英］马修·休兹，克里斯·曼. 希特勒的纳粹德国［M］. 于仓和，译. 杭州：浙江大学出版社，2021.

② 参见［美］沃尔特·G. 莫斯. 俄国史（1855-1996）［M］. 张冰，译. 海口：海南出版社，2008；周尚文，叶书宗，王斯德. 苏联兴亡史［M］. 上海：上海人民出版社，2002.

泰斯库将军为总理的军事政府,由全国民主联盟的成员(包括国家自由党、国家农民党等)组成。由于得到苏联的支持,共产党领导人乔治乌·德治认为接管罗马尼亚的时机到了,因此他没有与全国民主联盟合作,而是另外组建了一个全国民主阵线,其成员除了共产党外,还包括对共产党友好的社会民主党、农民阵线、爱国者联盟、爱国防御联盟、在罗马尼亚的匈牙利工人联盟。11月,瑟奈泰斯库改组政府,全国民主阵线加入其中。1945年2月,受苏联施压,国王米哈伊任命农民阵线领导人格罗查为总理,不过在盟国的压力下,苏联也同意罗马尼亚建立一个多党联合政府。1946年11月,罗马尼亚举行国会大选,新组建的民主政党集团(共产党、社会民主党、农民阵线、民族人民党、国家农民党、国家自由党)获得了近80%的选票,占据国会414个席位中的378个。所有这些政党都加入了随后组成的联合政府,但共产党在其中占据主导地位。1947年7月,国家农民党领导人被逮捕,后被判处终身监禁并死于狱中,该党随之被解散。随后国家自由党领导人被控犯有玩忽职守罪,该党的所有部长被迫辞职而由共产党人取而代之,该党也自行停止活动。12月,国王退位,罗马尼亚宣布成为人民共和国。1948年2月,社会民主党并入共产党,合并后的新党更名为工人党,成为此后罗马尼亚唯一合法存在的政党。1965年罗马尼亚工人党改回共产党的名字,国家则改称社会主义共和国,同年制定的宪法明确规定,共产党是整个社会的政治领导力量。①

  政党独占治国体系意味着一个国家只有一个政党存在,因此也就只有一个执政党,这既是事实,也是法律的规定。唯一存在的政党垄断着国家治理,这就导致国家治理完全具有该党的色彩,是其政见和政策的完全体现。

---

① 参见尼古拉·克莱伯. 罗马尼亚史 [M]. 李腾,译. 上海:东方出版中心,2010;李秀环,徐刚. 罗马尼亚 [M]. 北京:社会科学文献出版社,2016.

第六章

政体运作理论

政体运作理论是在政体形态理论的基础上，描述和解释政体运作的状况，以便进一步解释政体运作的结果。

首先要说明的是，这里所说的政体运作，指的是一国已经建立的政体为履行本职而开展的活动，而不包括政体自我维护的活动。我们已经知道，为了确保自身的存在和运作，任何政体作为组织体系都需要进行自我维护，比如资源的提取、分配、使用，人员的补充、更新、激励、约束、协调，职位和机构的调整、改进、完善，外部关系的处理，政体自身的保护（抵御和惩治有关破坏政体的行为），等等。所以我们看到，实际的政体运作总是表现为两类活动：一种是"做事"的本职工作，一种是"管人"的附属工作。但这是两种截然不同的活动，不可混为一谈。由于政体是基于其本职而被设计和构建起来的，所以我们当然应该重点关注政体为履行本职而开展的活动，对此的考察也才更有意义——虽然对政体自我维护活动的考察也是有意义的。

而对于政体运作的关注和研究，过去曾是比较政治学的短板。那时候学者更习惯于基于法条的规定去考察政府的组成和结构，基本上是静态的研究方式，即使涉及过程，也仅限于法条规定的政府机构运作过程。后来的学者发现，这种研究方式不能把握政体的真实状况，因为有些过程是法条上所未规定的，比如政党、利益集团、社会运动参与政府运作的过程。相对于有法条规定的正式的政府运作过程，这些在法条上找不到规定的政体运作过程，一般被看成非正式的，但也不可忽视，否则对政体运作状况的描述和解释就一定是不真实和不可靠的。

其实我们也可以说，传统比较政治学研究的不足，就是仅限于法条来看待和理解政体，而且把政体仅仅理解为法条上所规定的政府形式，而不是从实际的运作过程来考察和把握政体，从而造成政体的范围严重脱离实际，并没有真正把握一国的政体。而本书恰恰是从过程的角度，把政体界定为公共治理（暂不论作为其变异形式的政治统治）这种集体行动的组织体系，一切按政体设计的制度途径参与其中的主体都构成政体，这样就把政体的静态样式与动态过程结合起来了，而不至于出现政体的形态与其运作过程相脱节的现象。简言之，如果说从组织体系的角度来看，政体具有组织实体和组织形式的两面性，那么从动态静态的角度来看，政体还具有组织体系和集体行动的两面性，即从静态角度来看政体是一种组织体系，从动态角度来看政体就是该组织体系的运作过程，也就是开展有关集体行动（公共治理或者政治统治）的过程。

第一节　政体运作的一般过程

按照本书的理解，政体运作过程本来是很清楚的：如果政体是公共治理体系，那么政体运作就是开展公共治理的过程；如果政体是国家统治体系，那么政体运作就是实施政治统治的过程。但是古往今来，思想家、理论家对于政体运作过程却产生了多种认识和理解，出现了好多种说法，其中一些的影响还相当大。那么我们就首先来考察一下这些说法，看看到底应当如何看待和理解政体运作过程才是恰当的。毕竟，根据政体作为体系和过程的两面性原理，如何认识政体的运作过程，也就是如何认识和把握政体本身。

一、关于政体运作过程的学说

从古到今，有一些相当有影响力的政治思想家和理论家提出了他们对于政体运作过程的看法，我们可以大概分为古代、近代和现当代三个阶段来进行考察，但只选取个别典型来讲。

（一）古代

亚里士多德在谈到政体的组成时，说任何政体都包括三个部分：商议公共事务的部分，有关各种公职的部分，裁决讼争的部分。① 其中商议部分掌管的公共事务包括战争与和平、建立和解散联盟、法律、死刑、流放、没收财产、选举和审查公职人员。这个部分承担的职责，因政体设计不同，可以分配给全体

---

① ARISTOTLE. Politics ［M］. REEVE C D C, trans. Indianapolis: Hackett Publishing Company, Inc., 2017: 103.

公民，也可以分配给部分公民，或者一些分配给全体公民而另一些分配给部分公民。至于各种公职，亚里士多德指的是那些负责审议某些事情、负责裁决和负责指示的职位（尤其是最后这种职位）①，而最后这种实际上指的是执行商议部分之决定的各种职位设置，所以可以把这个部分称作执行部分。概言之，亚里士多德认为任何政体都包含商议、执行和裁决三个部分。

按照亚里士多德的这种认识和理解，显然政体运作过程就是商议、执行和裁决。但这些过程的时间关系是不清楚的：这是三个独立并行的过程，还是三个前后相继的过程，还是其他什么情况？由于亚里士多德说每一种政体都是根据商议部分的决定来管理各种事务的②，这就意味着似乎是商议过程最先发生，而后才是执行和裁决的过程。但执行和裁决是并列发生的还是前后相继的呢？对此我们就不得而知了。

或许亚里士多德描述了他那个时代和地方的实情，但这是否如其所说，可以涵盖一切类型的政体呢？换言之，商议、执行和裁决是政体运作的一般过程吗？恐怕不是。因为亚里士多德明显受到了时空局限，他不知道古希腊地区以外更远地方以及其他时代的情况，而且他这样说，仅仅是基于现实状况而做出的经验概括，至于其中包含什么更为一般的原理，他并没有说出来，恐怕也讲不清楚：为什么政体运作就一定是商议、执行和裁决的过程？为什么不是其他的过程？尽管亚里士多德开启了对政体运作过程的研究，对后世影响也很大且颇具启发意义，但此说显然具有时空局限性，也缺乏坚实的理论支撑，因此我们并不采用此说来认识和把握政体运作的过程。

（二）近代

洛克认为任何国家的政府都有立法、执行和对外三种权力。其中立法权负责指导运用国家的力量来保护共同体及其成员，使加入共同体的人们能够和平而安全地享受其财产，所制定的法律是为了人民的福祉这一最终目的。法律是在短时间内一次性制定出来的，但具有长期持续的效力，需要持续地执行，这就还需要设定执行权。同时，已经结成共同体的人们，作为一个整体与共同体之外的其他人处于自然状态之中，所以还需要有一个对外权来处理他们之间的相互冲突。但执行权和对外权的区分，只是因所处理的事务有内外之别，实际

---

①　ARISTOTLE. Politics ［M］. REEVE　C　D　C, trans. Indianapolis：Hackett Publishing Company, Inc. , 2017：106.

②　ARISTOTLE. Politics ［M］. REEVE　C　D　C, trans. Indianapolis：Hackett Publishing Company, Inc. , 2017：104.

上二者总是联系在一起而难以分割的，也不宜由不同的人来掌握，否则就不可行且一定会导致混乱和毁灭。①

根据洛克的认识和理解，政体运作过程更为简单，就是立法和执法（执行法律），只不过执法又分为对内和对外两种形式。而且在这里，时间关系也很清楚：肯定是立法在先，执法在后。但是果如洛克所说，这样的过程在任何国家中都存在吗？而且为什么这个过程就一定是立法和执法而不是其他呢？应当说，不同于亚里士多德，对于政体运作过程为什么是立法和执法，洛克是有所解释的。但洛克的时代和地域印记也很明显，那就是他始终用法律的概念和术语来进行理解和表述，那么他所说的政体运作过程也就很难说是一般的了。在他看来，人们摆脱自然状态而加入社会（共同体）的伟大目的，是为了能够和平而安全地享受其财产，而为了达到这一目的，人们采取的重大手段就是制定法律，可这是普遍存在的事实吗？无论何时何地，政府都是在制定法律吗？我们可以说，无论针对什么公共事务，政府都必须做出决策，但不能说决策就是制定法律，不能说凡是决策都具有法律的形式。把决策看成制定法律，这不过是洛克以及他那个时代和地方的人的一种观念而已。正因如此，把立法和执法看成政体运作的一般过程，恐怕也是不妥的。

和洛克类似的原因，孟德斯鸠的有关说法也不适用于描述政体运作的一般过程。孟德斯鸠似乎是综合了亚里士多德和洛克的说法，由此提出了立法、行政和司法三权划分学说。他说在所有国家都有制定、修改或废除法律（无论是临时的还是永久的）的立法权，针对万民法的执行权即行政权（负责媾和或宣战、派遣或接见使臣、维持治安、防御外敌），针对公民法的执行权即司法权（裁决个人争端、惩处罪犯）。② 照此说法，则政体的运作过程就是立法、行政和司法；至于其时间关系，则似乎是立法在先，行政和司法并列在后。

尽管孟德斯鸠对后世影响巨大，但此说并没有揭示政体运作的一般过程。第一，和亚里士多德一样，孟德斯鸠也没有解释为什么政体运作就是这三个过程。由于孟德斯鸠曾去过英格兰实地考察，他也是在讲述英格兰政体时提出三权划分学说的，所以他的这一说法可能来自对英格兰的经验概况。然而当时的英格兰政体并不是他所说的这样运作，所以他的说法更可能是他自己的理论创

---

① LOCKE J. Second Treatise of Government ［M］. Edited with an Introduction by C. B. Indianapolis：Macpherson. Hackett Publishing Company, Inc., 1980；chap. XI-XII.
② ［法］孟德斯鸠. 论法的精神［M］. 欧启明，译. 南京：译林出版社，2016：132.

造，然而他却没有解释其中的缘由。第二，和洛克相比，孟德斯鸠的法律观念更为浓厚，政体运作再次被看成一个法律运作过程，然而这并不是事实，毋宁说是其法律观念投射的结果。第三，该说没法适用于现实的政体，因为现实中没有哪个政体可以按照立法、行政和司法的过程去看待和描述，在孟德斯鸠之前的时代如此，在他所在的时代如此，即使在此之后产生了依据其学说而设计的政体，也是如此。

卢梭为了解决人与人之间因社会结合而产生的自由和平等难题，提出了订立社会契约的一个设想：所有合作者参加和结成一个共同体并将其全部让给它。这个共同体是一个道德共同体，是一个公共人，在不同时代和情况下分别被称作城邦、共和国、政治体、国家、主权者等，具有自己的生命和意志即一般意志。而参加共同体的合作者，作为集体时叫作人民，作为个体而分享最高权力时叫作公民，作为个体服从国家法律时则叫作臣民。① 换言之，卢梭认为政治共同体是一个类似于人的有机体，但实际上是政治道德即公共利益的化身。根据这种拟人化的理解方式，卢梭认为政治共同体（主权者）也有其意志和力量，其中意志的表达就是立法权，而实施意志的力量就是行政权。立法权只能属于人民，掌握行政权的是政府，政府就是主权者的执行人，从主权者那里收到命令并下达给臣民。②

从卢梭的这番认识和理解来看，政体运作过程就是主权者意志的表达和执行。尽管卢梭并未使用政体的概念，在他那里，主权者和政府是分开的，但这里所说的主权者和政府都是政体的组成部分，只不过主权者采取全体公民的集体形式，也就是非政府的部分。在卢梭这里，政体运作过程的时间顺序也很清楚，必然是先表达意志然后执行意志。

尽管卢梭和之前的思想家在思维方式上有所不同，也使用了一些明显不同的术语，但我们还是看得出来，他更接近于洛克。因为卢梭说，主权者是通过立法来表达意志和行动的，主权者意志的表达就是立法，这就等于说，政体运作过程说起来是主权者意志的表达和执行，其实还是立法和执法。如果说他跟洛克的观点有何不同，无非就是对于由谁来掌握立法权和执法权，二者有不同的见解。既然如此，那么卢梭关于政体运作过程的说法，也就存在跟洛克一样

---

① ROUSSEAU J-J. Discourse on Political Economy and The Social Contract [M]. BETTS C, trans. Oxford：Oxford University Press, 1994：54-56.

② ROUSSEAU J-J. Discourse on Political Economy and The Social Contract [M]. BETTS C, trans. Oxford：Oxford University Press, 1994：91-92.

的问题了。

(三)现当代

古代和近代有关政体运作过程的几种说法,对于现当代的学者都有影响作用,都有其继承者和发扬者。美国学者古德诺(Frank Goodnow)因不满意孟德斯鸠的说法而提出了政治与行政二分说,认为国家(机器?)的行为包括意志的表达和执行,这就是政府机关承担的两种功能,他分别称之为政治和行政。① 换言之,在古德诺看来,政体运作过程就是政治和行政,而且前者在先,后者继之。如果和洛克、卢梭的说法相比,古德诺的这一说法并无新鲜之处,如果说有什么不同,那主要在于古德诺不再把国家意志的表达看成立法,而说成制定政策,此即他所说的政治概念,相应地,国家意志的执行即行政的概念,就是执行政策而不是执行法律。这一微小的变化,实际上为后来者提供了发挥创造的巨大空间,表明学者开始摆脱法律观念的束缚,毕竟制定政策跟制定法律并不是一回事,前者的范围明显更广。相比于前人,这是古德诺学说的可取之处。但古德诺还是没有揭示政体运作的完整过程,因为政体运作并不仅限于制定和执行政策。

古德诺的学说也曾产生过很大的影响,在其基础上,比较政治学研究终于摆脱了法律观念的束缚,出现了关于政体运作过程的全新说法。例如二战后,美国学者利文斯坦(Karl Loewenstein)抛弃了孟德斯鸠的学说,在古德诺学说的基础上增加了一个环节,于是政体运作过程就变成政策决定、执行和控制,其中传统的立法被看成政策决定的主要表现,传统的行政和司法都被看成政策执行的过程,而政策控制则是指对政府的监督和约束。② 利文斯坦在看待政体运作过程时,完全摆脱了法律观念的束缚,这是值得肯定的地方。但该说明显混淆了政体运作过程和自我维护过程,这是重大的缺陷,因为他所说的政策控制其实是政体的控制机制发挥作用的表现,这是政体自我维护的过程而非政体运作过程。另外,利文斯坦提出这三个过程,仅仅基于对孟德斯鸠学说的批判,而没有正面解释为什么应当如此来看待和考察政体运作过程,其内在逻辑不明,这也是重大的不足。利文斯坦几乎是在描述他所说的三个过程,但三者的时间关系却不够清楚:政策决定无疑先于政策执行,但政策控制又发生在什么时候

---

① [美] F. J. 古德诺. 政治与行政 [M]. 王元,译. 北京:华夏出版社,1987:5,10.

② LEOWENSTEIN K. Political Power and the Governmental Process [M]. Chicago:University of Chicago,1965:42-52.

呢？他提到过追究政治责任，这似乎表明政策控制是最后发生的，但他又提到了政府部门间的相互约束，那么这种政策控制又发生在什么时候呢？

利文斯坦的学说有一定新意，但没有得到学界认可，也没有产生什么影响力。① 真正在现当代比较政治学界有广泛影响力的说法，来自政治系统论者和结构—功能主义者。政治系统论的开创者伊斯顿（David Easton）把政治系统看成一个互动的行为系统，系统与环境之间进行着交换，政治过程就是由输入、输出和反馈三个基本环节组成的一连串行为，其中输入包括外部环境提出要求（施加压力）和给予支持，这些要求通过发生在政治系统内部的大量复杂活动而被转换为决策，这就是输出，输出的产物对外部环境产生一定的影响作用，这反过来再次刺激输入过程，如此循环下去。② 据此来看，在伊斯顿这里，政体运作过程其实仅限于在政治系统内所发生的一系列复杂的转换过程，但这些过程到底是怎样的，伊斯顿并没有给出明确的说明，从其举例的情况来看，似乎还是过去所说的立法、行政和司法。而且伊斯顿除了说政治系统就是为社会权威性分配价值的一些互动外，他并不关心政治系统的组成和结构，他所说的这些互动都是主体不明的，我们并不知道是谁与谁互动，所以甚至不太明白政治系统的边界和范围。只是从其对立法、行政、司法过程的讲述来看，似乎他所说的政治系统就是指传统意义上的政府。如果是这样的话，那么他所说的政治系统内部的一系列复杂转换过程，就没有揭示政体运作的完整过程。总的来说，伊斯顿的政治系统论晦涩、烦琐而空洞，尽管他非常重视过程，却对我们认识政体的运作过程没有什么启发作用。

对政治系统论进行补充完善的是以阿尔蒙德为代表的结构—功能主义者，他们弥补了政治体系的组成和结构，从而把政治体系看成包括政府机构在内的所有与政治有关的结构（除政府之外，其他机构如传统结构、非政府组织）③，这就使得政治体系不再是空洞而晦暗的黑箱，实际上也拓展了政治体系的范围。他们还深入地探究了政治体系即政体的运作过程，认为这一过程包括利益表达、利益综合、政策制定和政策实施四个前后相继的环节。其中利益表达是利益集

---

① GREENSTEIN F I, POLSBY N W. 政治科学大全（第 5 卷）［M］. 幼师文化事业公司，编译. 台北：幼狮文化事业公司，1983：243.

② ［美］戴维·伊斯顿. 政治生活的系统分析［M］. 王浦劬，译. 北京：华夏出版社，1999：25-37.

③ ［美］加布里埃尔·A. 阿尔蒙德，小 G. 宾厄姆·鲍威尔. 比较政治学：体系、过程和政策［M］. 曹沛霖，等译. 上海：上海译文出版社，1987：5.

团或个人提出改变或继续某一政策的要求；利益综合是将许多要求综合为少数几个重大的政策方案；政策制定是确定目标和手段的过程，这因政治体系结构的不同而不同；政策实施当然就是指实施政策的过程，这也因政治体系结构的不同而不同。①

相对而言，结构—功能主义者关于政体运作过程的研究臻于完善，值得借鉴，但也存在一些不能令人满意的瑕疵，需要有所改进。第一，他们所说的政治体系，其范围明显比政治系统论者所说的更为宽泛，那么政治体系的运作过程就不仅限于转换，而是包括输入和输出在内的。阿尔蒙德等人所说的利益表达不就是输入的环节吗？而政策实施不就是输出的环节吗？可见结构—功能主义者虽然已经改变了原来政治系统论关于政治体系及其过程的界定，但没有完全摆脱原来的影响，结果两相杂陈，出现了混乱。其实根本就用不着继续套用伊斯顿的输入—输出模型。伊斯顿之所以采取那种模型，不仅是因为他心目中的政治体系仍旧是政府，也因为他特别关心政治体系与环境的交互作用问题。第二，结构—功能主义者关于利益表达和利益综合的说法，明显太具有美国色彩，不足以表述其他国家的情况，而且并非什么议题都是有关利益表达或综合的。第三，尽管结构—功能主义者已经多次做出调整，比如把政策应用和裁决合并为政策实施，把政治沟通看成政治体系的自我维护过程，但他们对于政治体系运作过程的划分还是不够恰当，比如利益综合明显属于政策制定的环节，而不是什么单独的环节。第四，结构—功能主义者也没有认真论述，为什么政体运作过程就是他们所说的那些环节，其理论基础和内在逻辑到底是什么，对此我们并不清楚。

总的来看，古往今来关于政体运作过程的各种说法，其共同之处是都看到了执行的环节（但说法各异），至于除此之外还应该包括哪些环节，分别是什么，则存在各种见解。考诸实际，无疑阿尔蒙德等人的说法更具有一般性，也更完整，其主要缺点是过于受到美国的局限，某些表述方式具有鲜明的美国味道，而这又削弱了其一般性。

二、动议、决策和执行的过程

基于前人的研究并考察历史和现实，本书认为从最一般的角度来说，应该

---

① ［美］加布里埃尔·A.阿尔蒙德，小 G.宾厄姆·鲍威尔.比较政治学：体系、过程和政策［M］.曹沛霖，等译.上海：上海译文出版社，1987：16-18，331，335.

把政体运作过程看成由动议、决策和执行这三个前后相继且不可或缺的基本环节组成的。其中，动议指的是发现公共事务并提出相关的公共议题以求解决，这是政体运作的起因，也是前提和开端；决策指的是针对提出的公共议题，做出要不要处理和如何处理的决定，这是政体运作的核心和枢纽；执行则是把决策付诸实施以实现其目标的过程，这是政体运作的关键和保障。

之所以如此来看待政体运作过程，是因为如前所述，政体具有组织体系和集体行动的两面性，政体运作过程其实就是开展集体行动的表现；而一切集体行动，就跟一切个体行动一样，都是按照动议、决策和执行的天然顺序依次进行的。就个体行动而言，如前所述，任何人之所以想要采取行动，是因为他产生了一定的需要，没有需要就不可能也不必采取行动。而需要的产生，就相当于向一个人提出了一个亟待解决的问题，这就是让一个人采取行动的缘由。需要的产生促使一个人产生行动的意念，这就是个体行动中的动议过程。而为了满足需要，任何人都必须费尽心思解决目标与方案的问题，因为这涉及行动的基本结构，否则就根本不可能行动起来（既不知道做什么，也不知道怎么做）。解决目标与方案的问题，这就是个体行动中的决策过程，任何决策的内容都在于此。最后，因为所确定的目标与方案仅仅是一个人头脑中的想法（打算和计划），只有采取实际行动、付诸实施才有可能变成现实，才有可能得到想要的结果，所以在个体行动中，最后一个环节必然是执行决策，也就是按照确定的方案去实现目标的过程。个体行动如此，集体行动作为人类的一种行动形式也是如此，必须也只可能依次经历动议、决策和执行三个环节。

当然集体行动和个体行动也有所不同，二者不能完全等同看待和处理。因为集体行动是被组织起来的多人参与的行动形式，通常在动议、决策和执行各个环节都是多人参与，所以三个环节就更为复杂，其表现形式也有明显的差异。比如，对个体行动来说，动议和决策都是内在的心理过程行动而非外显的，外人一般不容易看到，结果往往就只把执行决策的过程看成是实际行动。但集体行动就不同，即使动议和决策的环节也是外显可见的，我们都将看到有多人参与其中，并且往往按照一定的流程来进行。换言之，集体行动所要解决的问题是由具体的人明确提出来的，而要不要解决和如何解决，这也是由具体的人来决定的，最后具体如何解决，这也是由具体的人去实施的。所有这些人都是集体行动的参与者，但在不同环节上，参与者却可能不是同一批人。至于说在每个环节上，具体表现是怎样的，比如哪些人如何参与其中，则要看这样的集体行动是如何被组织起来的，也就是要看分工、控制和协调机制是如何设计的。

因为，如果说个体行动是自发的，那么集体行动就不是这样，从来就没有自发的集体行动，一切集体行动都是被人为组织起来的，所以集体行动跟有组织的行动二者是同义反复。

正因为存在这种差异，所以那种把集体行动的所有参与者想象成类似于一个个体的、具有统一意志和思想的"集体人"的处理方式，就是完全不对的。这种处理方式纯属臆想，因为它根本没有能力掌握集体行动，从而采取了一种自以为简单却是完全错误的办法。本书完全不需要这种"集体人"的臆想，而只需根据前述的集体行动的组织法则，就足以把握集体行动。

既然根据行动理论，动议、决策和执行是集体行动的天然过程，那么当我们说政体运作其实就是一个开展集体行动的过程时，这就意味着政体运作的天然顺序也是动议、决策和执行。如果按照过去比较政治学者的表述方式，那么大体而言，动议就相当于输入或者利益表达的环节，决策相当于转换或者利益综合和政策制定的环节，执行则相当于输出或者政策实施的环节。

把政体运作过程确定为动议、决策和执行三个环节，这不仅合乎自然顺序，也是完整无缺的，还是最为一般的，不受时空限制，这样就避免了政体多样性的麻烦，可以成为考察政体运作过程的统一模式。

其实我们不仅可以从整体上来如此看待和考察政体的运作过程，就是进入政体的局部，比如政府体制部分或者民众参与部分甚至其中更具体的部分，或者进入政体运作的某个阶段，即动议阶段、决策阶段或执行阶段，也都可以从动议、决策和执行三个环节来考察其运作过程。因为一国的政体运作从整体上看是一个宏大的集体行动过程，也可以看成由一些更小型的集体行动组成的。而只要是集体行动，那么其天然顺序就是动议、决策和执行。

第二节　政体运作的能力表现

从动议、决策和执行三个环节来看，所有的政体运作过程都具有统一性，但这并不意味着所有政体的运作表现都是完全相同的。恰恰相反，我们不难发现，不同政体的运作状况往往相差很大，这就是政体运作理论要集中力量解决的重大问题：为什么不同的政体会有不同的运作表现？政体的运作状况到底是如何造成的？

政体的运作状况就是政体的功能发挥或者说能力表现，对此，以前的结构—功能主义者偏好用功能（function）来表示，现在则流行用能力（capacity）来衡量。由于人们对政体运作过程的理解不同，结果出现了几种能力说，各自描述的政体运作状况根本就不是一回事，这个问题需要首先予以澄清。

一、两种能力说的错谬与缺陷

最流行的能力说是国家能力说。这里所说的国家能力，其实指的是国家机器（国家机构、国家政权，也就是广义政府）的能力，而不是指作为一个政治共同体的国家的能力，如果指的是后者，那么这根本就不存在从而无法考察。

在国内学界，王绍光等人的国家能力说最早流传，堪称典型。他们认为，国家能力是国家将自己的意志和目标转化为现实的能力，包括动员社会经济资源的汲取能力（特别是汲取财政的能力），指导社会经济发展的调控能力，运用政治符号在属民中制造共识、巩固统治地位的合法化能力，运用暴力、威胁等方式维护统治地位的强制能力。[①]

实际上国家能力说是美国学者亨廷顿（Sameul Huntington）提出来的。他注意到，到 20 世纪 60 年代，新兴的亚非拉国家普遍存在政府无能（缺乏权威性、有效性和正当性）并由此导致整个国家失序、衰朽的现象，从而认为对这些正处于现代化进程之中的国家来说，首要的任务是树立权威和维持秩序而不是限权和自由，为此就要建立政府的组织、加强政府的权力、壮大政府的能力。而他说的政府能力，指的是政府控制和制服被统治者的政治统治能力。[②]

亨廷顿对后来者的影响很大，后来的国家能力说大多是因之而起的。比如20 世纪 80 年代西方学界兴起的所谓国家自主性学说，虽然是基于一定的理论背景（针对多元主义和结构功能主义以及新马克思主义的社会中心方法）而不是如亨廷顿那样基于对现实的关注而产生的，但该派所说的也是国家机器（广义政府）的能力，即国家机器实施其政策以实现其目标的能力。[③]

---

① 王绍光，胡鞍钢. 中国国家能力报告 [M]. 沈阳：辽宁人民出版社，1993：6.
② ［美］塞缪尔·亨廷顿. 变化社会中的政治秩序 [M]. 王冠华，译. 北京：生活·读书·新知三联书店，1989：1-7.
③ See SKOCPOL T. Bringing the State Back In：Strategies of Analysis in Current Research [M]// EVANS P B, RVESCHEMEYER D, SKOCPOL T. Bringing the State Back In. Cambridge：Cambridge University Press，1985.

虽然国家能力说最为流行，影响最大，但本书不采取这种学说来考察政体运作的能力表现。其一，国家能力说中的国家机器并不完全等同于政体，因此国家能力也就不等于政体的能力。其二，国家能力说中的国家能力，主要指的是国家机器的政治统治能力或者是自我维护的能力，而用这种能力来考察和衡量政体运作的状况，只会得出无意义的或有偏差的结论。我们说政体运作指的是政体履行其本职的活动，如果一国政体的本职是政治统治，那么从政治伦理的角度来说，政治统治能力根本就不值得关注——关心一国政体实施政治统治的能力表现有什么意义？而如果把国家能力看成国家机器自我维护的能力，那么由于这并非其履行本职的表现，所以对这种能力的考察根本不能表明政体运作的状况。

除了国家能力说，如阿尔蒙德这样的结构—功能主义者还提出了一种政治体系功能说。他们说任何政治体系都将在体系、过程和政策三个方面发挥一些功能作用，其中体系功能指的是政治体系的维持和适应功能，包括政治吸纳、政治社会化和政治沟通；过程功能是把输入的支持或要求转变成权威性政策的功能，包括利益表达、利益综合、政策制定和政策实施；政策功能则是指政治体系输出的有关资源提取、产品服务分配、行为管制、象征和信息交流等各项政策所发挥的实际作用，比如提供福利、保障安全、国际影响作用等。[1]

政治体系功能说的影响力很大，但本书不采取这种学说来考察政体的运作状况。其一，所谓的体系功能其实就是政体的自我维护功能，对此我们已经反复指出，这跟政体运作状况本身是无关的，起不到考察政体运作状况的作用。至于政策功能，这是关于结果的，也起不到考察政体运作状况的作用。其二，虽然他们说的过程功能直接关乎政体的运作状况，但他们提出的几种过程功能仅仅是描述了过程环节，而没有提出衡量标准，并不足以显示政体运作状况的差异性，因而也没有太大的作用。

二、基于公共治理能力说的考察

在排除了上述观点之后，本书将基于公共治理能力说的观点来考察政体运作的状况。

首先从政治伦理的角度来说，一切正当的政体，其本职都应该是公共治理

---

① ［美］加布里埃尔·A. 阿尔蒙德，小 G. 宾厄姆·鲍威尔. 比较政治学：体系、过程和政策［M］. 曹沛霖，等译. 上海：上海译文出版社，1987：16-19.

（为使整个政治共同体实现幸福生活而管理公共事务），所以政体运作就应当是开展公共治理的过程，由此政体运作的状况即能力表现，就只可能是公共治理的能力表现。除此之外的能力，不管是政治统治的能力，还是自我维护的能力，都与正当政体的运作状况无关，有关的考察要么无意义，要么是无关的。

现在的问题是，政体的公共治理能力应当如何来衡量。我们已知，政体运作的天然顺序是动议、决策和执行，当政体运作就是开展公共治理的过程时，当然也是按照这个顺序来进行的。据此我们可以说，政体的公共治理能力也就分别体现在动议、决策和执行三个方面，可分成这三种能力来看待。如果说不同的政体在运作上有什么差异表现，那一定是因为其动议、决策或执行的能力表现不同。这样我们就把政体的公共治理能力转换为这三种能力来进行考察和衡量。

但是我的这里并非泛泛地而是特别就公共治理来说的动议、决策和执行，动议、决策和执行都是围绕公共事务而进行的，其目的在于完成和实现公共治理的目标任务，实现良好的公共治理（良治），所以动议、决策和执行这三种能力就既有规范的价值性要求，也有现实的技术性要求，而非随便怎样动议、决策或执行都能管理好公共事务和达到良治。正是从实现良治这个角度来看，对不同的政体来说，其动议、决策和执行的能力明显存在差异，具体而言就是，并非所有的政体都能做到动议全面及时、决策正当明智和执行有力高效——这就是我们用来衡量政体运作能力的主要标准。

动议全面指的是在一个政治共同体中，各方面的公共议题都能够畅通无阻地提出来；动议及时则是指各种公共议题都能够及时地提出来并得到及时的响应。既然公共治理就是管理公共事务的活动，那么要实现良治，前提就一定是所有公共事务都能及时地列上管理的日程，既不存在遗漏或偏重，也不存在拖延或时滞。不难想象，如果在一个政治共同体中，连公共事务都得不到全面而及时的关照，那么又怎么可能会实现良治？所以公共治理的能力首先就体现在动议能力上，要看动议是否满足全面和及时的要求，由此区分出有无和高下。

决策正当是指决策者从公共治理的目的和宗旨出发来进行决策，从而能够制定出具有正当性的目标，而且为实现目标而制定的方案也是正当的（符合道德的规范要求）；而决策明智则是指为实现制定的目标，决策者能够找到有效、可行且可取的方案。把公共事务全面而及时地列上管理日程，这只是实现良治的前提而不是全部，到底能否实现良治，还要看决策是否正当和明智。不正当的决策制定不出正当的目标和方案，这当然不可能导致良治，因为良治是包含道德价值规范要求的。但正当的决策也不一定能够导致良治，因为决策也可能是愚蠢的，也就是制定和选择了无效、不可行、不可取或兼而有之的错误方案。所以正当的决策还必须是明智的，才能实现良治。于是公共治理的能力还体现在决策能力上，要看决策是否满足既正当又明智的要求，由此区分出有无和高下。

执行有力指的是执行的力度，即做出的决策能够被坚决地实施下去；而执行高效指的是执行的效度，即以合理的代价实现决策的目标。决策只是人们头脑中的设想（计划）——不管是关于目标的是关于方案的，只有付诸实施才有可能变成现实，所以最终能否实现良治，还要看执行的情况如何。显然，即使是正当而明智的决策，如果实施不下去，那就是一句空话，所以执行的第一个要求必然是有力。但在现实中，得到贯彻执行的决策太多了，却并非都实现了良治，可见有力并不是对执行的全部要求。执行能力如何，不仅要看是否有力，还要看是否实现了目标，而且为此而付出的代价是否合理。所以公共治理的能力最后还体现在执行能力上，要看执行是否满足有力和高效的要求，由此区分出有无和高下。

当我们说不同政体的运作状况有差异时，我们的意思是这些政体的公共治理能力有差异，具体来说就是在管理公共事务时，其动议、决策和执行的能力表现各不相同。我们已经找到了衡量这些能力的标准，即动议是否全面及时，决策是否正当明智，执行是否有力高效。而从这些方面和标准去考察现实中各种政体的运作状况，我们就不得不承认，它们之间的差别的确太大了：即便不是能力有无的区别，也是能力高下的区分。比如，在一些国家或地方，哪怕是流浪宠物之类的事务竟然也有人关心，甚至被当地政府列入议程，制定和实施一定的政策来解决这种问题；然而在另一些国家或地方，哪怕是人们普遍贫穷，食不果腹，衣不蔽体，居所破烂，出行困难，病无所医，老无所养，幼无所教，那也没人关心，即使有人关心，这种问题也从来没有得到有效解决。

当然，笼统地说哪种政体或者哪国政体的能力表现如何，这是非常空洞的，结论也不够坚实，最好是针对某时某地的具体政体，通过仔细调查，掌握翔实的数据、案例和事实，来具体地考察其各项能力表现，就像有人针对新加坡①和

---

① MAUZY D K，MILNE R S. Singapore Politics Under the People's Action Party [M]. London：Routledge，2002：8-11.

瑞士①而做的研究那样。不过这是更为具体的工作了，本书在此主要是提出理论，而无暇顾及于此。

第三节　政体运作能力的根源

为什么不同政体的运作状况（能力表现）存在差异？这是怎么造成的？换言之，政体运作能力的根源是什么？这是政体运作理论所要解决的核心问题，当然也是一个不易解决的难题。

一、关于内因论与外因论的争执

如果以政体本身为基准，那么对于政体运作状况或能力表现的解释，无非就是外因论与内因论之间的争执。简单地说，外因论强调政体之外的环境因素的作用，认为是环境因素造成了政体的运作状况，而内因论则强调政体运作的表现就是由其自身的构造情况造成的。

毫无疑问，仅凭常识我们就知道，内因和外因对于政体的运作状况都是起作用的，偏执于任何一端都是错误的。如果说外在环境促进或制约着（有利于或不利于）政体的能力发挥，那么政体自身的构造状况则决定着它到底具有什么样的潜能（potential）。现在的问题是，内因和外因到底是如何共同作用而造成了政体的运作状况，这就是前述的因果机制问题。一切准确而有效的科学解释，都必须以因果机制为依据。如前所述（见社会科学的通用研究方法），虽然外在的环境因素也有作用，但它是通过作用于内在的体系因素而间接发挥作用的，因此直接起作用的还是内在因素，外在因素只是条件，这就是内外因共同作用的因果机制。所以根据内外因共同作用的因果机制，我们不能直接用外在的环境因素而只能根据内因并结合外因来解释政体的运作状况。

就此而言，虽然一切政体的运作状况的确会受到外在环境的影响，但从根本上说，这是其自身的构造情况所造成的。说到底，一国政体是如何构造的，即分工、控制和协调三个机制是如何设计的，政体本身是由什么组成的且相互关系如何，这就意味着其潜能会是什么状况。而当政体运作起来时，这些潜能

---

① CHURCH C H. The Politics and Government of Switzerland [M]. New York：Palgrave Macmillan，2004：chap. 15-20.

就转变为具体可见的现实能力，而外在的环境因素只是在这一转变过程中才发挥其影响作用。① 所以我们可以看到，在相同或相似的环境条件下，不同的政体会有明显不同的能力表现；而在不同的环境条件下，同一政体的能力表现虽然也有所不同，但差别并不大。对任何国家的政体来说，国内的自然资源和周边的国际环境应该是最重要的外在环境条件了。按照外因论的观点，如果一个国家在这两方面都不占优势，那么其政体也就不可能有良好的能力表现，然而诸如瑞士、新加坡、以色列这样的一些小国恰恰反驳了这一观点。这些小国从自然资源的角度来看不仅没有什么优势，反而是劣势尽显，它们国土狭小，资源贫乏，有的甚至连淡水都很缺乏。从周边的国际环境来看，这些国家周边列强环立，甚至充满敌意，有的还爆发了战争。但是众所周知，这些小国都是世界上国家治理最有成效的国家，可见其政体运作的能力并不差。反过来说，按照外因论的观点，如果一国的自然资源和周边的国际环境条件都比较好，那么其政体也就应该有良好的能力表现，然而亚非拉的一些国家，比如委内瑞拉②，又构成了反驳的案例。

所以本书虽然不排斥外因的作用，但根据内外因共同作用的因果机制来看，相比于政体这个内因，显然不宜过分强调外因的作用。再说，突出外因的作用也没有什么意义。对任何国家来说，构成外因的那些重要条件，比如自然资源和周边环境，往往都是难以改变甚至不可改变的。在此情况下，如果说一国政体的能力表现是由外因决定的，那就等于说几乎没有可能改善或提高政体能力了，从而呈现出一幅宿命论的画面。如果是这样的话，那么作为政体研究的比较政治学也没有存在的意义了，因为研究或不研究都不能改变什么。而且，就算是有些外在条件可以改变，那还是要依靠内在的政体自身发挥能力才行，于是问题又回到了原点。

为了更具体地呈现政体自身的构造状况是如何造成其运作状况的，这里我们分别从组织形式和组织实体两个维度来进行考察。在前一个方面，我们将揭示一国政体的动议、决策和执行能力表现是如何受制于其分工、控制和协调机

---

① 当我们这样讲的时候，显然这里暗含着一个前提，那就是外在环境并没有强大到根本改变甚至彻底摧毁一国政体的地步，比如外敌入侵致使一国覆灭或者彻底改变或摧毁了其政体。如果发生了这种情况，那么一国政体已经彻底改变或者不复存在，再谈论什么因素影响了政体的能力发挥也就没有针对性或意义了，所以这种极端案例并不构成对此处论点的反驳。

② 参见焦震衡. 委内瑞拉［M］. 北京：社会科学献出版社，2015.

制设计的；而在后一个方面，我们将以政党治国体系为例，说明一国政体的组成和结构是怎样影响其动议、决策和执行能力表现的。

二、政体的组织形式与能力表现

首先，政体的每一项能力表现，从动议、决策到执行，都与其组织形式密切相关，而这又直接取决于分工、控制和协调机制是如何设计的。

（一）政体形式与动议能力表现

一国政体能否做到动议全面及时，或者在多大程度上能够做到全面及时，这主要跟政体的分工和控制机制设计密切相关。

不同政体的分工机制设计，导致有权提出公共议题的人的范围也不同，最明显的就是民主政体与非民主政体的区别：前者确认政府之外的民众有广泛参与的权利，广开言路；而后者则禁止民众与闻政务，禁止甚至打击其发声。由于存在这种设计差异，所以相应政体的动议能力也就表现不同。让我们设想这样一个非民主政体，它禁止民众参与，因此也就没有设立民意代表（也无此必要），更缺乏社会团体、新闻媒体等社会机构。在此情况下，所有的公共议题就只可能由政府提出来。然而一国政府无论构建了多么强大的情报系统，也不可能比那些更加接近甚至亲身经历公共事务的民众和团体更能及时地搜集和提出各方面的公共议题。一句话，如果禁止或限制民众参与，那么仅由或主要由政府来搜集和提出公共议题，就必然会是偏狭的、有遗漏的，也不大可能做到及时。反过来，那些允许民众广泛参与的，特别是民众有倡议权的民主政体，其动议能力就一定会更为强大。

另一种分工机制设计也严重影响着政体的动议能力表现。对一个大国来说，如果对于公共事务的管理职责没有进行合理的地域和层级分工，而是全面实行中央集权体制，各个和各级地方政府无论事无巨细，均须向上级政府请示报告，等待上级政府批复指示后，才能将其列入正式的议程，那么很明显，无论上级政府（直至中央政府）多么强大，都不可能接收得了全国各地的公共议题。在此情况下，全国各地大量的公共事务得不到全面而及时的关注和处理，就一定是在所难免的。与之相对，实行地方自治体制或联邦体制的国家一般就不会出现这样的问题，其动议能力相对来说会更为强大。

但是政体的动议能力表现并不仅仅取决于分工机制设计，还取决于对政府的控制（激励和约束）机制是如何设计的。对普通民众来说，其提出公共议题的动力通常是不存在问题的，因为这些议题所牵涉的公共事务与其自身有着直接的利害关系，而任何人最为关心的就是那些与其有着切身利害关系的事情。对普通民众来说，问题不在于参与的动力，而在于参与的渠道（有无渠道和渠道是否通畅）和成功率（能否成功和有多大可能成功）。但是对政府来说，提出公共议题却存在严重的动力问题，因为这些公共议题所涉及的事务与政府中人并无直接的利害关系，所以他们并不具备关心这些事务的天然动力。要说他们真正关心什么，那就是政府财政和考核晋升，因为这些关系着他们的收入和职位。换言之，政府中人关心的是有关政府自我维护的事务，而不是有关民众的公共事务。在此情况下，如果缺乏对政府的有效的激励机制设计，那么指望政府主动积极地关心公共事务，全面及时地提出公共议题，那基本上就是幻想。之所以非民主政体完全或主要依赖政府来提出公共议题，导致动议能力很差，其原因就在于此。

不仅如此，如果缺乏对政府的有效的约束机制设计，那么即使民众具有广泛的参与权利，他们向政府反映和提出的公共议题也不大可能得到及时的响应，甚至可能根本得不到响应。不难发现，如果缺乏对政府的有效约束，那么无论何时何地，对于民众提出的要求、意见和建议，几乎所有政府的首选项都是推诿塞责、拖延敷衍。因为这种事情跟政府中人没有切身的利害关系，反过来，如果他们接收这些要求或意见，将其纳入议程，那么就会增加他们的工作和负担，这当然是他们不情愿的。这就是为什么，有的国家看似建立了民主政体，确认民众有广泛的参与权，其动议能力却很差，原因就在于没有建立针对政府的有效的约束机制，民众提出的议题往往被置若罔闻或者推三阻四，久而久之，受到挫折的民众也就失去了动议的动力，结果和非民主政体的情况一样，公共议题也是仅由或者主要由政府来提出，动议能力也很差。

（二）政体形式与决策能力表现

一国政体能否或者在多大程度上做到决策正当且明智，这也主要跟政体的分工和控制机制是如何设计的密切相关。

从决策的正当性来看，如果是由普通民众亲自来决策，那么决策的正当性一般是不成问题的，因为民众就是公共事务的利益相关者，如何决策跟他们有着切身的利害关系。但如果是由政府来决策，那么由于相关事务跟政府中人没有切身的利害关系，所以决策正当性就会成为一个大问题。我们不能期望作为民众代理人的政府，会自觉地站在公众的立场上来进行决策，实际上他们几乎总是从自利或者夹带私利的立场来进行决策。在此情况下，要保证决策的正当性，那就只有依靠对政府的正确而有效的控制机制设计，即来自作为利益相关者的民众的约束。有的国家也建立了对政府的约束机制，而且也是有效的，但却是来自上级政府的约束机制，结果导致下级政府为讨好上级领导，往往站在上级领导的立场上来进行决策，其正当性也没有保证。可见决策的正当性首先跟政体的分工机制设计有关，也就是是否让民众参与决策；而在由政府决策的情况下，决策的正当性则跟对政府的约束机制设计密切相关，包括有无约束机制，约束机制是否有效以及是否正确。

从决策的明智性来看，这跟政体的分工机制设计没有什么关系，因为这涉及知识的问题，而所有人都有知识的局限性，都会犯下愚蠢的错误，所以无论由什么人来决策，都不可能保证决策总是明智的。有人相信甚至迷信伟大人物，认为伟大人物不可能犯愚蠢的，其决策不容易犯错，所以决策的明智性是有保证的。然而伟大人物之伟大，这是由其过去的经历和成就来证明的，没有人生而伟大。而一个人过去伟大却不等于从此以后总是伟大的，伟大人物也会犯错，甚至可能犯低级的错误，这在历史上并不乏先例。因为伟大人物也存在知识的盲点或盲区，并不是什么都懂都通，而且由于既往的成功和成就，伟大人物可能会变得骄傲自满而不屑于继续学习和探索知识，结果其知识愈加陈旧过时，盲点或盲区更多，反而更有可能犯错。有人则认为让具有专业知识的专家来决策，就可以避免愚蠢的错误，确保决策的明智性，这就是所谓的专家治国论（technocracy）。① 然而正如美国学者斯科特所指出的那样，人们不要忘了，专家也是凡人，就算其动机是善良真诚的，他们也往往过于乐观，反而会在专业的名义下犯下低级的错误。他们往往是自负的，把自己看得更加聪明和深谋远虑，而把别人看得更为愚蠢和低能。然而就是这样的专家造就了 20 世纪的一系列悲剧，而这些悲剧都是在进步、解放和改革的口号下发生的。② 还有一种观点，相信大众智慧是可靠的，因此主张一切决策都用民众投票来解决，这就可以保证决策的明智性。但是民众参与虽有助于保证决策的正当性，却无法确保决策的

---

① 18 世纪的法国思想家圣西门就是这一观点和主张的代表性人物。在他那里，专家被称作实业家，即具有科学知识的受托管理公共事务的专业人员（参见实业家问答［M］//圣西门选集（第 2 卷）. 董果良，译. 北京：商务印书馆，1962）。圣西门在这里所说的管理公共事务，相当于本书所说的公共治理，因为他明确区分了统治和管理，认为管理应高于统治（参见论社会组织［M］//圣西门选集（第 2 卷）. 董果良，译. 北京：商务印书馆，1962）。

② ［美］詹姆斯·C. 斯科特. 国家的视角：那些试图改善人类状况的项目是如何失败的［M］. 王晓毅，译. 北京：社会科学文献出版社，2012：439—440.

明智性。因为民众虽然人多，但也存在知识的盲点或盲区，有时也会犯下愚蠢的错误，如果民众受教育的水平普遍不高的话，那么就更容易犯错，而且民众在参与的过程中容易受到情绪感染，有时则会受到少数人的蛊惑而丧失辨别能力，所以多数人的决定也不一定正确。

实际上，不管是由谁来负责决策，除非决策者具有负责的精神（责任心），否则没有什么好的办法来保证决策的明智性。因为不管决策者是什么人，其素质如何，一旦他们不具有责任心，那么就不会积极地去学习（补充、更新或改正）和探索知识，也不会慎重地决策，这就没法保证决策的明智性。那么决策者的责任心又是如何产生的呢？对极少数人来说，或者在极少数的情况下，这种责任心可能来自他们的素质，是他们主动产生的；但是对大多数人来说，在大多数情况下，责任心都是被动产生的，也就是来自他们对被问责的担心和惧怕。所以一般来说，要让决策者产生责任心，那么就只有依靠正确而有效的约束机制设计。如果是民众自己作为决策者，那么一般来说其责任心应该是不成问题的，因为决策与其自身有着利害关系。如果是作为民众代理人的政府来决策，那么就要建立来自作为利益相关者的民众的问责机制才是正确的，错误的约束机制设计也不能让其产生正确的责任心。比如自上而下的约束机制设计只会让下级政府更加依附于上级政府，只会产生对上级领导负责的责任心，而这无助于保证决策的明智性，除非上级领导始终是正确的——但这根本不可能。由此可见，在由政府决策的情况下，决策的明智性跟对政府的约束机制设计密切相关，包括有无约束机制，约束机制是否有效以及是否正确。

（三）政体形式与执行能力表现

一国政体能否做到或者在多大程度上做到执行有力和高效，这主要与其控制和协调机制是如何设计的密切相关。

从执行的力度来说，执行不力大多是因为执行者缺乏动力。在几乎所有国家，执行的职责都是分配给政府的行政部门（狭义的政府）来承担的，然而我们会发现，任何行政机构的人员都有自利倾向：对于那些有利可图的事务，比如涉及罚款的这种能够增加本部门收入的事务，他们就会趋之若鹜，争抢执行；而对于那些无利可图的事务，比如不但不能增加收入，反而还要增加投入而且还未必办得好和得到好评的事务，他们就会避之不及，互相推卸。如果行政机构都按照这种机会主义原则办事，那么当然就会出现大量执行不力的现象。而要解决这个问题，除了针对行政机构建立正确而有效的控制机制，既给予足够的激励，也给予恰当的问责，恐怕别无他法。因此执行的力度首先是跟政体的控制机制设计有关的。

但有时候执行不力也可能是执行者之间发生矛盾冲突从而陷入混乱和内耗而造成的。在任何国家，政府的行政部门都是由众多人员、机构和层级组成的，所以它们之间难免会发生矛盾冲突，有时候是关于执行方法的分歧，有时候则可能是因为利益的冲突，比如前述的争抢有利可图的执行事务或者推卸无利可图的执行事务。不管是什么情况，要解决这种问题，都只能依靠有效的协调机制设计，可见执行力度也可能跟协调机制的设计有关。

至于执行的效度，则主要是受政体的约束机制设计所影响。如上所述，政府行政部门的人员始终具有自利倾向，如果缺乏正确而有效的约束机制，那么这些人员更在意的就是执行能给他们自己带来什么好处和他们自身将付出什么代价，而不是决策目标本身能否实现以及为此而付出的代价如何。所以在现实中，如果缺乏对政府行政部门的约束机制，或者约束机制失效或不正确，那么就会出现不负责、贪腐、浪费、拖沓等问题，执行的效度根本无从保证。由此可见，执行的效度是跟对政府行政部门的约束机制设计密不可分的。好的约束机制设计可以确保既实现决策目标，又以合理的代价实现目标，而差的约束机制设计则要么不能保证决策目标的实现，要么就是要付出不合理的高昂代价。

三、政体的组织实体与能力表现

再从组织实体的角度来看，政体自身的组成和结构状况，也是其能力表现的根源。这里我们仅限于考察政党时代的政体形态——政党治国体系。由于多元政党治国体系和一元政党治国体系在组成和结构上差别太大，所以这里我们分别来考察这两类政党治国体系是如何影响其能力表现的。

（一）多元政党治国体系与其能力表现

1. 在动议能力方面

我们知道，多元政党治国体系是由多个执政党及其分别联系或控制的社会力量构成的，而且这些执政党之间存在竞争关系，这就导致各执政党及其联系的社会力量往往会尽可能多且尽快地搜集、反映和提出各种公共议题，因为谁在这方面表现得更积极，谁就更有可能得到更多的民众支持，从而更有机会继续执政。所以总的来说，多元政党治国体系的动议能力都比较强。

不过多元政党治国体系又分为三种，各自的动议能力表现还是存在一些具体差异。其中，对政党主导治国体系来说，虽然占据主导地位的独大党与其他政党也是竞争关系，但由于它们之间力量严重不平衡，所以公共议题主要是由独大党提出来的，从而更多地受制于独大党的信息搜集状况及其对此的关心程度——通常是由该党的政见或政策倾向得来的，这是其局限性所在。

对政党对抗治国体系来说，主要竞争对手就是两个，这就导致，只有那些最具争议性的、支持和反对意见几乎各占一半的公共议题才最受关注，其余的则容易被忽视，这也是一种局限性。

只有在政党合作治国体系中，执政党更加分散，且往往势均力敌，这就导致更为广泛的公共议题能够得到关注。所以在这三种政党治国体系中，相对来说，政党合作治国体系的动议能力表现最好。

2. 在决策能力方面

在多元政党治国体系中，各执政党负责决策，其联系或控制的社会力量则参与决策（主要是通过影响执政党来实现）。但是多元政党治国体系的构成是多元的，相互关系比较复杂，由此导致其决策过程也比较复杂，所以要搞清楚其决策能力表现，就不宜笼统而论，而有必要区分具体的类型来进行考察。

（1）在政党主导治国体系的情况下，由于独大党长期占据绝对多数议席和控制政府的行政部门，与其他政党之间的竞争严重不平衡，其他政党的意见往往不足为虑，也不构成有效的约束力量，所以实际上几乎一切决策都是由独大党做出的，这就造成决策的正当性和明智性缺乏保证。此时决策的正当性和明智性，要看独大党的政见和组织状况如何，包括独大党是什么组织结构，领导层是由什么人构成的，他们持什么政见，在党内影响力如何，内部派系分化和相互关系是什么情况，以及独大党与其联系或控制的社会力量之间是什么关系，因为这些因素严重地影响着独大党决策的质量。但这些因素往往是偶然而不确定的，所以独大党决策的正当性和明智性也就是一个不确定的变数。正因如此，所以我们既能看到新加坡人民行动党那样决策大多正当而明智的情况，也能看到印度国大党或墨西哥革命制度党那样决策经常失误的情况。

比如在独立建国之时，印度国大党分为左右两翼，其领袖分别是圣雄甘地原来的两名助手尼赫鲁（Jawaharlal Nehru）和帕特尔（Sardar Vallabhbhai Patel）。原本帕特尔主内，尼赫鲁主外，但帕特尔到1950年就去世了，国大党便几乎由尼赫鲁一人把持。1950年，尼赫鲁领导的内阁建立了计划委员会（尼赫鲁作为总理任其法定主席），该委员会负责制定五年计划，由政府重点投资钢铁和重型机器设备的生产制造，结果很快就耗光了印度在二战期间强制储蓄的英镑结余，到1956年不得不向西方国家寻求援助。尼赫鲁相信政府大规模投资于工业会实现经济起飞，然而这个目标并未实现，大量人口依旧生活贫困，而且由政府主导的企业效率低下，腐败丛生，大量亏本。尼赫鲁的工业中心主义政策也导致农业遭到忽视。为避免工业增长受到妨碍，国大党政府限制粮食价格，确保粮食低价，农业投入严重不足，结果印度人靠天吃饭，经不起天灾的打击，1965—1966 年印度就发生了严重的饥荒。尼赫鲁领导的国大党政府虽致力于土地改革，废除了殖民地时期的柴明达尔体制，但没有为次级佃农和其他农村穷人提供保护，结果农村形成了一个由过去的佃农转变而来的富裕而强势的农民群体，也就是农民地主，他们可以肆意剥削农村穷人，他们也是国大党在农村的社会基础——支持力量。在对外政策方面，尼赫鲁领导的国大党政府宣称不结盟，但扩军备战，耗资巨大，与巴基斯坦和中国都发生了军事冲突。①

（2）在政党对抗治国体系的情况下，人们一般以为是占据多数议席的政党或政党联盟操控着决策，实则不然，事实上所有占据议席的政党都参与其中，只是各自发挥的作用不同：通常是占据多数议席的政党或联盟提出决策方案和意见，而与之对抗的政党或联盟则提出反对、修改或补充意见。按照多数决定规则，占据少数议席的政党或联盟决定不了政策，但是他们的反对、修改或补充意见也不是毫无作用的，比如可能会起到提醒、警示或弥补的作用。而多数党或联盟对此不能无视，因为决定政策的多数党或联盟最终要为其制定的政策承担政治责任，如果毫不顾及少数党或联盟的意见，一意孤行，那么一旦政策出错或者不受民众欢迎，它就有可能会失去多数席位，不再成为多数党或联盟。通常所说的建设性反对党之所以有其积极作用，原因就在于此。就此而言，政党对抗治国体系的这种两相竞争格局，对于保证决策的正当性和明智性是有一定作用的。

但这也不是绝对的，关键就在于作为少数党或联盟的反对党派能否做到建设性反对，也就是站在公众立场上考虑问题并且更为审慎地提出不同意见，而不是为了反对而反对。现实中的确不乏这样的反对党派，它们出于一党之私，仅仅是为了搞臭对手，拆对方的台，以促使其下台，自己取而代之，所以为反对而反对，对于多数党或联盟提出的任何政策方案和意见都表示反对，并且为此无所不用其极。如果是这种破坏性反对的情况，那么两大党或联盟竞争的格

---

① ［德］赫尔曼·库尔克，迪特马尔·罗特蒙特. 印度史 ［M］. 王立新，周红江，译. 北京：中国青年出版社，2008：383-384，387-390；林太. 印度通史 ［M］. 上海：上海社会科学院出版社，2012：353-361，371-376.

局就会导致决策极端化，决策只是党派偏见或私利的体现，其正当性和明智性都没有任何保证。

至于说一个执政党或联盟到底会成为建设性的还是破坏性的，这不仅与其政见（特别是核心的价值与理念）有关，也与其组织状况（特别是党内多数派是哪些人以及全党的组织结构是什么情况）有关。通常来说，那些具有激进理念的政党，或者一个党为激进派所操控，就容易成为破坏性的反对党派。由于在政党对抗治国体系的情况下，多数党与少数党，或者说当权党与反对党，二者的地位并非固定不变，相反是经常交换，所以在这样的国家，不管是什么政党，只要出现上述情况，那么就非常有可能成为破坏性的反对党派，形成为反对而反对的格局，这时政党对抗治国体系的决策能力就将退化到极低的程度。

（3）在政党合作治国体系的情况下，这时不再有政党对抗治国体系情况下多数党与少数党或者当权党与反对党的明显分化，虽然占据议席的各党之间依旧存在竞争关系，但不是政党对抗治国体系情况下的那种直接对抗关系，相反，现在它们相互合作，共同组织政府的行政部门，共同决策，共同治理国家。而具有差异理念、代表各种不同群体的政党之间相互合作，共同磋商，由此产生的政策，其正当性和明智性显然更有保证，而且可能是多元政党治国体系中表现最好的。

但是各党合作，共同决策，这就免不了交易、妥协和折中，由此也可能会损害决策的明智性。因为经妥协折中而做出的决策，主要考虑的是各方都能接受，而不是决策本身是否明智。另外，在所有占据议席的大党都参与其中、共同决策的情况下，各党免除了丧失执政地位的压力，至少这种压力大大减轻了，而且实际上也免除了受到责任追究的可能性，这就有可能会削弱其决策的责任心，从而有损于决策的正当性和明智性。所以不排除这样一种极端可能性，就是这些执政党合谋，相互勾结，把国家治理变成各党瓜分利益的机会，为了各党私利而进行决策。至于是否会出现这样的情况，这也要看这些政党的政见和组织状况如何，特别是政见是否高尚，有无原则性，掌控政党的是什么派别，他们奉行什么政见和原则，政党与其所联系或控制的社会力量之间是何关系。总的来说，参与合作的政党数量越多，政见分歧越大，就越不容易实现合谋，这种极端情况也就越不容易出现。

3. 在执行能力方面

在多元政党治国体系的国家，通常议会是各党参与决策的战场，政府行政部门才是负责执行的机构，所以执行能力表现如何，就主要看政府行政部门被政党控制的情况如何，以及政府行政部门受到的约束是什么情况。

在政党主导治国体系的情况下，由于独大党长期执掌政府行政部门（几乎都是独大党的人），所以执行的力度一般不会出现什么问题。但是执行的效度就很难保证了，因为对独大党政府来说，实在是缺乏有效的约束。我们看到，在政党主导治国体系的国家，除了新加坡是一个独特的例外，其他则大多存在效率低下、贪腐严重等问题，其原因就在于此。

在政党对抗治国体系的情况下，政府行政部门总是由多数党占据和控制，所以通常来说，执行的力度也是有保证的。但执行的效度也不一定有保证，因为按照多数决定的规则，来自议会少数党的监督是比较乏力的，如果又缺失宪法法院或行政法院或者其独立性不足，也缺失新闻媒体或社会组织或其独立性不足，那么这种由多数党控制的政府行政部门就不容易受到有效的约束，从而难以保证执行的效度。

在政党合作治国体系的情况下，由于是多党共同组成和控制政府行政部门，所以的确有可能会出现冲突扯皮的问题，从而影响执行的力度。但在现实中这种情况却不大容易出现，这是因为多党早就形成了有效的协调机制（可见其合作协议），否则也达不成合作，甚至都无法联合做出决策。而在执行的效度方面，除非多党合谋，否则它们就形成相互监督之势，而这是有助于保证执行效度的。然而一旦多党合谋，由于它们既占据几乎全部议席，又共同组成政府行政部门，所以除非存在来自外部的有效监督，否则根本没有什么有效的办法可以保证执行的效度。

（二）一元政党治国体系与其能力表现

在一元政党治国体系的情况下，国家的公共议题通常是以执政党发布文件的形式来设定的，主要表达的是各级领导人的关注点。至于说执政党提出和发布的议题是不是反映了民众的诉求和意见，是不是真正属于公共议题，并且是不是全面及时，这就要看执政党联系和控制的社会力量有多大的覆盖面，并且后者在多大程度上能够为其提供反映民众诉求和意见的信息。一般来说，由于唯一的执政党比其他政党治国体系下的任何政党都更加关心也更为担心其执政地位的稳固，所以它也就更加注重对各种社会力量（包括其他政党）的控制，从而将其体制化和内部化。然而这样做却容易导致执政党联系和控制的社会力量倾向于揣摩和顺从执政党领导层的意志，成为执政党的传声筒和执行者，从而往往脱离民众，难以真正反映民情民意。所以在一元政党治国体系的情况下，执政党希望从其联系和控制的社会力量那里获得和听取民众的声音，这一般是比较困难的，结果其领导层往往要通过非体制的途径来获得有关信息，比如出巡视察、听小报告、私人渠道。

和多元政党治国体系不同，一元政党治国体系的决策过程清晰而简单，体现的是唯一的执政党（特别是其领导层）的意志。在此情况下，决策的正当性和明智性如何，就要看执政党的领导层是什么素质。如果碰巧换上了一批素质（德与才）较高的领导者，那么决策也有可能正当而明智。但这完全是一种偶然的运气。事实上在一元政党治国体系的情况下，由于集权体制的作用（上级之所以能够做到集权，就是因为他们掌握了下级的人事任免权），通常会出现"逆淘汰"的趋势：那些善于揣摩上意、唯唯诺诺、能力平庸、对上级不易形成威胁的人更容易得到赏识和重用，并进入下一批领导层人选；而素质更高、能力更强的人则难以得到重用，更难以入选执政党的领导层。

由于在一元政党治国体系中，唯一的执政党不仅控制着政府行政部门，甚至控制着所有国家机关，且不分层级都是如此，还实行集权体制，所以在这样的国家，执行是绝对有力的，也可以说是所有政党治国体系中最强大的。但也因为这种绝对控制，来自社会力量和民众的监督和问责几无可能，所以执行的效度并无保证，一般来说都表现不佳。

第三部分 03

关于政体的实践性研究

　　按照前述的研究框架，最后我们来探讨和解决关于政体的实践性问题。关于政体的实践性问题，说到底就是如何才能获得优良政体的问题。但要解决这样的问题，显然我们就要首先搞清楚什么是优良政体，然后才是根据前述的理论研究结果，找到获得优良政体的有效途径。通过解决这些问题，比较政治学的核心问题就将得到最终解决，因为说到底，比较政治学研究政体，不过是想要找到获得优良政体的方法和途径。

第七章

什么是优良的政体

什么是优良的政体？这并不是本书第一次提出来的问题，而是柏拉图尤其是亚里士多德提出以来，就一直困扰着历代思想家的重大问题。所以为了解决这个问题，我们不妨先来看看前人是怎么看待和处理的，指出其可取之处和不足之处，然后再提出我们的解决办法。

第一节　关于优良政体的各种学说

古典政治学从一开始就提出了什么是优良政体的问题。柏拉图认为最好的政体是他构想出来的"哲学家—王者"政体，即哲学家作为君王统治城邦，或者现有的君王或领导者成为真正的哲学家，从而使得政权和哲学完全混合在一起而排除只追求政权或哲学的性质，他认为只有这样，城邦才能得到幸福。① 亚里士多德则认为既非富人当权的寡头政体，亦非穷人当权的平民政体，而以不贫不富的中间群体为基础的中间政体（middle constitution），才是最好的政体——当然这也是他构想出来的，因为这样的政体不存在派系冲突，才能实现良治。②

到了希腊化时期，波利比乌斯认为君王政体、贵族政体和平民政体三者的混合才是最好的政体。与柏拉图和亚里士多德不同，他认为这不仅有理论的论证，还有实际经验的证据，比如斯巴达和罗马。至于其理由，根据他的政体循

---

① PLATO. Republic［M］. Indianapolis：Hackett Publishing Company，2004：166，191.
② ARISTOTLE. Politics［M］. REEVE C D C，trans. Indianapolis：Hackett Publishing Company，Inc. ，2017：97-100.

环理论来看，大概是因为每一种单纯的政体都有其缺陷，而混合起来之后就可以相互克制，实现平衡。① 波利比乌斯的这种观点为古罗马人西塞罗直接继承下来，他也说君王政体、贵族政体和平民政体都是不完善的，有缺陷的，因此把这三种政体混合起来应该是最受赞同的；如果非要在这三种政体中进行选择的话，那么他赞成君王政体。②

在中世纪，欧洲神学家，比如托马斯·阿奎那，认为君主政体最好，他所说的君主是为了共同利益而统治一个城市或地区的人，因此君主政体属于正当政体的类型。另外从统治的目的来说，他说任何统治者都应该确保其统治范围的福祉，而一个共同体的福祉和繁荣在于统一（团结和睦）或者说和平，所以任何共同体的统治者的最大任务就是确立和平的统一。对此统治者无权质疑，而只能关心达到目的的手段。在阿奎那看来，由于本身就是统一体的东西，要比多元的东西更容易产生统一性，所以一个人的统治就要比许多人的统治更可能成功（实现和平统一的目标），这就是君主政体最好的原因。③

或许是受了阿奎那的影响，进入近代以来，在相当长的时间里，不少思想家都认为君主政体是最好的，这形成了一股潮流。比如16世纪曾任都灵大主教的意大利人赛瑟尔，就直截了当地说，在君主政体、贵族政体和平民政体三者之中，君主政体是最好的，只要君主有理智、有经验和有施行善治的意志，是一位好君主。④ 随后，法国人博丹虽然提出了一套独特的主权说，并以此来界定政体，也没有直接说什么政体是最好的，但从其论调中可以看出，他是赞成君主政体的，因为他说在上帝之下，地球上没有什么人比君主更伟大——因为上帝立他为副手来统治其他人。按此说法，除了君主政体，也就没有选择的余地了。而且由于博丹强调主权的绝对性，所以他所说的君主，除了要遵守神法和自然法以及要符合公正标准外，是不受任何限制的。⑤ 与阿奎那和赛瑟尔相比，

---

① POLYBIUS. The Histories（III）[M]. PATON W R, trans. Cambridge：Harvard University Press，1923：Book Ⅵ.

② CICERO M T. On the Republic and On the Laws [M]. FOTT D, trans. New York：Cornell University Press，2014：48-53，60-61.

③ Aquinas Selected Political Writings [M]. DAWSON J G, trans. Oxford：Basil Blackwell，1959：9-13.

④ [法]克劳德·德·塞瑟尔. 法兰西君主制度 [M]. 董子云，译. 北京：商务印书馆，2023：11.

⑤ [法]让·博丹. 主权论 [M]. [美]朱利安·H. 富兰克林，编. 李卫海，钱俊文，译. 北京：北京大学出版社，2008：92，37，77.

博丹的观点明显有些变调。但是博丹的这种观点，却被17世纪的英国人霍布斯全盘接收。出于对战争、冲突、混乱无序的恐惧，霍布斯追求秩序这个唯一的目标，为此他认为唯一的办法就是创立一个共同的力量即主权者，赋予其全权并彻底地服从它。当主权者是一个人时，这就是君主政体，其他情况则分别是贵族政体和平民政体，只有这三种政体。然后霍布斯对三种政体进行了比较，虽然他指出君主政体也存在弊病，比如臣民财产可能会遭到君主剥夺，君主可能是婴孩或者浑蛋，但是君主政体有几个优势，比如公私利益一体，所以更有助于促进公共利益，君主可以自由地听取意见，君主决策能保持前后一致，君主不会自己反对自己从而引发内战。言下之意，君主政体是相当可取的。霍布斯所说的君主政体也是绝对主权的，有人认为这会导致臣民处境凄惨，然而他辩解说，人类的状况总是存在不便，任何政府形式都一样，但是相比于内战或无序导致的后果，这种弊病已经算是很轻的了。言下之意，这是可以接受的代价。①

不过在近代，除了赞同甚至赞美君主政体的这一潮流，也出现了批判甚至否定和反对君主政体的潮流。比如16~17世纪的德意志人阿尔色修斯就不认为君主政体是最好的，而是回到了从前赞赏三种政体相混合的那种观点。② 而17世纪的英国人洛克则开启了另一种批判潮流，即古典自由主义的潮流。其实洛克并不是在一般意义上反对君主政体，而是反对博丹和霍布斯所倡导的那种绝对主权说即绝对权力说，由此反对任何以绝对主权为基础的政体，其中当然就包括绝对君主政体（Absolute Monarchy）——这也是洛克着力批判的对象。因为在洛克看来，人们结成政治共同体（Commonwealth）是为了避免自然状态的种种不便，而自然状态的不便根源于每个人都是自己的裁判，为此政治共同体就要设立一个权威来负责裁决，然而在绝对君主（Absolute Prince）独揽全部立法权和执行权的情况下，其实是不存在负责裁判的权威的，就跟自然状态一样。而且，这种绝对权力也起不到纯洁人们的品质和矫正人性之卑劣的作用。再者，尽管在绝对君主政体中，臣民也可以诉诸法律，由法官来裁决纷争，但这并不是出于对社会和人类的关爱和仁慈，而是出于一个主人对他自己利益的热爱；而且在这种情况下，统治者是超越法律的，可以合法地为非作歹。基于对绝对

---

① HOBBES T. Leviathan [M]. Oxford: Oxford University Press, 1996: 114, 123, 124-127, 122.

② The Politics of Johannes Althusius [M]. CARNEY F S, trans. Boston: Beacon Press, 1964: 197-200.

权力的批判和否定，洛克主张对作为最高权力的立法权施加限制，而不管立法权是由谁掌握的，也不管政府形式如何。由于洛克认为法律只是为了达到人们结成政治共同体的目的（保护他们的生命、自由和地产——洛克将三者统称为财产）的工具和手段，所以立法权尽管是最高权力，但也必须是有限的，包括不能对人民的生命和财产专断地立法，而必须为了人民的利益这一最终目的而制定法律，所制定的法律必须公开、长期有效且一视同仁并由专门的法官来执行，未经人民或其代表同意不得对人民的财产征税，立法机关不得将立法权转移给其他任何人。如果是结成政治共同体的人民委托政府来行使立法权，那么政府在行使立法权时就要受到委托目的的限制，如果政府忽视或违背了这一目的，那么委托者就可以收回委托，解散政府，重建政府和重新委托。①

到了18世纪，关于什么是优良的政体，法国人卢梭提出了独树一帜的观点。首先要说明的是，卢梭跟洛克一样，他们都把人们结成的政治共同体看成是主权者，所以他们理解的政体也都是指政府或者政府形式，并且也认为就是平民政体、贵族政体和君主政体三种类型。但跟洛克不一样，卢梭只承认政府行使执行权，而不承认其行使立法权，因为立法权体现的是主权者的一般意志，是不可转让的，而洛克却说主权者可以把立法权委托给政府行使，由此可见，卢梭的政体概念从范围上说是要小于洛克的。至于说什么政府形式才是最好的，卢梭也跟洛克不同，他并没有给出明确的答案，而是说每一种政体都在某些情况下是最好的，而在另外某些情况下却是最坏的。因此卢梭说不能无条件地问什么政体是最好的，他只能回答政府治理结果是好是坏的问题，并由此去判断政体的好坏。卢梭从政治结合的目的即合作者的安全与繁荣出发，认为这方面的标志是人口和出生率，所以如果没有采取其他手段，那么在其治理下出现人口增长的政府就是最好的，反过来导致人口减少和萎缩的政府就是最坏的。②

在19世纪，英国人穆勒又提出了一种关于优良政体的独特观点，体现了时代的新潮流。同样，穆勒所说的政体也是指政府或政府形式，但跟卢梭不同，他并不认为抽象地探讨最好的政府形式是空想，而认为这是对科学智识能力的高度的实践性运用。为了评判政府的好坏，穆勒按照"目的—手段"的逻辑找到了两个标准：从目的上说，要看政府促进构成共同体的人民的美德和才智如

①　LOCKE J. Second Treatise of Government ［M］. Indianapolis：Hackett Publishing Company, Inc., 1980：48-50, 66, 77-78, chap. XI.

②　ROUSSEAU J-J. Discourse on Political Economy AND The Social Contract ［M］. BETTS C, trans. Oxford：Oxford University Press, 1994：99-100, 116-117.

何——因为这就是政府的唯一目的所在；从手段上说，要看政府机器本身的品质如何（即构成政府的人员的品质如何，从而实现目标的能力如何）——因为政府本身就是用以达到前述目的的手段。依据这两个标准，穆勒通过分析举了很多案例，认为理想上最好的政府形式是主权归于整个共同体，但每个公民对于主权的行使有发言权，还有权参加政府，履行地方的或者一般的公共职责。而唯一符合这些条件的，就是完全大众化的政府（completely popular government），也就是全民参与的政府。但是穆勒又认为，民众参与的程度应该与共同体改善的程度相一致，而在超越城镇规模的共同体中，全民不可能亲自参与公共事务，所以理想的完美政府类型就应该是代议制的（representative government）。①

　　进入 20 世纪后，由于政治学被拖进了科学化的轨道，所以在价值去除或者价值中立的口号下，讨论何为优良政体的少见起来。但我们还是可以发现其中暗含着一些假定，尤其是在二战以后，西方那些所谓的政治科学家，几乎都把所谓的民主政体（democracy）看成最好的政体——看看以该词为名的著述多如牛毛就知道了。只是他们所说的民主政体，虽然用词不变，但早就不是古希腊时代直至近代所说的平民政体了，而是一个含混不清的混杂概念，包含多方面的内容或者说标准。如果说该词有什么现实指涉的话，那就是对西方发达国家政体的统称，其他凡是与之不符的，就被贴上威权政体（authoritarian regime）或者独裁政体（autocracy/dictatorship）的标签，当然也就被看成是坏的甚至是很坏的政体。然而这显然已经不是什么严谨的学术了，而成了某种意识形态话语的表达，因此不值一提。

　　回首过去我们可以看到，对于到底什么是优良政体的问题，从来就没有出现过一种贯穿古今的共识，反而是在不同的时代，人们做出了不同的回答，由此也可见这个问题并不好解决。

　　不过从方法上看，我们可以发现，至少到近代为止，思想家对于这个问题的解答，总是遵循着"目的—手段"的逻辑。换言之，他们总是把政体看成用来达到一定目的的手段，因此评判政体是好是坏，首先是看政体要达到的目的是什么，这个目的本身是不是正当的或者好的，然后才是看某种政体是不是能够达到这个正当的目的，或者说什么样的政体才能达到这个目的。

　　显然，按照"目的—手段"逻辑，要解决什么是优良政体的问题，那么首

---

① ［英］约翰·穆勒. 代议制政府（英汉对照）［M］. 段小平，译. 北京：中国社会科学出版社，2007：18，44-50，78-80，102-104.

先就要解决政体的正当目的是什么（其实就是何为正当政体）的问题。就此而言，直至近代的思想家大体上守住了源于古希腊政治学的基本设定，那就是实现政治共同体的幸福生活。只不过，对于这个目的的表述方式，不同时代的思想家有一些不同的说法，比如有的说是为了共同利益或公共利益。对于该目的的具体内涵，他们也有不同的思考或侧重，比如有的关心消极的方面，如安全、保护、秩序、和平，有的则看重积极的方面，如增长、发展、繁荣。

在正当的目的确定以后，优良的政体当然就是能够达到这个目的的那种，这可以说是大家的共识。但到底什么样的政体才能达到这样的目的呢？对此思想家的回答差别很大甚至可能完全相反。这不仅是因为他们理解的目的具有不尽一致的内涵，比如前述的消极或积极的方面，也是因为他们在目的与手段之间建立的因果关系不一样。比如说，尽管都关心安全问题，但霍布斯认为只有像绝对君主政体那样掌握绝对权力的政体才能达到这一目的，而洛克却认为只有那些权力有限的政体才能达到这个目的。如果说什么样的目的才是正当的，这是个价值问题，对此的回答取决于各人的价值观，那么到底什么样的政体才能达到正当的目的，这就是个科学的问题，对此回答取决于各人所建立的目的与手段之间的因果关系。

应当说，不管思想家的结论如何，是对是错，至少这种思考和解决问题的方式是正确的。就像美国学者迦纳（James W. Garner）所说的，判断政体的优劣并无先验的标准，而要看设立政体的目的是什么，希望达到什么目标，并且实际上实现到什么程度。① 因为政体作为一种人造物，的确是人们出于一定的目的而设计和构建起来的，所以采取"目的—手段"的思考和解决方式完全正确。反过来，凡是不遵循这个逻辑的，如根据个人的好恶或恩怨，根据政体的名称或形式，或者根据一定的意识形态说教，来判断政体的好坏，那就毫无道理可言。比如说，西方人只是因为新加坡政体跟他们国家的有所差别，而不管其目的和能力如何，便千篇一律地说新加坡是威权政体，而这个词本身就意味着贬低甚至否定；反过来，像拉美、南亚、非洲等地方的一些国家，只是因为采取了跟他们国家差不多的所谓民主政体，便得到他们的肯定甚至赞扬，而不管这些国家治理得有多糟糕。这显然是非常荒唐的。还有的甚至根本说不出理由来，那也是不可取的。比如有人说，判断政府好坏优劣的依据是公正性，还认为这

---

① ［美］迦纳.政治科学与政府（政府论）［M］.林昌恒，译.北京：东方出版社，2014：119.

种依据是无可挑剔的。① 然而他们并没有给出理由，那就是武断的说辞了。

正是按照"目的—手段"逻辑，我们可以看到，过去的思想家首先考察的是现实存在的政体，看看它们是否优良。不管是柏拉图还是亚里士多德，或者波利比乌斯和西塞罗，他们都对过去或现在实际存在的各城邦的或各类型的政体进行过比较和评判，以后的思想家大抵也是如此。而这样做当然是有其目的和意义的，因为假如经过考察和评判，发现现实中就存在优良的政体，那么所有地方只需学习或模仿这种政体就能获得优良的政体，从而如何获得优良政体这个问题也就迎刃而解了。

然而我们发现，正是基于对现实政体的考察和评价，可以说几乎所有的思想家都表示不满意。他们普遍认为，现实存在的或存在过的政体都没有或者难以达到应有的目的，因此都不是优良的政体，柏拉图、亚里士多德、西塞罗等人就明确表达过这样的看法（或许只有波利比乌斯是个例外）。鉴于此，思想家意识到，优良政体并不存在于现实中，而是需要构建或创造，由此他们普遍提出了某种理想的政体，如柏拉图的哲学家—王者政体、亚里士多德的中间政体、西塞罗的混合政体、洛克的有限政府、穆勒的代议制政府等。他们根据自己建立的目的与手段的因果关系，认为只有这样的理想政体才能真正达到应有的目的。

前人的这种思路和做法过时了吗？当然没有。因为在他们之后又过去了几百上千年，又出现过和存在着更多的现实政体，而这些并不都是他们曾经考察和评价过的。所以为了解决什么是优良政体的问题，我们也有必要首先来评判现实政体之优劣。如果我们在现实中就发现了优良政体，那么关于如何获得优良政体的终极问题就得到了解决，研究也就可以到此为止了。但如果没有发现，那么就必须按照目的与手段的因果关系，去推导理论上优良的政体，然后再去寻求构建理想的政体。

但我们这样做是不是对前人亦步亦趋的简单模仿呢？当然不是。虽然我们要遵循"目的—手段"逻辑，并且也坚守源于古典政治学对政体之正当目的的设定，但是我们发现，在关于政体的正当目的方面，前人的学说中还存在不够明确、过于狭隘或者有些偏差的问题，这是需要弥补、改进甚至突破的，而且关于什么样的政体才能达到其应有的目的，本书在前面也提出了与前人明显不

---

① ［瑞典］索伦·霍姆伯格，博·罗斯坦. 好政府：政治科学的诠释［M］. 包雅钧，等译. 北京：北京大学出版社，2020：24-26.

同的目的与手段的因果关系理论，所以对此的回答也必将不同于前人。

第二节　对现实政体之优劣的评判

对于现实存在的政体，我们要评判其优劣，首先就要找到合理的依据，然后才是找到具体的方式方法。

一、以政体成效为评判的依据

评判现实政体的优劣，我们还是只能从上述的"目的—手段"逻辑出发，只不过因为这些政体是现实存在的，所以我们无须进行理论推导，而只需看其实际结果就行了，也就是看看这些现实存在的政体，到底有没有或者在多大程度上达到了正当的目的，由此便知其是优是劣。而由此形成的评判依据，就是我们此处所说的政体成效。

虽然政体成效跟政体运作带来的结果有关，但二者并不等同。政体运作的结果包括由此所产生的一切影响作用，显然其范围十分宽泛：不管是对政体自身还是对外界所产生的影响和所导致的变化，不管是符合预期的还是不符合预期的，不管是好的还是坏的等，全都包括在内。对此我们当然可以有多个看待和考察的角度，具体取决于我们的需要。比如阿尔蒙德等人把政体运作的结果大概分成直接和间接两种：直接结果就是所制定的公共政策，这被称作政治输出；间接结果则是公共政策所产生的实际效果或影响作用，这被称作政治产品。① 由于阿尔蒙德等人将政体运作过程与自我维护过程混杂在一起，所以他们所说的政体运作结果也是混杂的，比如税收、兵役这类资源提取政策，有关体系维持和适应的政治产品，实际上都是政体自我维护过程而非政体运作过程的结果。但不管怎样看待和考察政体运作的结果，对此进行囊括无遗的描述实无必要，我们这里所要解决的问题也不在于此。我们现在只关心，这些结果表明政体的正当目的是否达到或在多大程度上达到了，这才是我们所说的政体成效。因此简言之，政体成效就是政体运作的结果与正当目标相比较的情况。就此而言，政体成效是一个带有比较性质的概念，而非对客观状况的简单描述。考评

---

① ［美］加布里埃尔·A. 阿尔蒙德，小 G. 宾厄姆·鲍威尔. 比较政治学：体系、过程和政策［M］. 曹沛霖，等译. 上海：上海译文出版社，1987：13，18.

政体成效，就是依据事后的结果，看政体是否或在多大程度上实现了应有的目标。据此，那些完全或者在很大程度上实现了目标的政体，才能被看成是优良的，否则就是低劣的。

但要注意的是，这里作为评判依据的政体成效，并非一个无价值内涵的中性概念。因为政体成效是政体运作结果与正当目标相比较的情况，这个目标本身就已经被设定为必须是正当的或者说善的，而不包括不正当的或者说恶的目标，否则这种比较和评判也就失去了意义。显然，一个目标不正当的政体，也就是非正当的政体，即使因为其能力强大，实现了这些目标，我们也不可能将其看成是优良政体。假如用一个公式来表示的话，那么就是政体成效＝政体目标×政体能力。其中政体目标分为正当和不正当亦即善恶两种，分别赋值 1 和 0；政体能力可以用 0~1 来表示其强弱有别，其中 0 表示毫无能力（但这只在理论上存在，现实中不可能存在），1 表示完全有能力。该公式表明，只要政体目标是不正当（恶）的，那么政体成效就归于零，由此再去评判政体的优劣也就毫无意义；或者说，不正当的政体肯定就是坏的，因此无须再加评判。只有在政体目标正当（善）的情况下，政体成效才是一个正值——但有大小之别，由此才能评判出政体的优劣来。换言之，评判政体之优劣，这是只针对正当政体而言的，而不包括不正当的政体。当然这也就意味着，对正当政体之优劣的评判，实际上是针对其实现目标的能力而言的：能力越强，政体越好，反之越差。

比如，在统治型国家，政体的建立是为了树立和维护一些人对另一些人的政治统治，这就是其根本目标（职责），但显然这是不正当的。所以在这样的国家，把统治者是否巩固或加强了其对民众的政治统治看成政体成效，并由此去评判政体的优劣，是毫无意义的。但过去有人却沉迷于这种考评，提出所谓的"盛世""治世""衰世""乱世"等说法，由此要么对相应的政体进行称赞歌颂，要么对其进行讽刺批判，这都是不正确的，也是无意义的。因为对于不正当的政体，除了彻底否定外，根本用不着去评判其优劣。

但可能也有人会说，即使目标为恶的不正当政体，也可能会产生一些有助于民生幸福的客观结果，比如国防、治安、抢险、救灾，因此考评其成效进而评判其优劣还是有意义的。对此观点我们难以苟同。因为一方面，这些客观结果只是一种副产品，而不在政体的目标之中，政体也不是为此而设计和构建起来的，所以这些结果的产生并无保证，实属偶然。另一方面，即使有时候统治者主观追求这些结果，那也不过是其采取的一种统治策略，因为这有利于维护和巩固其统治。也因为这个原因，所以一旦这些目标与统治目标相冲突，即有利于民众而不利于统治者，那么统治者就会毫不犹豫地将其抛弃，或者使其为后者让路。比如在北宋时期，为了巩固皇权统治，皇帝吸取五代的教训，采取重文轻武的统治策略，往往以流民充军，而且不是把最有实力的禁军部署在最需要防卫的边境地区，而是部署在京城，结果整个北宋时代边患严重，国防吃紧，最后也亡于边患危机。同样出于巩固皇权统治的考虑，尽管已经重文轻武了，但皇帝对于文官队伍还是不放心，为了加强对他们的控制，便将地方官职拆分开，形成相互监视的格局，并采取职官分离、权知代领的差遣策略，临时派遣京官到地方任职，结果整个北宋时期官制极为混乱，冗官冗政问题十分突出，民众负担极其沉重。① 这些做法，从国家治理的角度来说都是严重的弊病，但从政治统治的角度来说却是高明的手段。可见在这种统治型国家，国家治理只是附带的和偶然的，是服务于政治统治的，前者必须为后者让路，必要时也可能会被完全抛弃。

最后要说明的是，可能有人会认为，政体目标是一个主观的东西，不容易确定，任何人都可以随便宣称某个政体的目标是什么，从而不好判定什么是正当的或不正当的政体。但实际并非如此。政体的目标的确是人为赋予的，也就是由那些政体构建者甚至是由政体掌控者所赋予的，这些人想要什么，追求什么，实际上政体的目标就是什么。然而政体的目标就是它要承担的职责，包括政体的根本职责和由此分解到各职位、机构或部门的具体职责，因此总会被确定下来，否则政体就没法运作。而所有这些都是有据可查的，而且一般都以文字表述为据，并非什么人都可以随便宣称的东西。正是以此为据，我们就可以看出一个政体的目标到底是善是恶，是否正当，从而判断这个政体是否正当。

二、考评政体成效的基本方式

既然我们已经确定以政体成效为评判现实政体之优劣的依据，那么接下来要解决的问题，当然就是如何考评政体成效了。对此我们提出，对政体成效的考评要包括三个方面，否则就是不合理不完善的。

（一）考评政体目标的实现状况

由于政体成效是政体运作的结果相对政体目标而言的，是政体目标的实现状况，所以要解决如何考评政体成效的问题，那么就要从政体目标入手——当

---

① 参见萨孟武. 中国社会政治史（宋元明卷）[M]. 北京：生活·读书·新知三联书店，2019.

然仅限于正当政体的目标。

我们已经知道，正当政体之所以正当，就在于其根本目标或者说根本职责是善的、正当的。而这一正当的目标或职责，是从古典政治学开始就已经明确了的，即使到了现代，真正的政治学者也都明白"应努力为人民谋共同生活的最良环境"①。简言之，正当政体的根本职责，就是通过管理公共事务来实现民生幸福，此即公共治理的职责。

但是说正当政体的根本职责是公共治理（通过管理公共事务来实现民生幸福），这一说法还太含混和笼统，如果据此来考评政体成效，显然也缺乏可操作性，所以还需要将其具体化。至于如何具体化，不同人当然会有不同的做法，本书出于严密性、完备性和普适性的考虑，通过从逻辑上分解公共事务，将其具体化为造福于民、为民除害和主持公道三项基本职责。

我们知道，公共事务（public affair/business）就是跟一个政治共同体中所有成员都有利害关系的事情。一件事情只有跟大众有利害关系，才能称得上具有公共性，也只有这样的事情才能纳入公共治理的范围，否则就是私人事务，而那并不是公共治理的管辖范围和职责所在。但利害关系并非什么客观的存在，而是一个人对某件事情做出利害判断（包括对自己是有利的还是有害的两种判断）的结果。利害判断当然是主观的，因此往往因人因时因地而异。任何政治共同体都是由多人组成的，因此不难想见，他们对同一件事情的利害判断就可能一致也可能不一致。正是根据他们对一件事情的利害判断是否一致，我们可以简单假定他们分化为判断相同的和不同的两类人。这两类人加上他们的判断，二者组合起来，就导致一个政治共同体的公共事务，从逻辑上说必然也只可能包括三类事情（如表7-1所示）：一是所有人都判断有利的事情，可称之为公共福利（简称公益）；二是所有人都判断有害的事情，可称之为公共祸患（简称公害）；三是一些人判断有利而另一些人判断有害的事情，可称之为社会公正（简称公正）。

由于正当政体管理公共事务的目的在于实现民生幸福，而每一类公共事务的性质明显不同，所以管理各类公共事务的要求和所要达到的具体目标，也就是相应的具体职责，也就一定不同。（1）就公共福利来说，既然这类事情对所有人都有利，那么管理这类公共事务，当然就不是去防止或消除之，而应当是

---

① ［美］迦纳. 政治科学与政府（政府论）［M］. 林昌恒，译. 北京：东方出版社，2014：164.

尽力促成。我们不妨把这种职责称作造福于民。（2）就公共祸患来说，既然这类事情对所有人都是有害的，那么管理这类公共事务，当然就是要努力预防或避免其发生，如果已经发生，则要设法摆脱或消除之。我们不妨把这种职责称作为民除害。（3）就社会公正来说，既然这类事情对某些人来说是有利的，而对某些人来说是有害的，那么毫无疑问，那些受害者势必会发出不平的声音，希望得到公平的对待和处理。正如亚里士多德所说的，"弱者总是寻求平等和公正的东西，而强者对此置之不理"。① 正因如此，我们才把这类事情称作社会公正。既然如此，管理这类公共事务的目标要求，无疑就是尽量公平地处理和对待，减少或消除人们的社会不公感，努力实现社会公正。我们不妨把这种职责称作主持公道。

表 7-1　公共事务的逻辑分类和公共治理的基本职责

事情	利害判断	一些人	另一些人	公共事务的逻辑分类	公共治理的基本职责
A	有利	√	√	公共福利（公益）	造福于民
B	有害	√	√	公共祸患（公害）	为民除害
C_1	有利	√		社会公正（公正）	主持公道
	有害		√		
C_2	有利		√		
	有害	√			

　　因此，基于公共事务的逻辑分类，作为正当政体之根本职责的公共治理，现在就具体化为造福于民、为民除害和主持公道这三项基本职责。这就相当于说，如果要问公共治理到底意味着什么，那就是造福于民、为民除害和主持公道。

　　这三项基本职责就为我们考评政体成效提供了基本的依据。正是根据政体履行这些职责的情况或者说目标达成的情况（可称之为成就或成果），我们可以评判政体成效的高低。显然在一个政治共同体中，除非通过政体的运作即开展公共治理，人人都能获得必要的福利、安全的保障和公正的对待，否则就谈不上民生幸福；至少越接近这些目标，民生才越有可能幸福，而越远离这些目标，

① ARISTOTLE. Politics［M］. REEVE C D C, trans. Indianapolis：Hackett Publishing Company, Inc., 2017：147.

民生就越不可能幸福。相应地，政体成效到底如何，就要看这些目标的达成情况（成就或成果）如何，也就是看达成目标的类型、数量和程度是什么情况。简言之，达成目标的类型越多，数量越多，目标实现的程度越高，那么政体成效就越高，反之就越低。

（二）考评政体付出代价的状况

然而目标的达成情况（成就或成果）只是考评政体成效的一个方面——虽然是首要的方面，我们还要看到，正如任何人去实现任何目标——开展行动——都要付出代价一样，政体履行其职责也必然要付出代价，主要是投入的资源和产生的副作用（负面后果），付出代价是不可避免的，而且付出代价显然并不是人们想要的，因为人们的想法通常是，最好什么也不付出就能实现目标，所以我们在考评政体成效时，就不能仅仅关注目标的达成情况，还必须同时关注由此所付出的代价，包括代价的种类和程度，否则就一定是不全面的。

我们说人只要行动就必定要付出代价，这是不可避免的，但这不等于说，我们付出的一切代价（种类和程度）都是合理的。实际上一切代价都存在合理性的问题，对于政体成效的考评，从代价方面来看，其实就是评判代价的合理性。

至于说代价的合理性究竟应该如何来判断，就像对政体运作能力的评判一样，这里既有规范的价值性要求，也有现实的技术性要求。据此来看，合理的代价应当符合正当性、必要性、有效性和效率性四个评判标准。

在这四个标准中，正当性、必要性和有效性均涉及公共治理的目的和手段，是定性的，所以缺一不可，只有是与否的区别，用于评判合理性的有无；而效率性只涉及公共治理的手段，是定量的，有程度的区别，用于评判合理性的高低。所以公共治理付出的代价，要么是正当的或不正当的，要么是必要的或不必要的，要么是有效的或无效的，从而要么是合理的要么是不合理的，而不可能存在既合理又不合理的模糊中间地带。但是正当、必要且有效的代价，在效率性方面还存在程度上的差异，所以其合理性也就具有程度上的差别，也就是有合理和更加合理或者不合理和更不合理的区别。当然这也就意味着，正当性、必要性和有效性是评判代价之合理性的前置条件，凡是不正当、不必要或无效的代价，都是不合理的，既然是不合理的，那么再去评判其效率性也就没有任何必要和意义了。

1. 代价的正当性评判

这就是说，正当的代价必须是为了公共治理而不是为了与此无关的甚至相悖的目的而产生的，是因为公共治理而不是因为与此无关的甚至与之相反的行动而产生的。显然这是基于价值规范的要求而产生的评判标准。

如前所述，只有造福于民、为民除害和主持公道才是公共治理，那么只要是为此而投入人财物等各种资源，就是正当的。比如为了提供公共产品，不管是修桥铺路还是社会救济，为此而开销就是正当的。但现实中并非所有的开销都是正当的，因为有些开销明显不是为了公共治理。比如政府修建豪华的楼堂馆所，修建歌功颂德的建筑物，这显然是为了自我享受、自我表彰而不是为了公共治理。这些做法的出发点是政府自己而不是民众，跟造福于民、为民除害和主持公道都没有关系，根本就不是达到这些目的的手段（即使是被当作手段，也肯定达不到那些目的，倒是很有可能达到相反的目的），所以以此而开销就是不正当的。

不仅如此，因为公共治理而产生的副作用也是正当的。比如为了消除自然灾害而采取紧急避险的手段，由此给其他人造成了损害，但这种副作用是正当的。然而不是因为公共治理而产生的副作用，则是不正当的。比如政府为了自我享受而修建豪华的楼堂馆所，为此引发群体性事件或者负债累累，那么这种副作用就是不正当的。

2. 代价的必要性评判

在任何情况下，公共治理都必须采取一些必要的手段，否则就无法实现目标，那么因为采取这样的手段而产生的代价，包括为此而投入的资源和由此所产生的副作用，就是必要的。显然这是基于现实技术的需要而产生的评判标准。

至于说什么才是必要的手段，对此的判断取决于公共治理者的知识状况。就如西医认为不进行手术和化疗就治不好癌症，而中医却认为不采取手术和化疗的手段，用药物和针灸也能治好癌症。由于对于必要手段的认识不同，那么对于由此所产生的代价是不是必要的，当然也就有不同的评判。比如用西医手段治疗癌症，患者不仅开销巨大，还会产生健康细胞被杀死、免疫力下降、出现病危状态、器官缺失、身体留下疤痕等副作用，但西医会认为付出这些代价是必要的，而中医则会认为这些都是不必要的。

但不管公共治理者在认识上有何差异，最终结果都会证明采取的手段是不是真正必要的——到底有没有实现目标。如果最终结果证明，公共治理者采取的是必要手段（实现了公共治理的目标），那么为此而投入人财物等资源就是必要的代价，比如基础设施建设所占用的土地、所投入的资金和物资。在此情况下所产生的副作用也是必要的代价，比如发展经济（不管是农业还是工业）免不了要开发和利用自然资源，为此就难免会造成一定的环境破坏，但这是必要的。

但如果最终结果证明，公共治理者原以为的必要手段其实并非必不可少，那么由此付出的代价就是不必要的。从资源投入来看，比如为了让政府承担起造福于民、为民除害和主持公道的职责，民众就要供应政府职员吃喝住用行之开销，但是政府职员大吃大喝、排场铺张、奢华无度，显然这些并非公共治理必不可少的手段，那么这方面的开支就是不必要的代价。同样，只要最终结果证明所采取的并非必要的手段，那么由此产生的副作用也是不必要的。比如，一个地方采取杀鸡取卵的方式来发展经济，结果经济并未得到发展，反而实实在在地破坏了当地的自然环境，那么环境破坏这种副作用就是不必要的代价。

3. 代价的有效性评判

这就是说，正当而必要的代价只有对于实现公共治理的目标的确发挥了作用才是有效的。显然这也是基于现实技术的需要而产生的评判标准。

有效性这个评判标准是只针对资源投入这种代价来说的，因为只有投入的资源才会对实现公共治理目标发挥作用，而副作用是一种结果状态，当然不可能对此起到什么作用。

一般来说，如果最终结果证明采取的手段确属必要，那么为此而投入的资源就肯定发挥了作用，是有效的，否则公共治理的目标也不可能实现。但我们也要看到，肯定所投入的资源发挥了作用，不等于说其中的所有资源都一定发挥了作用，完全有可能其中一些资源被闲置起来或者被挪作他用（非公共治理的用途），比如冗员造成人力资源浪费，又如在防灾减灾的过程中，帐篷等资源被闲置或被挪作他用。其实只要公共治理者损公肥私、贪腐自利，这些都可以说是资源挪作他用的表现。而这些被闲置或挪用的资源，对实现公共治理的目标来说显然是没有发挥作用的，也就是无效的，那么付出这种代价也就是不合理的。

4. 代价的效率性评判

正当、必要且有效的代价当然是合理的，但其合理性还因为在效率性方面的差异而存在程度上的区别。这就是说，虽然通过付出这些合理的代价，公共治理的目标得以实现，但这既有可能是以较少的资源投入和副作用为代价来实现的，也有可能是以耗费巨大和副作用严重为代价来实现的，显然这些代价的合理性就存在程度上的差异。这就是效率性的评判标准，显然还是基于现实技术的需要而产生的。

效率性的高低当然是比较而言的，但比较时要保证目标一致和条件相同，即便不完全相同，至少也要是近似的，否则就没有可比性。这种比较既可以是时间上的纵向比较，也可以是空间上的横向比较。但无论如何，这种效率上的差异是肯定存在的，从而付出代价的合理性也就有高低之别。比如，假设在类似的平原地区分别修建一段200千米的高速公路，且都不涉及复杂的拆迁和征地，如果一个地方花费了60亿元，并且基本没有产生环境破坏、群体性事件等副作用，而另一个地方花费了100亿元却造成了严重的环境破坏，酿成多起群体性事件，那么显然前者的效率就高于后者，从而前者付出的代价就比后者更为合理。

从这四个方面来看，其实代价是可以控制和优化的，但是对不同的政体来说，其控制代价的能力有差别，所以付出代价的合理性也就有高下之区分。如果四个方面都控制得比较好，不仅完全满足前三个标准，而且在最后一个方面也达到了较高的程度，那么这样付出的代价就更加合理，否则合理性就逐渐降低。

（三）明确成效考评的时间范围

对于政体成效的考评，我们还必须掌握好时间范围，以免发生偏差或者搞错对象。对于一国政体的成效，应当是自其成立和开始运作起直至其终结之时，如此考察才是完整而可信的；如果只截取其中某个时间片段来进行考察，那么可能就会得出片面的结论，难以具有说服力。比如，如果截取的时间片段正好是一国政体表现最好的高光时刻，例如，纳粹政权解决失业和通胀问题的最初那几年，那么人们就会得出该政体成效卓著的结论，然而通观该政体的全部历史，我们才知道这种结论不过是片面之词，不足采信。反过来，如果截取的时间片段正好是一国政体表现低迷的时刻，那么由此得出该政体成效低下的结论，显然也不可采信。

当然，任何国家的政体在其存续期间往往都会进行一些改革或改良，从而发生一些变化。虽然这些变化不是结构性的①，但始终存在，有时甚至可能还是幅度比较大的变化，比如组成部分的改变或增减，局部关系的调整，或者人员的大部或整体改换（如换届）。正是基于这种变化，我们可以将一国政体划分成若干阶段形态，这才是我们截取时间片段来考察政体成效的依据。也就是说，一国政体每发生一次较大的变化，它就呈现出一个阶段形态，我们就可以在这

---

① 如果是结构性变化，那就意味着政体发生了整体性变化，此时原政体已不复存在。

个阶段形态的时间范围内来考评其成效是什么情况。如果不这样操作，那么我们就会搞错对象，从而在成效与政体之间建立错误的因果关系。而且这样操作也是必要的，因为这会使得我们对政体成效的考评更加具体和准确。

　　总之，在上述的时间范围内，对政体成效的考评必须两面兼顾：一方面要看目标的达成情况（成就或成果），另一方面要看代价的付出情况。如果说前者对政体成效来说是加分的依据，那么后者就是减分的依据。这就是说，如果说政体达成目标的程度越高（从达成目标的类型、数量和程度来看），那么其成效也就越高，反过来，政体付出的代价越不合理，则其成效也就越低。因此对政体成效的考评，实际上就是对比其成就和代价，主要是看两者的反差程度。显然对比的结果无非就是以下三种情况：双高、双低、一高一低。其中双高、双低的情况显然都不能证明政体成效高，而成就低代价高则直接表明政体成效低，只有成就高而代价低才说明政体成效高，而且两者的反差越大，成效就越高。

三、考评政体成效的具体方法

　　下面我们根据政体目标的达成情况（取得的成就或成果）和付出代价的情况，来具体说明一下政体成效的考评方法。

　　（一）对造福于民情况的考评

　　如前所述，那些对一个政治共同体中所有成员都有利的事情就是公共福利（简称公益），管理这类公共事务的职责则是造福于民，也就是尽力促成之。但这个职责还比较抽象空洞，需要具体化才便于考评。

　　1. 造福于民职责的具体化

　　要把造福于民这项职责具体化，关键在于可以把具体什么事情归入公益的范围。但这很难概括，因为这是因人因时因地而异的。从历史的角度来看，我们可以发现被人们纳入公益范围的事情或事物，呈现出不断增长和扩大的趋势。最先被纳入的，主要是用以共同生存的自然资源，如土地、水源、森林、猎物等，后来则逐渐增加了人工建造的广场、交通、水利、排水、排污等公用设施。二战后福利国家在世界上全面兴起，结果就业、医疗、养老等公共服务也被纳入公益的范围，使之出现了大幅扩张的态势。尽管公益的范围变动不居，很难概括，但我们还是要尽量确定其具体的表现形式，因为这关系到造福于民这一基本职责的具体内涵或者说职责的具体化。

　　在今天这个时代，从世界各国来看，公益普遍表现为两种形式。一是经济增长。这既是指全社会物质财富总量的增加，也是指民众收入的普遍提高。不管从哪一方面来看，经济增长都意味着民众生存条件和生活质量的改善，所以应该没有什么人会认为经济增长不是好事。因此，现在世界各国的人们普遍追求经济增长，并将促进经济增长看成是本国政府应当承担的一项重大职责。二是公共产品。这里说的公共产品，包括公用物品和公共服务两种形式。其中公用物品指的是为公众所共用的生活资源、设施和环境条件，是一些物质形式的东西；而公共服务是公众共同享受的服务，如公共教育、公共医疗、社会保障、公共信息等，实际上是一些人为公众提供服务的活动形式。由于公共产品的提供，其目的就在于让公众共同使用和受益，所以应该也不会有人认为这不是好事。正因如此，现代世界各国的人们也普遍追求公共产品，并将提供公共产品看成政府应当承担的另一项重大职责。

当然我们并非只能这样来看待公益的表现形式，其实还有其他的考察角度。比如以一个政治共同体为界，那么公益还有内外之分，也就是有些公益存在于政治共同体的范围之内，有些则跟外部世界相关联，要从外部去获取，比如国际贸易、国际航行、国际合作。洛克在谈及政府的对外权时，就提到了这种内外区分。①

因此我们考察的角度不同，所看到的公益形式也就不同，从而造福于民这项职责也就具有不同的具体内涵。如果说今天公益普遍表现为经济增长和公共产品两种形式，那么一国政体造福于民的具体职责就是促进经济增长和提供公共产品。如果说公益还可以区分为对内和对外的形式，那么造福于民的具体职责也要区分为对内和对外的。比如在对外方面，造福于民就是开放和便利国际贸易以互通有无，促进本国财富和民众收入的增长；发展国际航行，为本国民众提供国际旅行和往来的便利；在有关事务方面开展国际合作，以实现互惠互利、共同受益；等等。

但无论我们怎样考察和确定公益的表现形式，从而明确造福于民的具体职责是什么，都要注意防止掉入虚假公益的陷阱，否则就会错判造福于民的具体职责，致使对政体成效的考评误入歧途和失去意义。简言之，公益必须是真实的，也必须是普遍的。然而现实中总有一些政客或所谓的精英，不知是出于收买人心的需要，还是出于其他不可告人的目的，往往动用媒体、教育、学术等

---

① LOCKE J. Second Treatise of Government ［M］. Indianapolis：Hackett Publishing Company, Inc. , 1980：77.

各种手段，鼓吹他们认为的某些公益，比如他国的领土。而这些人鼓吹的东西，有的最后还真的为不少人所接受，成为他们的共同要求。然而结果可以证明，他们所说的这些东西未必真的是公益，反倒有可能是公害。公益一定是公众每个人自己判断有好处的事情，是其真实意志的表达，不能由他人代替，也不能是他人强加或诱惑的结果，而且公众的判断一定要是普遍的和一致的，而不是个别人或部分人的独特判断。因此，正当政体虽然负有造福于民的职责，但这不是促成虚假公益的职责。

2. 具体的考评办法

在明确了造福于民的具体职责之后，那么一国政体在这方面的履职情况如何，就是考评其成效的第一个依据。但是我们也说过，考察政体履职的情况，既要看目标的达成情况（成就或成果）——这是加分的依据，也要看付出代价的情况——这是减分的依据，然后进行综合权衡。所以我们也要从这两方面来分别考察一国政体造福于民的履职情况，而后才能得出其成效如何的结论。

就达成目标的情况（成就或成果）来说，现在流行的做法是制定一系列指标来进行考察，如联合国开发规划署提出的人类发展指数①。制定指标，其实就是列出造福于民的各项具体职责，比如上述的促进经济增长和提供公共产品（各自还可以进一步分解和细化），并分别赋值——以考评各个目标的实现程度（0~1 之间，含 0 和 1），将由此得到的指数（可称之为成就指数）进行加总，其结果就可以用来考评一国政体在造福于民方面的成就。显然，加总的项目越多，说明完成任务的数量越多；而赋值越高，则说明目标实现的程度越高。成就指数就是由这两方面的数据构成的。因此成就指数的加总值越高，说明政体在造福于民方面的成效也就越高，反之则越低。

但造福于民也是要付出代价的——无论是投入的资源还是产生的副作用，对此我们不能有任何天真、幼稚的想法。比如说促进经济增长。由于经济增长意味着全社会物质财富总量的增加，所以不管采取什么样的做法，促进经济增长都必然意味着对自然资源的大量开发和利用以及对自然环境的破坏。不仅如此，促进经济增长的不同做法还会产生其他一些不同的副作用。例如有些国家着重依赖民间经济主体（包括外国投资主体）的能动性，实行自由市场经济体制，政府在这方面的职责仅在于消除自由市场经济的障碍，保护私人产权，维

---

① See Human Development Report 2010（20th Anniversary Edition）：The Real Wealth of Nations：Pathways to Human Development ［M］. New York：Palgrave Macmillan，2010.

护生产和交易的自由，维持社会秩序，确保投资者的安全感和对未来的信心。在这种情况下，经济增长的效果一般都很明显，但是也会产生贫富差距拉大、劳资冲突加剧的副作用。有些国家则由政府亲自上阵，充当重要的甚至主导性的经济主体，不仅对全社会进行经济规划和管制，还作为主要的投资者、经营者和交易者，深陷于微观经济领域。在短期内或者在某些特殊的形势下，这种做法也有可能导致经济增长，但如果持续下去甚至体制化，其副作用就会越来越严重，比如政府规模巨大，缺乏效率，而且因为掌控了国家经济，政府变得极其强势，缺乏对民众负责的精神，越来越专断和滥权，并滋生严重的贪腐自利问题。

又如提供公共产品。人们经常犯的错误，就是片面追求这类福利的获得，而轻视或忽视由此付出的代价，结果那些煽动或迎合民众需要的政客便操纵政府，不计代价地去追求这些所谓的福利，最后看似民众获得了这些福利，但由此付出的代价通常也是非常惊人的。例如在福利国家兴起以后，不少国家的人们都追求全民社会养老、全民免费医疗等，视之为理所当然应当获得的公共福利。然而我们都知道，天底下没有免费的东西，所谓的免费福利，不过是政府把从民众中收取来的税费重新分配一遍，看起来民众是在免费享受某些福利，实际上还是自己在承担费用，只不过各自承担费用的比例不均而已。所以这种"免费福利"越多，实际上民众承担的费用就越多，负担就越重，收入就越少，而且因为重新分配而造成的社会不公也可能会更加严重，还会在民众中产生福利依赖症，削弱奋斗与努力的动力和效率。同时，由于这些所谓的免费福利都是交由政府去经手办理的，所以这样的福利越多，政府的规模也就必然越大；而为了养活更多的政府职员，让更大规模的政府运转起来，显然民众就要缴纳更多的税费。并且当政府承担更多的职责时，其职权也必然会随之而扩大，这就让政府获得了更多腐败和自利的机会，政府支配和掌控民众生活的程度也会提升，发生专权滥权的可能性大幅增加，民众丧失自由的危险越来越大。因此在那些福利国家，看起来民众获得了从摇篮到坟墓的全面福利，实际上他们却可能是严重依附于政府的奴隶。

无论如何，造福于民都是要付出代价的，但这些代价未必都是合理的或者足够合理的，因此在付出代价方面，也有必要制定系列指标来进行考评。比如可以按照前述的正当性、必要性、有效性和效率性四个方面来制定指标并分别赋值，以显示在各方面付出代价的程度（0~1之间，含0和1，不过其含义是相反的，指的是不正当、不必要、无效或无效率及其程度），由此得出各项指数

（可称之为代价指数）并对其进行加总。显然代价指数的加总值越大，意味着代价越不合理，从而政体的成效越低，反之则越高。

（二）对为民除害情况的考评

那些对一个政治共同体中的所有人都有害的事情就是公共祸患（简称公害），管理这类公共事务的职责则是为民除害，也就是尽可能预防公害的发生，若已经发生，则要尽力消除之，并尽可能地降低损害程度。同样，为民除害这个职责也比较抽象空洞，需要具体化才便于考评。

1. 为民除害职责的具体化

把为民除害这个职责具体化，关键是把握公害的范围，但这也非常困难，因为公害也是因人因时因地而异的。但是同样道理，尽管困难，我们还是要尽力去确定公害的表现形式，因为这涉及如何确定为民除害的具体职责。

从历史的角度来看，对任何政治共同体来说，最先出现的公害几乎都来自外部，即天灾（自然灾害）和外患（外族入侵），可谓飞来横祸。后来政治共同体的内部也出现了一些公害，如意外事故、环境破坏、社会内乱。总的来看，公害一直呈现累加的态势。在今天这个时代，对任何政治共同体来说，我们都可以从成因的角度将公害分为两大类：源于非人为（非本共同体的人所为）的不可抗力因素的公害，如天灾、外患；人为（本共同体的人所为）造成的公害，又可区分为无意造成的和有意制造的两种，如意外事故、环境破坏、社会灾害。笼统而言，对任何政治共同体来说，这些公害无非就是天灾和人祸，或者内患和外患。

（1）外部侵犯。这就是通常所说的外患，也就是来自政治共同体之外的侵略，如来自外国的破坏、劫掠、烧杀、强占、灭绝。外部侵犯要么造成一个政治共同体的人员伤亡或财产损失，要么就是使其成为外族人的奴隶，甚至被全部灭绝，堪称灭顶之灾。所以对任何政治共同体的人们来说，外部侵犯应该都不是什么好事。这也就导致，任何政治共同体的人们都要求抵御（预防、化解或者战胜）外部侵犯，这也就成了为民除害的一项重要职责。

（2）自然灾害。这就是通常所说的天灾，包括极端气候、地理灾变、生物病变等产生的灾难性后果，如干旱、洪灾、雪灾、地震、海啸、台风、泥石流、山体滑坡、虫灾、流行病毒。谁都知道，自然灾害一旦发作，往往会不加区别地造成重大灾难和损失，所以应该也不会有人认为自然灾害是好事。因此任何政治共同体的人们都希望防御和消除自然灾害，这是为民除害的又一项重要职责。

如果说天灾和外患的发生都与政治共同体中人们的作为无关的话，那么下述的这些公害就不同了，因为它们就是一个政治共同体中的人们自己造成的——不管是有意的还是无意的。

（3）环境破坏。这里所说的环境指的是自然环境，包括地理环境和生态环境。虽然天灾也可能会破坏环境，但那是不可抗力，与人们的作为无关，所以还是归为天灾的范畴。这里所说的环境破坏，特指人为造成的破坏——尽管可能是无意的，包括环境污染、破坏式开采资源、破坏健康的生态链等。由于自然环境是任何政治共同体的人们都离不开的生存条件，人们赖以生存的基本资源都取自其中，所以当环境遭到破坏时，这就等于在破坏人们的生存条件，无异于自杀，故此应该不会有人认为这是什么好事。也因此，任何政治共同体的人们一般都懂得要保护自然环境，要求维护或恢复良好的生态，这便成为为民除害的一项重要职责。

（4）意外事故。意外事故也是人为造成的，只不过是由于人的疏忽大意或者超出了人的预见能力而引起的。不管是在生产还是生活中，意外事故都有可能发生，比如火灾、矿难、交通事故、毒气泄漏。由于意外事故的发生非常偶然，难以预测和防范，通常会造成严重的后果，包括人员伤亡和财产损失，因此应该也不会有人认为这是好事。也因此，任何政治共同体的人们都希望尽最大可能防范意外事故的发生，如果已经发生，则尽最大可能予以消除，减轻伤害和减少损失，这也是为民除害的一项重大职责。

（5）社会灾害。这是政治共同体中内生的一种公害，是在人与人交往的过程中发生的（而环境破坏和意外事故通常是在人与物相互作用的过程中发生的），故名社会灾害。如果说环境破坏和意外事故虽然是人为造成的，但并非出自人的故意，那么社会灾害的发生，不仅是人为造成的，还是故意造成的，因此更加为人们所普遍痛恨。社会灾害的情形复杂多样，这里仅指出最主要的几种形式。

一是权益侵害。这是指个别人或少数人蓄意侵害其他个别人或少数人的生命、健康、自由或财产等权益。虽然这种侵害是针对个别人而在局部发生的，但会在大众中造成忧惧不安、人人自危的心理，使其普遍产生不安全感，所以人们大多也会认为这是一种公害，并为此要求保护自身权益，惩治侵害者，补偿受害者，消除不良的社会影响，于是这便成为为民除害的一项重要职责。

二是社会动乱。如果说权益侵害基本上是个别人针对个别人的，那么社会动乱则是因种族、民族、宗教、阶级、职业、地区等差异而形成的群体之间的公开冲突——当然冲突双方都是有意的。不管规模大小，社会动乱都是破坏性的，不仅会造成大量的人员伤亡和财产损失，加深群体矛盾和仇恨，往往还会伤及无辜，破坏社会秩序，使人们普遍缺乏安全感。所以人们也普遍希望防止社会动乱的发生，如果已经发生，则希望尽快消除之，恢复社会秩序，于是这就成了为民除害的一项重要职责。

三是社会互害。这里所说的社会互害是有特定含义的，而不包括社会动乱那样的情况——虽然那也必定导致互害。前文我们曾提到过"囚徒困境"，指出那是形式博弈论者虚构的故事，而不是指真实的博弈，但我们不得不承认，现实中的确存在这样的困境——尽管不是由博弈造成的。也就是说，我们可以发现，现实中可能会出现这样一种局面：人们总以为自己的某些作为损害的只是别人，得利的是自己，然而结果却是互相损害，从而普遍受害。从每个人的角度来说，他们的作为都是有意为之的，但是他们没有想到最后的结果却是互相损害，普遍受害。之所以会产生社会互害这种局面，根本原因在于人们产生了损人利己的不良动机，而这种动机之所以能够变成实际行动，是因为社会制度有问题，比如缺乏合理有效的食品监管制度，导致食品生产者和消费者之间互害——因为生产者也一定会成为消费者。无论如何，就算人们未必都想得明白社会互害的成因，他们也能看到这个不良结果，而且应该不会有人认为这是好事（听听他们中普遍存在的抱怨就知道了），所以他们也就普遍希望消除这种状况，于是这就成了为民除害的一项重要职责。

四是政府祸患。这是指政府对民众造成了伤害和损失，而且是有意的。潘恩说，政府在最好的情况下也不过是一个免不了的祸害，在最坏的情况下则是不可容忍的祸害。① 纵使此言略显夸张，但也是发人深省的。如果仔细考察历史和现实，便会发现这基本上就是一个事实。我们知道，具有正当性的政府是专门设立来从事公共治理的，这也是其存在的唯一价值。政府既不能推卸公共治理这一根本职责，即不能不作为，也不能从事与公共治理无关甚至与之相悖的活动，即不能乱作为。然而在现实中，政府是由具体的人（统称为政府职员）组成的，和其他人一样，政府职员当然也是自利的，而一旦有关政府的制度设计不良，那么他们就会表现为不作为或乱作为。所谓不作为，这是指政府职员因为不想自己付出代价，所以不履行本应承担的公共治理职责，结果民众没有得到应有的福利，或者正在承受的祸患也没有被消除，而且政府职员的尸位素

① 潘恩. 潘恩选集 [M]. 马清槐，等译. 北京：商务印书馆，1981：3.

餐也浪费了从民众中提取的资财。乱作为则是指政府职员虽然积极作为，但却不符合公共治理的目的和规范要求，比如贪污腐败、公物私用、徇私舞弊、坑蒙民众、敲诈勒索、滥用权力、役使民众等，从而直接给民众造成了伤害或损失。不管是哪种情况，政府祸患都意味着政府与民众之间直接发生矛盾和冲突，都意味着民众受害和遭受损失，所以自古以来人们便极其痛恨政府祸患，强烈要求减轻甚至根除这一祸患，这也是为民除害的一项重要职责。

明确了公害的具体表现形式，也就明确了为民除害的具体职责，但在这个过程中，我们同样要警惕，不要掉入虚假公害的陷阱。我们也可以发现，一些人不知是出于什么目的，动用媒体、学术、论坛等各种手段，连篇累牍地宣扬和灌输他们认为的某种公害，比如全球气候变暖，以致许多人以为真的存在这样一种公害，从而要求降低碳排放甚至实现零排放的目标。其实这完全是莫须有的编造，是一些人故意制造一种舆论氛围以误导公众的判断。因为这完全违背物理学和生物学的基本常识，而且还有一个非常简单的证据：正是这些大力宣扬全球气候变暖和要求减排的人，其使用的私人飞机、私人游艇、私家油车和家用燃气导致的碳排放比其他任何人都多得多，由此可见其虚伪和谎言。所以同样，虽然正当政体负有为民除害的职责，但并不包括这种虚假公害在内。

2. 具体的考评办法

只有澄清什么是真正的公害，才能确切地判定为民除害的具体职责是什么。而这些职责履行得怎样，就是考评政体成效的第二个依据。同样，我们首先要考察一国政体在为民除害方面达成各项目标的情况，也就是预防和消除各种各样的公害取得了什么成就，包括任务的完成数量和目标的实现程度。在这方面我们也可以制定系列指标，比如根据上述的抵御外部侵犯、预防和消除自然灾害、保护自然环境、防范和消除意外事故、消除社会灾害等各项职责（各自还可以进一步分解和细化）来制定指标并分别赋值，以考评各个目标的实现程度（也就是预防和消除公害以及降低损害的程度，0~1之间，含0和1），将由此得到的指数进行加总，其结果就足以考评一国政体在为民除害方面的成就。显然，为民除害的成就指数的加总值越大，则政体在这方面的成效就越高，反之则越低。

但为民除害也是要付出代价的。不管是抵御外部侵犯、预防和消除自然灾害、保护自然环境还是防范和消除意外事故，通常都需要投入大量的资源，也会产生一些副作用，有的甚至很严重。比如，为了抵御外部侵犯，特别是在外敌全面入侵的情况下，通常一国就要进入战时状态和实行战时经济，几乎国家的一切资源都要投入战争中去，为此就要对生产和生活实行管控和配给制，限制民众的基本自由权利甚至暂停其行使权利。又如，要保护自然环境，那么就要重新投入大量的资源，而且必然要对经济增长构成一定的限制。至于说消除社会灾害，虽然可能不需要投入太多的资源，但往往会产生一些甚至可能很严重的副作用。例如，惩治权益侵害者虽然能够安抚民心，维护社会公正，但有可能造成权益侵害者家庭破裂和生活艰难；消除社会动乱可能会造成新的冲突和伤亡；消除社会互害可能会因为得不到民众的理解而受其阻挠，并由此滋生怨恨；清除政府祸患则可能会引起政府职员的不满或懈怠。

为民除害也要付出代价，这是不可避免的，问题只在于代价是否合理，为此也需要考评。我们也可以按照上述的正当性、必要性、有效性和效率性四个方面来制定指标并分别赋值，并将由此得到的代价指数进行加总，其结果就能反映政体在为民除害方面所付出的代价。同理，代价指数的加总值越大，则政体为民除害的成效就越低，反之则越高。

（三）对主持公道情况的考评

那些对政治共同体中的一些人有利（受益者）而对另一些人有害（受害者）的事情，就是社会公正（简称公正），而管理这类公共事务的职责则是主持公道，也就是尽可能公平地处理和对待，降低或消除人们的社会不公正感，最大程度实现社会公正。

需要注意的是，这里所说的受益者和受害者并不是无关的，而是紧密联系在一起的，即受益者因为受害者而受益，而受害者也因为受益者而受害，这两种人因为同样的事情而存在相互纠缠的利害关系，这正是社会公正事务的核心特征。

相比于前两种职责，主持公道这项职责尤其抽象空洞，特别需要具体化才能进行考评。

1. 主持公道职责的具体化

同理，要把主持公道这项职责具体化，关键在于明确社会公正事务的范围及其具体表现。

实际上在任何政治共同体中，很多事情都有可能成为社会公正事务，这取决于是否有人认为自己因此而受害和别人因此而受益，从而是否提出要求公平处理和对待的诉求。在这里，自认为是受害者的人，其所谓的受损或受害包含绝对和相对两种意义。绝对意义上的损害，指的是一个人的生命、健康、自由、名誉、财产等，受到了他人直接而明确的损害，比如被杀遇害、身体受伤、人身被囚、受到侮辱、被盗被抢。在此情况下，受害者和受益者的因果关系直接而明确，所以受害者或其代理人发出不平的声音，要求处理受益者以求得公平的结果，对此我们都容易理解。但相对意义上的损害有所不同，这是分配意义上的损害，是相对他人的损益情况来说的。也就是说，即使大家都是受益者，但相比于他人，有人认为自己受益的类型不对或者程度不够，而之所以如此，就是因为他人优先得到了某种更好的好处或者多占了某种好处；或者反过来，虽然大家都是受害者，但是和他人相比，有人认为自己不应该受到某种类型或者某种程度的损害，而之所以如此，就是因为他人逃脱了某种损害并把这些损害转嫁到了自己身上。

显然，不管人们是在什么意义上来说的受损或受害，他们心目中都有一个关于公正或正义（justice）的概念，即都有一种公正观或正义观，否则就不会发出不平的声音，提出有关公正处理和对待的诉求。那么人们心目中的公正或正义概念到底是什么意思呢？若要问其具体内容，则不同人肯定会各有所指，但从形式上看，每个人所说的公正或正义，都是指"得其应得"①。这里所说的"应得"，指的是应有的待遇，包括受赏（得到好处）和受罚（受到损害）两方面的含义。至于说依据什么而应得，从现实中概括来看，不外乎一个人的身体特征、实际作为（所言所行，也包括不作为的表现）、社会身份（社会角色和社会关系）和生活境况（贫富好坏）四个方面。所以"得其应得"就意味着，一个人应该根据其身体特征、实际作为、社会身份或生活境况而获得与之相匹配的待遇，实际上这就是一个关于应然状态的等式：依据＝待遇。当然这也意味着，如果一个人没有什么依据，那么也就不应该得到什么待遇。而这里所说的"匹配"，具有性质和程度两方面的含义。其中性质上相匹配指的是，一个人的身体特征、实际作为、社会身份或生活境况是什么样，那么他就应当得到相同性质的待遇，比如，一个人长得漂亮就应该得到赞美，身有残疾就应该受到特殊照顾，有善行就应该得到善报，有恶行就应该得到恶报，作为公职人员就应该受到大家尊重，生活贫困就应该得到救济，生活富裕就应该为社会做贡献。而程度上相匹配则是指，一个人的身体特征、实际作为、社会身份或生活境况达到什么程度，那么他就应当得到相同性质且相应程度的待遇，比如，非常漂亮就应该受到高度赞美，严重残疾就应该受到更加特殊的照顾，善行越大就应

---

① AUDI R. The Cambridge Dictionary of Philosophy［M］. Cambridge：Cambridge University Press，1999：456.

该得到更大的善报，恶行越重就应该得到更大的恶报，官职越高就应该越受大家尊重，生活越是贫困就应该得到更多的救济，生活越是富裕就应该做更多的贡献。

虽然人人都会认同这种形式上的公正或正义概念（这被称作形式正义），即"得其应得"，但若要论其具体内涵（这被称作实质正义）——包括应得的依据是什么和依据与待遇相匹配的性质和程度如何，那就因人而异了，而且往往分歧严重。因为实质正义观本身就是一种价值观，而且其中也牵涉人们的利益考量——人们当然会坚持那种对自己有利的实质正义观。

实质正义观首先涉及应得的依据，也就是一个人应该依据什么而得到或不能得到什么。应得的依据并非不证自明的，而需要给出理由，只有当人们信服或认同这些理由时，才会认为相应的依据是合理的，进而认为据此而得或不得是公正的。然而不同人给出的理由千差万别，且未必都能取得他人的认同。如上所述，人们一般是根据一个人的身体特征、实际作为、社会身份或生活境况来判断其是否应得，但在具体情境下到底应该以什么为依据，并且为什么应该选择这样的依据，这就容易产生分歧。比如，可能一些人认为，高官就应该厚禄，但另一些人则可能认为，以官职这种社会身份为依据是不合理的，据此而给予优厚待遇也就是不公正的。

实质正义观还涉及依据与待遇相匹配的性质和程度，也就是如果一个人具备了应得的依据，那么他应该得到什么待遇并且得到什么程度的待遇。人们并不会仅仅因为应得的依据是合理的，就认为所得的待遇是公正的，他们还会看二者在性质和程度上是否都相匹配，从而最终判断是否公正。就像许多人抱怨的那样，他们认为科学家和教育工作者做出的社会贡献明显大过文体明星，然而前者的收入水平却远远低于后者，因此是不公正的。然而在匹配的性质和程度上，人们之间也存在大量分歧——即使大家对于应得的依据达成了共识。比如，即使人们都赞同应该依据一个人的实际作为来判断其是否应得什么，然而他们对于到底什么是善行和恶行，什么是善报和恶报，并且善行和恶行、善报和恶报又该如何来度量这些问题，恐怕永远都难以取得完全一致的意见。而人们对于善行恶行和善报恶报的判断和度量不同，那么对于怎样才算是在性质和程度上相匹配的判断，自然就不一样了。就像在上例中，一些人认为科学家和教育工作者与文体明星相比，二者的社会贡献与收入水平不相匹配，甚至可能认为文体明星根本就没有做出社会贡献；然而另一些人可能认为，文体明星也做出了社会贡献，而且其收入水平和社会贡献是相匹配的，科学家和教育工作者的收入水平与社会贡献也是相匹配的，至于两者的收入水平之所以存在巨大差异，那是因为后者的顾客要少得多而前者的顾客要多得多，但这无关公正性。

由于人们在实质正义观上存在种种分歧，所以社会公正事务似乎也就难以确定和把握了。本书当然不可能武断地给出一套关于实质正义的标准，认为应该以什么为应得的依据，以及应该如何确定匹配的性质和程度；即使是根据一个社会通行多年的习俗，这样做也是不合理的，因为习俗本身就不一定合理。不过幸好，确定社会公正事务跟确定实质正义观并不是一回事，我们不必建立一种实质正义观，也可以确定什么是社会公正事务。因为，只要有人就某个事情发出不平的声音，要求公正对待和处理，那么这样的事情就是关于社会公正的公共事务。换言之，我们不是根据实质正义观而是根据人们的相关诉求，来确定何为社会公正事务的。

就此来看，社会公正事务必将贯穿人类社会之始终，是一个近乎永恒的问题。虽然社会公正事务一般都是因受害者或其代理人提出要求公平处理和对待的诉求而产生的，但是我们要看到，在任何政治共同体内，如果放长时段或者改换场景来看，那么受益者和受害者并非固定不变的，从来就没有永恒不变的受益者和受害者，而是每个人都有可能成为他人的受害者或受益者，从而都有可能提出有关社会公正的诉求。所以我们可以看到，不管在哪个政治共同体中，也不管在什么时候，社会公正事务始终存在，绵延不绝。

社会公正事务也是多样的。鉴于人类的社会化生存状态，几乎每件事情都有可能引发有关社会公正的诉求，从而变成社会公正事务。这就导致，要全面概括社会公正事务的具体表现形式，这是非常困难的。但如果我们不能确定其具体的表现形式，那么也就难以确定主持公道的具体职责，所以我们还是要尝试一下。

考虑到人们都是根据实质正义观而做出是否公正的判断的，而实质正义观既涉及应得的依据也涉及依据与待遇相匹配的性质和程度，可以说任何人都是针对这两点而提出有关社会公正的诉求的，所有不平的声音都源于这两个地方，所有的社会公正事务都是因这两点而引起的，所以我们就可以从这两个方面来大致考察一下各种社会公正事务的具体表现形式，进而明确主持公道的具体职责。

我们已经将应得的依据分为身体特征、实际作为、社会身份和生活境况四类，人们一般接受的就是这四个方面的依据——我们也是据此来进行归纳概括的，如果说人们中间还存在什么争议的话，那就是在具体情况下到底应该以什么为依据，大量有关社会公正的诉求都是由此而引发的。以就业为例，一个工作岗位到底应该给谁？是根据身体特征、实际作为、社会身份还是根据生活境况来确定？对此，显然不同的人会给出不同的理由，而且可能各有其道理。比如，有些工作岗位的确需要对身体条件如高矮胖瘦、残疾与否甚至是美是丑提出要求，否则这些工作就难以开展或者收不到好的效果，但是有些工作岗位没有这种需要却也提出这类要求，那就是苛刻和无理取闹了。可见以身体特征为应得的依据，既可能是合理的也可能是不合理的。又如有人因为生活贫困，所以给他安排一个工作以获得基本的生活来源，但显然不是所有的工作都可以根据人们的生活境况来安排，因此以生活境况为依据也是既可能合理也可能不合理。相比之下，以一个人的实际作为为依据，这可能是最少受到人们质疑的，因为一个人的实际作为才能体现其品德和才能，才能体现其实际发挥的作用，同时也才符合任何人都要为其行为负责的伦理原则。而以社会身份为依据则可能是最受人们诟病的，因为社会身份无关于一个人的实际作为，也不是天生的，而完全是人为制造和附加上去的，所以以之为应得（不管是好是坏）的依据，往往就被认为是不合理的。然而这种做法在传统社会却最为盛行，比如选官看血统、出身和家世，民众被人为地划分为士农工商或者其他等级且各色人等分别得到不同的待遇。总之，既然人们往往因为认为应得的依据不合理而提出有关社会公正的诉求，那么这就说明应得的依据是一类非常重要的社会公正事务。而处理这类事务的主持公道职责也就比较具体了，那就是在各种具体情况下设定合理的应得依据，这也是实现社会公正的前提和基础。而这一职责的履行方式通常是制定规章制度，也就是在各种具体的情况下，明文规定要以什么为应得的依据（其范围非常广泛，从政府制定的各项法律和政策到村规民约以及企业规章，难以一一列举）。这就导致，对任何政治共同体来说，如果这种作为前提的制度规定都制定得不合理，那也就不要指望能实现社会公正了。

但即使是应得的依据都合理，人们还是有可能提出有关社会公正的诉求，因为社会公正还涉及另一个方面的内容，那就是应得的依据与应得的待遇在性质和程度上是否匹配。一旦有人认为他自己或他人存在不匹配的情况，从而认为自己受到了损害，那么他就会提出要求公正处理和对待的诉求。这种诉求的提出是不区分以什么为依据的，在各种依据的情况下都有可能出现。比如，以生活境况为依据，如果制度规定，凡是生活贫困者就可以得到救济和扶助，包括廉租房、救济款、补贴款、慰问金、提供工作等，然而有人发现自己生活贫困却没有得到这些，而有些生活殷实的人却住在廉租房或者领取救济款，那么他当然就会觉得不公。又如以人的实际作为为依据。一般而言，一个人的善行要么对某个或某些人有好处，要么对全社会的人都有好处，而恶行要么损害某个或某些人，要么危害全社会的人。善行和恶行还分别有一种消极的形式，即不作为：有时候不作为就是善行，但有时候却是恶行。按照依据与待遇相匹配的原则，有善行就应该得到善报（毕竟做善事也是要付出代价的），也就是由得到好处的人给予善意的回报（但未必就是物质形式的回报），而恶行就应该得到恶报，也就是由受害者或其代理人给予相应的惩罚并获得赔偿和弥补，这才是公正的。反过来，如果做了好事的人没有得到善报反而得到恶报——就像救助陌生老人没有得到感谢反而被其诬陷和敲诈，或者做了坏事的人没有受到惩处反而得到好处——就像贪官污吏没有被免职和判刑反而生活富裕一路高升，那么显然这些都是不公正的，对此人们当然也就会提出要求公正处理和对待的诉求。可见依据与待遇在性质和程度上相匹配，这是另一类非常重要的社会公正事务。而对此类事务，主持公道的具体职责就是在各种具体情况下都确保依据与待遇在性质和程度上相匹配，这也是实现社会公正的内核和关键。同样，这一职责的履行方式通常也是制定规章制度，明确二者相匹配的性质和程度，就像刑法对各种罪行及其应受到何种刑罚和什么程度的刑罚的规定一样。所以同样，对任何政治共同体来说，社会公正能否实现，也要看这些制度规定是不是合理，就像刑法如果做出轻罪重刑或者重罪轻刑的规定，那么就明显不合理当然也就不公正。

因此从社会公正事务的具体表现来看，主持公道的具体职责就是两项：制定关于应得依据的合理的规章制度，制定关于应得依据和应得待遇相匹配的合理的规章制度。但是我们也知道，制度规定并不会自动实施，而要通过具体的人去实施才能发挥作用，如果实施者有法不依、有章不循，或者徇私枉法、曲解规定，那么即使制度规定既清楚完备又合理公正，也不能实现社会公正。这说明，主持公道的具体职责，不能仅限于制定规章制度，还包括规章制度的实施。当然这里所说的规章制度，仅指上述关于应得依据及其与应得待遇相匹配的那些。

和前面一样，关于社会公正这类公共事务，也要注意防止掉入虚假公正的陷阱，否则就会误解或扭曲主持公道的职责。我们可以发现，有的人并非真正的受害者或其代理人，但故意制造某些社会不公的话题，而且把社会公正的问题全部用平等这个词来概括，比如所谓的种族不平等、性别不平等、收入不平等。这种说法很有煽动性，却是对社会公正的曲解，所涉及的社会公正事务往往也是虚假的。因为社会公正并不意味着无差别的平等待遇，只有极端的左派分子才会这样看。如果说社会公正也具有平等的意涵，那仅限于规则的平等适用，也就是相同情况的人适用相同的制度规定。比如，按照刑法的规定，任何人的实际作为即犯罪行为，就是其受到刑罚的依据，某种犯罪行为对应着某种刑罚，而且罪行越大，刑罚越重；那么任何人，不管其长相、出身、职位或财富如何，只要犯了相应的罪行，就应当受到相应种类和程度的刑罚，这就是规则的平等适用。除此之外，社会公正并不具有平等的内涵，更不意味着一切平等，那样反而是不公正的。比如现在西方激进分子提出的所谓就业标准 DIE，要求各行各业都必须按照多元（Diversity）、包容（Inclusion）和平等（Equality）的原则来安排工作，也就是要求考虑性别、肤色、种族等的多样性并实行无差别的待遇，以为这样才是公正的，至于一项工作本身所需要的品德和能力，反而不应该是用人单位考虑或者重点考虑的因素。实际上这种做法就是仅以社会身份为依据，而且还要求无差别待遇，本身极其荒唐也极不公正，像这样的事情就不是真正的社会公正事务。而这些虚假的社会公正事务一旦被正当化，那么主持公道的职责势必遭到扭曲，从而只会制造更多和更大的社会不公。

　　2. 具体的考评办法

　　主持公道的职责到底履行得怎么样，这是考评政体成效的最后一个依据。首先从取得的成就或成果来看，既然主持公道的职责可具体分解为制定和实施关于应得的依据的规章制度，以及制定和实施关于应得的依据与应得的待遇相匹配的规章制度，那么一国政体履行主持公道职责的成就如何，就可以分别从这两方面来进行考察。更具体地说，我们可以根据人们提出有关社会公正的诉求的数量或频次，来考察这两方面的履职情况，也就是看人们针对应得的依据这种事情而提出的诉求有多少，针对应得的依据与应得的待遇相匹配的这种事情而提出的诉求有多少，以及各自的频率如何。显然，如果这两方面都做得比较好的话，那么人们就应该更少且更不那么频繁地提出社会公正的诉求，这就说明成效越高，反之则会提得更多和更频繁，从而说明成效越低。①

　　再从付出的代价来看，管理社会公正事务也是要付出代价的。我们已经知道，社会公正事务就是关于应得的依据及其与应得的待遇相匹配的事务，这些

---

① 必须说明的是，人们提出社会公正的诉求，其前提当然是要有言论自由，或者具有且能行使有关的权利，但这对正当政体来说应该都不是问题。我们早就指明，对政体成效的考评和对政体优劣的评判仅限于正当政体，所以没必要考虑那些不正当政体的情况。

事务通常是通过制定和实施有关的规章制度来进行管理的，那么为此而付出的代价，主要就是为供养制定和实施这些规章制度的专门人员和保证相应机构（如各种决策机构、执行机构和司法机构）运作而产生的费用。考评主持公道所付出的代价，同样可以从正当性、必要性、有效性和效率性四个方面来制定指标并分别赋值，然后进行统计，从而得到代价指数的加总值。该值越高，说明主持公道付出的代价越大，成效越低，反之则越小，成效越高。

四、一个简要的评判和结论

通过采取上述的方式方法，我们就可以考评任何时候任何地方的政体成效，从而判断其政体是优是劣。显然，如果在一定的时间范围内，一个地方的政体全面地履行了上述三项基本职责且都实现了目标，所付出的代价也很合理，那么我们就可以说这个地方取得了良好的治理成效，即实现了良治。如前所述，良治意味着在一个政治共同体内，人人都能获得必要的福利、安全的保障和公正的对待，也就是全民生活幸福的状态。既然如此，那么能够实现良治的地方，其政体当然也就是优良的。如果一个地方能够跨越好几个时期、在较长的时间内都能实现良治，那么我们就可以肯定，这个地方的政体的确是优良的。

但放眼现实，我们知道实现良治太难了，所以不管是过去还是现在，真正的优良政体都是极为少见的，甚至是不是真的存在过或者现在仍然存在，这都是一个很大的疑问。自我宣传的优良政体当然欠缺说服力，而一些学者所赞赏的那些到底是不是优良政体，这也还需要进一步考证。但是无论如何，只要我们对于过去和现在各个地方的状况稍微有所了解就不难发现，其实在很多地方或时候，贫穷愚昧、设施匮乏、治安混乱、滥权腐败、社会不公等才是常态，这根本就称不上是良治。所以在这些地方或时候，其政体即使是正当的，那也一定是低劣的。当然还有一些地方或时候处于良治与非良治之间的状态。其中，一些地方或时候虽然也取得了显著的治理成就，但是付出的代价很不合理，而且取得的成就可能也比较片面，比如主要是经济发展成就突出，但在为民除害方面（尤其是在消除政府祸患方面）和主持公道方面就做得不够，成就并不明显。按照上述的考评方式，这些地方当然不能被看成是实现了良治，但也不是非良治的状态，所以其政体就很难被看成是优良的。当然也有一些地方或时候表现得更好一些，也就是说，成就更加全面一些，代价控制得更好一些，从而更加接近良治状态，那么其政体当然也就更加接近优良的水平。然而这种接近优良的政体，在现实中似乎也不多见。

当然，本书在这里主要是提出评判现实政体之优劣的依据和方式方法，而无暇进行更为具体的考察和研究，所以这里的观察和结论都是泛泛而谈的。如果我们要得到更为具体而坚实的结论，那么就免不了要进行更为具体和细致的考察，但这只能留待以后去完成了。

但不管怎样，上述的考察结果也可以大致表明，现实政体主要就是中间那两种情况，即低劣的和虽谈不上低劣但也谈不上优良的，接近优良的政体则是稀见的，至于完全优良的政体是否真的存在，这是个很大的疑问。

第三节　什么是理想的优良政体

既然迄今现实存在的政体都谈不上是优良的，那么优良政体就不是一个现实而是一个理想。因此在任何地方或时候，只要人们还想实现良治，过上共同幸福的生活，那么就都面临着寻求理想的优良政体这一重大而艰巨的任务。但如何才能获得理想的优良政体呢？为了解决这个问题，我们当然首先要搞清楚什么是理想的优良政体。

理想的优良政体也就是理论上推导出来的优良政体。由于各人所构建或依据的理论（有关能够达到正当目的的政体的这种"目的—手段"因果关系理论）不同，所以就提出了不同的理想政体。就此而言，本书也提出了一种相关的理论，即政体运作理论。该理论表明，在任何地方和时候，公共事务都是由其政体来管理的，所以最终取得的治理成效就直接源于政体的运作即能力发挥状况，政体的能力表现就已经预示了最终的结果是好是坏，成效是高是低。具体来说就是，政体的动议能力表现如何，即公共事务有没有得到全面而及时的关照，有关议题有没有被全面地提出来并得到及时的处理，这是最终能否取得良好成效的前提；政体的决策能力表现如何，即在面对各种公共事务时，有没有制订出正当的目标和明智的方案，这是最终能否取得良好成效的关键；政体的执行能力表现如何，也就是通过执行决策，有没有完成相应的任务和实现相应的目标，并且付出的代价是否合理，代价是否高昂，这是最终能否取得良好成效的保证。我们已经知道，良好的治理成效即良治，意味着公益、公害和公正这三类公共事务得到了全面而及时的处理，而且都实现了目标，即人人都获得了必要的福利、安全的保障和公正的对待，所付出的代价也是合理的。然而只有当政体具备全面及时的动议能力时，这三类公共事务才可能得到全面及时的处理，只有当政体具备正当而明智的决策能力和有力而高效的执行能力时，这三个目标才能实现并且所付出的代价才会合理。所以，任何地方若要取得良好的治理成效即实现良治，那么就必须同时满足这三个条件，缺一不可；而且这三个条件也不是任意的并列关系，而是依次递进的：后者均以前者为前提，只有在前置条件得到满足的情况下，后续条件才有意义，最终才能实现良治。我们已经知道，优良政体是根据政体成效（本身就意味着政体的正当目的是否达到）来评判的，既然根据上述理论，只有同时具备全面及时的动议能力、正当明智的决策能力和有力高效的执行能力的政体，才能真正实现良治，那么显然这种政体就是优良的政体。

这里我们并没有说理想的优良政体是什么具体的形态，或者可以赋予它一个什么具体的名称。我们仅仅指出，优良政体必须是正当的，而且是有能力的。至于说优良政体到底是什么形态，这不可能事先预设，而要等到我们进行确保各项能力的政体设计，并在政体建立起来经过实际运作的检验后才能知晓，到时政体呈现出什么形态就是什么形态。若要说可以给这样的政体一个什么名称，这根本就不是什么重要的问题，本来优良政体就不是根据名称来确定的，名称好听的政体也未必就是优良政体。

此外，这种理论上推导出来的优良政体，是不是意味着具有统一性和普遍性，这要看从什么意义来理解。根据政体运作理论，那三种界定优良政体的能力当然是统一的和普遍的，否则就不叫作优良政体。而且既然政体能力根源于政体自身的构造，那么根据政体形态理论，前述的分工、控制和协调三种机制设计显然也是不能缺失的，就此而言优良政体也是统一而普遍的。但是我们也指出，三种机制的设计要考虑多方面的因素，有多种做法及其组合形式（而且可能都能达到相同的目的，发挥相同的作用，只不过各自的适用条件不同而已），由此就导致政体的组成和结构，即形态，一定是多样的。所以在这方面，即使是优良的政体也不存在统一性和普遍性，不可把理想的优良政体简单地理解为千篇一律。

第八章

如何获得优良政体

既然理想的优良政体并非现实的存在，那么要获得这样的政体，就只有将其构建或者说创造出来。至于说如何构建，根据前述的政体构建理论，这需要解决两个问题：首先是设计出优良的政体方案，然后是确保其能够成功实施。这就是说，如果说设计政体方案是在考虑要构建什么样的政体，那么将其付诸实施则是在考虑如何才能成功构建起这样的政体，显然这两者都不可或缺。

第一节　设计优良的政体方案

根据前述的政体运作理论和政体形态理论，要设计出优良的政体方案，那么所要解决的主要问题，就是通过分工、控制和协调机制的设计，来确保政体具有良好的动议、决策和执行能力。但是分工、控制和协调机制设计本身还存在一些操作上的难题，包括分工机制要如何设计才够合理，控制机制要如何设计才能有效，协调机制要如何设计才算合适，这也需要解决。所有这些问题都不好解决，此处的探讨也只能算是一个尝试，而且只能就其重点进行概要的探讨。这也说明，即使我们在理论上解决了问题，比较政治学的研究也还没有走到终点，因为这些实践性问题更难，也是开放性的，还需要继续探究。

一、确保良好能力的政体设计

我们已经明确，良好的政体能力，就是全面及时的动议能力、正当明智的决策能力和有力高效的执行能力，优良的政体必须同时具备这三种能力。我们也已知道，这三种能力来源于政体本身的构造。因此要想得到优良的政体，那么首先就要设计出良好的政体方案，只是这些设计不能是盲目的，而要确保能够产生良好的各项能力。

就动议能力来说，我们在政体运作理论中曾指出，这种能力的产生主要跟政体的分工机制和控制机制设计密切相关，因此要确保政体产生良好的动议能力，那么也就主要从这两种机制设计入手来解决。首先，对任何上规模的国家来说，必须区分地域范围来进行分工，使得全国的、各个和各级地区的公共议题分别在本区域范围内提出来而不要往上汇集。因为不同地域范围内的公共议题所涉及的公共事务，仅跟相应范围内的公众有利害关系，所以没有必要往上汇集，而且一旦往上汇集，那么势必会导致延迟滞后，也根本不可能得到有效的处理。而在每个地域范围内，要保证动议是全面及时的，那么就必须广开言路，疏通管道。为此，不仅不能由专职化的政府来垄断动议，即使是由民众的专职代表如议员来垄断也不行，而必须确保普通民众——无论他们采取什么组织形式——也有表达意见和诉求的发言权。因为，不管是专职化的政府还是民众的专职代表（非专职代表则有所不同），都具有"委托—代理"机制所产生的内在局限性。对他们来说，公共事务是跟民众有利害关系的事情，而跟他们则没有直接的利害关系，他们只是受民众之托来关心和处理公共事务，所以他们不仅天然缺乏动力，而且很有可能在此过程中"夹带私货"，这就难以保证动议全面及时。但与各种公共事务有着切身利害关系的民众就不存在这种问题，因此确保他们有发言权并且有畅通的制度途径，比如公民投诉、公民倡议、公民创制、电子平台等，才能确保各方面的公共议题能够全面而及时地提出来。在此情况下，虽然专职化的政府和民众代表也有动议权，但必须设计出有效的控制机制，比如针对民众代表的停权、罢免或召回制度，针对政府相关机构和人员的问责制度，确保他们不仅有动力提出公共议题，而且不能乱作为——比如敷衍应付、胡乱动议。

就决策能力来说，我们又曾指出，这种能力的产生也主要跟政体的分工和控制机制设计密切相关，那么也就要重点从这两方面着手来确保决策的正当性和明智性。由于在动议环节，所有提出来的公共议题都是直接输送到决策者那里的，所以相应地，在决策环节，对任何上规模的国家来说，都要进行地域分工，也就是属于什么地域范围内的公共议题，就由那个范围内的有关人士和机构来决策，其理由和前面是一样的。但在每个地域范围内，到底应该由谁来决策才能确保其正当性和明智性，这是极其伤脑筋的难题。因为从理论上说，如果是由民众亲自来决策，比如采取公民大会、全民公投或公民复决的形式，那么因为所涉及的事务与其有着切身的利害关系，所以其正当性是有保证的，但如果是由专职化的政府或民众代表来决策，就会因为"委托—代理"机制而得不到保证。但不管是由一个领袖、少数专家还是多数大众来决策，都难以保证其明智性，因为决策的明智性关乎知识的运用，而人人都有知识局限性，很难说有谁掌握了全面而绝对正确的知识，尤其是那些涉及面广的复杂知识和专门性的艰深知识。由此看来，要确保政体具有良好的决策能力，尤其是确保决策的明智性，其难度是相当大的，这里我们只能尝试一下，提出一个大体的思路。

首先，显然不管是什么地域范围内的决策，哪怕是全国范围内的决策，确保民众参与都是必要的。因为他们跟决策所涉及的公共事务有着直接的利害关系，这就可以保证决策的正当性；而且除非涉及秘密，否则对一般的公共事务来说，民众的有关知识应该更为丰富，这也有助于确保决策的明智性。但除了最小范围内的微观公共事务，民众参与决策的最大问题在于他们的时间和精力以及受教育和有组织的程度。有些公共事务本来与民众有着切身的利害关系，但是因为时间和精力有限，他们却对此并不了解，也缺乏深入的思考，如果他们受教育的程度不够，那么知识就会更加受限，如果还缺乏有效的组织，那么他们参与决策只会制造混乱。出于这些考虑，除了发展经济和教育，确保交通和通信自由通畅，以改善民众参与的条件和提升其参与能力外，专职化的政府人员也应该参与决策，以弥补民众参与决策的缺陷和不足。因为作为专职人员，政府职员更有时间和精力，受过更好的教育，专业知识更强（特别是在专家治国的情况下），组织性更好。但他们在决策过程中的主要作用是组织和参与，而绝对不能由他们垄断决策，因为政府自身也有严重的缺陷和不足——这是由"委托—代理"机制造成的。如果某些决策涉及专门性或技术性的事务，或者涉及的地域范围太广，那么民众当然也有必要将其委托给政府（包括专职的民众代表）来承担，但此时必须加强对政府的控制，包括决策要公开透明，民众要有知情权，最为关键的是要建立有效的问责制度（包括政治的和法律的问责），确保政府对民众负责，否则政府决策的正当性和明智性都无从保证。

就执行能力来说，理论显示，这种能力的产生主要跟控制和协调机制设计紧密相关，因此要侧重从这两方面去寻求办法。现实中几乎所有国家都是由其政府来承担执行职责的，实际上政府也是因此而产生的，其最早的含义也在于此，即专职化的执行机关，今天狭义上的政府还是这个意思——而不管各国的动议和决策体制有多大差异。除了最小范围内的微观公共事务，之所以不让普通民众来负责执行，主要是因为民众没有那么多的时间和精力，而且欠缺组织性和有关的专业知识。既然这样安排是合理的，那么也就不存在民众和政府之间进行分工的问题了。当然政府内部还是有分工的，包括基于地域范围的和基于事务类型的分工。然而不管怎样，只要是由政府来负责执行，那么同样因为"委托—代理"机制，其力度和效度都会产生问题。而要解决这种问题，也只有设计出针对政府的有效的控制机制，别无他法。比如提高政府公职人员的待遇，改善其工作条件，对于那些涉及安全性、危险性等要付出较大代价的执行任务，在提高安全保障和代价补偿水平的同时，对拒不履行职责或行动拖沓的机关及其人员加重惩罚，对贪腐浪费、伤民害民等乱作为的执行机关及其人员予以严惩。总而言之，针对政府执行的有效的控制机制设计，一定是在执行的结果（包括目标的达成情况和付出的代价情况）与执行者之间建立起正向的利害关系，即结果好执行者就能得到奖赏，结果不好执行者就要受到惩罚，这样才能确保执行者认真对待执行的力度和效度。此外，因为有时候执行力度出现问题，是执行者之间发生矛盾冲突引起的，所以还必须设计适当的协调机制才行。相对而言在执行环节，由上级负责协调的机制更为合适，因为这样更能提高效率。

二、三个机制设计的操作难题

从上述探讨可以看出，政体能否产生良好的公共治理能力，即全面及时的动议能力、正当明智的决策能力和有力高效的执行能力，全赖于能否设计出合理的分工机制、有效的控制机制和适当的协调机制。然而分工、控制和协调三个机制设计的原理易懂，而要在实践中做到分工机制合理、控制机制有效和协调机制适当却十分不易，有的甚至至今都还没有找到好的解决办法。

（一）分工机制如何设计才算合理

分工机制设计讲求的是合理。从分工机制设计的一般原理来看，这当中有几个关键环节值得深入探讨，每一处都要合理设计，整个分工机制的设计才算合理。

1. 关于职责的划分和设定

我们已经知道，优良的政体首先是正当的政体，即其目的是正当的，由此其根本职责就是通过公共治理（管理公共事务）来实现政治共同体的共同幸福生活，可简称为公共治理的职责。只要我们坚守古典政治学的这一初始设定，那么这一职责就是不容置辩的。

但是这样的职责太抽象笼统，难以具体操作和实施，所以分工机制设计的首要任务，就是将其划分或分解为更为具体的职责。① 至于如何划分，我们提到了常见的几种方式，即根据事务类型、地域范围或过程环节来进行划分，显然这些划分方式各有其适用之处，因此混合采用三种方式才是合理的。

在搞清楚各自的适用之处后，每一种划分方式具体应该如何来操作才是合理的，这是需要进一步探讨的问题。比如根据地域范围来划分公共治理职责，这就只适合上规模的国家，微型的政治共同体则没有这个必要。但是对上规模的国家来说，首先就应该按照地域范围来划分职责。因为公共事务多样且多变，对一个上规模的国家来说更是如此，如果不按照地域范围来分解公共治理职责，那么无论多么强大的政体都应付不了。而且，任何国家的公共事务总是相对具体的公众来说的，并非所有的公共事务跟所有人有利害关系，实际上大多数公共事务只跟局部或部分的公众有利害关系，这就使得按照地域范围来分解公共治理职责更有必要了，因为只有相应范围内的公众才与这些公共事务有利害关系，也才有关心和参与公共治理的积极动力。至于在具体操作时，地域范围到底应该怎么来确定，包括一个国家应该划分为多少个地区，每个地区的范围是多大，边界在哪里，每个地区要不要进一步划分次级地区，如果需要，那么应该划分为多少个次级地区，分别是多大和边界在哪里，依据是什么，怎么做才合理，这需要综合考虑包括地理、人口、历史、经济、国防等在内的诸多因素，难以一概而论。但不管怎样确定地域范围，都要按照属地原则来划分公共治理职责才是合理的，即发生在什么地域范围内的公共事务，就由该范围内的政体来负责管理，跨地域的事务属于更高层次地域范围内的事务，当然应该由更高层级的政体来负责。

在按照地域范围划分公共治理职责之后，就具体的某个地域范围来看，如何划分职责才算合理呢？常见的做法，不是按照事务类型就是按照过程环节来划分，但我们认为应该首先按照过程环节来进行总体划分，然后才是看有无必要按照事务类型来做出进一步的划分。因为公共事务多样且多变，无论怎样对其进行分类，都难以做到事无巨细，囊括无遗。前面我们在探讨如何考评政体成效时，曾将正当政体的根本职责划分为造福于民、为民除害和主持公道三种，这就是根据事务类型来进行的，只不过依据的是对公共事务的逻辑分类。这种划分方式虽然全面而完备，但更适合用来评估政体成效，如果用来当作可操作

---

① 至于有关政体自我维护的附属职责，这是不区分政体而大同小异的，并且划分也不困难，故此处不论。

和可实施的具体职责，那就不一定合适了。因为现实的公共事务不会像逻辑分类那样清清楚楚且界限分明，好多公共事务都是裹挟混杂在一起的，比较复杂，比如社会公正事务就往往穿插于其他两种事务之间。因此按照事务类型来划分公共治理职责看似合理，实则难行。然而依据过程环节来划分公共治理职责就不一样了，因为过程环节是不区分事务类型而存在的，可以避免上述的困扰。只是此时所依据的，必须是公共治理真正一般的过程环节。然而在过去，尤其是在西方，孟德斯鸠的三权划分学说十分流行，结果人们就把立法、行政和司法看成是公共治理的一般过程，并以此划分出三种职责（且由三种机构来分别承担），这是完全错误的。因为公共治理根本就不是法律运作的过程，即使是在所谓的法治国家也不完全是；而且按照孟德斯鸠的说法，显然行政和司法是性质相同且并行的执法过程，二者的区别仅在于执行的法律不同（万民法和公民法），既然如此，那么这两者就不能跟立法并列，逻辑上跟立法并列的应该是执法这个环节。所以，即使是按照过程环节从总体上来划分政体的公共治理职责，那也不应该采取孟德斯鸠的学说，而应该按照真正的一般过程，即动议、决策和执行的过程环节来进行划分，由此公共治理职责就分别是提出公共议题的职责、对此做出决定的职责和执行决策的职责（政体也因此可以划分为相应的三个部分）。这样的职责划分最具有一般性和包容性，无论什么类型的公共事务都可以照顾到，还具有适用于任何政治共同体和任何时候的弹性。

至于说在按照过程环节划分公共治理职责之后，还有没有必要进一步按照事务类型来进行划分，也就是区分各种类型的公共事务来划分动议职责、决策职责或执行职责，或者对其全部做出进一步的划分，这恐怕要由地域范围的大小和各环节的差异而定。显然地域范围太小和太大，其公共事务都不会太多，由此按照事务类型来进一步划分动议、决策或执行职责就没有什么必要。即使是在一个地域范围内，其公共事务繁杂，那也没有必要将动议、决策和执行三项职责都按照事务类型来进一步划分。比如动议职责就完全没有必要进一步划分，也许决策和执行职责可以适当考虑，以提高专业性和减轻负担。

2. 关于任职资格的设定

在政体的各种具体职责确定以后，相应的职位也可随之而定，接下来就是确定履行各项具体职责或者说担任各个职位所需要的德才，即设定任职的资格条件。这是把职责与任职者连接起来的一个机制设计，因为职责不能自动履行，要靠任职者才行。

如果说职责是设定职位的唯一依据，那么德才就是设定任职资格的唯一依据，因为只有具备相应德才的任职者才能完成相应的任务和实现相应的目标。但在现实中不难看到，有一些资格设定明显是不合理的，比如过去对女性的排斥。究其原因，就是因为这些资格设定并不是以履职所需的德才为依据，而是出于政体设计者的偏见或者某些人的利益考虑。无论如何，一切不以履职所需的德才为依据的任职资格设定都是不合理的，因为这无关职责的履行，甚至有可能妨碍职责的履行。所以在任职资格的设定方面，最重要的就是避免这种情况的发生，否则就不要指望能产生合理的分工机制和优良的政体。至于说如何才能避免发生这种情况，其实是很难做到的，尤其是当整个社会都存在某种偏见的时候。但通常来说，将这种设计付诸公众表决更有可能得到合理的结果，因为越是由个别人、少数人或部分人来把持设计，那么他们的偏见或利益就越有可能被带入设计之中。

3. 关于任职方式的设计

把职责与任职者连接起来的另一个机制设计是任职方式，这是为了发现符合资格条件的任职者，保证"人配其位"，总之就是为了使具备相应德才的人成为任职者。但是相对任职资格的设定来说，这个设计更加困难，因为这里涉及信息博弈和信号机制设计的难题。

我们知道，任何人的品德和才能都是在其行动的过程中展现出来的，这通常不是仅凭其外在特征就可以判断的，也不都是可以提前预判的，甚至其过去的经历也不一定完全可靠和具有说服力。正因如此，有些职位就设置了试用期或考察期，以便观察和确定任职者的实际品德和才能。但是一方面，不是所有职位都适合设置试用期或考察期，另一方面，即使是在试用期或考察期内，一个人展示他的品德和才能，实际上都是在对考察者或任命者发出信息，此时发信息就是一种策略，而这些信息可能为真也可能为假，因为人会伪装和作假。这说明试用期或考察期的办法也未必适用和奏效。至于说不采用试用期或考察期的办法，而是根据一个人的既往经历或者现有状况或外在特征来判断其德才，那也一样存在信息策略化的问题。

所以归根结底，任职方式的设计，其实是一个有关信号机制设计的问题，以甄别任职者发出的信息是真是假，从而确定其真实的品德和才能。然而迄今人类为此而设计的各种信号机制都有弱点，并不存在一个普遍适用且都能奏效的设计。比如竞争性选举，这是帮助选民用来甄别候选人以揭示其真实品德和才能的机制设计，然而选民还是有可能会被候选人的"做秀"和媒体操纵所欺骗和愚弄。"考察—任命"是另一种机制设计，如果考察者和任命者的道德水准和识人能力确有保障，并且采取秘密的方式，在被考察者无法做出应对的情况下进行考察，那么确实有可能掌握有关被考察者之品德和才能的真实信息。但是这种机制一旦建立起来，只需运作过一次就将不再是秘密，从此以后被考察者就会像上述情况那样采取信息策略。而如果这种考察是公开进行的，那么立即就会在考察者和任命者与被考察者之间引发信息博弈，其结果根本没法保证。此外，这种机制要有效，还必须满足一个前提条件，那就是考察者和任命者的道德水准和识人能力都有保障。然而在考察者和任命者掌握着如此重要职权的情况下，他们的道德和能力又有什么保障呢？至于说一些人推崇的考试方法，依然避免不了信息博弈所产生的问题，而且这种办法甚至比采取试用期或考察期的办法更难以揭示一个人的真实品德和才能。

既然各种任职方式的设计都有其弱点，那么我们还有出路吗？思来想去，出路可能就是两条：一是各种任职方式尽管都有其弱点，但也不是没有优势，所以还是可以酌情采取一定的任职方式，同时设法尽可能弥补其漏洞；二是不能把建立合理的分工机制和优良政体的希望完全寄托在任职方式的设计上，而是还要在其他方面协同努力，以为设计好了任职方式就万事大吉甚至以为相应的政体也就很优秀了，这种想法是非常幼稚的。

4. 关于职权的设定

在这方面，最大的难题在于如何确定一个职位需要赋予任职者什么职权和多大的职权。由于赋予任职者职权是为了履职的需要，而各种职位的设置都是为了最终实现良治，所以不管针对的是什么职位，这些职权都必须是恰当、足够而有限的，即任职者可以采取什么行动和具有多大的行动自由，这取决于其能否完成和实现职责所规定的目标任务，但这些行动也必须是有限制的，以保证由此而产生的代价是合理的（正当、必要、有效和效率）。对任何职位而言，这样的职权设定要求都是相同的，也是合理的，应该不存在什么疑问，但问题是，我们怎么知道什么职权和多大的职权才是恰当、足够且有限的呢？

这个问题难以解决，一方面是因为政体中的职位多种多样，不同职位的职权设定必定有别，因此不可能找到一个统一的办法；另一方面是因为，即使是针对某一个具体的职位，我们也难以确定什么样的职权才是恰当、足够和有限的，因为这需要我们对任职者的履职行动从过程到结果都有一个准确的预判，但显然这是极其困难的，而且在职位不变的情况下，任职者也会变动，而不同任职者的品德和才能当然存在差异，所以相同的职权设定对不同的任职者来说就具有不同的意义，比如对一些任职者来说是足够的职权，对另一些任职者来说可能就不是。

面对职权设定的难题，务实的解决办法只能是允许任职者自主决定其履职行动，即为了履职，可采取一切他自认为恰当和足够的手段，因为这些的确不是政体设计者可以预知的。但是为了防止任职者乱作为从而产生不合理的代价，也需要对其履职行为施加规范限制并追究责任（可根据合理代价的四个标准来设计），但这就进入控制机制设计的范畴了。

（二）控制机制如何设计才能有效

控制机制包括激励和约束两种机制。对于每一种机制的设计，其实政体设计者并没有太大的选择余地，但这也不是问题的关键，因为设计控制机制，最重要的是确保控制机制有效而不是采取什么形式。

应当说，现实存在的所有政体都不缺少控制机制设计，但有的却逐渐松弛甚至沦为无效，其原因何在？我们已经指出，控制机制设计的本质，就是在任职者与其履职行动之间强行建立起正向的利害关系，即如果任职者履行职责且正确履行职责，那么他就将得利，否则就将受罚。其中激励机制用来确保任职者具有履职的动力，约束机制则用来确保任职者能够正确履职——以免产生不合理的代价。由此可见，设计控制机制，其实就是对任职者做出承诺，因此控制机制是否有效，就取决于承诺本身是否合理和能否兑现。如果承诺本身就不合理，那么控制机制就会失效。比如奖惩力度太小，根本起不到激励或约束的作用；或者职务规范不够合理，如形式化的繁文缛节太多，或者违规责任太小，那么任职者就会在是否遵守职务规范之间进行利害权衡，从而普遍和频繁地违规。即使承诺本身是合理的，但如果不能兑现，那么控制机制还是会失效。至于为何承诺不能兑现，这主要有两方面的原因：一是资源条件不足，或者发生了一些意外，导致客观上无法兑现承诺；二是规则的实施者乱作为，不是依据明文规定的承诺而是根据个人的喜好和利益来实施激励或约束，这就在主观上导致承诺没有兑现。但不管是哪种情况，都会导致承诺逐渐失去公信力，得不到任职者的认真对待和重视，从而最终导致控制机制失去激励或约束的作用。既然找到了控制机制失效的原因，那么如何才能确保其有效性，出路也就清楚了。

（三）协调机制如何设计才算适当

我们知道协调不外乎上级裁定、相互协商和第三方裁决三种方式，而且三种协调方式各有其长短，所以政体设计者在这方面也没有什么选择空间，重要的是将三种方式分别用到适当的地方，而不是千篇一律地只采取某种协调方式。

对大多数政体来说，其中主要存在三大关系需要协调，我们将看到不同的协调方式具有不同的作用和适用之处。首先是有关国家结构的，涉及不同地域范围的政体之间的关系。前面我们已经说过，在任何规模的国家，都应该首先按照地域范围来进行职责分工，属于什么地域范围的公共事务就归相应范围的政体来管理，但是不同地域或层级的政体还是有可能就此而起纷争。对此，如果是在中央集权体制的国家，那么这种纷争都是由上级来裁定的。这种协调方式的优点是迅速果断，但未必真正解决了矛盾，有可能只是压制或延缓了矛盾的爆发；而且这种协调方式需要以上级具有很高的权威性和强大的控制力为前提，否则基本是无效的。如果是在联邦体制或地方自治体制的国家，那么这种纷争往往是由第三方来裁决的。这种协调方式的缺点是不够迅速，但是裁决结果往往更能为争议双方所接受。

其次是关于政府机关之间的关系。政府机关也是因为职责分工而形成的，只不过有些是根据事务类型、有些是根据过程环节来分工的。同样，对于各自的职责，不同的政府机关之间也可能会产生争执，而对此的协调方式有上级裁定、相互协商和第三方裁决三种。上级裁定的方式当然仅适用于集权的政府体制，也需要以上级政府机关具有很高的权威性和强大的控制力为前提。相互协商的方式适用于平行分权的政府体制，因为这里没有上级政府机关。第三方裁决的方式则只在某些特殊情况下适用，比如宪法法院只裁决部分政府机关之间的纷争，因为宪法法院本身也是一种政府机关，全民公决只适用于某些重大的政府机关权限之争。

最后是关于政府与民众之间的关系。我们知道，只要是允许民众参与的政体，那么就会存在一个非政府的组成部分，从而就会产生政府与民众的关系问题，也就是政体中政府与非政府部分的关系问题。这里我们不用考虑统治型国家的情况，而只考虑在共和国中，作为公民而参加政体的民众与专职化的政府之间的关系。表面上，这个问题似乎在理论上（比如契约论）已经得到了解决，在现实中则通过规定公民的权利和义务而得到了解决，但事实恐怕并非如此。我们可以发现，这些解决方式其实是倚重于政府的，也就是说，一旦公民和政府机关发生了矛盾冲突，最后都是由政府机关来负责裁决的，比如公民向法院提起针对行政机关的行政诉讼，向宪法法院提起针对政府机关侵权的宪法诉讼，向政府部门提出针对政府机关和人员的申诉、控告或复议，政府裁定公民行使对政府的监督、抗议和反抗权有没有超越法律的界线，等等。然而这种解决方式是很成问题的，因为公民与政府是冲突的双方，但其中更强势的一方即政府却是纷争的裁决者，显然这是很不恰当的一种协调机制设计。当政府与公民发生矛盾冲突时以政府为裁决者，这就相当于是把政府当成公民的上级，这无论是从理论上还是从实际效果来看都是不恰当的。从理论上说，在共和国，公民是国家的主人，政府只是受托者，显然不是公民的上级。从实际效果来看，由政府机关来裁决其与公民之间的矛盾冲突，这只会导致政府更加强势，甚至凌驾于公民之上，反客为主，从而危害共和国的根本。既然这种协调方式不可取，那么剩下的就只有两种方式可选择了。但显然在任何国家中，在政府和公民之外是不可能找到中立的第三方的（以外国的政府或民间组织为第三方显然也不妥），那么剩下的就只有双方协商的办法了。然而这种协调方式在迄今所有国家中都还比较缺乏，也不够成熟，还需要继续探索创新。

第二节　构建和保全优良政体

仅仅设计优良的政体方案，并不足以导致最终出现的就是优良的政体，因为一切政体都是人为构建起来的，而政体构建是由若干必不可少的环节构成的过程，而不仅限于方案设计。所以要保证最终能够成功地构建起优良政体，那就要争取在政体构建的每个环节都取得成功，尤其是在政体方案设计出来后的余下环节。我们已经在政体构建理论中说明，政体构建的各个环节和各个场合都是博弈，所以要成功地构建起优良政体，那就要懂得博弈之道。最后，作为一个自然延伸的话题，人们当然也希望优良的政体在构建起来后能够得以保全，即生存下来和延续下去，那么如何才能保全优良政体，这个问题也值得探讨一下。

一、构建政体的博弈之道

前面我们已经知道，政体构建通常包括提出倡议、召集会议、设计方案、商议方案、选择方案、批准方案、实施方案等环节，因此，一旦设计出了优良的政体方案，那么剩下的就是要力争使其得到人们的广泛认可和同意。根据前述的博弈行动理论，要让有批准权的人普遍接受某个政体方案，那么就要去影响他们的行动意念、行动目标和行动策略。就此而言，《联邦党人文集》的作者可以说树立了一个好榜样。他们通过在报纸上发表系列文章，首先指出形势的严峻性和维护十三州联合的好处和可行性，试图在人们寻求和平和安宁、自由和繁荣的需要与维护十三州联合的需要之间建立因果关系，以促使大家赞成继续维持十三州的联合（第二至十四篇）；然后他们把矛头对准邦联体制，证明目前的邦联体制并不能达到上述的目的，以促使大家赞成改变邦联体制（第十五至二十二篇）；至于改变邦联体制之后应该采取什么新的政体，他们从有效性、可行性、可取性和正当性等多方面证明，费城制宪会议最后议定的宪法所设计的联邦政体方案就是最好的选择，并从反面驳斥了各种反对意见，以促使大家接受该方案（第二十三至八十四篇，第一篇和最后一篇则前后呼应，直接点明了他们的意图和诉求）。① 虽然他们发表的这些文章在当时并没有产生太大的影响作用，各州最后批准宪法和接受新的联邦政体方案，更多是支持者与反对者进行交易的结果，但他们的这种策略却不是没有启发意义的，也对后世产生了很大的影响，模仿者并不少见。

当然，联邦党人这种依靠说理来影响大众、促使其接受某种政体方案的策略，可能仅适用于和平时期，在比较动荡或者危急的时候，这种策略就不大适用，所以我们还可以发现另一种策略，即采取武力强迫人们接受某种政体方案。但是严格说来，这种策略也只能算是权宜之计，比较适合新创国家或者转型国家建立临时政体的情况，却不宜当成一种常规的手段。因为用武力强迫并不能保证人们是真心认可和接受的，这就留下了隐藏的反对者甚至是敌对者。所以用武力强迫接受的政体方案，以后往往也要靠武力来维持，一旦武力削弱或消退，那么所建立的政体就可能要遭到抛弃了。而真正优良的政体方案，应该是大众通过理性分析或者通过启迪其理性而被认识和接受的，这样的认可和接受也才是真心实意的。

除了确保优良的政体方案得到广泛的认可和同意，最后一个环节，也是极端重要的环节，就是实施政体方案，更要努力确保成功。我们知道，实施政体方案就是把政体的各个职位（主要是指政府职位），按照政体方案设计的方式分配给具体的人，也就是填充任职者。因此对要建立优良政体的人来说，此时最重要的任务就是确保真心认同政体方案、真正理解政体设计原理且德才与职位相匹配的人能够上任。只要我们始终记住，政体具有组织形式和组织实体的两面性，那么就不至于幼稚到以为只要设计出了良好的政体方案就能够获得优良

---

① See HAMILTON A, JAY J, MADISON J. The Federalist [M]. Indianapolis：Liberty Fund, Inc., 2001.

的政体，毕竟政体方案本身是不会自动运作和发挥作用的，而要依靠担任各项职务的人采取履职的行动。尽管所有人都在品德和才能上存在这样那样的缺点，但是要建立真正可运作的政体，还是要让人去任职才行，只不过此时要尽量确保恰当的人就任，因为只有恰当的任职者才有可能让政体发挥出政体方案所设计的那些作用，同时，那些反对政体方案的或者别有用心的人才会力图掌控政体，如果他们大量地成为任职者，特别是占据要职，那么再优良的政体方案都会走样变形。所以在这个阶段上，不仅要努力确保合适的人上任，还要尽量抵制或者至少要努力减少不合适的人上任。而在此过程中有可能会形成党派，但这往往是取得成功的必要手段，就像当年的英国政治家伯克（Edmund Burke）所说的，"人们结为政党，是为了依据他们共同认可的某一原则同心协力，以推进国家的利益。对自己的政见自信甚坚，或认为他们将有功于世，却拒不采取手段付之于施行，这样的人我是不知其可的。理论哲学家的正业是划定政府的固有目标，而政治家即行动哲学家的正业，则是寻找恰当的手段并有效地实施之从而抵达这些目标。所以说，凡正直的党派都应公开地声明，自己的首要目的就是采用每一正当的手段，把政见同于自己的人推至要路之津，使之得以动用国家的全部权力和权威，把他们的共同纲领付诸实行。既然这样的权力是附着于某些职位的，因此他们的义务就是争夺这样的职位"①。这种博弈并不仅限于政体初建之时，在政体更新即人员更换时也是如此。

构建优良的政体当然是希望取得成功，但是我们知道，构建政体的博弈之道并不是成功之道，谁都不能保证一定能成功，只是我们又知道，如果因此放弃而不参加博弈，那就一定不能成功。

二、优良政体的保全之道

最后探讨一下优良政体的生存和维系亦即保全问题。这里仅限于探讨优良政体，非优良的政体本身就需要被改造或重造甚至被推翻，也就不存在什么保全的问题。然而古代和近代都有一些思想家从一般的角度来研究如何保全政体，对此我们感到十分困惑和不解。

首先要说明的是，一些人主张的环境适应论，对优良政体的保全来说并不成立，也没有启发意义。所谓环境适应论，简言之，就是认为一个地方的政体并不是人们可以自由选择的，而是由当地的自然与社会甚至外部环境决定的，

---

① ［英］爱德蒙·柏克. 美洲三书［M］. 缪哲，选译. 北京：商务印书馆，2003：297.

只能建立与这些环境条件相匹配的即适应环境的政体，而不适应环境的政体即使建立起来也不可能生存下去，终将被其他政体所取代。此种论调的集中呈现，可见于当年美国人古德诺就中国的境况而提出的高论①，但较早发出这种论调的，应该是法国人孟德斯鸠。当然孟德斯鸠所要解决的问题并不在于此，所以他并没有具体地说什么政体适应什么样的环境，而只是含混地说，一个民族所设置的最符合自然的政体，就是最符合该民族秉性的那种。② 但是后来卢梭却根据孟德斯鸠的这种环境适应论，明确说平民政府形式适合小国家，贵族政府形式适合中等规模的国家，君主政府形式适合大国家，又说君主政体只适合十分繁荣的国家，贵族政体适合财富与规模都是中等的国家，平民政体适合小而穷的国家，甚至认为气候条件也决定着政府的形式，比如专制主义适合炎热的国度，野蛮主义适合寒冷的国度，良好的政治组织适合居于其间的地带。③

　　显然，按照环境适应论的观点，如果一个地方建立的政体是与当地的自然、社会乃至外部环境相适应的，那么当然也就能够生存下来和维系下去，否则就不行。然而此论虽然流传甚久，影响颇大，至今仍不乏信众，却是十分荒谬的。首先，这种论调明显跟生物进化论相似，但把政体看成是一种生物体，用生物的适应性来理解和解释政体的建立和保全，这本身就是错误的类比。其次，这种论调中的"适应环境"到底是什么意思，其中的环境到底包含哪些要素并且是多大的范围，对此没有人做出过明确的解释，因此只能导致诡辩。一个地方的政体怎样就算是适应或不适应当地的环境，对此到底应该如何判断？如果说以政体的保全为依据，也就是看政体是否成功生存下来并延续下去，由此来判断其是否适应环境的话，那么这岂不成了循环论证吗？而且这种生存和延续有没有时间限制呢？到底要多长时间才能证明一个地方的政体是适应还是不适应环境呢？可对此谁又能说得清楚呢？只能是诡辩。最后从经验上看，那些在具体某种政体与具体某些环境条件之间建立的适应关系，比如卢梭的那些断言，几乎是错误的，现实中的反例比比皆是。就像古德诺针对中国而断言，因为中国有着上千年的君主独裁历史，民众智识也不高，所以共和制对中国来说就是水土不服，相比之下君主制更为合适，这也是几年前君主政体被推翻后所建立

① ［美］古德诺. 解析中国［M］. 蔡向阳，李茂增，译. 北京：国际文化出版公司，1998：136.
② ［法］孟德斯鸠. 论法的精神［M］. 许明龙，译. 北京：商务印书馆，2012：15.
③ ROUSSEAU J-J. Discourse on Political Economy and The Social Contract［M］. BETTS C, trans. Oxford：Oxford University Press，1994：100，112-113.

的共和政体没有取得成功的原因所在。然而这不是矛盾之论吗？既然中国最适合君主制，有着上千年的历史，那么为什么几年前却会被推翻呢？难道适应环境的政体也能被推翻？这不是自己反对自己的观点吗？古德诺接着又说，中国最好是建立立宪君主政体。然而跟共和制一样，立宪君主政体也不是中国的"土特产"，而不过是晚清朝廷准备向外国学习的东西，但它怎么就能适应中国的环境了呢？

不用进行更多的辩论也可以看出，环境适应论是不能成立的，而更像是个诡辩，所做出的解释都是无效的，对这里我们所要探讨的政体保全问题来说也没有启发意义，如果有的话，那也是误导。因为很显然，按照这个论调推理，要保全某个政体，那么就只有维持内外环境条件都不变，要么就是去改变政体以适应环境的变化。但是谁能做得到维持环境不变呢？环境适应论者如此强调适应环境，不就是认为环境是不可能人为控制的吗？反过来，如果是去改变政体以适应环境的变化，那么这还叫保全政体吗？

之所以环境适应论不能成立，是因为这个论调根本就不理解、也根本没有掌握人类世界真实的因果机制即人类行动，而是基于一种错误的因果机制、从外部进行肤浅的无效的解释。所以我们必须回到行动理论才能找到出路。但这里我们不再探讨政体的建立问题，因为这早就探讨过了，现在我们只关心如何保全优良政体的问题。

我们承认，在初建的时候，即使优良政体也会面临着生存的问题，特别是如果反对者比较强大的话。因为这时候优良政体的能力还没有机会发挥出来，人们还没有真切地感受到它带来的好处，那些支持者也仅仅是凭借理性认知而予以支持，所以新政体的支持力量其实是比较脆弱的，的确存在生存危机。这就导致，在最初的这个时间段，如果新政体的支持者能够战胜反对者，那么它就能够生存下来，否则就将被推翻。一句话，初建的优良政体，其生存取决于支持者和反对者之间的博弈，随便考察哪个地方的情况都是如此，而这根本就不是政体是否适应环境的问题。由此可见，优良政体的保全之道，首先就是在最初的阶段确保支持者战胜反对者。

新政体一旦生存下来，如果是真正优良的政体，那么就能正常发挥出前述的三项能力，就能取得良好的治理成效，使得绝大多数人比较满意，他们将真心实意地支持现有政体，甚至从前的反对者也有可能扭转态度，从而消除生存的危机。因此，除了初建时期，真正的优良政体是不可能有内部敌人的，即使是来自外部的敌人，也有能力将其击退或者成功地抵御其破坏，从而不再有生存的问题。

但是消除了生存危机的优良政体，却有可能在之后无法维系长久。至于其原因，亚里士多德将其归结为政治共同体内部因平等观或正义观的差异而导致的派系分化和冲突。① 这的确是经验之谈，对绝大多数现实存在的政体来说成立，但不是优良政体无法维持长久的原因。因为优良政体应该是有能力解决，或者说能够在比较大的程度上解决社会公正问题的政体，所以在有优良政体的政治共同体中，不应该存在严重的派系分化和冲突以致政体本身遭到颠覆。

那么优良政体无法维持长久的原因到底何在？我们认为是政体自身发生了一些不好的变化，或者恰恰就是自身顽固不化而造成的。首先，优良政体自身发生了一些不好的变化，指的是公职人员的素质（品德和才能）下降了，新生代的公职人员不理解甚至不认同政体设计的基本原理，新生代的公民则因为满足于现状或者疏忽大意而不再关心政体的运作和积极参与政体。所有这些变化都会导致政体逐渐运作失常，能力减退，直至最终崩溃。这些变化往往是在不经意间发生的，就像是慢性病，如果不及早发现和防治，那么终将导致优良政体毁于一旦。因此要让优良政体维持长久，那就必须始终重视和加强公民教育，确保理解和认同政体设计基本原理且具有较高素质的公民成为公职人员。

如果说优良政体会因为自身发生了一些不好的变化而逐渐衰退乃至崩溃，那么优良政体因为没有适时变化也会导致同样的结果。因为任何政体方案设计都不可能是天衣无缝的，也难以提前预知所有的具体情况及其变化，而需要通过政体的实际运作来检验，看看还存在什么不完善的地方，以便弥补或改进。所以政体方案的设计必须是有弹性的，必须留有调整和改进的空间，尤其是那些有关数量或程度的设计，比如说一国到底应该划分为多少个次级地区，各自的范围是多大，边界在哪里，更下一级的地区应该如何划分，到底应该按照哪些事务类型来划分具体职责，相应的政府机构应该设立多少，职员分别是多少，任职资格应该设定到什么程度才合理，哪种任职方式更好，还存在什么漏洞和不足，激励和规范要设定到什么程度才合理和有效，哪种协调方式更合适等，所有这些都不可能事先就完全清楚，而要等到政体实际运作之后，根据实际效果（能力发挥情况）来判断。如果经过实际效果的检验，的确存在妨碍政体能力发挥的情况，那么当然就必须适时地予以弥补或改进，否则政体也会运作失

---

① ARISTOTLE. Politics ［M］. REEVE C D C, trans. Indianapolis：Hackett Publishing Company, Inc., 2017：111-113.

常，能力减退。这就说明，优良政体的维系并不等于顽固地维护旧政体，不等于什么都不能改变。优良政体并不意味着一成不变而永远优良，优良政体的核心内涵只在于它是正当的而且是有能力的。

当然，针对优良政体的这些改变必须是必要的，即的确存在有关的漏洞或不足，妨碍了能力的发挥，也必须有针对性，即针对漏洞或不足而进行弥补或改进，总之着眼点始终是确保能力的正常发挥，而不能是出于其他的考虑，否则就是扰乱甚至破坏政体，也会导致政体运作失常，能力减退。实际上内部的新生代或者外部的敌人，最有可能通过这种途径来破坏优良的政体，因此特别需要注意防范。

参考文献

一、中文文献

[1] 路德维希·冯·米塞斯. 经济科学的最终基础：一篇关于方法的论文 [M]. 朱泱，译. 北京：商务印书馆，2015.

[2] 路德维希·冯·米塞斯. 人的行动：关于经济学的论文 [M]. 余晖，译. 上海：上海世纪出版集团，2013.

[3] 雷蒙·特鲁松. 卢梭传 [M]. 李平沤，何三雅，译. 北京：商务印书馆，1998.

[4] 蔡乐苏，张勇，王宪明. 戊戌变法述论稿 [M]. 北京：清华大学出版社，2001.

[5] 陈高华，等. 元典章 [M]. 北京：中华书局；天津：天津古籍出版社，2011.

[6] 谌旭彬. 秦制两千年：封建帝王的权力规则 [M]. 杭州：浙江人民出版社，2021.

[7] 海因茨·默恩豪普特，迪特·格林. 宪法古今概念史 [M]. 雷勇，译. 北京：商务印书馆，2023.

[8] 赫尔曼·库尔克，迪特马尔·罗特蒙特. 印度史 [M]. 王立新，周红江，译. 北京：中国青年出版社，2008.

[9] 卡尔·艾利希·博恩，等. 德意志史（第3卷下册）：从法国革命到第一次世界大战：1789—1914 [M]. 张载扬，等译. 北京：商务印书馆，1991.

[10] 克劳斯·迈因策尔. 复杂性中的思维 [M]. 曾国屏，译. 北京：中央编译出版社，1997.

[11] 马克斯·韦伯. 经济与社会（第1卷）[M]. 阎克文，译. 上海：上海人民出版社，2010.

［12］马克斯·韦伯.韦伯作品集Ⅶ：社会学的基本概念［M］.顾忠华，译.桂林：广西师范大学出版社，2005.

［13］邓正来.布莱克维尔政治学百科全书（中译本）［M］.北京：中国政法大学出版社，2002.

［14］迪特尔·拉甫.德意志史：从古老帝国到第二共和国［M］.波恩：Inter Nationes，1987.

［15］二十五史（第1卷）［M］.北京：线装书局，2011.

［16］埃德加·莫兰.复杂思想：自觉的科学［M］.陈一壮，译.北京：北京大学出版社，2001.

［17］埃德加·莫兰.复杂性思想导论［M］.陈一壮，译.上海：华东师范大学出版社，2008.

［18］埃德加·莫兰.迷失的范式：人性研究［M］.陈一壮，译.北京：北京大学出版社，1999.

［19］弗朗索瓦·博雷拉.今日法国政党［M］.复旦大学国际政治系，译.上海：上海人民出版社，1977.

［20］霍尔巴赫.自然政治论［M］.陈太先，眭茂，译.北京：商务印书馆，1994.

［21］克劳德·德·塞瑟尔.法兰西君主制度［M］.董子云，译.北京：商务印书馆，2023.

［22］卢梭.政治制度论［M］.刘小枫，编.崇明，等译.北京：华夏出版社，2013.

［23］孟德斯鸠.论法的精神［M］.欧启明，译.南京：译林出版社，2016.

［24］米歇尔·克罗齐耶，埃哈尔·费埃德伯格.行动者与系统：集体行动的政治学［M］.张月，等译.上海：上海人民出版社，2007.

［25］莫里斯·迪韦尔热.政治社会学：政治学要素［M］.杨祖功，王大东，译.北京：华夏出版社，1987.

［26］乔治·埃斯蒂厄弗纳尔.德意志联邦共和国政党［M］.上海师范大学外语系法语专业，译.上海：上海人民出版社，1976.

［27］乔治·杜比.法国史（中卷）［M］.吕一民，等译.北京：商务印书

馆，2010.

[28] 乔治·勒费弗尔. 拿破仑时代（下卷）[M]. 中山大学《拿破仑时代》翻译组，译. 北京：商务印书馆，1978.

[29] 让·博丹. 主权论 [M]. 朱利安·H. 富兰克林，编. 李卫海，钱俊文，译. 北京：北京大学出版社，2008.

[30] 让·布隆代尔，毛里齐奥·科塔. 政党政府的性质：一种比较性的欧洲视角 [M]. 曾淼，林德山，译. 北京：北京大学出版社，2006.

[31] 法兰西宪法典全译 [M]. 周威，译. 北京：法律出版社，2016.

[32] 高奇琦. 比较政治学：学科、议题和方法 [M]. 上海：上海人民出版社，2015.

[33] 亚里士多德. 政治学（英汉对照）[M]. 高书文，译. 北京：九州出版社，2007.

[34] 亚里士多德. 政治学 [M]. 吴寿彭，译. 北京：商务印书馆，1965.

[35] 亚里士多德. 政治学 [M] 颜一，秦典华，译. 北京：中国人民大学出版社，2003.

[36] 韩非子 [M]. 高华平，等译注. 北京：中华书局，2015.

[37] 洪波. 法国政治制度变迁：从大革命到第五共和国 [M]. 北京：中国社会科学出版社，1993.

[38] 侯宜杰. 二十世纪初中国政治改革风潮：清末立宪运动史 [M]. 北京：中国人民大学出版社，2011.

[39] 马里奥·邦格. 在社会科学中发现哲学 [M]. 吴朋飞，译. 北京：科学出版社，2018.

[40] 贾逸君. 中华民国政治史（上卷）[M]. 上海：上海书店，1990.

[41] 焦震衡. 委内瑞拉 [M]. 北京：社会科学文献出版社，2015.

[42] 奥塔·希克. 共产主义政权体系 [M]. 蔡慧梅，等译. 南京：江苏人民出版社，1982.

[43] 克莱夫·H. 彻奇，伦道夫·C. 海德. 瑞士史 [M]. 周玮，郑保国，译. 上海：东方出版中心，2018.

[44] R.J. 克兰普顿. 保加利亚史 [M]. 周旭东，译. 北京：中国大百科全书出版社，2009.

[45] 李秀环，徐刚. 罗马尼亚 [M]. 北京：社会科学文献出版社，2016.

[46] 林太. 印度通史 [M]. 上海：上海社会科学院出版社，2012.

[47] 刘瑜. 可能性的艺术：比较政治学 30 讲 [M]. 桂林：广西师范大学出版社，2022.

[48] 罗杰·皮尔斯. 政治学研究方法：实践指南 [M]. 张睿壮，等译. 重庆：重庆大学出版社，2014.

[49] 马克思恩格斯文集（第 3 卷）[M]. 北京：人民出版社，2009.

[50] 阿尔蒙德，小鲍威尔. 当代比较政治学：世界展望 [M]. 朱曾汶，林铮，译. 北京：商务印书馆，1993.

[51] 阿吉里斯，帕特南，史密斯. 行动科学：探究与介入的概念、方法与技能 [M]. 夏林清，译. 北京：教育科学出版社，2012.

[52] 阿伦·利普哈特. 民主的模式：36 个国家的政府形式和政府绩效 [M]. 陈崎，译. 北京：北京大学出版社，2006.

[53] 埃尔曼·塞维斯. 国家与文明的起源：文明演进的过程 [M]. 龚辛，等译. 上海：上海古籍出版社，2019.

[54] 安德鲁·戈登. 现代日本史 [M]. 李朝津，译. 北京：中信出版社，2017.

[55] 安东尼·奥鲁姆. 政治社会学导论 [M]. 北京：北京大学出版社，2005.

[56] 保罗·埃尔默·摩尔. 柏拉图十讲 [M]. 苏隆，编译. 北京：中国言实出版社，2003.

[57] 戴维·伊斯顿. 政治生活的系统分析 [M]. 王浦劬，译. 北京：华夏出版社，1999.

[58] 丹尼斯·朗. 权力论 [M]. 陆震纶，郑明哲，译. 北京：中国社会科学出版社，2001.

[59] 道格拉斯·C. 诺思. 制度、制度变迁与经济绩效 [M]. 杭行，译. 上海：格致出版社，2008.

[60] 冯·诺依曼，摩根斯顿. 博弈论与经济行为 [M]. 王文玉，王宇，译. 北京：生活·读书·新知三联书店，2004.

[61] 弗里蒙特·E. 卡斯特，詹姆斯·E. 罗森茨韦克. 组织与管理：系统

方法与权变方法［M］. 李柱流，等译. 北京：中国社会科学出版社，1985.

［62］古德诺. 解析中国［M］. 蔡向阳，李茂增，译. 北京：国际文化出版公司，1998.

［63］F.J. 古德诺. 政治与行政［M］. 王元，译. 北京：华夏出版社，1987.

［64］哈罗德·D. 拉斯韦尔，亚伯拉罕·卡普兰. 权力与社会：一项政治研究的框架［M］. 王菲易，译. 上海：上海人民出版社，2012.

［65］赫伯特·金迪斯. 理性的边界：博弈论与各门行为科学的统一［M］. 董志强，译. 上海：格致出版社，2011.

［66］赫拉尔多·L. 芒克，理查德·斯奈德. 激情、技艺与方法：比较政治访谈录［M］. 汪卫华，译. 北京：当代世界出版社，2022.

［67］胡安·J. 林茨，阿尔弗雷德·斯泰潘. 民主转型与巩固的问题：南欧、南美和后共产主义欧洲［M］. 孙龙，等译. 杭州：浙江人民出版社，2008.

［68］霍华德·威亚尔达. 比较政治学导论：概念与过程［M］. 娄亚，译. 北京：北京大学出版社，2005.

［69］霍华德·威亚尔达. 民主与民主化比较研究［M］. 榕远，译. 北京：北京大学出版社，2004.

［70］加布里埃尔·A. 阿尔蒙德，等. 当代比较政治学：世界视野［M］. 8版. 杨红伟，等译. 上海：上海人民出版社，2010.

［71］加布里埃尔·A. 阿尔蒙德，等. 当今比较政治学：世界视角［M］. 9版. 顾肃，等译. 北京：中国人民大学出版社，2014.

［72］加布里埃尔·A. 阿尔蒙德，等. 发展中地区的政治［M］. 任晓晋，等译. 上海：上海人民出版社，2012.

［73］加布里埃尔·A. 阿尔蒙德，西德尼·维伯. 公民文化［M］. 徐湘林，等译. 北京：华夏出版社，1989.

［74］加布里埃尔·A. 阿尔蒙德，小G. 宾厄姆·鲍威尔. 比较政治学：体系、过程和政策［M］. 曹沛霖，等译. 上海：上海译文出版社，1987.

［75］迦纳. 政治科学与政府（绪论·国家论）［M］. 孙寒冰，译. 北京：东方出版社，2014.

［76］迦纳. 政治科学与政府（政府论）［M］. 林昌恒，译. 北京：东方出

版社, 2014.

　　[77] 卡罗尔·帕金, 克里斯托弗·米勒. 美国史 (上册) [M]. 葛腾飞, 等译. 上海: 东方出版中心, 2013.

　　[78] 科恩. 论民主 [M]. 聂崇信, 朱秀贤, 译. 北京: 商务印书馆, 1988.

　　[79] 拉里·戴蒙德. 民主的精神 [M]. 张大军, 译. 北京: 群言出版社, 2013.

　　[80] 劳伦斯·迈耶, 等. 比较政治学: 变化世界中的国家和理论 [M]. 罗飞, 等译. 北京: 华夏出版社, 2001.

　　[81] 罗伯特·A. 达尔. 现代政治分析 [M]. 王沪宁, 陈峰, 译. 上海: 上海译文出版社, 1987.

　　[82] 罗伯特·E. 戈定. 牛津比较政治学手册 [M]. 唐士其, 等译. 北京: 人民出版社, 2016.

　　[83] 罗伯特·古丁, 汉斯-迪特尔·克林格曼. 政治科学新手册, 钟开斌, 等译. 北京: 生活·读书·新知三联书店, 2006.

　　[84] 马克·I. 利希巴赫, 阿兰·S. 朱克曼. 比较政治: 理性、文化和结构 [M]. 储建国, 等译. 北京: 中国人民大学出版社, 2008.

　　[85] 迈克尔·C. 迈耶, 威廉·H. 毕兹利. 墨西哥史 [M]. 复旦人, 译. 上海: 东方出版中心, 2012.

　　[86] 曼瑟尔·奥尔森. 集体行动的逻辑 [M]. 陈郁, 等译. 上海: 上海三联书店, 上海人民出版社, 1995.

　　[87] 穆雷·N. 罗斯巴德. 人、经济与国家 [M]. 董子云, 等译. 杭州: 浙江大学出版社, 2015.

　　[88] T. 帕森斯. 社会行动的结构 [M]. 张明德, 等译. 南京: 译林出版社, 2003.

　　[89] R.H. 奇尔科特. 比较政治学理论: 新范式的探索 [M]. 高铦, 潘世强, 译. 北京: 社会科学文献出版社, 1998.

　　[90] 塞缪尔·亨廷顿. 变化社会中的政治秩序 [M]. 王冠华, 译. 北京: 生活·读书·新知三联书店, 1989.

　　[91] 斯科特·戈登. 控制国家: 从古代雅典到今天的宪政史 [M]. 应奇,

等译. 南京：江苏人民出版社，2005.

[92] 斯科特·佩奇. 模型思维 [M]. 贾拥民，译. 杭州：浙江人民出版社，2019.

[93] 威廉·夏依勒. 第三帝国的兴亡：纳粹德国史 [M]. 增订版. 董乐山，等译. 南京：译林出版社，2020.

[94] 沃尔特·G. 莫斯. 俄国史（1855−1996）[M]. 张冰，译. 海口：海南出版社，2008.

[95] 西德尼·霍华德·盖伊. 美国国父列传：詹姆斯·麦迪逊 [M]. 欧亚戈，译. 北京：北京大学出版社，2014.

[96] 小阿瑟·施莱辛格. 美国民主党史 [M]. 复旦大学国际政治系，编译. 上海：上海人民出版社，1977.

[97] 小 G. 宾厄姆·鲍威尔，拉塞尔·J. 多尔顿，卡雷·斯特罗姆. 当代比较政治学：世界视野 [M]. 10 版. 杨红伟，等译. 上海：上海人民出版社，2017.

[98] 约翰·肯尼斯·加尔布雷思. 权力的分析 [M]. 陶远华，苏世军，译. 石家庄：河北人民出版社，1988.

[99] 詹姆斯·麦迪逊. 辩论：美国制宪会议记录 [M]. 尹宣，译. 南京：译林出版社，2014.

[100] 詹姆斯·C. 斯科特. 国家的视角：那些试图改善人类状况的项目是如何失败的 [M]. 王晓毅，译. 北京：社会科学文献出版社，2012.

[101] 珍妮特·M. 博克斯−斯蒂芬斯迈埃尔，亨利·E. 布雷迪，大卫·科利尔. 牛津政治学研究方法手册 [M]. 臧雷振，等译. 北京：人民出版社，2020.

[102] 尼古拉·克莱伯. 罗马尼亚史 [M]. 李腾，译. 上海：东方出版中心，2010.

[103] 尼古拉斯·杜马尼斯. 希腊史 [M]. 屈闻明，杨林秀，译. 上海：东方出版中心，2012.

[104] 尼古拉斯·菲利普森，昆汀·斯金纳. 近代英国政治话语 [M]. 潘兴明，等译. 上海：华东师范大学出版社，2005.

[105] 派翠克·贝尔特. 社会科学哲学：迈向实用主义 [M]. 何昭群，

译．台北：群学出版有限公司，2011.

[106] 潘恩．潘恩选集 [M]．马清槐，等译．北京：商务印书馆，1981.

[107] 潘维．比较政治学：理论与方法 [M]．北京：北京大学出版社，2014.

[108] 彭怀恩．当代各国政体导读：比较的观点 [M]．台北：洞察出版社，1986.

[109] 钱穆．中国历代政治得失 [M]．北京：生活·读书·新知三联书店，2001.

[110] WILSON E O．人性是什么？[M] 宋文里，译．台北：心理出版社有限公司，1984.

[111] 升味准之辅．日本政治史（第4册）[M]．董果良，译．北京：商务印书馆，1997.

[112] 松村岐夫，伊藤光利，辻中丰．日本政府与政治 [M]．吴明上，译．台北：五南图书出版股份有限公司，2005.

[113] 五十岚晓郎．日本政治论 [M]．殷国梁，高伟，译．北京：北京大学出版社，2015.

[114] 礒崎初仁，金井利之，伊藤正次．日本地方自治 [M]．张青松，译．北京：社会科学文献出版社，2010.

[115] 索伦·霍姆伯格，博·罗斯坦．好政府：政治科学的诠释 [M]．包雅钧，等译．北京：北京大学出版社，2020.

[116] J. 布莱泽．地方分权：比较的视角 [M]．肖艳辉，袁朝晖，译．北京：中国方正出版社，2009.

[117] 萨孟武．中国社会政治史（宋元明卷）[M]．北京：生活·读书·新知三联书店，2019.

[118] 萨孟武．中国社会政治史（隋唐五代卷）[M]．北京：生活·读书·新知三联书店，2019.

[119] 申时行，等．明会典 [M]．北京：中华书局，1989.

[120] 沈汉，刘新成．英国议会政治史 [M]．南京：南京大学出版社，1991.

[121] 圣西门选集（第2卷）[M]．董果良，译．北京：商务印书馆，1962.

[122] 史蒂芬·贝莱尔. 奥地利史 [M]. 黄艳红, 译. 北京：中国大百科全书出版社, 2009.

[123] 斯蒂芬·海哥德, 罗伯特·R. 考夫曼. 民主化转型的政治经济分析 [M]. 张大军, 译. 北京：社会科学文献出版社, 2008.

[124] 孙关宏, 胡雨春. 政治学概论 [M]. 上海：复旦大学出版社, 2008.

[125] 孙中山文选 [M]. 北京：九州出版社, 2012.

[126] 王开玺. 晚清政治史：数千年未有之变局（下卷）[M]. 北京：东方出版社, 2016.

[127] 王绍光, 胡鞍钢. 中国国家能力报告 [M]. 沈阳：辽宁人民出版社, 1993.

[128] 王绍光. 理想政治秩序：中西古今的探求 [M]. 北京：生活·读书·新知三联书店, 2012.

[129] 王世杰, 钱端升. 比较宪法 [M]. 北京：商务印书馆, 1999.

[130] 王先俊, 章征科. 近代中国政治思想史 [M]. 合肥：中国科学技术大学出版社, 2006.

[131] 王新刚. 中东国家通史：叙利亚和黎巴嫩卷 [M]. 北京：商务印书馆, 2003.

[132] 王正绪, 耿曙, 唐世平. 比较政治学 [M]. 上海：复旦大学出版社, 2021.

[133] 威廉·M. 马奥尼. 捷克和斯洛伐克史 [M]. 陈静, 译. 上海：东方出版中心, 2013.

[134] 韦伯作品集 I：学术与政治 [M]. 钱永祥, 等译. 桂林：广西师范大学出版社, 2004.

[135] 吴国庆. 法国政党和政党制度 [M]. 北京：社会科学文献出版社, 2008.

[136] 吴国盛. 科学的历程 [M]. 长沙：湖南科学技术出版社, 2013.

[137] 温盖尔·马加什, 萨博尔奇·奥托. 匈牙利史 [M]. 阚思静, 等译. 哈尔滨：黑龙江人民出版社, 1982.

[138] 徐世澄. 墨西哥革命制度党的兴衰 [M]. 北京：世界知识出版社, 2009.

[139] 阎照祥. 英国政党政治史 [M]. 北京：中国社会科学出版社，1993.

[140] 杨光斌. 比较政治学：理论与方法 [M]. 北京：北京大学出版社，2016.

[141] 耶日·卢克瓦斯基，赫伯特·扎瓦德斯基. 波兰史 [M]. 常程，译. 上海：东方出版中心，2011.

[142] 伊恩·T. 金. 社会科学与复杂性 [M]. 王亚男，译. 北京：科学出版社，2018.

[143] 加塔诺·莫斯卡. 统治阶级（政治科学原理）[M]. 贾鹤鹏，译. 南京：译林出版社，2002.

[144] 马基雅维利. 君主论 [M]. 刘训练，译注. 北京：中央编译出版社，2017.

[145] 莫瑞兹奥·维罗里. 从善的政治到国家理由 [M]. 郑红，译. 长春：吉林人民出版社，2011.

[146] G. 萨托利. 政党与政党体制 [M]. 王明进，译. 北京：商务印书馆，2006.

[147] 爱德蒙·柏克. 美洲三书 [M]. 缪哲，选译. 北京：商务印书馆，2003.

[148] 安东尼·吉登斯. 为社会学辩护 [M]. 周红云，等译. 北京：社会科学文献出版社，2003.

[149] 伯特兰·罗素. 权力论：新社会分析 [M]. 吴友三，译. 北京：商务印书馆，1988.

[150] A. V. 戴雪. 英国宪法研究导论 [M]. 何永红，译. 北京：商务印书馆，2022.

[151] 亨利·西季威克. 欧洲政体发展史 [M]. 胡勇，译. 北京：商务印书馆，2022.

[152] 杰弗里·帕克. 城邦 [M]. 石衡潭，译. 济南：山东画报出版社，2007.

[153] 康斯坦丝·玛丽·藤布尔. 崛起之路：新加坡史 [M]. 欧阳敏，译. 上海：东方出版中心，2020.

[154] 马修·休兹，克里斯·曼. 希特勒的纳粹德国 [M]. 于仓和，译.

杭州：浙江大学出版社，2021.

　　[155] 托德·兰德曼，埃德齐娅·卡瓦略. 比较政治中的议题和方法[M]. 汪卫华，译. 上海：格致出版社，上海人民出版社，2021.

　　[156] M.J. 维尔. 宪政与分权[M]. 苏力，译. 北京：生活·读书·新知三联书店，1997.

　　[157] 约翰·穆勒. 代议制政府（英汉对照）[M]. 段小平，译. 北京：中国社会科学出版社，2007.

　　[158] 约翰·伊特韦尔，等. 新帕尔格雷夫经济学大辞典（第2卷）[M]. 北京：经济科学出版社，1996.

　　[159] 宇信潇. 不可不知的匈牙利史[M]. 武汉：华中科技大学出版社，2018.

　　[160] 张九龄，等. 唐六典全译[M]. 袁文兴，潘寅生. 兰州：甘肃人民出版社，1997.

　　[161] 张品兴. 梁启超全集（第3，7卷）[M]. 北京：北京出版社，1999.

　　[162] 张小劲，景跃进. 比较政治学导论[M]. 北京：中国人民大学出版社，2001.

　　[163] 中共中央统战部. 伟大的政治创造：中国新型政党制度[M]. 北京：华文出版社，2022.

　　[164] 周尚文，叶书宗，王斯德. 苏联兴亡史[M]. 上海：上海人民出版社，2002.

　　[165] 朱汉国，杨群. 中华民国史（第1册）[M]. 成都：四川人民出版社，2006.

　　[166] 朱庭光. 法西斯体制研究[M]. 上海：上海人民出版社，1995.

二、英文文献

　　[1] ARISTOTLE. Nicomachean Ethics[M]. Indianapolis/Cambridge：Hackett Publishing Company, Inc., 2014.

　　[2] AUDI R. The Cambridge Dictionary of Philosophy[M]. Cambridge：Cambridge University Press, 1999.

　　[3] BAGEHOT W, TAYLOR M. The English Constitution[M]. Oxford：

Oxford University Press, 2001.

[4] BURGESS J W. Political Science and Comparative Constitutional Law [M]. Boston: Ginn and Company, 1913.

[5] CARNEY F S. The Politics of Johannes Althusius [M]. Boston: Beacon Press, 1964.

[6] CHURCH H. C. The Politics and Government of Switzerland [M]. New York: Palgrave Macmillan, 2004.

[7] CICERO M T, FOTT D. On the Republic and On the Laws [M]. New York: Cornell University Press, 2014.

[8] DUVERGER M, WAGONER R. The Study of Politics [M]. New York: Thomas Y. Crowell Company, Inc., 1972.

[9] DUVERGER M. Political Parties: Their Organization and Activity in the Modern State [M]. London: Methuen & Co. Ltd, 1954.

[10] ENTRFIVES A P D, DAWSON J G. Aquinas: Selected Political Writings [M]. Oxford: Basil Blackwell, 1959.

[11] EVANS P B, RUESCHEMEYER D, SKOCPOL T. Bringing the State Back In [M]. Cambridge: Cambridge University Press, 1985.

[12] FARR J, SEIDELMAN R. Discipline and History: Political Science in the United States [M]. Ann Arbor: University of Michigan Press, 1993.

[13] HAMILTON A, JAY J, MADISON J. The Federalist: Edited with an Introduction, Reader's Guide, Constitutional Cross-reference, Index, and Glossary by George W. Carey and James McClellan [M]. Indianapolis: Liberty Fund, Inc., 2001.

[14] HAUSS C. Comparative Politics: Domestic Responses to Global Challenges [M]. Boston: Cengage Learning, 2005.

[15] HOBBES T, GASKIN J C A. Leviathan [M]. Oxford: Oxford University Press, 1996.

[16] HOROWITZ M C. New Dictionary of the History of Ideas [M]. Detroit: Thomson Gale, 2005.

[17] KATZ R S, CROTTY W. Handbook of Party Politics [M]. London,

Thousand Oaks, New Delhi: Sage Publications, 2006.

[18] KHOSLA M. India's Founding Moment: The Constitution of a Most Surprising Democracy [M]. Cambridge: Harvard University Press, 2020.

[19] KOROSHYI A. Government and Politics in Hungary [M]. Budapest: Central European University Press, 1999.

[20] LEVIND D N. Georg Simmel on Individuality and Social Forms [M]. Chicago: University of Chicago Press, 1971.

[21] LICHBACK M I, ZUCKERMAN A S. Comparative Politics: Rationality, Culture, and Structure [M]. Cambridge: Cambridge University Press, 2009.

[22] LOCKE J, MACPHERSON C B. Second Treatise of Government [M]. Cambridge: Hackett Publishing Company, Inc., 1980.

[23] LOEWENSTEIN K. Political Power and the Governmental Process [M]. Chicago: University of Chicago, 1965.

[24] MAUZY D K, MILNE R S. Singapore Politics Under the People's Action Party [M]. London: Routledge, 2002.

[25] MERRIAM C E. New Aspects of Politics [M]. Chicago: University of Chicago Press, 1925.

[26] NEWELL J L. The Politics of Italy: Governance in a Normal Country [M]. Cambridge: Cambridge University Press, 2010.

[27] NORTH D C. Institutions, Institutional Change and Economic Performance [M]. Cambridge: Cambridge University Press, 1990.

[28] NORTH D C. Structure and Change in Economic History [M]. London: W. W. Norton & Company, 1981.

[29] PLATO. Republic [M]. Cambridge: Hackett Publishing Company, 2004.

[30] POLYBIUS, PATON W R. The Histories (Ⅲ) [M]. Cambridge: Harvard University Press, 1923.

[31] POWELL G B JR, DALTON R J, STROM K W, et al. Comparative Politics Today: A World View [M]. Boston: Pearson, 2015.

[32] RACKHAM H. The Politics [M]. London: William Heinemann, Ltd., 1932.

［33］REEVE C D C. Aristotle Politics: A New Translation ［M］. Cambridge: Hackett Publishing Company, Inc., 2017.

［34］ROUSSEAU J-J, BETTS C. Discourse on Political Economy and the Social Contract ［M］. Oxford: Oxford University Press, 1994.

［35］SAGAR D J. Political Parties of the World ［M］. London: John Harper Publishing, 2009.

［36］SIDGWICK H. The Elements of Politics ［M］. London: Macmillan and Co., 1891.

［37］The Political Writings of Harold D. Lasswell ［M］. Glencoe (Illinois): The Free Press, 1951.

［38］UNDP. Human Development Report 2010: The Real Wealth of Nations: Pathways to Human Development ［M］. New York: Palgrave Macmillan, 2010.